绘得红楼铸青史

文汇出版社

图书在版编目(CIP)数据

绘得红楼铸青史 / 秋石著. —上海：文汇出版社，2015.11
ISBN 978-7-5496-0765-5

Ⅰ.①绘… Ⅱ.①秋… Ⅲ.①中国文学-现代文学史-文学史研究 Ⅳ.①I209.6

中国版本图书馆 CIP 数据核字(2015)第 266086 号

绘得红楼铸青史

作　　者／秋　石
责任编辑／甘　棠
封面装帧／王铁民

出版发行／文汇出版社
　　　　　上海市威海路755号
　　　　　（邮政编码 200041）
经　　销／全国新华书店
排　　版／南京展望文化发展有限公司
印刷装订／江苏省启东市人民印刷有限公司
版　　次／2015年11月第1版
印　　次／2015年11月第1次印刷
开　　本／640×960　1/16
字　　数／450千字
印　　张／31.25
印　　数／1—3000

ISBN 978-7-5496-0765-5
定　　价／48.00元

目　录

**代序：关于"扬军抑红"错误倾向我的第五次检讨；关于我的
　　　　属性自白** ··（001）

王洛宾的音乐人生 ··（001）

　　王洛宾早年崇尚西洋音乐，并深得外籍名师点拨，他也一直热切地向往着能去闻名全球的巴黎歌剧院深造。他为什么会半途折向西部民歌世界的漫漫探索之路，纵是无尽的囚狱也无法阻挡住他对西部民歌的苦苦追求？改变他这一命运的，又是怎么样的一位"大师"？

　　《在那遥远的地方》的原型、藏族少女卓玛，现实中确有其人吗？……

　　王洛宾逝世以来，在台湾至内地，不断有人撰文质疑，指责在台湾女作家三毛自尽问题上王洛宾"作秀"、"胡编"……在此，笔者受王洛宾之子王海成先生委托，向读者们公布一封三毛亲笔写就的信，内中是非曲直，相信读者们读后自会得出一个正确的结论。

　　距今整整半个世纪前，越南人民领袖胡志明在接见前来慰问演出的新疆军区文工团演创人员时，突然问道："《在那遥远的地方》作者来了没有？"胡志明主席是怎么知道《在那遥远的地方》这首歌的作者名字的？而其时的王洛宾又身处一种什么样的境地？

我是"托匪"？ ···（069）

　　上世纪三十年代，左翼文艺理论家发起的批判"自由人"胡秋原、又牵扯出对"第三种人"苏汶、"小资产阶级作家"杨邨人的批判。虽然这个批判运动被当时中共领导人及时制止，但由于极"左"的机会主义路线的影响，这个事件实质上并未得到真正的纠正，以致于1950年代以后的现代文学史的教科书、以及相关学术研究中，始终把左联对"自由人"、"第三种人"的批判作为正面的事件去宣扬，对于批判中受到伤害的胡秋原、苏汶、杨邨人等人也缺乏客观的评价，连2005年出版的《鲁迅全集》的有关注释，依然对受害者作了不公正的介绍。现在秋石先生的这篇长达六万多字的论文，对当时包括鲁迅在内的左翼领导人受到的"左"的路线影响,对于胡秋原的不公正批判、尤其是污蔑胡秋原为"托匪"的事件,进行了有理有据的分析和反思,清算了左翼文艺运动中的左倾宗派主义和关门主义(节选自陈思和先生在《史料与阐释》上刊登本文时所做的卷头语。我们使用时,做了删改)。

我愿在墓中面向东方 ·· (137)

埃德加·斯诺的《西行漫记》是不朽名著,而他的妻子海伦的写作亦应当有她自己的地位。他们为介绍中国所作的贡献,应该得到一视同仁的认可……每一所大学,每一位希望更多地了解中国革命早期艰苦岁月的人,都应当学习她的著作,学习她丈夫的著作。

《活的中国》:他们让世界知道鲁迅 ····························· (171)

1936年5月,在姚克陪同下,鲁迅先生在家中亲切地接待了斯诺先生,同其进行了一次具有深远历史意义的谈话。在这次长时间的晤谈中,鲁迅先生详尽地回答了斯诺先生提出的有关中国新文学运动的一系列问题。此外,斯诺还与姚克通力协作,将鲁迅及中国左翼作家的代表作源源不断地介绍给西方世界的广大读者,其经典之作是迄今仍在熠熠闪光的《活的中国》……

"望乡之星"绿川英子 ·· (186)

抗日战争胜利后,牢记周恩来嘱托的绿川英子没有回国,毅然随夫奔赴我东北解放区,以忘我的热忱投入到中国人民埋葬蒋家王朝、建立人民新中国的伟大事业中去。不久,在一次手术中因细菌感染不幸逝世,年仅35岁。逝世后,她与稍后不多日逝世的丈夫刘仁一起,被我东北行政委员会追授为烈士。1980年,中国改革开放的总设计师邓小平亲自为中日合拍的反映绿川英子刘仁夫妇生平业绩的电视剧题写了"望乡之星"的片名。1983年夏,经中共中央书记处批准,佳木斯市人民政府为绿川英子刘仁夫妇重新修建了合冢墓陵园。

抵抗日本侵略的文学上的一面旗帜 ······························· (201)

从萧军接待到访的"抗联"负责人关于抗击日寇英勇业绩的讲述伊始,直至最终在鲁迅的亲切关怀下《八月的乡村》一书问世;作为其伴侣、战友的萧红,不仅先于萧军创作出了与《八月的乡村》相媲美——被鲁迅热烈推颂为"北方人民的对于生的坚强,对于死的挣扎,却往往已经力透纸背,女性作者的细致的观察和越轨的笔致,又增加了不少明丽和新鲜"的中篇小说《生死场》,自始至终见证了《八月的乡村》诞生的全过程。而且,正是萧红以其女性特有的关怀体贴和协助,且力阻陷于焦躁中的萧军将书稿付之祝融的鲁莽行动,才有了日后这部蜚声于世界反法西斯战争文坛的辉煌作品。

关于萧军第一次抵达延安的一些情况 ···························· (230)

萧军刚到延安不久,这也看不惯,那也瞧不顺,乃至吼着要回国统区去,并张口向党中央借2万元边币作一应费用。明知边区财政经济处在极度困境中的中共首脑毛泽东回答:不用说借,拿去就是了!要知道,在此前一年由周扬、成仿吾、丁玲、萧三他们发起成立的中华全国文艺界抗敌协会延安分会,全部开办费用也才2万元!后来,当萧军在延安文艺座谈会召开首日继毛泽东作完引言后第一个发言,无视会议宗旨,口吐狂言,说他的一支笔要管两个党,要和共产党平起平坐,要批判所谓共产党的"三风""六风"……而毛泽东听了,居然会不急不恼不申斥,甚至连个轻描淡写的批评也不作一个字。这其中,恐怕不能单纯地以萧军是鲁迅学生这一身份来诠释这一现象。

萧军与王实味事件 ……………………………………(244)

萧军与王实味素昧平生,直到后来在未经毛泽东同意的情况下王实味被错误处决,萧军与王实味只说过几句话,不存在"同党"或"托派嫌疑"的问题。然而,由于萧军生性秉耿,对一些不良现象易激动而仗义执言,尤其是对批判王实味的过程中出现的缺乏民主和实事求是的过火行为,一再表明自己的鲜明立场,因而受到株连,招致了一系列的麻烦和痛苦。最终,仍是伟人加友人的毛泽东替他解了围。

巴金与萧军 …………………………………………………(261)

巴金与萧军,无论在人的性格、志向,还是在作品的风格、取向上,他们间都存在着很大的差异。关于"革命""理想""信念"方面,巴金崇尚的人文理想之依托是无政府主义,他崇尚讲真话、为人民,一生低调为人为文;萧军也有理想、信仰,不过年轻时的萧军有着"野气",行为方式多欲以一种先觉者、引路人的身份去实践,在其延安写的日记内容就有不少的夸大个人作用或失实之处。萧军是鲁迅的学生,他对鲁迅的炽热情感是其他人所无法比拟的,他交人视友是以对鲁迅尊重为底线与特定基准的,他晚年时向家人郑重嘱托"钟爱鲁迅";巴金并非鲁迅的嫡传弟子,但他把自己看做是鲁迅的后辈、学生,他对鲁迅的情感表面波澜不惊,实则深蕴。在对待后学和晚辈问题上,巴金与萧军都是鲁迅精神的传承者,他们都将鲁迅一以贯之的关爱和扶掖青年人的风范真正去发扬光大。

生死一场凄绝中 ……………………………………………(289)

萧红在香港生活了整整两年之久,最终因贫病交加,不幸逝世于业已遭日寇铁蹄践踏的香港。

从铁蹄践踏下的伪满洲国都市哈尔滨逃脱出来,却又惨殁于旋遭日寇铁蹄践踏下的昔日殖民地乐园的香港,难不成,这是她的命中注定?

她的香港之行的目的,既是为谋得心中渴望已久的一片世外桃源,更是为了躲避由婚变导致的无处不在挥之不去的那些"流言蜚语"。但她的此次香港之行，却是踏上了一条不归之路。她的短暂的一生，无时无刻不在追求自由、幸福和爱情。但现实中的一切，似乎又离得太远太远，越来越无法实现……

在《萧红的第一个恋人》的背后 ……………………………（368）

那个给萧红造成了一生都难以治愈的伤痛的第一个男人，抽大烟成瘾、终日游手好闲的纨绔子弟汪恩甲，与萧红之间并不存在所谓的"爱恋"……可《萧红的第一个恋人》的作者，却偏偏要在这上面大做特做文章，居然别出心裁地给做成了"温馨的两人世界"！

追寻任正真 ………………………………………………………（393）

除狂飙社老将高长虹外，延安文艺座谈会还有没有领了请柬而没有出席的呢？

《杨家岭夜话》一共写了两个人，一个是当年延安人所尽知的毛泽东，一个是颇有个性的知识分子任正真。

在经过长达三年并非徒劳无益的努力之后，我才明白：追踪那个历史上一向沉稳低调的舒群，本身要比追踪任正真更具故事情节和历史意义。至少，使昔日东北作家群的名符其实的领头雁悄悄地浮上了水面……

驰骋二战欧洲战场的中国记者 …………………………………（427）

萧乾于1939～1946年应邀赴英国伦敦大学东方学院任讲师，同时兼任《大公报》驻英国特派记者。时值二战爆发，他以战地记者身份驰骋欧洲战场，亲历了伦敦夜晚大轰炸的惨烈、诺曼底登陆、美军第七军挺进莱茵河、波茨坦会议与纽伦堡国际军事法庭审判，以及联合国成立大会等传奇般的历史时刻；并于战争结束前后三次进入德国采访，是经历欧战全过程唯一一位中国派驻记者，由此发表了上百万字的以战地见闻为重的新闻和纪实作品。

把"人"字写端正些 ……………………………………………（441）

"在我的文学生涯和生活中，胡风都给予了热情的扶植和无私的帮助，这些，我都是永远感激和难忘的，我之所以成为这个人为认定的'集团'的骨干，完全是由于我与胡风之间的、在患难中建立的深厚的友谊关系。我与胡风的感情，主要是出于友谊以及对朋友忠诚这一古老的中国人的为人道德。"

他更是一位严谨正直的文史学家 ………………………………（465）

因了荣膺马其顿共和国作家协会授予的国际性文学奖"文学节杖奖"，牛汉先生被看作是继艾青之后最具盛名的中国诗人之一，但是以我同他之间26年的交往，更愿意将他看作是一个一生讲真话，严谨的，有着历史凝重感的文史大家。

代后记：他们都是值得我们讴歌的前辈 ………………………（485）

关于"扬军抑红"错误倾向我的第五次检讨和谢忱
（代序）

根据巴金先生倡导的讲真话精神，借本书出版之际，我再一次对自己在 2000 年前专项研究中所持的"扬军抑红"错误倾向作检讨，这也是我在同一个问题上的第五次检讨。我前四次检讨，分别是在 2000 年 3 月 28 日文艺报社在北京为拙作《萧红与萧军》（上海学林出版社 1999 年 12 月出版）举行的研讨会之后；2001 年 9 月在哈尔滨举行的纪念萧红 90 诞辰研讨会上；《萧红与萧军》一书修订本《两个倔强的灵魂》（作家出版社 2000 年 12 月出版）代后记《因为我站在巨人的肩膀上》；《呼兰河的女儿——献给萧红百年》一书（百花洲文艺出版社 2011 年 12 月出版）代后记《我这三十年学者梦》；以及 2014 年 11 月 23 日在上海举行的第十一届巴金国际学术研讨会上等。此外，于京、沪、杭、穗等地同一些前辈学者的沟通中，我也多次予以深刻反省，警钟长鸣。

萧军是我文学道路的引路人，我对萧军的感情是比较深的。也正是由于这种原始朴素的感情，一度使得我在二萧研究中失之偏颇，即过于站在萧军一边，疏于考证比对，产生了不该出现的扬军抑红的错误倾向。如对文坛头面人物周扬和萧军的"情敌"端木蕻良的评判，我多是以萧军这边的人划线，有失公允和宽容，有些描述，甚至还带有一些脸谱丑化色彩的攻击性。实践证明，这种倾向十分危险，缺乏一个学术工作者起码的道德水准

绘得红楼铸青史

和学术素养。这些问题的存在,在1999年12月出版的《萧红与萧军》一书中尤为明显。至今,我深为内疚。把自己深陷进上世纪三十年代前辈们的恩恩怨怨中,实在是太不应该了。

在2000年3月28日由《文艺报》主持召开的《萧红与萧军》一书研讨会上,一些学者、专家就该书存在的严重缺陷,毫不留情地向我提出了尖锐批评。我还注意到:"左联"老战士、萧红生前好友、86岁的梅志先生虽然到了会,但她始终不发一言。尽管会议主持人恳请她提出批评,但还是被她婉拒了。要知道,她是全体与会者中唯一一位历史现场见证人哪! 在上海,在鲁迅身边,可以说她是萧红的唯一女性知己;在武汉,她见证了发生在二萧身上的一切,以及"第三者"的悄然介入;在重庆,虽然与萧红接触少了,但她是唯一一位窥出萧红内心深处最终情感所在的女性……研讨会结束的次日,我专门去木樨地24楼她的府上听取意见。对于我的前来讨教,梅志前辈爽直且又十分严厉。

继梅志之后,另一位远在长春寓所的历史见证人蒋锡金先生(当年,在二萧初初抵达武汉时,他给予了这对患难夫妻及时而宝贵的帮助。后来,二萧西安分手后萧红回到武汉,在端木蕻良独自一人去重庆后,又是蒋锡金给了萧红无微不至的关怀,并亲作担保,为她筹足了去重庆的旅费及到重庆初期的生活费用)在电话中,也对我发出了同样的严厉批评,批评我存在着严重的扬军抑红倾向,并语重心长地告诫道:"分析具体的人和事,尤其是对有争议特别是争议很大的事件,一定要学会全面观察问题。……我们是在写历史,写历史是在为历史上的人和事作证,如果这中间掺杂了私人情感,就会产生不公正,就会误导后来人。所以,一定要注意求证,而且是小心谨慎地求证,求证之后才是实事求是地作结论,力求恰如其分!"

2000年3月30日,亦即《萧红与萧军》一书研讨会举行后的第三天,多次扶携我的革命前辈、著名诗人、上世纪50年代担任萧军部分作品责任编辑的原《新文学史料》主编的牛汉先生，在其朝外十里堡寓所也向我提出了类似的中肯批评。牛汉先生对我甚是负责，在研讨会上并没有说我的好话。在发言中，他以另一种方式，不动声色地批评了我的错误倾向。他说，为人物作传，不可能把一个人的所有方面都写全。这是一个写什么和怎么写的问题。任何一个人都有他们生活的那段历史，对他们要进行历史性的理解。作传要写出一个人一生的主要成就，如作家就要把他作品的艺术个性、他的成长历史介绍出来。但是要是把生活细节全部抹掉了，只剩下概念的东西，那也是不丰满、缺乏血肉的，因而也是不完美的。

我衷心感谢众多的前辈及时地为我敲响了警钟。他们的批评，我都一一铭记在了心中，在随后出版的《两个倔强的灵魂》一书中，作了脱胎换骨的改正，包括对萧军的"论敌"周扬先生，也作了实事求是的评价。尤其是周扬晚年震撼中外文坛的深刻觉醒与反思。而在2012年初由百花洲文艺出版社出版的长篇纪实《呼兰河的女儿——献给萧红百年》一书中，则有了新的提升。

今天，面对本书的读者，我再一次对过去二萧研究中存在的"扬军抑红"错误倾向进行深刻反省。这也是十多年来我反复阅读巴金先生《随想录》的最大收获。

在过去36载左翼文学的研究生涯中，我有幸与两位鲁迅学生、30余位左翼作家左翼文化人，上百位老红军、老八路、新四军老战士（含"皖南事变"幸存者），以及经受了严峻考验的地下党老前辈相识并近距离交往，自是受益匪浅。受他们的熏陶，我从不避讳我是左翼，一个敢于亮剑，痛批左与右的历史虚无主义思潮的左翼作家左翼学者。还要声明的一点是：我对文化大革命持否定立场。我绝不会与极左为伍，永远不会。对于历史上曾经发生过的反右扩大化与"文革"，我一直持鲜明的批判立场，而且从未改变过。但，毛泽东同志没有说过的话，没有做过的事，决不允许别有用心地捏造、抹黑，也决不允许拿毛泽东晚年所犯的严重错误来否定毛泽东同志为中国人民建立的不朽功勋，决不允许否定中国共产党与中华人民共和国的光辉历史。

王洛宾的音乐人生

王洛宾是中华民族大家庭中出类拔萃的情歌圣手,而他个人的真实爱情尤为可歌可泣。作为一名音乐家,他是人所景仰的大师;作为一个男人,他是铁骨铮铮的硬汉;作为丈夫,他是一个坚贞不渝、有血有肉、有情有义、可亲可敬的真情男子。

——作者题记

1996年3月14日凌晨零时四十分,王洛宾老人平静地离开了人世。

83岁的王洛宾老人的离去,并不意味着一代歌王时代的最后谢幕。恰恰相反,王洛宾的音乐犹如一坛窖藏了百年的老酒,是那样的甘醇久远;犹如施特劳斯笔下轻轻泻出的蓝色多瑙河,年年岁岁在环宇之中回荡着。王洛宾,那个蓄着山羊胡子,蒙着红布盖头的"新嫁娘"的小老头,始终在人们眼前晃动着。

泱泱华夏,古往今来,还没有一位民间音乐家,值得人们如此这般年复一年地回味着。王洛宾充满传奇色彩而又流离坎坷的一生,不啻是一部充溢着酸甜苦辣五味俱全的人生大书,准确而又完整地诠释这位老人凝重浪漫的人生情怀。

俗语说,逝者为安。

然而,王洛宾逝世二十年来,却几乎不曾享受过一天的安宁。

就在他的歌被越来越多的国人、洋人纵情演唱的同时,有关他个人的一些传闻,也被人们经意或者不经意地给演绎着,有的甚至以讹传讹,给演绎成了另类"经典"。

作为一个热爱王洛宾,且与其至爱亲朋一直保持着联系的三十年代左翼文学文化史研究者,我有责任,也有义务,向世人澄清一些有关王洛宾先生鲜为人知的事情,以正视听。

王洛宾早年崇尚西洋音乐,并深得外籍名师点拨,他也一直热切地向往着能去闻名全球的巴黎歌剧院深造。但他却半途折向西部民歌世界的漫漫探索之路,纵是无尽的囚狱也无法阻挡住他对西部民歌的苦苦追求。改变他这一命运的,又是怎么样的一位"大师"?

《在那遥远的地方》的原型、藏族少女卓玛,现实中确有其人吗?时至今日,还有人能以自己的亲历亲见来印证王洛宾当年创作这首脍炙人口的世界名曲的全部经过吗?

王洛宾逝世以来,在内地至台湾,不断有人撰文质疑,指责在台湾女作家三毛自尽问题上王洛宾"作秀"、"胡编"……内中是非曲直到底是怎样的呢?

距今整整半个世纪前,越南人民的伟大领袖胡志明主席在接见前来慰问演出的新疆军区文工团演创人员时,突然问道:"《在那遥远的地方》作者来了没有?"

胡志明主席是怎么知道《在那遥

远的地方》这首歌的作者名字的?面对胡志明主席这一满含深情的发问,新疆军区文工团领队又是如何作答的?而其时的王洛宾又身处一种什么样的境地?

……

笔者愿借此文,力求给出一个比较准确完整的答案。

小说谱曲第一人

长篇小说《八月的乡村》,是著名作家萧军的成名作。作品直接描写了中国共产党领导的人民革命武装同日寇法西斯入侵的斗争,是世界上最早的反法西斯战争题材的作品之一。加上鲁迅亲为作序,在中国现代文学史上更是熠熠生辉。然而,几乎所有的读者在解读这部战争题材的作品时,似是都忘记或忽略了这部通篇充溢着你死我活枪林弹雨的小说中,嵌有一首音乐插曲。人们更是有所不知,这首向侵略者发出呐喊与声讨的歌曲作者,竟是后来名震中外的西部歌王王洛宾!

在相当长的一个时期内,没有人知晓这首歌的作曲者,直到45年后的某一天,云开雾散,人民文学出版社重版的《八月的乡村》一书的末尾,附录有这首题为《奴隶之爱》插曲的完整歌谱。这首《奴隶之爱》正式署名为:萧军词,洛宾曲。在歌页的下端,还有萧军亲自拟就的一段"附记"。

> 附记:此曲由王洛宾同志所作,由于过去种种原因只能用L·P来代替。最近在北京时经四十余年我们又见到了,得知他和我全属一切"清白无辜",就把他的真实姓名也"露"出来吧!
>
> 萧军 1980年5月21日

附带说一句,王洛宾在《奴隶之爱》的"露"名,要比经典名曲《在那遥远的地方》正式取消"青海民歌"的代名词,而恢复"词曲者王洛宾"的历史本来面目,要早8年。

1935年7月,"不容于中华民国"(鲁迅:《八月的乡村·序》)——秋石注)的抗日武装斗争小说《八月的乡村》在屡经挫折后,在鲁迅的亲切关怀下于上海出版,与叶紫先期出版的《丰收》,以及稍后一些时间出版的萧红成名作《生死场》,同为"奴隶丛书"。鲁迅先生为三本书都作了序。在为《八月的乡村》所作的序言中,鲁迅充满激情地写道:"这八月的乡村……显示着中国的一份和全部,现在和未来,死路和活路。"正是由于鲁迅这一独特视角的强劲推介,书一出版就引起了社会各界的强烈反响。很快,便流传到了大战在即风雨飘摇的前沿阵地北平,并且最先在失却家园流浪到北平的东北大学学生中广为流传。当时由于媚日反共当局的封锁,一般人不易获得此书,"东大"学生便经常三三两两地聚集在一起集体听读。此时的王洛宾已经从北京师范大学音乐系毕业一年多,在"东大"临时驻地附近的西直门外扶轮中学当音乐教师。扶轮中学离游泳场不远,酷爱游泳的王洛宾经常在游泳场与"东大"学生们相遇,于是,他也加入到了集体听读《八月的乡村》"东大"学生行列。这一天,"东大"学生朗读的正是《八月的乡村》中有关"厚嘴唇说话了"的那一章节。小说的主人公萧明与安娜热烈地相恋着,然而,活生生的现实,武装抗击入侵者的紧张与残酷,革命军队铁一般的纪律,却绝对不容许他们儿女情长,卿卿我我。正是在这种极端矛盾而又痛苦心理的猛烈冲撞下,小说中的女主人公安娜悲愤地唱道:

　　我要恋爱!
　　我也要祖国的自由!
　　毁灭了吧? 还是起来?
　　毁灭了吧? 还是起来?
　　奴隶没有恋爱;
　　奴隶也没有自由!

　　遇到这样的情节,作家只能用文字来表达。而再精彩华丽的词汇,也远远比不上音乐大师用音乐来烘托气氛。听着,听着,被这段情节描写激荡着的王洛宾再也不能单纯地跻身听读的人丛,而是浑身充溢着汹涌澎湃的音乐浪涛,无法遏制,无法宣泄,他要冲决,他要暴发,他要吼唱!

5·655——1,一个八度跨音,喊出了"我要恋爱!"势如破竹,接连几个"三连音",铿锵有力,倾吐出奴隶的抉择!

这是年仅23岁的王洛宾大学音乐系毕业后一次极为成功的创作尝试。这成功的尝试使他成为中国小说史上谱写插曲的第一人。他又回到了悲愤的"东大"学生中,但他不再只是一个《八月的乡村》的听众了,而是成为了该书作者志同道合的亲密战友。很快,歌曲由失却家园的东北大学生们高唱着,传遍了祖国大地!

说到王洛宾同流亡在北平的东北大学学生的相识相交,及至最终为萧军的《八月的乡村》谱曲一事,内中,还隐藏着一个颇有民族气节抵御外侮的动人故事呢!

1985年12月1日,已有西部歌王誉称的王洛宾,在给友人的一封信里提到1936年夏天在扶轮中学当音乐教员时,他每天骑车去动物园后边五塔寺里吊嗓子。一日顺着河往西走,看到河南岸有一群人在争执。"我停下来仔细一看,原来是一个日本人和两个朝鲜人在老乡的养鱼池里钓鱼,老乡再三央告,三个浪人根本不听。"王洛宾回忆道,这条河有20米宽左右,王洛宾隔河喊话,叫三个浪人到河里来钓,告诉他们说养鱼池是老乡全家的生计。那个日本人回答说"你的过来"。王洛宾以为他们接受了调停,便绕桥转到河南岸去。不承想日本人突然砸了一块石头,幸好没有打中,"我随水冲了一下爬上岸,三个浪人又赶了上来。这时一个卖油炸糕的山东老人,把炸糕盘一甩,施起了援手。"

很快,养鱼池的一个年轻人也加入进来,不到一分钟,山东老汉便把朝鲜人扭住双臂,按在了地下。而王洛宾则"我对付小日本,他几次想用头把我撞倒,每撞一下,我都扇他一个耳光。"……

其实,王洛宾痛打欺压中国乡民的日本浪人所显示的民族仇恨与民族气节,早在少年时代就在心底滋生了。据王洛宾之子王海成先生2015年3月27日,于上海话剧艺术中心向笔者复述父亲生前讲过的一则故事:还是在上世纪20年代的那些年间,时名王荣庭的少年王洛宾,从位于所居住的东城牛角湾艺华胡同的家,前往位于和平门附近的京师八旗子弟高等小学堂上学,若走近路的话,则要经过各帝国主义列强使领馆林立的东交民巷。中国人穿越这条东交民巷,需要向驻守在那里的洋巡捕低头鞠躬。倔强的小王洛宾宁肯绕行上一二里地，也绝不愿向那些外国巡捕低一下头。

就在痛打日本浪人的当天下午，王洛宾换了衣服去学校给初中二年级的学生上音乐课。他把上午发生的事讲给学生听，大家起初是低声呜咽，后来又变为号啕大哭，课无法上下去了……相隔一个星期，又是初中二年级的音乐课，走进教室后，王洛宾感到特别的安静，四十几个孩子都瞪着眼睛望着他。他们的级长走到前面，郑重地说："我代表全班同学，献给您一件礼物，并保证随时做您的后盾。"说着双手递过来一把雪亮的童子军狄刀。"我接了刀，哭了，这堂课又没上成。"

王洛宾与日本浪人之间的这场架没有白打，他不仅得到了学生们赠予的一把狄刀，而且还在高粱桥畔结识了许多东北大学的进步学生。王洛宾晚年回忆道："我们一起游泳，一起唱歌，一起读小说，当他们读《八月的乡村》中安娜对尚明唱的那首歌时，我深受感动，立即谱写了曲子。"

这就是有名的《奴隶之爱》。

《奴隶之爱》成为奴隶们射向日本侵略者的一支利剑。

两年后，1937年的初秋，在"七七"事变的炮火声中，王洛宾加入了抗日救亡的行列。就在他逃出北平城，抵达千年古城河南开封，与新婚妻子洛珊一道，辗转向大西北进发的途中，他不止一次地在同行流亡的热血青年中听到这首由他亲手谱曲的《奴隶之爱》！

1938年初，他和洛珊还有幸坐进了贺龙将军的座车。在贺龙将军的亲切指点下，王洛宾、洛珊夫妇抵达晋陕交界处的万安镇，加入丁玲领导的八路军西北战地服务团。在服务团驻地，一身戎装，被指点江山的毛泽东亲切地誉为"今日武将军"的丁玲，一边拍着王洛宾的肩膀，一边热情地拉着洛珊细嫩的手，连声说倒："欢迎！欢迎！听塞克说起过你们，没想到你们来得这么快。我们都已听到了你为《八月的乡村》谱写的歌曲，大家都在唱！"说着，当场风趣地唱了一句："我要恋爱……"随后，丁玲将王洛宾分在歌咏组，同组的还有李劫夫和周巍峙，以及后来成为丁玲丈夫的陈明等人。洛珊则被分在了女子队。

不日，在西北战地服务团移师临汾时，王洛宾欣喜地遇到了正在山西民族革命大学任教的《八月的乡村》作者萧军，以及萧军的妻子萧红等人。一见面,俩人便情不自禁地紧紧拥抱在了一起。萧军感激地告诉他:还是在上海的时候,就有来自北平的"东大"学生给萧军演唱过由王洛宾谱曲的《奴隶之爱》。听后,萧军深感满意——自己在小说中未能充分表达的情感,一经谱曲就表达得酣畅淋漓。萧红也颇为感动地紧紧握住洛宾的手摇个不停。这位当时已经初享盛名的青年女作家,与众不同地穿着浅咖啡色的毛呢外套,头戴一顶俄国哥萨克式皮帽,脚蹬一双棕红色的小皮靴,亭亭玉立在清一色灰棉军装的人群中,自然而然地显露出她的超然不凡。

很快,战地服务团由临汾经乡宁撤往西安,执意要打小鬼子的萧军独自一人徒步北上,前往五台抗日前线。4月,没能去成五台抗日前线的萧军自延安来到西安,继而与另有爱人的萧红分手。

有关当年萧军与丁玲、王玉清、聂绀弩等人一起进入"西战团"驻地的情况,还是在王洛宾生前,根据王洛宾的亲口讲述并最后审阅通过,王洛宾挚友李桦先生写就的《西部歌王——王洛宾大写真》一书,为我们还原了历史上鲜为人知的这一幕。大致如下:

> 服务团全体临时住在西安莲湖公园旁的一所学校,大家都住集体宿舍。萧红当时……单独一个人住在楼上。

> 因为萧军不在,王洛宾间或上楼去看看萧红,问她有什么事需要帮忙;闲暇时就让洛珊(王洛宾爱人——秋石注)去陪陪萧红,尽一份朋友的情谊。

> 有天早晨,王洛宾正在学校操场上运动,听见有人喊:"萧军回来了!"王洛宾按捺不住心头的喜悦,兴冲冲地跑上楼去给萧红报信。他想给朋友送去一个突来的惊喜。

> 当他推开萧红单独居住的寝室,却看见端木蕻良在屋里,而且……

> 他极为扫兴,也有些怨愤,冷冰冰地丢下一句:"萧军回来了!"扭头就走。

> 他看到的这一幕,从来没有和萧军说起,他不忍心给朋友受伤的心里再撒上一把盐。但是,这一幕留下的阴影,特别是几年以后

绘得红楼铸青史

以相同的模式出现在他自己的生活中时，变得更加阴暗沉重，永远也驱散不尽。

颇重情义并且目睹了二萧情变的王洛宾偕夫人洛珊，与塞克、朱星南等一起陪伴萧军取道兰州去新疆迪化（今乌鲁木齐）。去新疆遭拒后，同年六月，萧军在兰州与苏州美专学生王德芬喜结良缘转赴成都。而毕生追求音乐的王洛宾却在三年后与妻子洛珊登报离婚，独自一人在漫漫大西北继续他的追求……

梦幻中催生的第一次婚姻

1934年，从北京师范大学音乐系毕业后，王洛宾在西直门外的铁路扶轮中学任音乐教员。课余，他经常去在一个破庙里安身的同班同学曹试甘那里切磋音乐技艺。师兄曹试甘是一位怪人，他家有万贯财富，却又不愿意做什么阔少爷，终日在那破庙禅房里静坐，伴随着他安身的是一架德国进口的钢琴。一天，曹试甘告诉他，青年会要举办赈灾义演，艺专有一位女学生要跳芭蕾舞，需要有一个人伴唱。

姑娘应约而来，她姓杜，叫杜明远，是一个热情奔放的少女。

曹试甘奏响了他的那架德国钢琴，王洛宾一展他那抒情的男高音歌喉，唱开了他的毕业作品——他为新月派诗人徐志摩谱曲的《云游》："那天你翩翩的在空际云游……"

少女旋转着的轻盈舞步渐渐地停了下来，她如痴如醉地倾听着眼前的这位美少年——后来成为名震中外的西部歌王的动人歌喉。当王洛宾唱完最后一个乐句的时候，杜明远竟然情不自禁地落下了珠泪。她喃喃地、喃喃地重复着王洛宾演唱的最后一句歌词："在无能地盼望，盼望你飞回！"

演出，在北平青年会的礼堂举行，杜明远姑娘跳的芭蕾舞名叫《梦幻曲》——在当时的北平，芭蕾舞还是一个罕见的奢侈品，仅限上流社会的达官贵妇享用。可如今在青年们聚集的场所演出，人们不能不为之动容。在师兄曹试甘的钢琴伴奏下，随着姑娘轻盈飘逸的婆娑舞

步,王洛宾在一旁纵情地演唱着。他那特有的男高音在礼堂的上空激昂地回荡着:

　　一片轻纱,遮盖太空,
　　虚无缥缈,万里朦胧。
　　锁住了万般世界,
　　锁不住我的白日梦……

在王洛宾激越的抒情演唱声中,身着一袭白纱长裙的杜明远,在映着一弯新月的天幕下轻盈地起舞。三人配合默契,浑成一体,博得了台下观众一阵又一阵的热烈掌声。

一曲《梦幻》,不仅启迪了王洛宾的终生音乐理念,也开启了他的青年时代的爱河之旅——他爱上了他为之伴唱的舞伴杜明远,杜明远也时时向他抛来妩媚少女的眼神。但王洛宾很快得知:这少女原是师兄曹试甘的意中人。然而,师兄有着大海一般的宽广而又平静的胸怀。久坐禅房的曹试甘对王洛宾诚恳地说道:"我这人太古板了,和明远不相配。我看得出来,她喜欢你,你就大胆地追求去吧!"师兄曹试甘后来终身不曾婚娶,他长期在大学里任教。几十年后,从大牢里"刑满释放"的王洛宾来到北京,头一个要拜访的人就是曹试甘。已经退休赋闲在家的老音乐家曹试甘用玉米面窝窝头和小米粥加咸菜,慰劳了眼前这位历经磨难而又硕果累累的师弟。饭后,两位白发苍苍的老人心有灵犀一点通,一个弹琴,一个歌唱,唱罢《云游》,又歌《梦幻》,似是回到了半个多世纪前北平那个小胡同里的破庙禅房……只是没有了罗曼蒂克的杜明远的那一身轻盈舞姿!

就在大师兄曹试甘鼓励他去追求杜明远的当口,"七七"事变爆发了,杜明远回到了父亲所在的河南古城开封。而此时王洛宾任教的扶轮中学在占领当局的强令下,即将开始日式教育。不愿做亡国奴的王洛宾,面临着一个何去何从的问题。

也就在这时,已分别多时梦幻中的爱神向他射来了丘比特之箭!

王洛宾欣喜异常地拆开了杜明远寄自河南开封的这封飞鸿,只见一页素笺上清逸秀丽的字体写出了一首滚烫的诗句:

我望着云朵,没有月亮的晚上。
洛宾!我在短烛前挨时光。
以前我没有向你说过:
我爱你!
按着满腔的烈火,
如今我们远远地别离,
这心思苦我,
窗外落叶,蜡烛摇火,
我望着云朵,我望着云朵……

捧着散发着少女芬芳的来信,王洛宾作出了去开封与杜明远会合后再作下一步打算的决定。

1937年深秋的一天,以给刚去世不久的母亲上坟为借口,臂戴黑纱一脸悲戚的王洛宾推着一辆自行车,混出了日军岗哨严密把守的城门,蹬上自行车直奔天津。在天津一位亲戚家住了两天,他由塘沽坐海轮到了青岛,再由胶济线坐火车经京浦线于徐州转陇海线西行,才抵达了开封,前后历经十天。当王洛宾按图索骥来到杜府的时候,杜明远似一阵风般扑进了他的怀抱,她流着热泪,向王洛宾诉说着几个月来的别离相思苦。王洛宾紧紧抱着姑娘,真切地感受到了爱情的甜蜜。

杜明远的父亲杜继增对外名义上是一位远近闻名的开明士绅,实际上却是一位1926年加入中国共产党的早期党员。入党当年即自北平派到东北开展地下工作。"九一八"事变前后他以教师和《哈尔滨日报》编辑身份为掩护,广泛发动群众开展反满抗日活动,先后两次遭到日伪军警的逮捕和关押。经组织设法营救出狱后,杜老先生又回到了家乡开封。王洛宾抵达杜府的时候,杜老先生正忙于变卖家产,筹钱组织地方抗日武装力量。

杜继增很是赏识从北平逃亡出来追寻自己女儿的年轻音乐家。这位早年与东北抗日义勇军有着密切关系的地下党员,这位曾在哈尔滨任过教师做过编辑的老先生,自然清楚萧红萧军这一对患难夫妻的一些事情。当他从小女口中得知王洛宾为萧军《八月的乡村·奴隶之爱》配曲的消息后,自然要对小女选中的夫婿高看一眼。同时,杜老先生也为爱女在战乱时期有了可靠的依托深感放心。在家中,杜继增老先生为杜明远和王洛宾简单而又隆重地举办了一个订婚仪式。为了路上方便,他让女儿杜明远与王洛宾以兄妹相称,并给杜明远取名为洛珊。临上路时,杜继增给了他们五块大洋做路费,并给八路军西安办事处修书一封。他谆谆叮嘱道:婚姻乃终生大事,不可草率;国难当头,更不可儿女情长……到西安后,听从八路军办事处的指引,或投奔延安。待将来安定了,我再为你们完婚。

王洛宾与已改名洛珊的杜明远抵达西安后,确实去了八路军办事处,也确实有过去延安的打算。然而,由于没有车,他们又是一对热恋中的青年男女,要想徒步穿越国民党军警特密布的漫漫荒野,谈何容易。无奈中,他们选择了去丁玲领导的八路军西北战地服务团工作。

图中,左三王洛宾,左四洛珊,左二为萧军

自西安开始,俩人即以夫妇名义正式同居。

在西北战地服务团,王洛宾与塞克等人密切合作,先后创作了《风陵渡的歌声》、《老乡,上战场》、《洗衣歌》、《血花曲》等大量抗日救亡歌曲,无论是在共产党八路军的驻地,还是在国统区,都产生了极大的社会影响。直到今天,一些从那个年头过来的人,历经60多年的风雨沧桑,依然还能高昂地唱出这些歌曲。

《老乡，上战场》谱的是风行欧洲的激昂进行曲的旋律。新中国成立后，这首歌曾在 1954 年长春电影制片厂拍摄的《扑不灭的火焰》中作为

老乡上战场

主题歌。上世纪80年代,国内曾经上映过一部名叫《蒲田进行曲》的日本电影,电影里的主题音乐,竟然与抗日战争时期风靡全中国的《老乡,上战场》的激昂旋律几乎一样。当年四万万五千万同胞同仇敌忾传唱的中国抗日歌曲的激昂旋律,日后却成了日本娱乐电影里的主题曲了!日本人的歪曲可真是别有深意呀!

1938年春,八路军西北战地服务团从临汾前沿撤回了西安。

不日,一个多月前自山西临汾独自一人徒步前往延安,在延安适巧遇见去党中央汇报工作的丁玲、聂绀弩,经丁、聂二人劝说来到西安的萧军,在与萧红恢复婚姻的谈判失败后,准备离开西安前往新疆。也正在这时,在兰州《战号》杂志任编辑的上海作家白危给塞克和王洛宾来了信,邀请他们一起去兰州开展抗日救亡宣传工作。于是塞克、王洛宾、洛珊及舞台灯光师朱星南,准备一起去兰州,但又苦于没有足够的路费。萧军听说后当即告诉他们说,新疆督办盛世才向延安发出请求,请求延安多派一些文化人到新疆开展抗日救亡宣传工作。萧军还补充说明道,早年在东北被日本侵略军击溃的抗日义勇军,有不少将士在被迫退入苏联境内后又折入了新疆。这其中的一些人他认识。他建议,倒还不如去真正大后方的新疆更为合适。至于路费,"好办!"萧军说,他刚刚在设在西安的生活书店分部结算了100多元钱的《八月的乡村》版税,这些钱足够一行五人花费的了。于是,1938年4月19日,甘肃第二区督察专员胡公冕为之开具了通行证,一行人上了路。他们是搭乘一辆满载货物的卡车出行的。

九天后,他们抵达兰州。萧军前往八路军驻兰州办事处探问去新疆的消息。不料,他被告知:盛世才拒绝他们进疆。事后得知,盛世才向延安的提议,只不过是装饰一下他的"联共"门面而已。由于萧军、塞克的面目过于"左",且萧军一直和国民党当局对抗,早有耳闻的盛世才便拒绝了他们去新疆从事抗日救亡宣传的要求。

在兰州,他们一行人住进了位于炭市街49号白危好友王德谦的家中。

在王家后院住着房东柴若愚老先生一家。担任兰州民众教育馆馆长的柴若愚,听说王家来了几位知名作家、艺术家,便命女儿柴木兰前往邀请各位到民众教育馆工作,吃住也包了。除萧军外,其余四人欣然前往。不久,塞克、朱星南复经西安去了延安,萧军与王德谦胞妹王德芬相恋成婚后去了成都。白危则随新安旅行团去了全国各地做抗日救亡宣传演出。而王洛宾洛珊夫妇经兰州八路军办事处负责人谢觉哉介绍,参加了西北抗战剧团,在甘肃各地宣传演出。这一段时间,也是王洛宾创作甚丰的季节。

由西安至兰州途中,右二、右三为王洛宾洛珊夫妇

在陇南藏区逛集市时,从一个马帮汉子弹着琴弦唱的歌中,悟性甚高的王洛宾编出了一首轻快幽默的歌,这就是后来四处传唱的《康定情歌》。在兰州慰问运输苏联援华军事物资的新疆车队时,王洛宾从一位司机哼唱的旋律中捕捉到了优美的曲调。这是王洛宾亲手改编的第一首维吾尔族民歌。改编当天,剧团就把这首歌编成了舞蹈,王洛宾亲自披挂上阵,上台演唱了由他定名的这首《马车夫之歌》,后来又改名为《达坂城的姑娘》,传唱至今。在河西走廊,从新疆喀什地区传来的古老舞曲《依拉拉,沙依格》中,深受启发的王洛宾把维吾尔族人歌唱绸子的舞曲舒展为慢板的抒情曲调,并为之创作了歌词,从而使这首短曲变成了一首不分民族人人爱唱的《半个月亮爬上来》。王洛宾还向在兰州上学的蒙古族学生了解蒙古族音乐,由他改编的《虹彩妹妹》,就是依据蒙古族

民歌的旋律而来……

西北抗战剧团在不长的时间内走遍了甘肃的山山水水,也到过青海的许多地方进行抗日救亡宣传演出,取得了前所未有的影响,从而引起了国民党当局对这支有着明显左翼倾向的抗战宣传力量的恐慌。不久,国民党当局以"分子不纯"为借口强行解散了抗战剧团。王洛宾和洛珊夫妇先是到了青海西宁。不出一年,过不惯艰苦生活的洛珊独自一人回到兰州,而王洛宾却迷恋上了青海。从此,一对夫妇分居两地,只有寒暑两个假期,在西宁当音乐教师的王洛宾才能回到兰州和妻子小聚上一段时间,也由此埋上了分离的根子。

在这一段时间里,王洛宾除创作、改编《玛伊拉》、《我等你到明天》、《在那遥远的地方》等一系列日后大放异彩的哈萨克、藏族民歌外,他主要创作的还是抗战歌曲。青海虽然地处西北边陲,是一个比较封闭的内陆省份,但是在当时全民抗战的热烈气氛下,青海各族人民的抗日热情并不逊于地处抗战前沿的山西、河北、山东。青海的父老乡亲把自己的亲生子女送往抗日前线与日寇殊死奋战,同样在中华民族的抗战史上立下了不朽的功勋。父送子、妻送郎的动人场面时时感动着年轻的音乐家,《送郎出征》这首歌,就是王洛宾亲历这些动人场面后一气呵成的。《我们是抗日远征军》是他为小歌剧《沙漠之歌》写的。由他创作的《爱子孙更要爱我们中华》、《战马歌》等歌曲,都在当时起到了鼓舞人民一致抗日的积极作用。在国民党部队里有一个由青海回民组成的骑兵师,在安徽滩阳会战中打出了威风,一度令日本侵略者闻风丧胆,一提起"马胡子军",就不敢正面接触。无疑,这也有王洛宾的一份功劳。

然而,就在王洛宾摩拳擦掌,准备为他的民歌世界大干一场的时候,他的"后院"起火了!

那是1941年的初春,一个乍暖还寒的日子,一位兰州的朋友托人给王洛宾带来一封信,告诉他:洛珊已经变心。王洛宾携着一路风尘和一肚子疑问赶回了兰州的家中。但是,满脸慵倦地坐在桌旁的洛珊并没有起身迎接,而是斜愣着眼冷冷地说了一句:"回来了。"稍顷,她起身倒了一碗白开水放在他面前,也不问他吃过饭了没有。沉闷中,不知过了多少时间,洛珊突兀地抛出了一句冰块似的问话:"今晚你住在哪里?"

住在哪里？

真是岂有此理！

这是我自己的家，不住这里还能住哪里？

然而，王洛宾一句话也没说。当初那个爱他爱得发疯的河南多情姑娘，咋就变得如此冷酷无情？他是一个多情多才的音乐艺术家，也是一个刚强无比的男子汉，他不会在一个已经变了心的女人面前低头的。王洛宾愤然起身，携着尚未清洗的一路风尘，头也不回地走出了这个已经无法逗留的"家"。这个晚上，王洛宾是在第八战区演剧队一个熟人那儿度过的。

几天后，兰州报纸刊登了由王洛宾一手拟就，洛宾和洛珊俩人的"联合启事"：自即日起双方脱离关系，敬告亲友和各界同知。

本来以为从此可以清静无事，全身心追求他所挚爱的西北民歌的王洛宾，做梦也没有想到他会被抓进监狱中去，而罪名是"共党嫌疑分子"。将王洛宾送进监狱的始作俑者，正是洛珊的情人，那个有着军统背景的演员徐则林。他之所以这么做，是为了更好地与洛珊在一起而不背负破坏他人家庭的恶名。他不仅要夺人之妻，还要将王洛宾置于死地而后快。但这个人同时又是一个风月场上的老手——不出半年，他就抛弃了

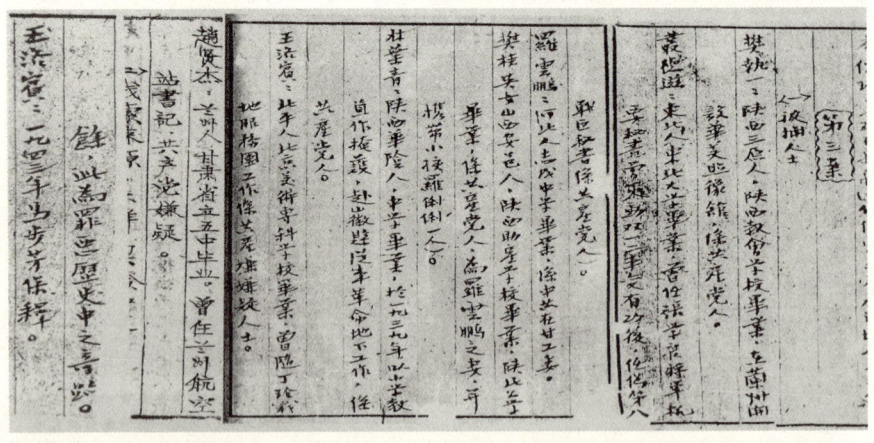

1941～1943年间王洛宾在兰州大沙沟监狱档案影印件。王洛宾条目下标注道：王洛宾，北平人，北京美术专科学校毕业，曾随丁玲战地服务团工作，系共产党嫌疑人士。

洛珊。以后,洛珊又数度结婚,并最终回到了河南老家。就她内心而言,她还是爱王洛宾的。然而,她再也找不到那曾似烈火一团爱过的这个男人了。她明白自己永远永远地失去了人世间最珍贵的爱情。

唯一的爱妻黄静

1941年4月,王洛宾与洛珊在兰州报纸上刊出离婚启事的次日,正当王洛宾来到长途汽车站登车想要返回西宁的当口,他被设在兰州的国民党特务机关逮捕并投入了监狱。

三年后,指使逮捕王洛宾的元凶、特务头子孙步墀在一次车祸中猝然死去,一直在努力营救他的青海土皇帝马步芳将他保释了出去。在青海驻兰州办事处休养数日后,王洛宾回到了西宁。在这之前,他曾有过回北平老家的念头,但抗战尚在进行,而马步芳一反他那恶魔尊容,对他求贤若渴。就这样,他回到了入狱前曾经执教过的西宁。回到西宁的那一天,原抗战剧团的团员,他教过的学生,以及各界人士一千多人在东关列队迎接他。

王洛宾是一个渴望自由的人,也是一个讲信义,知恩图报的汉子,他最终选择回西宁的决定也是一桩顺理成章的事情。人们后来指责他当初为什么要投向一个刽子手的门下,王洛宾则以一种苦涩而又感恩的心态,向人们讲述了一个故事:有个人不幸落水,岸上伸来一只援救的手,落水者出于求生的本能抓住这只手被援救了上来,得以捡回了一条生命。多年后,有人告诉落水者说,救你的那个人是强盗,你不应该跟他走。落水者回答说,那么,我只好淹死了……

回到西宁,马步芳以青海省国民政府主席的身份为王洛宾的出狱设宴压惊。席间,马步芳举杯说:"现在,全国各处都在演唱一首青海民歌《在那遥远的地方》,这是王教官为我们青海省争来的荣誉!我要让他们都知道,我青海省有一个王洛宾王教官!"

不久,马步芳正式任命王洛宾为他"马家军"的上校音乐教官。

恶魔也懂得用荣誉来装饰门面,但他对王洛宾这个音乐人才的珍惜,却是看得见,摸得着,实实在在的。从那个年头过来的老人,无不记

017

绘得红楼铸青史

忆犹新马步芳当年的这一着棋。1993年春,王洛宾应邀访问台湾时,昔日青海老友——早年毕业于重庆青木关国立音专的台湾立法委员、台湾音协主席丑辉瑛女士,就曾饶有兴趣地向人们讲述当年马步芳对王洛宾的这一善举。

王洛宾心里盛满了对马步芳的知遇之恩,即使晚年也同样如此。

回到西宁不久,在朋友的撮合下,王洛宾又一次步入了婚姻的殿堂。

新娘子名叫黄玉兰(后被王洛宾改名为黄静),出身于西北一个名医家庭,在一家医院担任助产士。婚前,两人没有见过面。刚出牢门的王洛宾,从心里来说,非常渴望能有一个温馨的家庭。他对热心张罗此事的朋友们说了以下一番话:"如果为了建立家庭需要结婚的话,那么,不管什么人,什么样,我就同意,一切听由你们操办。"又说:"按旧式,不见面,结婚时再见。"

不过,话,又得说回来,在王洛宾的内心深处,择偶还是要有条件的,那,就是要支持他的事业,要吃得起苦和耐得住寂寞,总之,要守得住这个二人世界。

王洛宾之所以有这个"不管什么人,什么样,我就同意……"在外人眼中似乎是"不负责任"或者说是"饥不择食"的择偶表述,实际却概因那个变了心的杜明远所致。想当年,杜明远疯也似地向他倾泻火一般的爱恋,与他山盟海誓,可是到了最后,还是背叛了他,世界上还有什么真挚的情感值得信赖呢?

婚礼上,当新娘黄玉兰款款地掀起蒙在脸上的红布盖头时,王洛宾不由得愣住了:在他面前的是一张非常真挚的脸庞,如同一轮皎洁无比的明月,美丽、宁静、温柔、善良。还没有喝上一口酒,新郎王洛宾便醉了!这个外表宁静少言寡语的新娘,日后不但给他带来幸福、宁馨的生活,女性罕见的温柔体贴,也带给他事业飞翔的双翼。虽然这是一次短暂的婚姻,一次后来因为政治原因导致黄静含恨过早离开世界的短暂婚姻,但在后来近半个世纪的生涯中,王洛宾都无法忘怀,无论谁也无法替代黄静在他心目中的位置——一个近似完美无缺的情侣、爱妻的位置。即使在黄静含恨离开人世四十年后,那个曾经演绎过浪漫话题的台湾女作家三毛——尽管她身着一袭特地在尼泊尔精心购置的女性藏袍,试图走入王洛宾的这个家,但王洛宾以其"冷酷无情"的老脸,坚决地将她拒之于"门"外。这是因为,黄静无时无刻不在这个家中,无时无刻不在王洛宾的心中。三毛纵然使出浑身解数,仍然无法跨越王洛宾老人亲自设置的"雷池"半步!王洛宾永远忘不了黄静,直到晚年,直到临终前,在他寓所客厅的墙上,始终端端正正地悬挂着一幅黑纱缠框的黄静遗像……

新娘黄静的美丽与温柔,令王洛宾喜出望外。是啊,朋友们怎么能够不让王洛宾——他们心中的白马王子有一个幸福的归宿呢!也许是新娘黄静在婚礼进行高潮中掀起红布盖头那一

令王洛宾终生难忘的妻子黄玉兰。1948年摄于西宁。

瞬间的这个动作,令王洛宾情不自禁地回忆起几年前创作、改编的那首维吾尔歌曲的灵感来——一曲美妙动听的喜剧歌曲《掀起你的盖头来》。

婚后,柔顺少言的黄静给王洛宾的生活带来了一种崭新的、生机勃勃的活力。沉浸在前所未有的爱和家庭温馨浓烈气息中的王洛宾,将原本产生的"对生活报复"的想法,惭愧地告诉了妻子。黄静听后,只是平静地笑笑说:"你以后会好的。"于是,又一次被感动了的王洛宾,怀着异常钦敬的心情,为妻子取了一个新的名字:黄静。

一次,王洛宾去海西采集民歌,几天后他回到家,却遇见了铁将军把门的尴尬场面。已经习惯了回到家里就能见到妻子平和的笑脸,就能享受到妻子为自己端上的热气腾腾可口饭菜的他,心中顿时一片烦躁。窝着一肚子火的他跑到岳父家找回了妻子。正当他要发作的时候,却见黄静苦笑着将他领到面柜前,掀起盖板让他看。这一看,王洛宾恨不得立马找个地缝钻进去,不再见人。原来,家中早已断粮,面柜里干干净净,像扫过好几遍似的!他心中盛满了内疚:作为一个男子,一个家庭的顶梁柱,他没有尽到起码的照顾家庭温饱的责任。更不应该的是,自己还不分青红皂白,回来就给妻子脸色看。尽管如此,黄静连一句埋怨的话也没有说出口,脸上依旧充满着对丈夫的关切和柔情,用刚从娘家带回来的面粉,给他做了一顿可口的饭食。吃着妻子亲手为他做的可口饭

菜,王洛宾的心中像碰翻了五味瓶,酸甜苦辣,样样俱全。

由于有黄静的操持,这一段时间,是王洛宾过得较为舒坦、平静的时期。他利用自己在青海省教育厅任职的机会,开办音乐班和舞蹈班,在为青海培养音乐人才的同时,还为青海师范学校编写了《小学音乐》、《音乐师资训练》和中学音乐等教材。著名的《四季调——花儿与少女》这首歌的曲调,就是由王洛宾一手改编的。期间,颇为器重他的马步芳曾一度提议王洛宾加入国民党,但被王洛宾坚决拒绝了。他的理由很简单,也很充分。王洛宾说:"我一个搞音乐的入什么党派?再说,他们关我三年,我还入什么国民党!"

出乎王洛宾意外的是,杀人如麻的马步芳并没有为难他。相反,当1947年底王洛宾回北平省亲时,他还被委派为特使,为过六十大寿的傅作义将军送寿礼。

1949年7月的一天,在兰州任国民党西北行政长官的马步芳对王洛宾说:"兰州要打仗了,你回青海去吧,你是个文化人,这里不需要你了。"

就这样,王洛宾回到了西宁,回到了可爱的妻子黄静的身边,过上了一段甜蜜温馨的日子。

两个月后,西宁宣告解放。作为起义人员的王洛宾,在解放军军管会登记后,准备举家迁回新生后的北平。

就在这时,人民解放军一兵团政治部宣传部副部长马寒冰来到了王洛宾的家中。俩人虽然是初次见面,但是谈得十分热烈融洽。王洛宾还谈到了11年前西出阳关准备去新疆实现自己的追求却未能如愿的事。36岁的王洛宾说到自己用新疆多个少数民族音乐素材创作了大量歌曲却还没踏过新疆大地一步时,脸上现出了深深的遗憾。

马寒冰听了顿时兴奋不已,说出了自己寻找他的初衷:邀请王洛宾随大军同赴新疆。王洛宾欣然同意,他连同心爱的妻子都没及商量。事后,黄静给予了丈夫充分的理解和支持,她说:"我知道,洛宾,你的心在远方!"

马寒冰迅速就此事向一兵团司令员王震将军做了汇报。他深知,让王洛宾加入人民解放军,反对者并不在少数,因他曾经担任过马步芳的上校政工处长——尽管他仅仅是负责文化音乐的教官。马寒冰激动地对王震司令员说：王洛宾首先是个音乐家，而且还是个深谙新疆少数民族音乐的音乐大家，更重要的是，他是一个真正的爱国的著名音乐家，他创作、改编的歌曲早已传遍祖国四方，我们没有理由不爱惜这个人才！

果然，王震司令员手下的几员骁将一听说让王洛宾入伍当即情绪激昂地表示了反对意见。他们与马家军打过多年恶仗，最恨的就是杀人如麻的马步芳，何况王洛宾还是马步芳亲自任命的上校处长，这样的人又怎么能吸收到人民军队中来呢！

在广泛听取各方面的意见后，王震司令力排众议，开导部下说：王洛宾现在不是马步芳的上校，他是一个起义了的知识分子。知识分子参军，马步芳他们能够做的我们就做不到吗？马家军需要音乐，我们人民军队更需要音乐！

随后，王震司令员亲切接见了王洛宾，他握着王洛宾的手，热情地说道："你的歌子，我早就听过了，欢迎你加入我们的人民军队！"

在西宁获得新生的第十一天，王洛宾就行色匆匆地跟着马寒冰离开了西宁。临行前他对贤淑豁达的妻子，还有孩子说道："你们等着吧，我到新疆把一切安排好后就回来接你们。"

行军途中，王震司令员还专门派人给王洛宾送来了一件新棉衣和一匹专供团级以上干部才能配备的马……但是，王洛宾并没有骑马，他把马让给了一位身体状况不好的新华社随军女记者。自己与年轻的战士们一起冒着高山缺氧和冰雪严寒带来的危险，艰难地翻过了祁连山，到达张掖。1996年王洛宾逝世后，一位居住在浙江金华的离休干部杨地亮给王洛宾的儿子写来了一封信。在深切追悼王洛宾的这封信中，他详细地叙说了1949年深秋，他与王洛宾一道翻越冰雪祁连山的情景。

在甘肃张掖，王洛宾为王震司令员亲自写的一首诗谱了曲。这首诗，是王震司令员在率领大军翻越祁连山时写的。马寒冰问王洛宾能否为诗谱上曲教部队唱，以鼓舞指战员们进军新疆克服一切艰难险阻的士气。王震司令员一气呵成的这首诗，只有短短的四句：

白雪罩祁连
乌云盖山巅
草原秋风狂
凯歌进新疆

但这难不倒多才多艺的王洛宾。他略思片刻,对马寒冰说:"短不要紧,四句诗唱两遍就是八句,可以用各种唱法反复吟唱。"

就这样,在一盏昏黄的马灯下,王洛宾开始了谱曲。没有钢琴试奏,他就反复唱,边唱边写,写到激动处,他便冲到夜色朦胧中的城楼上任凭狂风吹乱一头头发。

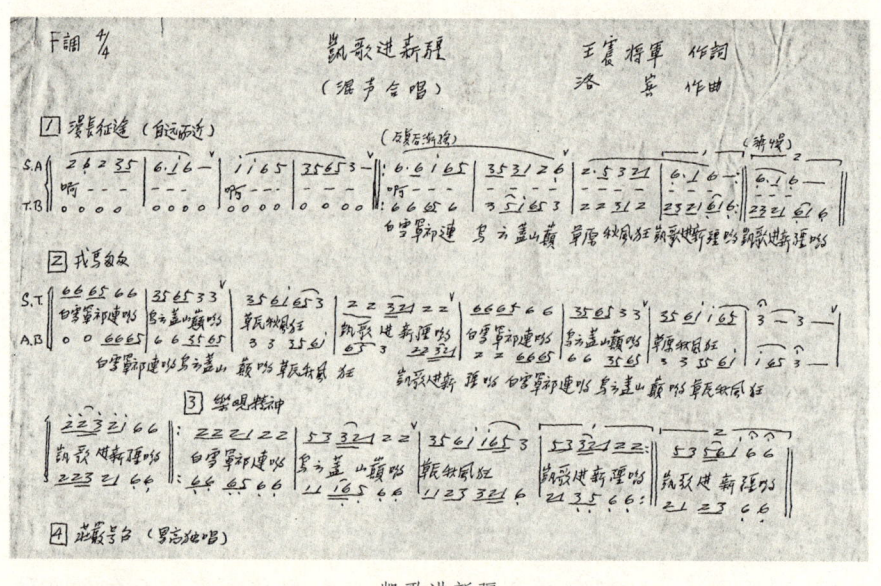

凯歌进新疆

王震司令员的四句诗,很快被王洛宾谱写成了一首威武雄壮的大合唱《凯歌进新疆》。随即,王洛宾亲自给文工团员们教唱,接着又由文工团员下到各部队教唱。很快,这首雄壮的战歌,随着人民解放军雄健的进军步伐,唱遍了天山南北、帕米尔高原。

在酒泉,经司令员王震、政委徐立清签发,王洛宾接到了任命他为中国人民解放军第一野战军第一兵团政治部文艺科副科长的任命书。他正式地成为了人民解放军的在编干部。

1949年12月20日,中国人民解放军新疆军区在迪化(今乌鲁木齐)发布第一号人事通令,通令第47条任命王洛宾为新疆军区文艺科科长。

就在王洛宾如鱼得水在新疆为发展我国民族音乐大展宏图的时候,妻子给他发来了一封告急信。1950年初春,黄静在写给分别已有半年多的丈夫的信中,告诉了他一个惊人的消息:他们在西宁的家被查抄了。因为王洛宾曾当过马步芳军队的上校教官,自然,黄静也成了历史反革命的家属。家中的收音机、自行车,连同一包做冬衣的棉花(抄的理由是棉花可以制造炸药)全被抄走了。连这之前地方民政部门发给解放军干部家属的两袋小米也给"物归原主"而被抄走。这样一来,家里的生活一下陷入了困境。可怜的黄静带着两个年幼的孩子怎么也过不下去了。黄静问他怎么办?

这年五月,经请示,军区领导特批王洛宾可以把家属接到新疆落户。

待到王洛宾心急火燎地回到西宁,他的心又动摇了。原来,当年与他一起组建青海抗战剧团的副团长赵永鉴由于同样沾了"马家军"的光,刚一解放,就被人民政府枪毙了。王洛宾听到这个消息很是胆寒。那时,他与赵永鉴一起创办抗战剧团开展抗日宣传工作,赵永鉴不过是一个小小的剧团副团长,而他可是国军的一名上校处长。论"罪"的话,他远比赵永鉴"深重"得多。

在王洛宾看来,西宁实在是呆不下去了。他把一家大小都带回了兰州,他也不想回新疆部队了。思忖的结果,他做了一件天大的蠢事,仿如一介平民百姓,不知天高地厚地给新疆军区领导写了一封辞职信。好在那时投亲靠友落户容易,粮油布匹也没有实现统购统销,他过起了普通老百姓的生活。然而,在兰州,他左思右想还是心神不宁。原来,马步芳在西北的影响实在太大了,现在在西北各地执政的人,不知有多少人的亲友是惨死在马步芳的屠刀之下的。他十分明白,这种深仇大恨并不是在短时间内可以消除的。更何况,在和人民解放军对阵时,马家军就是唱着王洛宾谱写的《战马歌》走向战场的……王洛宾和年迈的从医岳丈一商量,决定彻底离开大西北,举家迁往北京。

到北京后,在岳父的资助下,王洛宾从一个回归的日侨手中买下了西城区机织卫胡同24号的一座四合院,在北京八中找了一个音乐教师的工作。1951年3月15日,岳父、妻子黄静和三个孩子一起都在北京落了户。一年后,由于工作出色,王洛宾当选为北京市教育工会常务理事、先进工作者。

然而,当时正值抗美援朝和国内大规模的镇反期间,阶级斗争和防特的弦绷得很紧。国庆两周年的喜庆锣鼓还在人们耳畔回响,灾难就降临到了刚刚过上几天平静日子的这一家人头上,在当地派出所民警的带领下,新疆军区保卫部的干部将正在北京八中上课的王洛宾抓走,直接押上西行的火车。

王洛宾的头脑里很乱,他以为给军区写了辞职信就没事了,可现实又不是这么一回事。想起家中还躺着一个大出血的妻子,还有三个年幼的孩子,他反反复复想,怎么也得回家作个交代,把家里的生活安排一下。于是,在火车刚离开高碑店时,他趁上厕所的机会便跳了下去……

等到他赶回机织卫胡同的那个家时,家中早已乱成了一锅粥。望着被抄了个底朝天的家,一时间,王洛宾也没了个主意。不一会儿,还不等他作出安排,押解他回新疆的军区保卫干部赶来给他戴上了手铐,又押解着他踏上了西行的火车。

这场风云突变的起因是:不久前,北京的一个音乐工作者采风团来到新疆采风,军区负责接待他们。在欢迎酒宴中,有人无意中谈起了王洛宾,说他现就在北京八中当音乐老师,并且干得很红火。在场一位军区首长顿时脸色大变,招待会结束后,他拍着桌子下令:"把王洛宾给我抓回来!"

当王洛宾被带离这个家时,本来由于大出血病得奄奄一息的妻子黄静,惊恐得连一句话也没有说出来。她只是顺着丈夫离别时的目光,定定地注视着围在她床旁哭作一团的三个年幼的儿子。一个多月后,等不及1952年的新年钟声敲响,黄静带着恐惧和对丈夫安危的担忧和思念、对年幼的孩子们的牵挂,离开了这个人世……

23岁的黄静的不幸早逝,给王洛宾留下了一个破碎的家庭,三个儿子分别为六岁、四岁和八个月……十年后,王洛宾再度蒙冤入狱,在狱中度过了漫长的十五年。他入狱之时,三个儿子还都没有成年,这怎么不让王洛宾铭记与妻子黄静共同生活的六年中给予他的一切呢！

黄静的贤惠豁达，影响了王洛宾大起大落的后半生，冥冥中鼓励他挺过了漫长的牢狱之灾，迎来了名震中外灿烂辉煌的西部歌王的夕阳余生。

这也是他以后不再婚娶不再受外部世界任何诱惑的原因所在！

自爱妻黄静不幸去世后，王洛宾没有和任何一位女性发生过任何爱恋情感上的纠葛，更甭说什么不负责任出于生理上的一时冲动，发生不理智不道德的肉体行为。

王洛宾被拷走的时候，王家在北京的所有亲戚都是国家干部，没有人敢和一个历史加现行的"反革命分子"家庭有所来往。黄家除同住的老岳父外，在北京没有一个至亲。黄静去世的时候，正是北方的寒冬。几天后，王洛宾在河北涿州的一个表亲，一个孩子们叫五叔的人，得到消息后立刻赶着马车来到了北京。他是一个地地道道的农民，没有北京城里当国家干部的那些亲戚们害怕的东西，他也不怕失去什么，是他赶着马车把黄静的棺木拉出了北京城。七十多公里的路程，天寒地冻的日子，孩子们的五叔身裹一件破棉袄，整整走了一天一夜。他将黄静埋在了涿州上念头村他自个家的麦田里。为黄静送葬的还有她的年迈的老父亲。

45年后，当王洛宾的陵墓在北京郊区金山陵园建成，他们的三个儿子，以及黄静的妹妹黄玉竹一道来到河北涿州上念头村，将黄静的骨殖取出迁往北京，与王洛宾合葬在一起。生前，黄静有的只是恐惧、贫困和灾难，几乎没有享受到一天安定日子。几十年以后，她才得以与一直怀念着她的丈夫合葬在一起，但她已经享受不到丈夫身后那鲜花、阳光一般的荣耀了。唯一慰藉的是，她终于有了一处可以永远过安心日子的方寸之地，可以和始终深爱着她的丈夫亲密地生活在一起。

独臂将军与《沙枣花儿香》

王洛宾就这样很快被人押解着从北京带回了新疆。1952年2月，新疆军区军法处以王洛宾"长期逾假不归"为由，作出免去军区文艺科长

左 齐

职务、判处管制劳役两年的决定。

一天,南疆军区政委"独臂将军"左齐来到乌鲁木齐开会,偶然听说了王洛宾的事情。左齐十分爱才,在他眼中王洛宾就是一个不可多得的人才,于是向新疆军区提出,不妨把王洛宾交给他带回南疆喀什,监督使用。

到了喀什,王洛宾被安排到南疆军区文工团当了音乐教员。虽然还是"监督使用",但对他的管理却比较宽松,他获准在有人陪同的情况下,可以前往喀什、和田一带的乡镇和农村采风。

南疆是维吾尔族聚居地,王洛宾到了这里,有了与维吾尔族民歌面对面接触的机会。他宛如一条鱼游进了民歌的海洋。除了完成文工团的教学任务,他把其他时间都放到了采集民歌上。

一天,王洛宾走在和田的一个小集市上,偶尔听到一个维吾尔族姑娘边走边唱着一首非常优美的民歌。他打听到姑娘名叫乌尔尼沙,那歌听上去并不太像纯粹的维吾尔族民歌,旋律带着明显的汉文化韵味。

这引起了王洛宾的好奇心。位于亚洲内陆深处的和田,是个非常边远的地方,怎么会有这种汉族风格的民歌?为着探本求源,他跑了十几里路,找到了乌尔尼沙家所住的村庄,拜访了姑娘的父亲和祖父,他们又把王洛宾带到了姑娘九十多岁的曾祖母家去作客。他们说只有曾祖母才可能知道这首歌的来历。

经过一番努力,王洛宾终于搞清楚了这首歌的来龙去脉:

原来这是清朝年间喀什道台府迎来送往的一首礼仪歌曲,后来渐渐流传开来,久而久之,渐渐地被当地老百姓接受,但仍然保留着来自中原的隐隐汉风。

在维吾尔族姑娘曾祖母家世外桃源般的庭院里,一场专门为王洛宾表演的独具特色的歌舞开始了。四代人一起边歌边舞,曾祖母七十多岁的儿子在旁边击鼓伴唱,其他人翩翩起舞,庭院周围是盛开的玫瑰花,香气袭人,葡萄架上挂满了宝石般的各色葡萄,十几岁的重孙女,突然在曾

王洛宾的音乐人生

祖母的银发间插上一朵深红的玫瑰花……王洛宾的心顿时融化在了这美好热烈的情景中。

王洛宾当即用这一古老的旋律谱写了一首歌《沙枣花儿香》,来表达自己对这位维吾尔老祖母的真诚敬意:

骑着马儿走过昆仑脚下的村庄呃
沙枣花儿放着幽香
清清渠水流过玫瑰盛开的花园呐
园中人们正在歌唱
一位祖母向我招手
叫我坐在她的身旁
哎——外达代
一朵深红的玫瑰插在苍苍的白发上
她的歌声那么清亮

一个俊俏的姑娘正在尽情地煨馕
美丽的头巾随风飘荡
乘着撒塔琴声旋转到我的身旁呃
把那祖母歌儿对我讲
这是祖母自己的歌
唱出美丽的希望呃
哎——外达代
这支动人的歌声插上自由的翅膀呃
沿着天河飞向月亮

这支动人的歌儿使我永远不能忘
永远在我心中激荡
永远记住苍苍白发记住那玫瑰红妆呃
记住祖母的歌唱
多么美丽的希望

沿着天河飞向月亮呃

哎——外达代

骑着马儿走过昆仑脚下的村庄呃

沙枣花儿放幽香

《沙枣花儿香》是王洛宾在上个世纪50年代被监控使用时编写的比较成功的一首民歌作品。但是，在那个革命歌曲天天唱的年代里，这首多情而温馨的歌曲并没有得到普及和推广。

20世纪50年代王洛宾在南疆军区文工团为演员教唱新歌

时隔半个世纪，这首沉默已久的民歌才被人们发现。

1994年新疆八一钢铁厂的职工业余群众文化组织——天山合唱团——在参加西班牙国际合唱节的比赛时，首先演唱了这首《沙枣花儿香》，并且获得了合唱二等奖。

1995年5月，在北京中国少数民族文化基金会举办的"王洛宾音乐生涯60周年音乐会"上，著名歌唱家张秀艳一展歌喉，再次为大家演唱了《沙枣花儿香》。

《沙枣花儿香》见证了王洛宾艺术人生的一段坎坷经历，也融入了王洛宾音乐创作的睿智和执著精神。

如今，这首旋律优美的歌曲就像王洛宾的名字一样，早已深深地植入了人们的内心深处。

有人曾经这样入木三分地评价道："王洛宾一生命运坎坷曲折，历史上曾经有两位将军分别救过他的命，才使他的艺术生命得以延续下去，第一位是国民党的马步芳，第二位是共产党的左齐。"

事实的确如此。上个世纪40年代，王洛宾在兰州落难，如果没有马步芳的援手，也许后来就不会再有《半个月亮爬上来》以及《阿拉木罕》这

王洛宾在西藏阿里

些经典歌曲的产生;而上世纪50年代王洛宾在新疆迪化(乌鲁木齐)被监督劳动改造,如果没有南疆军区政委左齐慧眼识才,作出大胆决定,将他带回南疆喀什,也许就不会再有《沙枣花儿香》《江巴拉汗》和《亚克西》这样的好歌流传于世。

历史往往就是这样,波诡云谲,福兮祸兮,难以预料。就王洛宾而言,他的命运虽然一波接一波地坎坷不堪,却也不住地柳暗花明,如此之生动精彩。

掀起你的盖头来

当年,王洛宾跟随"西北抗战剧团"在甘肃河西走廊一带宣传演出时,从来自新疆的维吾尔族商人那里,收集记录到了一首名叫《亚里亚》的新疆民歌。这是一支流传在新疆南疆地区的民歌。

王洛宾当时在自己的"音乐札记"中,曾经翔实记录了这首民歌的起源:"这个舞是南疆的一种乡土游戏。秋收时节,在麦场上休息的时候,由一年高的老汉,穿上妇女的服装、戴上盖头,然后故作扭捏。一个青年在他身旁边唱边跳,最后掀开盖头,却看见盖头里原来是一位白发老汉,大家哄场大笑,然后继续劳动。(一九三九年于河西走廊)。"

这种乡土游戏，起源于南疆农村，原本是人们在劳动中为了逗乐、解乏而形成的娱乐形式。

很多新疆人都会唱以"掀盖头"为内容的原生态民歌，但是他们所唱与王洛宾改编后的《掀起你的盖头来》相比，完全属于不同的版本。改编之后，无论是在歌词的口语化，还是在旋律、节奏上都显得更专业，更艺术化，也更加便于传唱。

青海儿童抗战剧团成立不久，在西宁昆仑回民中学任音乐老师、也作为剧团负责人的王洛宾，就忙着为孩子们编写演出节目。他找出自己在河西走廊记录的那首新疆民歌《亚里亚》，打算以这首歌的音乐和舞蹈为素材，编写一个边唱边跳的歌舞节目。按照新疆少数民族在婚礼中"掀盖头"的习俗，他凭借着丰富的想象，很快编写了四段歌词，并且重新取名为《掀起你的盖头来》：

> 掀起你的盖头来，让我看看你的眉儿，
> 你的眉毛细又长呀，好像那树梢的弯月亮。
>
> 掀起你的盖头来，让我看看你的眼儿，
> 你的眼睛明又亮呀，好像那水波一般样。
>
> 掀起你的盖头来，让我看看你的脸，
> 你的脸儿红又圆呀，好像那苹果到秋天。
>
> 掀起你的盖头来，让我看看你的嘴儿，
> 你的嘴儿红又小呀，好像那五月的红樱桃。

我们不难发现，每段歌词都用了"掀起你的盖头来"一句作为开头。接着再用比喻的手法，将盖头里新娘的眉毛、眼睛、脸儿和小嘴，分别进行了细腻的描绘。

按照当地习俗，娶亲时新娘子的盖头只能掀一次。可是王洛宾别出心裁的创意，却让盖头连续被掀起了四次。在舞台上表演时，每掀起一次盖头，都会产生不同的艺术效果，都会引发全新的喜悦心情和欢乐高潮。

另外,原来的民歌《亚里亚》中每一段歌词的结尾,都要反复地唱上一句"亚里亚",一口气唱下来,就有十几个"亚里亚"。"亚里亚"是一个衬语,如果用汉语反复地唱,就会显得十分枯燥繁琐。

在改编过程中,王洛宾没有保留"亚里亚"这个衬语,而是将八段歌词的每段结尾,都嵌入一个韵味十足的词句:眉毛,弯月亮,眼睛,一般样,脸儿,到秋天,小嘴,红樱桃。

这八个富有灵气、十分传神的词句,替代了原来的衬语"亚里亚",将歌曲的意境升华为一幅幅流动的画面,极好地烘托了舞台艺术效果。

这样的改编,非但没有冲淡歌曲的民族风格,反而使汉语歌词与民歌旋律结合得更加完美,天衣无缝。

后来,王洛宾因为积极宣传抗日,被国民党特务以"共党嫌疑"秘密逮捕,关进兰州监狱囚禁四年。

此时,王洛宾改编的《掀起你的盖头来》,被人张冠李戴地署名为"新疆民歌",发表在甘肃出版的刊物《西北歌声》上。继而又有人将《掀起你的盖头来》连同《达坂城的姑娘》《在那遥远的地方》等一起,带到抗战时期的陪都——重庆——来传唱,这批来自大西北的民歌,立即受到重庆及国内无数音乐爱好者的热烈欢迎。

抗战胜利后,这些脍炙人口的西北民歌又流传到了五洲四海。

王洛宾手稿

两个不同版本的《阿拉木罕》

《阿拉木罕》是一首源于东疆地区的维吾尔族民歌,在民间流传了数百年,今天仍然传唱不衰。

在新疆哈密和吐鲁番的城镇乡村,每到农闲,人们经常组织小型的文艺表演,其中往往就有双人歌舞《阿拉木罕》。传说中的阿拉木罕是一个美丽善良、能歌善舞的维吾尔族姑娘,旧时曾经被邀请到宫廷里,专门为君王和达官贵人表演歌舞,很受器重和欢迎。后来,有关阿拉木罕的故事被演绎成歌曲在民间传唱,民间艺人们采用男女对唱、载歌载舞的形式来表演。《阿拉木罕》的旋律是快板节奏,歌词表述的依旧是男女之间的甜蜜爱情。演员在表演时既要快节奏地说唱,还要配以幽默诙谐的舞蹈动作,难度较大,一般都是由专业演员或民间艺人来表演。在民间传唱的《阿拉木罕》的歌词大意是这样的:

(女)没有见过阿拉木罕,人儿都在问(乃)

(男)哎呀,她黑眼睛长眉毛(哇)樱桃口。哎呀呀可爱的阿拉木罕(乃)真像是一朵美丽的鲜花。哎呀呀可爱的阿拉木罕(乃)真像是一朵美丽的鲜花。

(女)阿拉木罕她到底长得怎么样(乃)

(男)哎呀,她窈窕的身材穿纱裙(哪)真漂亮。哎呀呀可爱的阿拉木罕(乃)真像是一朵美丽的鲜花。哎呀呀可爱的阿拉木罕(乃)真像是一朵美丽的鲜花。

王洛宾改编《阿拉木罕》的故事,很值得说说。

1939年冬天,王洛宾随同"西北抗战剧团"由兰州来到西宁宣传抗日。他在西宁东关一家干果店里结识了维吾尔族商人沙迪尔,两人很快成了朋友。通过沙迪尔的口头传授,王洛宾记录并且学会了这首在民间传唱已久的《阿拉木罕》。

不久,"西北抗战剧团"被国民党第八战区勒令解散,王洛宾滞留青海,在西宁昆仑中学做了一名音乐教师。他一边教书,一边继续整理改编民歌。

在全国抗日救亡运动日益高涨的推动下,时任青海省主席的马步芳,决定在西宁组建青海"儿童抗战剧团",26岁的王洛宾被指定担任这个剧团的负责人。小演员都是来自西宁市各中小学的学生,王洛宾负责为孩子们编写和排练节目。

很快地,"儿童抗战剧团"就带着王洛宾编写的众多节目,前往青海西宁周边各县以及甘肃的河西走廊等地宣传演出。除了有《放下你的鞭子》《大刀向鬼子们的头上砍去》等一些抗日歌曲之外,也有王洛宾采用新疆民歌的旋律为孩子们编写的歌舞节目,像《达坂城的姑娘》《青春舞曲》《半个月亮爬上来》《阿拉木罕》等歌曲。

当年,王洛宾为剧团编写节目时不知倾注了多少心血,《阿拉木罕》的改编更是如此。

原来的民歌《阿拉木罕》是以说唱加舞蹈的形式来表演的,它要求表演者将几段唱词一口气演唱下来,这对剧团的孩子们来说是比较困难的。考虑到孩子们的生理特征和表演技能,他决定将《阿拉木罕》的词曲和节奏重新改编,用今天的话来说,就是"二度创作"。

当时,他还未到过吐鲁番,更没有见过美丽多情的"阿拉木罕"们。但他却凭着自己丰富的想象,描绘阿拉木罕的家就住在"吐鲁番西三百六",更细腻传神地描绘出阿拉木罕美丽娇艳的容貌,以及小伙子们为追求阿拉木罕,不惜冒着风和雪,不惜将鞋底磨破的那种痴迷难舍的画面:

阿拉木罕怎么样?
身段不肥也不瘦。
她的眉毛像弯月,
她的腰身像棉柳。
她的小嘴很多情,
眼睛能使你发抖。
阿拉木罕怎么样?
身段不肥也不瘦,
阿拉木罕怎么样?
身段不肥也不瘦。

阿拉木罕住在哪里?
吐鲁番西三百六。
为她黑夜没瞌睡,

为她白天常咳嗽。
为她冒着风和雪,
为他鞋底常跑透。
阿拉木罕住在哪里?
吐鲁番西三百六,
阿拉木罕住在哪里?
吐鲁番西三百六。

歌词写好后,他又重新编写了旋律。年轻的王洛宾大胆节选了原来《阿拉木罕》结尾最后两个小节的音乐元素,作为自己新编《阿拉木罕》开头两个小节的旋律,然后根据歌词的韵律,注入新的音乐元素才完成了旋律的改编。就这样,一首4/4的节拍、十个乐句,节奏舒缓、易于演唱的新《阿拉木罕》在王洛宾笔下完成了。

改编《阿拉木罕》过程中,还有一个特别重要的环节值得一提:原来的《阿拉木罕》为小快板的节奏,演员们要快节奏地边唱边跳,表演难度很大,成年演员可以做到,可孩子们却难以适应。为了让孩子们在演唱时也能边唱边跳,他特意将歌曲的四个乐句,由原来第一个小节的正拍起唱,全部修改为后半拍起唱。他为每个乐句第一个音符的前半拍都添加了一个半拍的休止符,添加了这四个半拍休止符后,不但使歌曲产生了一个特殊的艺术效果,也为小演员们提供了一个换气的机会,同时也解决了孩子们边唱边跳时体力不济的难题。

后来,王洛宾在总结自己改编民歌的成功经验时曾说过:"所谓心有灵犀一点通,我的成功恰恰正是在这一点之上"。

经他改编的《阿拉木罕》等一大批民歌作品,就这样成为中华音乐宝库中的经典之作。"一点"何其重要,何其宝贵!

改编后的《阿拉木罕》从上个世纪40年代"青海儿童剧团"的孩子们首次在西宁登台演出开始,一直传唱至今。

如今,这首幽默风趣、耐人寻味的《阿拉木罕》,被越来越多的人们所钟爱。中国人唱,外国人也在唱,这不正是王洛宾生前所殷切期待的吗?!

六盘山下,铺就西部歌王漫漫路

1938年4月,就在丁玲领导的西北战地服务团何去何从的时候,一个柳绿桃红的春日,王洛宾、洛珊夫妇和著名戏剧家兼作曲家塞克、舞台灯光师朱星南,以及刚自延安随同丁玲、聂绀弩来到西安突遭婚变受挫的著名作家萧军一起,踏上漫漫的古丝绸之路前往兰州。

对于共患难了六年的萧军的离去,萧红没有折柳相送。

自然,萧军也没有回首相望。

他们从此天各一方,再也没能聚首。

为了抹去朋友心中的隐痛,王洛宾唱起了《梦幻曲》……

在黄土高原的颠簸中,一辆满载货物的卡车,搭载着他们这几位都市人,艰难地驶抵了六盘山下。

他们一行抵达六盘山下的时候,全然没有"天高云淡,望断南飞雁"的苍茫感受。迎接他们的是层层叠叠阴云密布、淫雨绵绵旅人断魂的

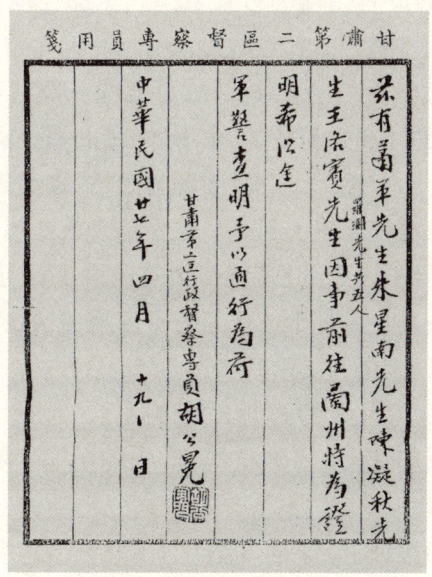

萧军王洛宾等一行赴兰州通行证

窘境。

搭载他们的货车停靠在了六盘山下一个名叫和尚铺的小村屯。一行人住进了这个只有一二十户人家小山村的唯一一家"旅舍"——车马店里。经营这个车马店的老板,是一位年过四旬的寡妇。在得知他们是来自大都市的作家艺术家后,肃然起敬的女老板给予了他们特殊的照顾:擀长面、包饺子,好似山村车马店迎来了百年难得一遇的贵宾。

女老板有一个很好听的外号,人称"五朵梅",年轻时是位方圆百里出了名擅长唱山歌的俊妹子。从她口中唱出的山歌,仿如六盘山中潺潺流淌出来的清亮泉水。至于她的外号"五朵梅",则起源于在她额上和太阳穴上的几处紫色印痕——系她患感冒时手掐留下的。当地人喜欢听她唱山歌,于是便给她取了这么一个花哨的外号。

五朵梅少女时代有一个俏情郎,但因为穷遭到了"五朵梅"家人的反对,而被迫出走,至今杳无音讯。后来,这个车马店的老板四方托媒,说了好几年才把心灰意冷的五朵梅娶到了家。但好日子没有过上几年,车马店老板便不幸病逝。由于自身命运的凄婉和一再受挫,"五朵梅"停止了她夜莺般的歌唱,尽管当地的男女老少们是那样地喜欢她,喜欢她唱的山歌。

在萧军和塞克看来,"五朵梅"的故事就像一部精彩的小说或戏剧,而格外引起王洛宾关注的,却是"五朵梅"唱过的那些富于西北民族特色的走西口山歌。为了重燃"五朵梅"唱歌的激情,接受过正规音乐训练的王洛宾抛砖引玉般地首先唱了起来。他抒情奔放地唱了一曲又一曲,终于,在王洛宾的引导下,"五朵梅"饱经风霜的脸上泛起了多年不见的红潮。她应允为这些来自大都市的作家艺术家痛痛快快地"唱上一嗓子"。

人若精神起来,天也为之助兴。

这天傍晚,下了好几天的雨渐渐地停住了。阴云虽然尚未散尽,即将放晴的远方天际却透出了一丝光亮,四周的空气弥漫着雨后山野特有的阵阵清新和芬芳。

在一片高山的崖坡上,身穿一袭阴丹士林布大襟衣衫的"五朵梅"面目一新,梳得光溜溜的脑后发髻上,插着一枚银光闪闪的簪子,顿时显得年轻许多。容光焕发的她告诉王洛宾他们,说她从前就站在这个山坡崖崖上唱山歌,又说唱山歌要想唱出味来就得站在山野野里唱……

站在崖畔上,在来自大都市充满着好奇心的后生们的簇拥下,"五朵梅"将目光定定地投向对面山间的一条蜿蜒而去的黄土路。望着,望着,她似是回忆起了自己的少女时代,她和她的情郎手拉手地在这条黄土路上款款而行的那些温馨时日……

"五朵梅"清了清嗓子,作为引子,她先是低声地唱了几段"小曲子",尔后,渐渐地进入了自己心中那个久违了的广阔的歌唱世界,积郁在胸中的多年情感,如滔滔黄河一泻千里般地迸发了出来:

> 走哩走哩(者)走远了,
> 眼泪(的)花儿漂满了,
> 哎嗨哟(的)哟,
> 眼泪(的)花儿把心淹(哈)了!
> 走哩走哩(者)越远了,
> 褡裢里(的)锅盔轻(哈)了!
> 哎嗨哟(的)哟,
> 心里(的)愁怅重(哈)了!

这是一首深远苍凉、跌宕起伏、凄婉哀痛的西北民歌。

一位年过不惑的山村妇人用全部情感唱出的一首山歌,不经意间创造出了一个完美的音乐形象,凝固成一个时代的民间艺术缩影。

经过"五朵梅"的这么一唱,眼前这些走南闯北有着丰富阅历和情感的作家、艺术家们全给镇住了!

伴随着凄婉而悠远的《眼泪花儿漂满了》的歌声,在这拨子来自大都市的年轻作家、艺术家的眼前,隐隐地浮现出了一个背负人生重担,渴望爱情、渴望幸福生活但又迫于无奈的流浪汉苍凉孤独的身影。他迈着异常沉重的脚步,怀着与自己心爱的姑娘永久别离的满腹心酸,艰难地跋涉在崎岖不平的山道上。最终,消失在了遍布荆棘的茫茫远方。

五朵梅的"花儿"真挚、苍凉、博大!王洛宾完全惊呆了!他开始思考这样一个问题:音乐的源头到底在哪里?那年头,出国留学时髦得很。然而,去外国留学,到头来,还不是"师夷长技",却很难走出自己的路,更别说是传承自己民族的音乐了。在听了五朵梅的"花儿"之后,王洛宾大彻大悟,他一下改变了初衷:"我还去法国留什么学呢?我把这些民歌收集好、改编好,就是我最好最重要的工作。"与五朵梅告别离开六盘山后,随着抗日救亡宣传活动的不断深入,王洛宾一边精心改编及创作抗战歌曲宣传抗战,一边在大西北留神四处寻找那些少数民族歌手,向他们求证、学习西部民歌。之后,将这些民歌改编并进行再创作,使之发扬光大。如今,王洛宾和改变了他一生命运的五朵梅都已经"走哩走哩(者)走远了……",但是那些传唱不衰的经典音乐名曲——《在那遥远的地方》、《达坂城的姑娘》、《半个月亮爬上来》……早已成为了不朽的记忆,进入了千千万万热爱音乐热爱王洛宾的人心中。

　　和萧军、塞克他们结伴西行,无疑是王洛宾人生和艺术道路上的一个重大转折点,一个由他早年心向往之的西洋音乐到华夏灿烂民间音乐的切换点。在西去阳关的这片苍茫的黄土地上,年轻的王洛宾为自己寻觅到了最为理想也最适合自己扎根的土壤。六盘山下这个名叫和尚铺的小屯,是王洛宾闯荡音乐王国的一个里程碑,"五朵梅"口中唱出的一曲苍凉凄婉的山歌《眼泪花儿漂满了》,为他洞开了通往歌王巅峰的大门。从此,王洛宾如痴如醉,一头扎进了丰富多彩的西北民歌世界:早期创作的《达坂城》、《可爱的一朵玫瑰花》、《在那遥远的地方》、《半个月亮爬上来》、《掀起你的盖头来》、《青春舞曲》、《阿拉木罕》、《玛伊拉》、《阿顿江》、《牡丹汗》;身陷囹圄绝境中一遍又一遍哦吟而成的《哈来龙》(又名《苏来曼与伊拉洪》)、《高高的白杨》、《撒阿黛》;还有上世纪70年代中叶获得自由后创作的《我吆着大马车》、《西琳江》、《哪里来的骆驼客》……

　　王洛宾怀着一颗永远年轻的心,怀着对其终生追求的音乐艺术,特别是对西北民歌艺术的一腔热忱,向世人献上了一曲又一曲民歌珍品。

　　"我想打完日本,再去巴黎学音乐。哪知在西北遇上'五朵梅',从此改变了我一生的命运。"相隔56年后的1994年,追忆往事,在同昔日的"右派"知友、老作家李桦先生的一次谈话中,王洛宾感触良多。

　　还是在这之前,大约是1990年的春末夏初,刚刚在乌鲁木齐访问了王洛宾并作过一番尽兴交谈的台湾著名女作家三毛,在宝岛的一家报纸上发表文章。在这篇绍介令她一见钟情的77岁古稀老人的文章中,三毛以她那支多愁善感的笔,这样写道:"这个沙多夫斯基伯爵夫人的高徒,拜倒在一位布衣短衫的农村老妇面前,从此进入了丰富多彩的中国民族音乐世界,一生都离不开中国大西北……"

确实,在以后的几十年中,特别是在王洛宾进入暮年后,每当有人向他探问起他当年音乐王国的起步和腾飞时,他总是不厌其烦地一遍复一遍地向来访者讲述他的启蒙老师"五朵梅"的故事,尔后,用他那苍老的歌喉,满含深情地唱起那首名叫《眼泪花儿漂满了》的山歌……

遥远的梦中情人卓玛姑娘

在王洛宾一生的整个歌海生涯中,有一首跨越国界的传世之作,它就是六十多年来人们百唱不厌、魅力四射的《在那遥远的地方》。

这是一首拨动亿万人心弦的歌,这是一首从驼峰上唱出来的歌。

这首歌一经问世,便不胫而走,从20世纪硝烟弥漫烽火遍地的抗战年代唱到了今天的21世纪。而且,它还将永远、永远地唱下去。

上个世纪四五十年代的国际著名歌唱家罗伯逊,自从见到这首歌曲后,便将其作为自己的保留节目,在唱红自己的同时也唱遍了世界。历史悠久、享誉全球的巴黎音乐学院,将这首歌编入了该院的东方音乐课程,一直延续至今。

王洛宾逝世一年后,1997年12月,一场名为《新世纪之音》的广场音乐会,在我国台湾省台北市举行。广场音乐会的压轴节目是:在国际上享有盛誉的三位著名歌唱家多明戈、卡雷拉斯和黛安娜·罗丝,联袂用华语演唱了《在那遥远的地方》,从而将这场广场演唱会推向了高潮。

可是,人们又有谁知道,当年王洛宾在创作这首歌曲时,他的第一次婚姻已经亮起了红灯。也正是在这当口,一个偶然的机会,他遇见了美丽而又"绝情"的藏族姑娘卓玛。然而,令王洛宾深为遗憾的是,不及告别,卓玛,宛如天际飞逝而过的一朵白云,在他的眼皮底下消失得干干净净。于是,怅然若失的王洛宾在归程的驼峰上造就了这首百年经典名歌。

那是 1939 年的夏天,我国著名电影创始人郑君里为拍摄影片《民族万岁》来到青海。《民族万岁》是一部反映各族人民生活的一部纪录片,也是推动全国上下团结一致抗日的宣传片。作为青海文化界的代表,王洛宾应邀加入了摄制组,与他们一起来到青海湖畔的金银滩草原。

摄制组就驻扎在金银滩千户长同曲乎家的大院里,并与千户长一家同吃同住。片中要拍不少牧羊场景,经反复挑选,郑君里选中了千户长的三女儿卓玛饰演牧羊女。此外,还需要一位赶羊的帮工,但寻觅来的一位藏民,几次试镜总是不合导演的要求,情急之中,郑君里一把拖过王洛宾,让他穿上藏袍充当帮工,协助卓玛姑娘一起牧羊,就这样,王洛宾紧随着卓玛姑娘,度过了终身难忘的三天牧羊生活。

按照郑君里的要求,王洛宾和卓玛姑娘同骑一匹马,卓玛在前,王洛宾在后,倏忽间,卓玛一个策马疾驰,平生第一次跨上马背根本没有任何思想准备的王洛宾突遭这么一颠扑,在向后仰倒的惊慌瞬间,本能地用双手紧紧地环住了卓玛姑娘的柔软腰肢……等到跑出去很远很远的时候,调皮的卓玛姑娘却倏地一下放松了马缰,口中爆发出了"咯咯咯……"的一阵忘情的笑声。原来,她是在有意捉弄身后这个从来没有骑过马的汉族青年。笑完,卓玛又将身子往后一仰,顺势靠在了王洛宾的怀中,默默地将手中的马缰绳递到了王洛宾的手中,任凭他扬鞭跃马,飞驰在辽阔的草原上。

为了增强拍摄效果和体现青海草原的特色,郑君里导演还专门在金银滩草原深处架设了一座漂亮的帐篷,围了一个羊栏……

黄昏来临了,绿色的草原上座座帐篷升起了缕缕炊烟,王洛宾跟随着卓玛姑娘将羊只一一清点入圈。他木然地站在栅栏旁,近乎痴呆地望着身披火红晚霞的卓玛姑娘。前面的卓玛这时仿佛感受到了身后这位异性汉族青年特别关注的目光,缓缓地转过身子,把那张因晚霞燃得彤红的盈盈笑脸对着王洛宾,许久,她举起了手中的牧羊鞭,轻轻地,轻轻地打在了王洛宾的身上……

三天的电影拍摄很快结束了。这是在青海湖畔的最后一个夜晚,王洛宾带着卓玛——据王洛宾晚年向人讲述,同在一匹马上在远处看完了郑君里为答谢藏族同胞放映的电影。据说,有人曾这样问王洛宾:"你们两人骑在一匹马上怎么看电影?"王洛宾微微一笑,回说:"怎么看电影你自己去想吧!"看完电影后,两人默默地、默默地踏着洒满月光的草地,走回了卓玛的帐房。卓玛掀起毡帘,将半个身子探进了帐房,尔后,又侧回身子,漾着迷人的微笑,带着几分惆怅,向着帐房外呆呆伫立的王洛宾投去了令他终生难忘的一瞥,随后,毡帘悄无声息地挂落下来……

令王洛宾意想不到的是,天亮后,一夜不曾合眼的王洛宾向着卓玛姑娘居住的帐房望去时,不由得一下愣住了:那里早已是空寂一片!原来,早在天亮之前,在家人的帮助下,卓玛姑娘就赶着羊群回她所在的部落去了。

和摄制组在回西宁的骆驼上,王洛宾时不时地回首凝望,呵,他是多么希望可爱的卓玛姑娘再度出现啊!伴随着一阵又一阵叮当作响的驼铃,26岁的王洛宾,就这样在驼峰上写出了世界上最美妙最抒情也是最具魅力最为悠久的歌《在那遥远的地方》。

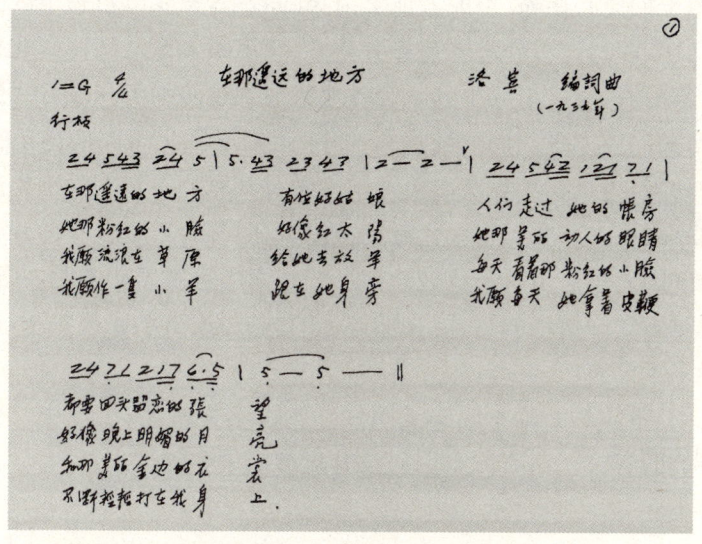

王洛宾手迹:在那遥远的地方!

这首具有藏族、哈萨克族双重民族风格和旋律、异常优美、抒情的歌曲,在西宁首唱后,很快就传遍了全国各地,传到了南洋,传到了欧洲、美洲,成为一首跨越时空、语言、种族、地域的优秀华人声乐艺术的经典之歌，即使正在进行中的异常残酷、惨烈的战争，也无法阻挡住她在世界各地的传唱。

在这里插入一个典故，一个颇能证明《在那遥远的地方》这支民歌独具的艺术魅力，然而又是令人无比心酸的故事。这个故事发生在《在那遥远的地方》诞生二十多年后，距今已经整整半个世纪了。

这事发生在上世纪60年代初。那时的"历史反革命"王洛宾，虽说已经从大牢里给放了出来，并回归了入狱前为之服务的新疆军区文工团。然而这次被释放，纯粹是因为军区文工团创作的需要。也就是说，军区文工团离不开他王洛宾。没有王洛宾创作的歌曲节目，新疆军区文工团难以在全军文艺团体中立足前茅。故而，经军区政治部批准，王洛宾得以获准假释回团，戴罪服务。当时，文工团里的演职人员，包括炊事员在内，都是清一色的现役军人，唯独王洛宾失去了穿军装的福分。也正是因为他是假释和戴罪服务，处在属于非人民内部矛盾的监外管制中，他亲手创作的作品，不能署他王洛宾的名字，只能以新疆军区文工团"集体创作"的名义对外发表。更有甚者，文工团无论是到首都北京参加全军文艺汇演，还是组成小分队赴各地包括为边防哨卡一线官兵慰问演出，王洛宾同样无缘随同前往。那一年，新疆军区文工团应邀前往越南民主共和国，为正在英勇抗击美帝国主义及其雇佣军和吴庭艳南越当局集团的越南民主共和国军民作慰问演出。在河内，二十多年前曾在中国境内与中国人民一道抗击日寇法西斯的越南国家主席胡志明，在接见演出人员时满含深情地问道："《在那遥远的地方》这支歌我很熟悉，这支歌的作者来了没有？"

见问，带队的新疆军区文工团领导倒也不失机灵，机灵中却作了很是无奈的回答："王洛宾同志因病没有能够前来参加演出。"

……

当年，在拍摄完《民族万岁》之后，王洛宾又多次前往青海湖畔的金银滩草原采风。每次去那儿，他也都住在千户长曲乎的家中。每天清晨，迎着晨曦，王洛宾就和卓玛一起，骑上马到很远的地方去找民间歌手搜集民歌。晚上回来，他就坐在酥油灯底下整理这些白天搜集到的民歌。凡遇到不明白的地方，他就请卓玛为他释疑。他也会时不时地给卓玛一家人讲大都市的情况,讲汉族人的生活习俗和种菜、盖房、做家具……

王洛宾创作出如此美妙的《在那遥远的地方》,当然受到了美丽多情的卓玛姑娘一举一动的启发。他爱卓玛姑娘,但这种爱是纯情的、高尚的。别看王洛宾外表俊逸浪漫,骨子深处,却是传统的,他决不会在婚姻之外因"色"而逾越雷池一步。如果说王洛宾这一生有过什么"情人"的话,那么,至多也只能算是"梦中情人"罢了。这个"梦中"的情人,就是曾一度与之朝夕相处的藏族少女,美丽多情的卓玛姑娘。在1941年4月前,王洛宾有着自由恋爱及共同事业追求产生的爱情与婚姻。他从来不曾想过要背叛这个婚姻,尽管后来婚姻最终解体。接着是婚姻解体后三年多的牢狱之灾。倘若当初离婚之时他不被抓走关押,而是顺顺当当地回到西宁的话;倘若不是1944年出狱后数日他就与黄玉兰喜结良缘的话,那么,笔者认为,极有可能,王洛宾会奔向金银滩深处的同曲乎千户长家,向卓玛姑娘献上一枝大红玫瑰的。

与王洛宾分别后,在卓玛姑娘身上也发生了一些前所未有的变化。据卓玛家人晚年向人讲述,正是由于从王洛宾这个汉族青年身上学到了不少东西,卓玛当年变得前卫多了。她曾与不少汉族青年有过来往,她拒绝了一个又一个向她求婚的藏族小伙——她身边不乏追求者,不仅仅因为千户长家的家产,还有她的美丽多情,她的善解人意。最终,在王洛宾那个闪电式结婚三年后,卓玛姑娘与一位汉族人结了婚。这位汉族人就在卓玛家所在地的海北藏族自治州海晏县工作,这能不说明一些问题吗?而同曲乎一家对王洛宾的感情与思念又是这么的浓烈和悠久。自上世纪90年代中后期以来,卓玛的弟妹们,在青海湖畔的金银滩草原搭建了由五座帐房组成的"老房东旅游度假村"。每逢游客入住,作为历史见证人已入晚年的卓玛弟妹们,都会深情的向游人们讲述《在那遥远的地方》创作的经过,讲述王洛宾和卓玛同骑一匹马奔驰在草原上的动人场景……

听了卓玛家人这一番原汁原味的讲述,游客们全都明白了:之所以这个度假村冠名为"老房东",敢情,这老房东就是王洛宾啊!回味之余,人们由衷地发出一声叹惜,叹惜当年王洛宾没能和美丽聪颖的藏族姑娘卓玛走到一起,演绎这首脍炙人口的民歌之外的又一百年经典。

然而,话又得说回来,人们的美好愿望是一回事,而生活的现实是另一回事。倘若,当初王洛宾真的与卓玛姑娘走到一起的话,那么,王洛宾后半生的历史就要改写了。

相隔四十多年后,1988年的龙年新春佳节,年逾古稀的王洛宾又踏上了这片神奇的土地。在青海电视台举行的春节联欢晚会上,在声情并茂演唱完《在那遥远的地方》后,已是75岁高龄的王洛宾,亲切地会见了当年的许多老朋友和他曾经教过的学生。触景生情,他更加怀念起流金岁月,和美丽的藏族姑娘卓玛同骑一匹骏马,相伴相随在青海湖畔的三天电影拍摄生涯……

临告别时,藏族诗人,青海省文联主席格桑多杰,向王洛宾赠送了一帧藏族人民传说中的卓玛女神的画像。格桑多杰还为此赋诗:

　　心中有一片多情的牧场
　　秋云间宽畅
　　春雨里花香
　　你是哪方的雪乡
　　你是哪方的湖光
　　岁月把您珍藏
　　去找春燕的梦乡
　　伊呀啊热罗

　　心中有一尊爱的卓玛
　　秋云间牧羊
　　月光下吟唱
　　你是哪方的草原
　　你是哪方的姑娘
　　岁月把你珍藏
　　寻找远方的帐房
　　咿呀啊热罗

接过诗人写的诗,心有灵犀一点通的王洛宾当场为之谱了曲,当场做了激情的演唱。如今,这首名为《咿呀啊热罗》的歌曲,作为《在那遥远的地方》的姐妹篇,在青海被人们广泛传唱。

回到乌鲁木齐,王洛宾虔诚地将这帧卓玛神像挂在了自己的卧室里,他也同样赋诗一首,以寄达自己心中珍藏了长达半个世纪的绵绵情思。王洛宾饱含深情地写道:

  从遥远的可可诺尔

  回到新疆

  褡裢里

  一边装着蕨麻

  一边装着幸福和欢唱

  坐在琴旁

  轻声歌唱

  从蕨麻编成一首最甜的歌

  把遥远的情谊

  组成了三个乐章

  ……

也就在这一年,对于王洛宾来说,真正是称得上龙年大吉了:历经半个世纪的风雨沧桑,《在那遥远的地方》在唱遍华夏大地,唱遍世界各个角落之后,著作权终于回归了她的主人名下——这一年,由北京出版、中国音乐家协会主办的第一期《歌曲》杂志,用五线谱庄重地发表了这首歌曲,并且第一次堂堂正正地标注上了"王洛宾词曲"的字样。沿用了近半个世纪的代名词"青海民歌",终于退出了历史的舞台。

也就是在这一年,针对有人试图否定王洛宾为这首歌曲原创作者这一史实,一些热心而又严谨的专家经过反复考证,一本由郑君里摄影师当年亲笔撰写的日记适时地浮出了水面,它还了王洛宾一个清白。这本在《民族万岁》拍摄之余写下的日记,翔实地记录了王洛宾当初创作《在那遥远的地方》的前后经过,以及拍摄现场王洛宾与卓玛同骑一匹马牧羊的珍贵瞬间。

人们还寻觅到了当年由王洛宾作词作曲的我抗日军民和国民党主战派军队浴血杀敌的《台儿庄大捷》的歌,这又一次证明王洛宾还是一位高扬爱国主义主旋律的民族音乐家。

歌儿、曲儿,一一回到了作者的名下,但盛名之下的王洛宾却并没有因此止步。他依然根植于祖国大西北的高原上,用已经苍老的歌喉,继续深情而又忘我地歌唱着。他的生命是人民给予的,他的歌王生涯是人民为他奠基和营造的,他要永远为人民放歌高唱,直到生命的最后一息……

为纪念为青海文化音乐事业作出了不朽贡献的王洛宾,也为纪念藏族姑娘卓玛和汉族青年王洛宾之间的纯真友情,以及王洛宾所作的那首闻名全世界的《在那遥远的地方》的传世之作,海北藏族自治州有关部门拨出专款,建造了一座面积达三百多平方米的王洛宾在青海事迹展览馆。迄今,展馆已经接待了逾20万名中外游客,每年还举办以王洛宾名字命名的王洛宾文化艺术旅游节。在青海湖畔金银滩草原的一块巨石上,镌刻着由王洛宾生前特地书写的手迹——"在那遥远的地方"……

王洛宾逝世六年后,新世纪之初的一个雨后美丽的夏日,王洛宾文化艺术传播机构的创立者,其三子王海成来到父亲当年生活及创作《在那遥远的地方》的发祥地——青海湖畔的金银滩草原,在卓玛一家人居住的三角城,与曾任海晏县人大常委会副主任的卓玛胞弟高贝先生以及卓玛的妹妹才让卓玛相见。从他们的口中获知——卓玛早已在1953年因病去世,她没有留下任何后代。

囚徒的歌唱:大墙内那首《高高的白杨》

1960年,王洛宾因"反革命"罪被判入狱,获刑15年。原因是无端遭人利用歌词中的谐音对他进行政治陷害,把他送进了监狱。

关于《高高的白杨》王洛宾在"音乐笔记"里是这样记载的:

《高高的白杨》,维吾尔族民歌,一九六九年秋于八家户。

"八家户"是囚犯们对新疆第一监狱的称呼。

这一年夏秋之交,监狱里关进了一个名叫吾甫尔江的维吾尔族青年。他在即将结婚之际,由于心情高兴做事毛手毛脚,不小心摔坏了一尊毛主席瓷像。那个时代发生这样的过错,性质是相当严重的,没有人发现就算了,如果让冤家对头看到,你再有点家庭出身或者复杂社会关系之类的小辫子,那就算完了,很可能打成"现行反革命"。

最令人担心的事情发生了,吾甫尔江摔坏毛主席像的事情让人知道了。这个老老实实的维吾尔族青年遭到了可怕的诬陷,最终以"反革命罪"被判刑入狱。

未婚妻子受不了这样沉重的精神打击,吾甫尔江入狱不久,就离开了人世。吾甫尔江闻讯悲痛万分,为纪念自己的未婚亡妻,发誓从此不再理发剃须,但这违反了监狱的规定。因为拒绝剃头和刮胡子,在狱中屡遭其他犯人残酷毒打。

王洛宾心里明白,吾甫尔江是个老实忠厚的维吾尔族好青年,他是无罪的。目睹吾甫尔江被别人打得血流满面,他心里发怵。有好几次,王洛宾想上前劝阻殴打者,但那些身高马大的殴打者用凶狠的目光制止了他——王洛宾的身份是"老反革命分子"。他若去说情,他们不但不会理睬,弄不好还会把吾甫尔江往死里打,或者连他王洛宾也一起打。

吾甫尔江的悲剧深深震动了王洛宾。眺望着铁窗外一排排挺拔的白杨树,联想起自己无端蒙冤身陷囹圄的不幸遭遇,联想到解放初期亡妻黄玉兰的悲剧,他突然萌发出强烈的创作欲望——长歌当哭,为吾甫尔江,也为自己那曾经的另一半,那个美丽的影子,不幸的妻子黄静。

王洛宾十分惊奇,他和吾甫尔江的命运居然如此相似。

经过短暂的构思,以白杨——姑娘——丁香——牢房——浮云为意境的三段凄美歌词在他的笔下悠然而现:

　　高高的白杨排成行美丽的浮云在飞翔
　　一座孤坟铺满丁香孤独地依靠在小河旁
　　一座孤坟铺满丁香坟中睡着一位美好的姑娘

枯萎丁香引起我遥远的回想姑娘的衷情永难忘

高高的白杨排成行美丽的浮云在飞翔
美好姑娘吻着丁香曾把知心话儿对我讲
美好姑娘吻着丁香曾把知心话儿对我轻声唱
我却辜负了姑娘的衷情歌唱悄悄躲进了牢房

高高的白杨排成行美丽的浮云在飞翔
孤坟上铺满丁香我的胡须铺满胸膛
美丽浮云高高白杨我将永远抱紧枯萎的丁香
抱紧枯萎的丁香走向远方沿着高高的白杨

这是一幕悲惨的歌剧和一首悲惨的情诗。

王洛宾从自己收集的音乐资料中，细心挑选了一首流传已久的伊犁维吾尔族民歌旋律，为这三段凄美的歌词配上了曲。

他挑选的这首民歌旋律，来源于东疆哈密，曲调深沉而悲怆。清朝年间，官府强迫东疆的百姓移民，前往伊犁地区开荒。那些被迫背井离乡的农民，满腔悲愤，拖家带口，就是唱着这首悲伤的哈密民歌曲调，一路迁徙到北疆的伊犁。后来，随着近百年时光的流逝，这支哈密民歌逐渐演变成为伊犁民歌。

这首民歌旋律，是王洛宾 1955 年随军区文工团赴伊犁地区慰问演出，在一个偶然的情况下听到的。10 年之后的 1965 年，王洛宾在新疆第一监狱服刑时，在他的请求之下，一位来自伊犁地区的维吾尔族知识分子囚犯，用维语演唱这首歌，讲述了这支歌的演变过程。

王洛宾对这首伊犁民歌有着特殊的感情，最后决定用它的旋律来编配刚刚完成的《高高的白杨》。

在原民歌中，维吾尔语的歌词是多音节的，而《高高的白杨》汉语歌词却是单音节的。为了让民歌旋律与创作的汉语歌词完美结合，王洛宾将原民歌 2/4 拍、28 个小节的旋律，改编为 4/4 拍、十六个小节的旋律。他还在旋律的第十一小节中使用了两个 b7 音符，在第十三小节使用了一个 b7 音符。这三个 b7 音符的运用,让旋律紧扣住歌词悲伤的情感特征,显得更加生动,得到了特殊的艺术效果。

经过王洛宾精心编配,三段凄美的歌词和悲情的旋律交相辉映,组成一首感人至深的维吾尔族歌曲《高高的白杨》。

正如王洛宾获得自由之后所说:"我的很多的成功作品,往往不是在幸福中创作,而是在痛苦中完成的。"

1975 年,王洛宾终于结束了漫漫十五年的牢狱生活,带着一个破旧的铺盖卷和他在狱中搜集、改编的大量民歌,走出了新疆第一监狱的大门。

王洛宾出狱后,他改编的维吾尔族民歌《高高的白杨》开始在社会上流传。1982 年,王洛宾冤案完全平反昭雪后,甘肃人民出版社将《高高的白杨》正式编入当年出版的《洛宾歌曲集》。

至今,《高高的白杨》已在民间传唱了三十多年。

从 1982 年至 2008 年的二十多年时间里,署名王洛宾改编的维吾尔族民歌《高高的白杨》入选大专院校的声乐教材,并常常在国内大型文艺晚会上多次被歌唱家们演唱,深受人们的喜爱。

1960 年入狱到 1975 年释放,这 15 年时间,对于王洛宾来说,实在是太漫长了。虽然他性格很宁静,可毕竟他是一个有着丰富思想的人,一个异常活泼的人,漫长的囚禁犹如一根软软的绳子,在慢慢地绞杀和吞噬他宝贵的生命。

有一段时间王洛宾非常绝望,不知道怎样打发狱中的漫长黑夜和白天。想来想去,他感觉自己再这样活下去,没有什么意义了。命运如此坎坷,与其这样,不如死了,一了百了。

一天,神情恍惚的王洛宾在身上藏了根麻绳,趁没人注意,跑进砖窑边上一个破草棚,把绳子拴牢在棚顶的一根木头上,慢慢地套到脖子上。正要踢倒脚下砖头的一刹那,忽然从远方传来了歌声,那是正在砖窑中干活的维吾尔族狱友在唱一支王洛宾编写的维吾尔族民歌。

王洛宾猛地愣住了,大家还在唱我的歌!

他凝视着窗外湛蓝湛蓝的天空。歌唱到第二遍的时候,他醒悟了:我没有罪,应该活下去!别人都能唱着我写的歌活下去,我为什么要去死?我还得写歌!

他手抓绳子,向棚外看去,一片白云慢慢飘过来。王洛宾仿佛看到了儿时家中窗户上贴着的云彩窗花,仿佛看到了母亲的影子。母亲是最爱云彩的,所以他也爱天上的白云。他想起了苦难的吾甫尔江,想起了亡妻黄玉兰,想起了他为这些不幸逝去的人所写的《高高的白杨》——自己应该活着,等待出狱后把这支歌唱遍天下!

幡然醒悟的王洛宾,从脖子上摘下绳子,把它扔在草棚的一角,跺跺脚,重新干活去了。

王洛宾(左一)在监狱背砖

"文革"中,监狱外面"天翻地覆慨而慷",里面倒是风平浪静得很,有警戒森严的守卫,哪边的造反派也别想进来。监狱让王洛宾躲过了人生一场大难。

当时全国"唱红"毛主席语录歌,监狱里教育犯人的高声喇叭天天播送"什么人站在革命人民方面,他就是革命派"、"革命不是请客吃饭不是做文章"。王洛宾听了,从中得到启示:我为什么不能把《共产党宣言》也谱成曲子让大家唱呢?结果,他花了好多时间,竟然谱成了,歌词用汉、维、英三种文字填写——这是世界上唯一的一部《共产党宣言》大合唱,只不过从来没有被搬上舞台。

就这件事,王洛宾后来还写过专门的说明:

如果有人问我,写这首歌的动机是什么?我的回答是,因为我大半生崇拜的是列宁,尤其是后半生,我的思想中,不是从革命认识列宁,而是从列宁认识革命。童年时代,我们隔壁的公寓住着许多俄文专修馆的学生,经常听他们赞誉列宁。后来又读了许多关于列宁的故事,体会到这位伟大的革命家的言行统一,甚至在私生活中也找不到一点"私"字的迹象。因此读了列宁对"宣言"的评述后,下决心精读它,用音乐描述它。

这个大合唱也许现在没人唱,但是将来总会有人唱,并且说不定是外国人先唱。

对于上面的人指责他长期以来"反党、反革命",王洛宾思想上一直不能接受。他在一份交代材料中说:

有人说,长期以来我一贯是与党对立的,这点我思想上是通不过的……从1938年抗日战争开始,我便开始音乐创作,一直到现在发表了歌曲将近400首,歌中充分地说明了我喜爱和歌颂的是什么。难道都是在说谎吗?一个人说谎能说24年吗?

王洛宾向苍天发问!

在监狱里,王洛宾还写了一些民族音乐方面的理论探讨文章。在一篇题为《关于维吾尔族民歌唱法的探讨》中,他归纳说:一、维语的多音节结构和文法组织形成语言冗长的特点,继之形成乐句冗长的特点;适应冗长乐句的做法是:(1)如果悠长旋律中进行的是开口音,则转换为闭口音的衬字,以节省气息;(2)句与句之间的气息准备用前句结束时作气息冲击来完成;(3)母音转换时,喉头、软腭、舌根等部位活动明显(与美声唱法正好相反),富有弹性,造成甩音,既形成特殊的旋律风格,又调节了声音和气息。二、主要语言部分,旋律线从容平衡,很口语化,而在旋律中延续感情或唱衬字时,则旋律婉转起伏,声音力度变化丰富,并强调重音来表现节奏,甚至在延长音中也充分体现节奏的韵致。

王洛宾一生坐过两回大牢,一共十八年。如果是普通人,含冤入狱十八年,等出来后也就心灰意冷了。

而王洛宾却不然。不论是解放前坐大牢,还是解放后蹲监狱,他始终没有放弃对音乐的追求和对祖国、对生命与爱情的歌唱。他一生坚定地恪守着自己的信念:"音乐是宗教,爱情是信仰"。

王洛宾把挫折和困难,看成是"云游"的过程。这种信念支撑他坚持下去,让他具有了异乎寻常的忍辱负重的力量和勇气。

对于王洛宾,音乐已经成为支撑他度过监狱生活最重要的精神力量。趁着监狱里每月有一天的"大礼拜休息日"的空儿,他总要抽时间去找那些会唱歌的少数民族狱友们唱民歌,进行记录和整理。

王洛宾曾经说过:"我在狱中搜集、整理民歌,都是用自己节省的口粮'窝窝头'和别人换来的。"20 世纪 60 年代,全国都在闹粮荒,监狱因犯们的口粮更是少得可怜。为了得到那些会唱民歌的囚犯们的理解和帮助,王洛宾从自己不多的口粮中匀出一些送给他们,换回那些在别人看来既不能充饥也不能卖钱的口头民歌。

将近刑满释放前,儿子海成探监时给王洛宾带来一大包他喜欢吸的"莫合烟"(新疆特产,一种用报纸卷着抽的土制烟叶),他收下了,但对儿子说:"爸爸不吸烟啦,这烟,可以给会唱歌的那些少数民族的狱友们换歌呢!"

有的狱友嘲笑说:"那个王洛宾,真是世界第一大傻瓜!"

但其他狱友会立即纠正道:"你错了!可不要小看了王洛宾。人家没有进来之前,是个名气很大的音乐家,没有几个人能比得上。现在是落难的凤凰不如鸡,不信你看着,等他有朝一日出去了,可是个不得了的艺术家!"

王洛宾已经习惯于把苦难的监狱当成磨炼意志的场所,当成自由创作歌曲的殿堂。他对音乐的热爱和痴迷,到了常人无法理解的程度。

你无法要求我不爱你

1990 年 4 月 16 日,午后,王洛宾正独自一人在乌鲁木齐军区幸福路干休所的寓所内打着盹,房门被轻轻地叩响了。

一位肩披长发,身着黑红格子毛呢外套的陌生中年女性,热情奔放地出现在了他的面前。她,就是有着万千读者的台湾著名女作家三毛。

三毛的突然造访,缘于香港女作家夏婕在访问了王洛宾老人后,在台湾发行量最大的报纸《中央日报》上撰写的特稿。一连数日,这家报刊刊发了夏婕所写的题为《王洛宾老人的故事》。在台北的日子里,夏婕还向三毛讲述了王洛宾生龙活虎的人生经历。三毛听后,分外感动。应三毛的要求,夏婕还向她提供了王洛宾在乌鲁木齐的住址。于是,三毛便和表弟一起参加了台湾旅行社组织的一个大陆西域旅行团。他们是在甘肃的敦煌、新疆的吐鲁番等地转了一圈之后来到乌鲁木齐的。对于三毛,洛宾老人不是十分了解,若说了解的话,那也只能说是他知道眼前的这位三毛女士,是一个在大陆拥有大量读者的畅销书台湾作家,如同走红的琼瑶、席慕容。对于三毛的这次来访,就像当初对待夏婕、凌峰及众多海外来访者一样,王洛宾简单地向三毛讲述了自己一生的经历,以及所创作的代表性歌曲。

关于王洛宾和三毛之间的这次突兀会面,王洛宾生前曾经写过一些比较详细的诗化文字,记录了当时的一些情景,以及自己的感受。

王洛宾这样写道:

海峡来客
一九九零年四月十六日

是谁在敲门
声音那样轻
像是怕惊动主人

打开房门
顿吃一惊
原来是一位女牛仔
模样真迷人——
镶金边的腰带
大方格的长裙
头上裹着一块大花巾
只露着

滴溜溜的一双大眼睛

我们相对注视了一阵,客人开口:
"洛宾先生吗?"
"是,请进!"

我将客人引入客厅,端水返回时,她正摘下礼帽,打开花巾,对着钢琴上的镜子一甩头,把弯曲的长发披满了肩头,简直是神话中的仙女动作。当时我心中编了一段歌词,作为《掀起你的盖头来》的第五段:

掀起你的盖头来,
美丽的头发披肩上,
像是天边的云姑娘,
抖散了绵密的忧伤。

王洛宾还写道:

当时精神集中在客人的鬈发上,竟忘了问人尊姓大名?还是客人自己作了介绍。"我是三毛,月前受台湾明道文艺编辑部的委托,顺便为你带来了稿费。"

相互认识后,谈得很投机,相互谈了对方的作品,她问我:"一个人住这样空荡荡的房间,有没有寂寞感?"

我未作声,用手指了指钢琴,我反问她:"你到处流浪,不寂寞吗?"

她笑着说:"流浪本身即为了排除寂寞。"

我又端详了一下她的打扮,打趣地说:"你是不是把乌鲁木齐想像成一个原始的牧场,街上来往的人都骑着马,年轻人的马鞍上都拴着套马绳?"

她笑着摇头不语。

"那你为什么这身打扮:如果你的皮靴后跟上再钉上一对马刺,人们一定以为你是双手开枪的女牛仔呢!"

说得她仰天大笑。

我心里说:"真是一个热情、开朗、洒脱、无羁的女人!"

她为我唱了自己的作品《橄榄树》,她的歌,她的声音以及感情都很美,我很快的想到:一个人唱自己的作品,容易唱得好,因为感情的表达,在创作过程中,已经下过很大的功夫。

我也为她唱了一首狱中的作品——《高高的白杨》,并介绍了歌中的故事:一个维吾尔青年在结婚前夜被捕入狱,美丽的未婚妻不久忧郁而死去,青年为了纪念死者蓄下了胡须。

当我唱到"孤坟上铺满了丁香,我的胡须铺满了胸膛"这句歌词时,三毛哭了。唱罢,我向她表示谢意,因为她的眼泪,是对我作品的赞扬。

我问她:"是不是因为荷西是大胡子,你才喜欢这首歌的?"

她说不是,是听了这首歌之后,更喜爱大胡子!

我们又从胡子谈到了荷西。

我说:寻找对象,对方的名字,关系很大。你知道在维吾尔语言发音中"荷西"是什么意思吗?你知道吗?维吾尔人在告别时,双方都互相说着"荷西",这"荷西"是再见的意思,也许因此荷西提早离你而去。

三毛郑重地盯着我说:"那么以后我找对象,一定要找个名叫'携老'的啦!"

她边笑边向我告别,约我明晚去宾馆看她。这位作家的思维真够敏锐的!

第二天,1990年4月17日晚间,王洛宾如约来到了三毛居住的宾馆。对于俩人间的这第二次会面,王洛宾是这样向我们描绘的:

……在沙发上坐定之后,三毛走向墙边打开了屋顶上的聚光灯,在灯光下站了一会儿,正像演员们在舞台上暂时的亮相。

噢!完全不是昨天那位风尘仆仆的女牛仔,而是一位披着一头秀发的窈窕淑女,美丽迷人。是不是女人们装扮多变,使男子感到奇异,也是她们的一种享受。

三毛提着长裙,轻微地摆动了两下,似乎等待我鉴赏,我却言不由衷的说了一句:

"亲爱的作家,晚上好!"

三毛为我倒了一杯茶,便坐在沙发前的地毯上,双臂搂着膝盖开始听我的故事。

我讲的是囚犯曲《蚕豆谣》。

……

临别,三毛告诉我,明天将随旅行团经四川返回台北,秋天一定再来。

1990年9月,三毛在王洛宾家中客厅留影

就在王洛宾走出宾馆时,当着众人的面,三毛忘乎所以欢呼雀跃地向王洛宾老人大声喊道:"给我写信啊,回去就写,我到台北就能看到你的信了!"

在老人的眼中,三毛无疑是一个孩子。王洛宾唯一期待的,就是三毛主动承诺的为他写书编电影剧本的事儿。

但此时此刻三毛的内心感情世界,却与老人大相径庭,她要……

仅仅相隔十天,三毛刚一回到台湾,就提笔给王洛宾写来了情真意切的信。三毛这样写道:

> 万里迢迢,为了去认识你,这份情,不是偶然,是天命。没法抗拒的。
>
> 我不要称呼你老师,我们是一种没有年龄的人,一般世俗的观

念,拘束不了您,也拘束不了我。

回来早了三天,见过了您,以后的路,在成都,走得相当无所谓,后来,不想再走下去,就回来了。

闭上眼睛,全是你的影子。没有办法。

照片上,看我们的眼睛,看我们不约而同的帽子,看我们的手,还有现在,我家中蒙着纱巾的灯,跟你,都是一样的。

你无法要求我不爱你,在这一点上,我是自由的。

上海我不去了,给我来信。九月再去看你。

寄上照片四大张一小张,还有很多,每次信中都寄,怕一次寄去要失落。想您。新加坡之行再说,我担心自己跑去李豪不好安排,秋天一定见面。

……

在以后的信中,三毛一再说:来乌鲁木齐后决不住旅馆,就住在王洛宾的住所。她还强调,她要走进王洛宾的生活。

面对三毛火辣辣情感恣意宣泄的一封封来信,老人明显地感到不安。思忖再三,他提笔写信告诉了三毛一个故事。他说,英国大文豪萧伯纳有一柄破旧的阳伞,这柄阳伞早已失去了可以遮风挡雨的功能。而萧伯纳每每出门时,也将它权作拐杖之用。写到这里,王洛宾自嘲而又诚恳地说道:而我王洛宾,就像萧伯纳手中那柄破旧的阳伞!往后,王洛宾又大大延缓了回信的间隔时间。但所有这一切,都无法阻挡住三毛从少年时代起就养成的我行我素火一样的赤裸裸的情感。就在这一年的八月,距上次会面才不过四个月,三毛携着满

三毛手稿

满一皮箱长期居住要用的衣物，从北京《滚滚红尘》电影制作驻地直接飞向乌鲁木齐，一下飞机便住进了单身老汉王洛宾的寓所。

这时，新疆电视台正全力以赴地在拍摄一部五集电视传记片《洛宾交响曲》。这是一部反映王洛宾人生经历的电视片。一听说三毛要来，大喜过望的导演灵机一动，当即安排了一个原先剧本没有的镜头：王洛宾手捧鲜花走上飞机，与三毛一同……

然而，也正是这个原先剧本中没有的镜头，最终却成了一根导火线，生死离别的导火线。

从机场出来，一到洛宾家中，在机场被迫充当纪实电视片客串女主角时所滋生的愤懑一扫而光，只见三毛迫不及待地打开了那个塞得满满当当的衣箱，从中取出了一套在尼泊尔精心选购的藏族衣裙，飞快地穿在了自己的身上。仿如半个世纪前青海湖畔那位藏族少女卓玛，她要……

继而，她专心致志地在这三室一厅的屋子里精心布置了起来，俨然是一副家庭主妇的模样。

她还不由分说地拽上王洛宾，双双骑上自行车，奔走在乌鲁木齐市的大街小巷、百货商店、菜市场……一时间，整个乌鲁木齐市的男女老少"观众"们，望着这一对每日双进双出年龄差异很大但又都是大名人的男女，一个充溢着玫瑰色彩的动人故事，在乌鲁木齐市的各个角落不胫而走……

然而，与她期盼的恰恰相反：王洛宾这把"破旧的伞"，始终与她保持着一个应有的距离。还有，自她抵达之日起，一个电视片摄制组日日围住了本应该属于她一个人的王洛宾老人。与此同时，也像迎接天外来客那样，给她编配了一个又一个她根本不愿意扮演的角色……

三毛一下病了，她不但病了，而且也陷入了极大的委屈和极度的痛苦之中。尽管王洛宾为他请来了乌鲁木齐市最好的医生为她诊治，雇请了一个大学生姑娘负责照料她的饮食起居……

三毛为年迈的王洛宾付出了爱，不顾一切的狂热之爱，可王洛宾依然是前些日子在信中自嘲的那柄萧伯纳手中的破旧阳伞，没有给她相应的回应。可以这么认为，三毛的这个爱恋，从一开始，就是一个畸形的错了位的爱恋,横在她面前的是一道无法逾越的鸿沟。对于王洛宾来说,他清醒地认识到,由于两个人的经历、年龄不尽相同,俩人的兴趣和待人接物的处事原则不尽相同,不谐调的音符无时无刻不存在。三毛历来多愁善感,长期处于压抑的梦幻之中,她怀念,她索要的是已故丈夫荷西式的那种浪漫爱恋。而王洛宾由于一生经历了太多太多的磨难,同他奔放不羁的外表相比较,骨子里依旧是传统的东西牢牢占据着。他所面对的是现实,活生生的现实,一句话,他王洛宾老了,而且,他压根不是荷西!他只有黄静黄玉兰!

终于,压抑长久、蓄势已久的"火山",猛烈地爆发了!尔后,三毛提着沉甸甸的衣物箱,愤怒地奔出了老人的家,她曾试图与老人一起过家的那个家。

离开时,她悄悄地在老人使用了多半生的那把吉他的弦上,嵌入了一枚粉红色的发卡,给这个"家"留下了最后的念想。

怀着莫大的委屈,莫大的悲伤,三毛离开了她憧憬了好几个月的乌鲁木齐,一去不再复返。

这一天,是1990年的9月7日。

三毛走时,洛宾老人到机场为她送了行。

去华侨宾馆看望三毛时,王洛宾是带着好几个人去的。三毛一看,又是这么多人,她不由得忘形地抱着老人放声大哭着说道:"我就要你一个!"

她的满含愿景兴冲冲赶来,她的满腹委屈败兴兴离去,不能不说是一个天大的遗憾,无论是对于她,还是王洛宾。

他,和她,毕竟是生活在两个世界中。

使他们无法融为一体的并不单纯是年龄,还由于他们各自的世界:王洛宾的内心里,盛满了对自己心目中的女神,世界上独一无二的贤妻黄静的无限爱恋与思念。他的无限爱恋与思念,任谁也无法改变,纵然山崩地裂,海枯石烂!

三毛离去后,王洛宾发现了吉他上嵌着的那枚粉红色的发夹,他立即想到这是三毛留给他的最后纪念。于是,他把这枚发卡珍藏了起来,写就了一首歌,并将这首歌命名为《幸福的D弦》。王洛宾拨动吉他唱道：

> 我常拨弄着琴弦独自漫步海滩上
> 琴声那样忧郁弹奏着无尽惆怅
> 今天我抱起吉他琴声却这样明朗
> 像一只自由的白鸥追逐着海波浪
>
> 虽然 Sanmoor 不在身旁琴声却是这样明朗
> 因为她那发针插在 D 弦上
> 啊我幸福的琴弦奏起幸福的交响
> 她那粉红的发针曾经插在鬓发上

然而，这"幸福的交响"竟然是何其的短促！

粉红色，是梦幻的象征，而梦幻，总是要消逝的。

对于三毛的哭泣着的离去，我们的洛宾老人同样痛苦不堪。他为不能给三毛那种只有两性间才有的爱恋深感歉疚和不安。他心中牵挂着三毛，尤其是在无法获取三毛行踪信息的时候。他给三毛去了信，像父辈一样问候三毛，但三毛这回却没有像初度会面离别后那样迅速回信。在这焦虑久候的期间，王洛宾去了新加坡演出。在新加坡，他又一次提笔给三毛写了信……

王洛宾有所不知，因"失恋"陷于巨大痛苦旋涡中的三毛，并没有马上回到台湾，而是一直在外面游荡。等她回到台湾见着洛宾老人的数封来信的时候，已经是两个月后的时候了。然而，她还是没有提笔给王洛宾写回信，因为她的心已经死了。

人世间最令人难以承受的是：哀莫大于心死。

而哀怨一旦到了极限，便摆脱不了一个"死"字。

3个月后，1990年12月11日，三毛给王洛宾写来了最后一封信。在这封信中，她编织了一个美丽而又压根无法自圆其说的谎言："我在11月14日，在香港与英国老友 O·Sheal 先生订婚。没有发新闻，没有通知任何人，只两个人悄悄出去吃了一顿饭。回台禀报父母，如此而已。"

信尾的署名是"平平",而不是已往人们司空见惯了的"三毛"。

三毛的真实姓名叫陈平,那似乎是一个遥远而又陌生的名字,但她终于回归了原初。这与民间常言的"赤条条来,赤条条去",是同一个意境。我们的洛宾老人却没有悟出这一个落款更迭中内藏的玄机。在他看来,只要三毛能够平平安安地回到台北家中,并且收到她亲笔写来的信,一颗悬着的心也就平静了下来。

善良的洛宾老人就是没有想到,深深爱着他又有那么多怨愤的三毛——"平平"真的要"远走高飞"了……

在三毛这封信中,对洛宾老人的那个"亲爱的"称谓成了过去时,有的只是冷漠的礼节,以及冷静的叙述。

三毛此信全文如下:

洛宾:

谢谢你记得我。

想你已经回到了新疆。

我是十一月十六日方才回到台湾。由香港回来的。

家中有你的信在等我。

星加坡的来信也收到了。

明年1991年,我因西班牙身份证早已过期,护照也将在近期内满期了。所以被迫要回到欧洲去办手续。大约是二月就飞去了,预备住半年或一年,以后回不回台湾尚不知道。

我在十一月十四日,在香港与英国老友O·sheal先生订婚。没有发新闻,没有通知任何人,只两个人俏俏(悄悄)出去吃了一顿饭。回台禀报父母,如此而已。STUVE比我长一些。是大学时在德国一同进修时的同班同学。

想来新疆已经很寒冷了,但去过之后知道室内不冷,比较放心。

海成,以及萍萍(你的孙女)和她母亲,请一定问候。海成有几张照片,在我这里,如果给我海成地址,我可寄去给淘淘。

非常感谢海成对我的招待。

洛宾,我走了,祝福我未来的日子平静,快乐。谢谢。

未来我将住 Scotland。回台只是看望父母而已了。

谢谢你,也祝福您。

杨老师请代我问候。李桦先生一同。

平平上
1990年12月11日,台北市

在三毛发出这封信后不足一个月,1991年1月5日清晨,就在洛宾老人打开床头袖珍收音机的那一瞬间,从隔不断的电波中,传出了一个令海峡两岸万千听众颇感意外的揪心噩耗:三毛在自己台北的寓所里自杀了!

六天后,王洛宾拨动起嵌有三毛那枚粉红发卡的吉他琴弦,唱出了又一支感怀忧伤的歌曲。

在这首命名为《等待——寄给死者的恋歌》中,老人无奈地唱道:

你曾在橄榄树下等待再等待
我却在遥远的地方徘徊再徘徊
人生本是一场迷藏的梦
且莫对我责怪

为把遗憾赎回来
我也去等待
每当月圆时
对着那橄榄树独自膜拜

你永远不再来
我永远在等待
等待等待
等待等待
越等待
我心中越爱

这是白发人送黑发人,在遥远的白雪皑皑的华夏北疆,对着遥远而又大海阻隔的祖国宝岛。在逝者生前,他从来没有向对方承诺或回应过

爱。因而,也只能是"永远在等待"……

就在三毛离去的这一年,年近八旬的王洛宾皈依佛门。

1991年7月30日,在美国的卢胜彦莲生活佛,亲手给王洛宾签发了《真佛宗皈戒证书》,并为他取法号"莲花洛宾"。

佛认为:色即是空,空即是色。

自1951年黄静在惊吓中病逝后,到1996年老人仙逝,漫长的45年间,无论是连绵不断的牢狱生涯,还是鲜花遍地掌声如潮的新生年月,王洛宾从来未曾动过续弦的念头。

1994年6月7日,在美国纽约的联合国总部,举办了一场别开生面的音乐会,150多个国家的大使偕同他们的夫人观看了这场名叫《丝路情歌——王洛宾作品演唱会》的演出。

演唱会一结束,从巴黎赶来的联合国教科文组织总干事,亲自向集词曲作者兼演员于一身的王洛宾颁发了"东西方文化交流特殊贡献奖"。

王洛宾是获得此殊荣的第一位中国人,也是迄今为止唯——位获得此项殊荣的中国人。

4天后,1994年6月11日,在美国东部哈得逊河畔的一个小镇上,一群由各行各业上了些年纪的华人组成的合唱团,在激昂地演唱完王洛

1994年6月联合国教科文组织授予王洛宾
"促进东西方文化交流特殊贡献奖"

宾的歌曲后,向王洛宾发出了题为《中华民族杰出的文化使者》的致敬信。致敬信上写道:

  在公元一千九百九十四年六月十一日,在美国东部 HUDSON 河畔的小镇上,我们南威合唱团这一群炎黄子孙,谨以至诚热烈地欢迎你——我们心仪已久的民歌大师!

  您的歌,毫不夸张地说,已传遍炎黄子孙足迹所到之处,人们都在口中、心中吟唱着、传递着,像传递普罗米修斯的火种!

  我们都从自己的儿时,唱到今天儿女成群,从我们年轻时唱到已不年轻的今天,您的歌一直回荡在我们幼稚园的课堂里,在我们校园生活的每个年代。在我们的婚礼、聚会中,以至到现在每一次业余演出的舞台上。

  从您的歌曲中,我们吮吸着中华文化的乳汁。无疑,它已化为我们的精神生活——我们所执着追求的真善美的组成部分。

  您的歌是"阳春白雪",它曾闯进森严壁垒的皇宫和世界各国高雅的殿堂。

  您的歌是"下里巴人",它传遍神州大地的每一座山村和小城。在执镰的农夫口中,在纵马疾驰的牧人嘴里。年轻的孩子、白发的老人谁不会唱你的歌曲!

  您的歌质朴啊,质朴得如同清粥小菜,从小吃到大,它永远是我们的最爱!

  您的歌热烈啊,热烈得像西北戈壁滩上的热浪,它曾在寒冷的岁月里,灼热过人们的心房!

  您的歌温情啊,温情得像一枝玫瑰花,年轻的朋友唱着它,征服了自己的心中的"都它尔"和"玛利亚"!

  我们相聚在这里,看到您健硕的体魄,银丝下红润的面庞,我们都喜极而泣!目睹到大师艺术家的风采,聆听到哲人的话语,此情此景,能使我们到会的人终生不忘!

  尽管我们的青春小鸟,一去不回来,但因有您的歌伴我们一生,我们会感到生命的真实,感到生活的多彩,感到这个世界着实可爱!

王洛宾的歌曲带着天下炎黄子孙的美好祝福,在世界各地的舞台上演绎出了一个又一个生动俊美的音乐艺术形象。纽约南威合唱团的激情演唱和向他发出的致敬信,使王洛宾为之深深地感动了好长一段时间,直到走向另一个世界。

1996年3月14日凌晨,新一天的零点钟声刚刚敲响,83岁的王洛宾在经过长时间的与病魔的顽强抗争后,终于离开了这个给予他那么多磨难和摧折,同时又给予那么多的鲜花、掌声和欢乐的世界。

人们纪念王洛宾,是因为他的歌声打动了亿万听众的心。他给他们送去了欢乐和幸福。

人们纪念王洛宾,是因为他对我们伟大的祖国、伟大的民族、伟大的人民,作出了卓有成效的贡献。

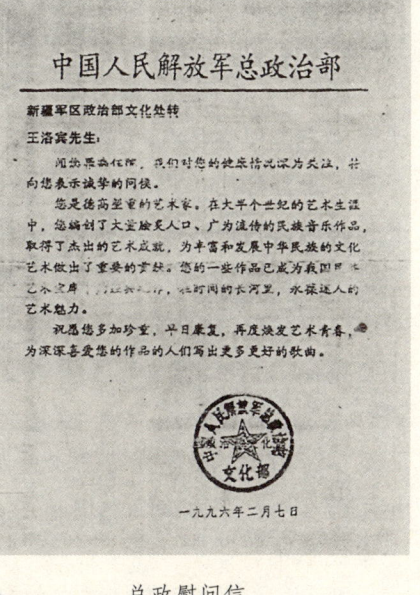

总政慰问信

人们纪念王洛宾,是因为他一生品行之清白端正。

在人们的心目中,王洛宾的名字永存,王洛宾的歌与歌声永存……

王洛宾是人民的,是普天下华人的骄傲和光荣。

相关链接:中共地下党出版王洛宾版权的《西部民歌选》

2011年6月27日《重庆晚报》报道称:在庆祝建党90周年之际,让我们来回顾一段重庆江津地下党组织的浪漫往事,那就是为王洛宾出版了第一部情歌歌曲集《西部民歌选》。应该说,江津地下党组织是国内最早推介西北"情歌王子"王洛宾的,这件事与一位具有传奇经历的重庆地下党员张西洛密不可分。作为我党一名地下新闻工作者的张西洛,有一段很不平凡的经历。他1938年秘密加入地下党后,在重庆做《新民报》的记者。1939年9月,他作为《新民报》记者,同中央社记者、《扫荡报》记者一起,来到延安,采访了毛泽东。他写出了影响很大的宣传中国共产党抗日主张的重要文章。《毛泽东选集》中的一篇叫《和中央社、扫荡报、新民报三记者的谈话》的文章,就是指的这次采访。

1941年,在重庆《新民报》工作的张西洛地下党员的身份被暴露了。为了躲避国民党特务的追捕,党组织安排他与妻子疏散到重庆近郊江津县城。来江津后他仍以报业为掩护秘密开展地下革命活动。他的公开身份是《江津日报》副社长兼经理。他向党组织请示再开办一家书店,上级批准了他的建议。1942年初,张西洛利用报社的营业部开办起了"江津大公书店"。张西洛妻子何惠一和地下党员李思源任店员。书店暗中销售革命书刊,但这引起了重庆卫戌司令部稽查处怀疑,派特务对书店进行监视。为了麻痹特务,应付当时的政治环境,1943年,张西洛与地下党员王野清、朱泽莹、李思源等商定,决定"江津大公书店"出版新书。出版什么书?张西洛突然想起了王洛宾,他想为这位西北"情歌王子"出一本民歌集。

早在三年前,张西洛于延安结束采访后又到甘肃、青海等地采访。在青海的西宁市,他受到了当地各界的欢迎。在一次晚会上,他听到了优美动听的西北民歌。就在这个晚会上,他结识了当时还不具盛名的这些歌曲的作者,时年26岁的王洛宾。王洛宾在默默搜集整理中国西部少数民族民歌,而当时的其他汉族音乐家根本就没有注意这项工作。王洛宾从路过兰州的维吾尔族汽车司机那里记录和整理了后来成为他系列西部民歌的第一首《达坂城》后,备受鼓舞。他一边参加"西北抗战剧团"和"血花剧团"的抗日宣传活动,一边收集整理维吾尔族、哈萨克族等少数民族民歌《在那遥远的地方》、《新疆的西瓜大又甜》等等。王洛宾还不完全懂少数民族语言,只能找一些初通汉语的少数民族朋友将歌词大意翻译出来,由他根据意译的简单的几个词,发挥自己的想象力编配上汉语歌词,这就给自己的自由创作留下了广阔天地。

在西宁,张西洛与王洛宾经过几天交往,成了非常好的朋友,无话不谈,相互信赖。当时由于青海的条件非常之差,加上其他原因,王洛宾的这些歌曲都无法出版。为了保存这些歌曲,他就自己进行油印,并简便地装订成一本《西部民歌选》。王洛宾与张西洛分手时,拿出《西部民歌选》交给张西洛说:"请你带到重庆,帮忙找个书店正式出版。拜托拜托……"张西洛接过书,满口应承了下来。

张西洛回到重庆后不久身份暴露,疏散到江津,他一直将这本油印粗糙的小册子带上,时时翻看学唱。他越唱越感到这些西北情歌写得非常之美,于是他四处联系书店,但都没有完成王洛宾的嘱托。经过一番精心筹备,由张西洛主持的"江津大公书店"就将《西部民歌选》交黎金茂印制局铅印成书,正式出版,此次印数2 000册,这是王洛宾歌曲的首次正式出版。当时江津县城和附近的白沙镇迁建有许多的大中学校和文化机构,此书在很短的时间内便销售一空。

这本今天被誉为音乐经典的《西部民歌选》在当时江津的文化界、知识界特别是流浪到江津的青年学生中刮起了一股旋风,王洛宾的歌轰动了江津,波及到陪都重庆……因为这些歌曲具有浓郁的民歌味,所以不论是江津县城初通文墨的街坊小市民,还是江津乡下的樵夫走卒,大多能哼唱几首。就连当时在巴县青木关的国立音乐院的一些师生也赶到江津购买《西部民歌选》。当时的《江津县政府公报》对此还作了专门的报道。

1943年9月,国民党特务嗅到《江津日报》和"江津大公书店"地下党的活动情况。特务来到报社逮捕了王野清和朱泽莹等人。幸亏当时张西洛生病到乡下治病,才躲过追捕。张西洛立即根据党组织的安排撤离江津,疏散到泸县、内江等地。

江津地下党出版《西部民歌选》后,王洛宾的名字在后方陪都重庆得到了更为广泛的传播,以后他的歌曲逐渐唱响全国,流传到五湖四海,获得全国人民的喜爱。

这里还有一个后续故事。1979年10月,王洛宾应兰州军区政委肖华将军邀请创作了歌剧《带血的项链》后,进京参加国庆30周年汇演。在京期间,王洛宾终于打听到了第一次出版他歌曲的张西洛,此时在全国政协工作,担任《人民政协报》的副总编。于是,王洛宾来到张西洛家拜访,他对张西洛36年前在江津从事地下党革命工作时出版他的歌曲表示谢意,两位老人一见面,便激动得紧紧地拥抱在了一起。

  初撰:2005年3月~2006年5月。
  2015年1~3月本文最后一轮修订时,王海成先生给予了宝贵支持,并将其父王洛宾生前有关民歌创作片段的故事文本发予笔者。
  2015年3月间,王海成先生将其父自抗战年代直至1996年临终保存的数十幅珍贵历史图片资料,以及十多首歌曲创作手迹等,无偿提供笔者使用。2015年3月25日晚,我们俩还在上海话剧艺术中心同场观摩了以王洛宾苦难音乐人生为主题的轻音乐戏剧《你是我的孤独》。

我是"托匪"？

——试论诬胡秋原为"托匪"由来

秋石与胡秋原（2004年2月13日，台北新店中央新村五街14号胡府）

要认识敌人是怎样活动的，鲁迅的杂文可以给我们深刻的启示。鲁迅曾经说过："倘要知人论世，是非看编年的文集不可的。""知人论世"，这是鲁迅杂文的显著特点。从马克思主义观点看，"知人"，就是认识各种人物的阶级本质；"论世"，就是从错综复杂的阶级斗争中找出阶级斗争的规律。鲁迅说自己的杂文"论时事不留面子，砭锢弊常取类型"。鲁迅在长期的斗争中，特别是在他掌握了马克思列宁主义之后，异常深刻地认识到敌人的本质，运用他那支又泼辣、又幽默、又锋利的笔,勾画出一系列典型。是典型,就有普遍性。鲁迅杂文中所揭露的,不论是无耻地叫喊"友邦惊诧"、"国将不国",大肆惨杀抗日救国学生的汉奸、卖国贼蒋介石,还是向日本帝国主义献策"征服中国民族的心"的"胡适博士";不论是用"永久不变的人性"作招牌推销地主资产阶级人性论的"'丧家的''资本家的乏走狗'"梁实秋,还是**在马克思主义里发见了文艺自由论**"的托匪胡秋原,都不是孤立的个人,而是"代表着某一群",他们都是一定阶级、一定政治集团的代表。鲁迅同他们的斗争,不是"个人间事,无关大局",而是阶级对阶级的斗争。这些典型尽管脸谱不一,唱腔各异,回过头去看看听听,仍然大有助于认识今天的敌人,估计他们将会如何地依照不同的形势和场合,变换不同的手法,耍弄不同的刀枪,来同我们较量。正如鲁迅在《伪自由书》后记中所说:"战斗正未有穷期,老谱将不断的袭用","将来的战斗的青年,倘在类似的境遇中,能偶然看见这记录,我想是必能开颜一笑,更明白所谓敌人者是怎样的东西的"。

——引自 1972 年第 3 期《红旗》杂志雷军著《为什么要提倡读一些鲁迅的杂文》。文中黑体为引者标注。

上述文字中,有关"'在马克思主义里发见了文艺自由论'的托匪胡秋原"的提法,其出处,最早见著于鲁迅先生《论"第三种人"》一文的开首语。

然而,令一些学者颇感意外的是,该文伊始,鲁迅先生便"急吼吼凶巴巴地且无来由地"给年方 22 岁的胡秋原安上了诸如"在指挥刀的保护之下,挂着'左翼'的招牌,在马克思主义那里发见了文艺自由论,列宁主义里找到了杀尽共匪说的论客……"这等大逆不道的帽子。而正是这等有悖于鲁迅平常深思熟虑文体的文字,常常会使人联想起时隔四年后鲁迅身陷连笔也握不住的重病中,由中共中央特派员冯雪峰代笔的《答托洛斯基派的信》中,对所谓的"托派"施之以一系列无中生有的攻击性文字。为此,笔者想到了要查阅一下鲁迅这篇《论"第三种人"》的亲笔手迹,以辨其真伪。经与保存鲁迅手迹的北京鲁迅博物馆联系,由该馆学术副馆长黄乔生代为查询。查询结果,上述两句看似不合鲁迅深思熟虑颇具杀伤力的文字,确系83年前鲁迅亲笔所为,无有他人代笔或"篡改"的任何迹象。

本文要论述的,亦即要澄清的,是鲁迅对"文学自由人"胡秋原先生的两点凶猛的指斥,或曰他加在胡秋原先生头上的两顶帽子,是鲁迅在《论"第三种人"》一文中产生的两个重要错讹。而且,正是由于鲁迅当年激愤之余开具的这两顶帽子,给胡秋原的一生蒙上了不应有的阴影:1949年建国后开展的历次政治性文化运动中,身在台湾岛内的胡秋原,不住地给拖将出来陪绑,备受批判——一种虽无损于体肤然却让人不胜烦恼的无奈境遇,乃至在"史无前例的无产阶级文化大革命"中,在台湾已经生活了22年的胡秋原,被《红旗》杂志沿袭鲁迅的这段指斥,被进一步斥之为"托匪"。

《论"第三种人"》,是鲁迅晚年撰写的一篇较为重要的杂文。写于1932年10月10日,发表于20天后——1932年11月1日上海出版的《现代》第二卷第一期。在《论"第三种人"》一文中,鲁迅这样写道:

> 这三年来,关于文艺上的论争是沉寂的,除了在指挥刀的保护之下,挂着"左翼"的招牌,在马克思主义里发见了文艺自由论,列宁主义里找到了杀尽共匪说的论客的"理论"之外,几乎没有人能够开口,然而,倘是"为文艺而文艺"的文艺,却还是"自由"的,因为他决没有收了卢布的嫌疑。但在"第三种人","就是死抱住文学不放的人",又不免有一种苦痛的豫感:左翼文坛要说他是"资产阶级的走狗"。

此文仍然沿袭了鲁迅一贯的犀利笔锋,矛头所向直指论敌——"第三种人"。但在猛烈抨击为他所痛恨的"为虎作伥"的"第三种人"之前,他首先对"第三种人"为之辩护的"文学自由人"胡秋原,予以了虽不指名道姓但是火力更加威猛的抨击和剥皮。继冯雪峰、瞿秋白、周扬多篇檄文之后,在鲁迅的笔下,胡秋原又一次被斥之为"资产阶级的走狗"。

实际上,在鲁迅介入之前,"左联"方面参与批判胡秋原尤为积极,火力尤为猛烈的,也正是上述三位头面人物。其中,瞿秋白的有三篇:

以"文艺新闻社"具名的《"自由人"的文化运动——答复胡秋原和《文化评论》、化名"司马今"的《财神还是反财神（乱弹）》、化名易嘉的《文艺的自由和文学家的不自由》；冯雪峰的一篇：化名洛扬的《致〈文艺新闻〉的一封信》（注：此文当初在《文艺新闻》上发表时，由该刊编者加题为《"阿狗文艺"论者的丑脸谱》。后来，苏汶将此文编入《文艺自由论辩集》时——此时，在中共中央政治局常委张闻天的干预下，由"左联"发起的这场来势凶猛以众压小的讨伐"文学自由人"的批判斗争已经结束。而且在张闻天要求下，冯雪峰本人向胡秋原作了当面道歉。冯雪峰还特地嘱告曾遭他们同样排炮猛轰不识时务跳将出来"为虎作伥"的"第三种人"头号人物苏汶将其改正为《致〈文艺新闻〉的一封信》）；再有是周扬的一篇：主要是针对苏汶捎带炮轰一下胡秋原，署名为周起应的《到底是谁不要真理，不要文艺？——读《关于〈文新〉与胡秋原的文艺论辩》。

除上述三位"左联"大将的檄文外，还有帮"左联"说话的四篇：署名谭四海的《自由智识阶级的"文化"理论》、署名"文艺新闻社"（实为"左联"代言媒体）"平心静气作这样很友善的批评"但又"作断章取义的误解"（胡秋原语）的《请脱弃"五四"的衣衫》、署名舒月的《从第三种人说到左联》，以及署名刘微尘的《"第三种人"与"武器文学"》。

署名苏汶的两篇：《关于〈文新〉与胡秋原的文艺论辩》和《"第三种人"的出路——论作家的不自由并答复易嘉先生》。

再有一篇系当时颇具声望的名师大家充任的和事佬，也是最早赏识胡秋原并使之立足于上海文坛的伯乐，化名陈雪帆的陈望道撰写的《关于理论家的任务速写》一文。

瞿秋白、冯雪峰、周扬的这几篇檄文，当属冯雪峰的《"阿狗文艺"论者的丑脸谱》（早鲁迅《论"第三种人"》的写作4个月，原载1932年6月6日《文艺新闻》第58号）措辞最为凶猛，直截了当：称胡秋原的"文学自由人"立场，与对钱杏邨理论的批评"真正显露了一切托洛斯基派和社会民主主义派的真面目"！而瞿秋白《财神还是反财神（乱弹）》（早鲁迅《论"第三种人"》3个月，原载1932年7月20日《北斗》第2卷第3、4期合刊），则称胡秋原的文学主张为"狗气十足"的"地主资产阶级的走狗的主

我是"托匪"?

人,本身又是帝国主义的走狗"的"狗道主义文学"。同时,还将其比喻为红皮白肉的红萝卜:"表面做你的朋友,实际是你的敌人,这种敌人自然更加危险。"周扬的《到底是谁不要真理,不要文艺?》(早鲁迅《论"第三种人"》的写作约20天,早鲁迅此文发表约一个月,原载《现代》1932年10月第1卷第6期),相比冯雪峰,瞿秋白的攻击火力要逊色一些,则称苏汶、胡秋原的"自由文艺的创作理论的本质""就是'戴着假面具去受钱袋的支配,去受人家的收买,去受人家的豢养'……"

显然,鲁迅在《论"第三种人"》一文中给胡秋原按上这两顶"托匪"式的帽子,是瞿秋白、冯雪峰、周扬这三位"左联"大将对胡秋原罗列的罪状的综合,而并非是他老人家的首创或独家之言。

引用完鲁迅的这段开场白,我们再来读一读附在《鲁迅全集》所收《论"第三种人"》一文尾后的两段注释。这两段注释,笔者认为,无论是1981年版的《鲁迅全集》,还是2005年版的《鲁迅全集》,其内涵无疑是大同小异的,尽管后者做了一些文字上的修饰,加在胡秋原头上的两顶帽子也稍稍有些缓解,但依然将"胡秋原和某些托洛茨基派分子"紧紧地捆绑在一起。

现将两个版本的两条注释附录如下,供读者们参考、辨别。

1981年版《鲁迅全集》第4卷第442页的[1]、[2]两条注释如下:

[1] 本篇最初发表于一九三二年十一月一日上海《现代》第二卷第一期。

一九三一年十二月,胡秋原在他所主持的《文化评论》创刊号发表了《阿狗文艺论》一文,他自称"自由人",一方面批评"民族主义文学",一方面则对当时"左联"所领导的革命文学运动进行攻击,认为"将艺术堕落到一种政治的留声机,那是艺术的叛徒"。其后,他又连续发表了《勿侵略文艺》、《钱杏邨理论之清算》二文,诽谤当时的革命文学运动,因此受到"左联"的反击。洛扬(冯雪峰)在《文艺新闻》第五十八期(一九三二年六月六日)上发表了《致文艺新闻的信》(秋石注:原题为谩骂式的《"阿狗文艺"论者的丑脸谱》。)后苏汶(杜衡)在论辩结束后主编《文艺自由论辩集》一书时,冯雪峰特别函

073

绘得红楼铸青史

告,请求更名为:《致〈文艺新闻〉的一封信》,不为门第所见的杜衡欣然应允,遂为现题名),指出胡秋原的目的"是进攻整个普罗革命文学运动",揭露了胡秋原在"自由人"假面具掩盖下的反动实质。由此,苏汶(即杜衡)就在《现代》第一卷第三期(一九三二年七月)发表了《关于"文新"与胡秋原的文艺论辩》一文,自称"第三种人",认为当时许多作家(即他所说的"作家之群")之所以"搁笔",是因为"左联"批评家的"凶暴"和"左联""霸占"了文坛的缘故;并在文中对人民的革命斗争进行歪曲和诽谤。于是"左联"也就继续对胡秋原、苏汶等加以反击和批判。本篇及瞿秋白所作《文艺的自由和文学家的不自由》(一九三二年十月《现代》第一卷第六期)就是在这情形下发表的。

[2] 这里所说的论客,指胡秋原和某些托洛茨基派分子。当时胡秋原曾冒充"马克思主义者",并和托洛茨基派分子相勾结;托洛茨基派同国民党反动派一鼻孔出气,诬蔑中国工农红军为"土匪"。

2005年版《鲁迅全集》第4卷第454页的[1]、[2]注释如下:

[1] 本篇最初发表于1932年11月1日上海《现代》第二卷第一期。

1931年12月,胡秋原在他所主持的《文化评论》创刊号发表《阿狗文艺论》一文,一面批评"民族主义文学",一面攻击左翼文艺"将艺术堕落到一种政治的留声机,那是艺术的叛徒。"1932年4、5月又连续发表《勿侵略文艺》《钱杏邨理论之清算与民族文学理论之批评》二文,他自称"自由人",宣称文艺"至死也是自由的"、"艺术不是宣传"。他的言论受到左翼文艺界的反驳。洛扬(冯雪峰)在《文艺新闻》第五十八期(1932年6月6日)上发表《致〈文艺新闻〉》的信,指出胡秋原的目的"是进攻整个普罗革命文学运动"。随后苏汶(杜衡)就在《现代》第一卷第三期(1932年7月)发表《关于"文新"与胡秋原的文艺论辩》一文,支持胡秋原的观点,他自称"第三种人",嘲讽左翼文艺不要真理不要文艺,认为当时许多作家(即他所说的"作家之群")之所以"搁笔",是因为"左联"批评家的"凶暴",和"左联""霸占"文坛的缘故。由此"左联"也继续对胡秋原、苏汶等加以反击。本篇就是在这情形下发表的。

[2] 这里所说的论客,指胡秋原和某些托洛茨基派分子。胡秋原(1910—2004),湖北黄陂人。当时任上海同济大学教授,主办《文化评论》。后任国民党政府立法委员。当时胡秋原曾自称"真正马克思主义者"。托洛茨基派污蔑中国工农红军为"土匪"。

在此,特做两点说明:

1. 与1981年版相比较,两者文字虽略有变动,也朝着历史的真实面目稍稍接近了一些,但2005年版的有关"这里所说的论客,指胡秋原和某些托洛茨基派分子",以及紧随其后的"当时胡秋原曾自称'真正马克思主义者'。托洛茨基派污蔑中国工农红军为'土匪'"的注释,仍然将坚持"文学自由人"主张,且从来没有加入共产党的时年22岁的热血爱国青年胡秋原,与被共产党、"左联"视之为不共戴天的"托匪"紧紧地捆绑在了一起。

2. 2004年2月笔者在参加中国作家协会代表团赴台湾访问时拜访胡秋原先生之后研究中产生的一些疑问,结合比对史料考证,就1981年版《鲁迅全集》第四卷第442页《论"第三种人"》文尾相关条文的注释,历经三个多月梳理,写就了一篇万余字的《让历史回归真实:还"文学自由人"本来面目——对1981年版〈鲁迅全集中胡秋原相关注释之质疑〉的长篇文章(曾在当年8月青岛召开的"新时期鲁迅研究二十年"大型研讨会上宣读过),并向人民文学出版社现代文学编辑室负责人、新版《鲁迅全集》修订编辑委员会副主任及成员多人通报了此项最新研究成果,并提出了相应修改意见。于听取我的通报和建议后,有关人员向我告知,已经作了一些修订,并嘱我将进一步的论证材料寄予他们,供他们参考修订。但次年——2005年11月新版全集问世后发现,改动甚为细微……显然,要作符合历史真实面目的修订,恐怕是遥遥无期了。

那么,胡秋原先生是不是真的"托匪"呢?要完整全面地回答这个问题,还得从"左联"的活动说开去。

绘得红楼铸青史

前车之鉴：从郁达夫被"当场开除"说起

　　这里先说一个与胡秋原有着相似命运的人和事。

　　早在20岁刚出头的胡秋原遭受"左联"一干头面人物不分青红皂白的猛烈攻击，并被诬之为"托洛斯基派和社会民主主义派的真面目"之前，就已经有人倒在了"左联"关门主义路线的密集枪弹之下。这个人，在当时的文坛和社会上是一个非同凡响的人物——他，就是鲁迅的好友，鼎鼎大名的作家郁达夫先生。当相隔一年后提出"文艺自由论"的年轻后生胡秋原遭受"左联"要员们合力围剿，自然也不必过于惊诧。但是，问题的实质在于："文艺自由论"的主张，是对，还是错？

　　先说前车之鉴。

　　1930年11月16日下午6时，成立才不过8个月（还差一天）的"左联"，举行了第四次全体大会。此次会议通过了6项决议，其中的第六条赫然写着："肃清一切投机和反动分子——当场开除郁达夫。"

　　"左联""当场开除"郁达夫一事，在当时的进步文化界引发了很大的反响，自然，也为对革命文艺——左翼文艺实施"文化围剿"反革命政策的国民党当局拍手称快。

　　本来，郁达夫加入"左联"是由鲁迅先生郑重推荐的。就鲁迅的初衷，他还要求将郁达夫列为"左联"的发起人之一，但是遭到了反对。鲁迅为什么这样重视郁达夫呢？结交多年并且相互视之为挚友，联手编辑《奔流》月刊等，固然是一个重要原因，但更重要的是，在反对国民党的残暴统治，反对日本帝国主义侵略中国的一系列重大问题上，他们是并肩作战的战友。而且，在"左联"成立前后，郁达夫和鲁迅或一道发起，或共同加入了中国济难会、中国自由运动大同盟、上海文化界抗日大同盟、中国民权保障同盟等多个革命团体。故而，当"左联"筹备小组成员夏衍和冯乃超前来征求发起人名单的意见时，鲁迅立马指出：为什么不将郁达夫列入其中？冯乃超的答复却令人啼笑皆非，而且有些强词夺理：因为郁达夫最近情绪不好，也不常和老朋友来往……鲁迅听后，当即表达了自己的不同意见：郁达夫是一个很好的作家，应当作为发起人参与其中。但是，鲁迅的这个意见依然没有能够采纳。从这里，我们可以清晰地看到，作为新文学运动的英勇斗士和伟大旗手、主帅的鲁迅，也常常深陷于一种无奈的境地：他的初衷被人阉割，他的主张和意见被搁置，直至最终不了了之。不幸的是，为了维护"左联"这面旗帜的完整，鲁迅有时还不得不违心地表态呼应。

应当说，鲁迅的意见是对的。历史上，郁达夫对无产阶级革命文学的认识和热切向往，不但"左联"的某些重要成员无法相比，甚至有时还走在了鲁迅的前面。郁达夫1923年5月撰写的《文学上的阶级斗争》一文，就已经袒露出了革命文学的思想倾向。1927年初，当鲁迅在广州频繁地与共产党人接触，拒绝与国民党的右转同流合污时，郁达夫则旗帜鲜明地发表了《无产阶级专政和无产阶级文学》的文章，就中国未来如何实现无产阶级专政和开展无产阶级文学运动发表了自己的见解。在国民党蒋介石背叛革命，对中国共产党人和革命人民发动大屠杀之后，郁达夫愤然提起笔来，撰写了一系列旗帜鲜明的檄文。江、浙、沪一带的报纸刊物不敢登，他就发到日本去，向日本的普罗文学同行和人民大众披露中国人民目前正在遭受着前所未有的黑暗与残暴，特别是揭露蒋介石的刽子手嘴脸和所犯下的一系列血腥罪行。与此同时，他还创办了立场鲜明的《民众》、《大众文艺》、《白华》等刊物。其中的《大众文艺》后来还被延续为"左联"的刊物。因此，无论从哪一方面来讲，一个无可争辩的事实是：在1930年3月2日"左联"成立之前，郁达夫是中国普罗文艺——左翼文学运动的伟大先驱者之一，其作用自是非一般人可以比拟的。这，也正是他被鲁迅看重的一个原因。诚如在大革命时期投身于革命和革命文学事业的李俊民先生，在上世纪80年代所写的《郁达夫先生殉国四十周年祭》一文中所指出的那样："总而言之，在1930年中国左翼作家联盟未成立之前，郁达夫是左翼的先导之一，是举足轻重的人物。在革命低潮中，他的足迹是跟着党走过来的，这一点非常难能可贵。"

虽然有鲁迅鼎力举荐，但最终，郁达夫还是未能列入"左联"发起人的行列中。这其中的原因是多样的，既有历史上的原因，也有现实中的原因。历史上，他曾与创造社中一些后来成为"左联"决策层的成员发生过激烈的论战，乃至到了最后，他不得不公开声明退出创造社以示自己的独立与不妥协。而论及现实的原因，无疑就是共产党内越演越烈的左倾盲动路线与其推行的关门主义路线的严重后果。"左联"的这些不近人情且有悖于事实、常理的强悍做法，不只是针对郁达夫一个人，也是针对那些从一开始同情共产党的一些主张，乃至与共产党人站在一起的非党的民主主义作家的。这其中，被"左联"排斥在外的，还有叶圣陶、郑振铎等一些在文坛上举足轻重的名流大家，自然也包括以"文学自由人"的面目揭竿而起的年轻后生胡秋原。1931年下半年后担任"左联"行政书记的茅盾先生，在其晚年撰写的《我走过的道路·"左联"前期》中这样写道：

> 我刚参加"左联"，就发现郑振铎、叶圣陶没有参加，心中纳闷。后来问冯雪峰，他说，因为多数人不赞成，郁达夫是鲁迅介绍的，所以大家才同意；又说，圣陶我已经去做过解释工作，免得他多心。我表示不赞成这种"关门"的做法。雪峰说，鲁迅也反对这样做的。我恍然明白，为什么我从日本回来的那一天由圣陶陪伴去看望鲁迅时，鲁迅对"左联"的一些事一字不提，原来是有这个缘故。

茅盾的"感觉"是，"'左联'说它是文学团体，不如说更像个政党。"故而，他认为：

> ……初期的"左联"受左倾路线的影响不小。不说它要求"左联"成员去参加飞行集会等等政治活动，即以它对文学运动和作家作用的看法，也是相当"左"的，它根本不提作家的创作活动，对作家的创作热情和愿望扣上"作品主义的"帽子。……

茅盾还谈到了鲁迅的认识。茅盾笔下的这个鲁迅认识，很能够说明一些问题。茅盾这样写道：

> 关于"左联"前期存在的这些问题，我也与鲁迅谈到，鲁迅大概出于对党的尊重，只是笑一笑说：所以我总是声明不会做他们这种工作的，我还是写我的文章。

至于说到"左联"所奉行的"革命文学"的公式，茅盾则坚定地捍卫了自己的立场。茅盾所采取的态度与做法是：

我是"托匪"？

对于从一九二八年开始盛行的这种"革命文学"的公式，我一直是不遗余力地加以抨击的，参加"左联"之后，我更连续发表文章予以批判……我的这种态度很引起了一些同志的不满，认为我是从"右"的方面来贬低和否定"革命文学"（普罗文学）。不过，我认为是坚持现实主义的传统。

茅盾的上述态度与做法，给我们作出了一个很好的解读，这就是在其后包括鲁迅在内的一干"左联"头面人物对坚持"文学自由人"主张与立场的年轻后生胡秋原发动的全面攻剿中，茅盾自始至终不著一字保持沉默的缘由所在！

不仅如此，在五十年后依据他亲述录音整理而成的三卷本回忆录《我走过的道路》中，也无一个字的回顾！足见他对这场近似荒谬的批判运动之不以为然。

正因为"左联"偏离了文学社团的正确方向，在频仍犯关门主义错误的同时，把"左联"当作直接进行政治斗争的工具，搞游行示威和飞行集会，以及张贴标语、散发传单等宣传鼓动活动，不可避免地激怒了作为"仅仅是一个写作者"的郁达夫。一次，在回答记者的访谈时，郁达夫坦然地作了这样的表述：

……左翼作家大同盟，不错，我是发起人中的一个。可是，共产党方面对我很不满意，说我的作品是个人主义的，这话我是承认的，因为我是一个小资产阶级出身的人，当然免不了。可是社会这样东西，究竟是不是由无数"个人"组织而成的？假使确实也是这么回事，那我相信暴露个人的生活，也就是代表暴露这社会中某一阶级的生活……后来，共产党方面要派我去做实际工作，我对他们说，分传单这一类的事我是不能做的，于是他们对我更不满意起来了。所以作家联盟中，最近我已经自动的把"郁达夫"这名字除掉了。

不仅如此，郁达夫还同被"左翼"视之为"敌人"的"新月派"著名诗人徐志摩谈了他对"左联"的"不好看法"。针对"左联"常委冯乃超在第一次盟员大会政治报告中的"革命文学家在这个革命浪潮到来的前夕，应该不迟疑地加入这艰苦的行动中去，即使把文学家的工作地位抛去，也是毫不足惜"的要求,郁达夫非常反感,不但不认同,不参与,而且,还常常在一些公众场合发表与之相悖的言论。如有一日在国母宋庆龄家中聚会时,郁达夫当着在场人的面,向支持中国革命和"左联"的美国女记者史沫特莱坦言道:"我不是一个战斗者,仅仅是一个写作者……"从而,正式地公开了他同"左联"的分歧。也正是因为他的倔强和独树一帜,相隔不多日,他被"左联"当作"投机和反动分子"给"当场开除"了。不过,话得说回来,是郁达夫先生自行"除名"在先,"左联"的"当场开除"在后。同样,我们也可以这样认为:"左联"荒谬地将一顶"投机和反动分子"的帽子扣在郁达夫的头上,并在不通知本人到场的情况下将其"当场开除",足见郁达夫与"左联"间的深刻分歧。

郁达夫坚决抵制"左联"关于"把文学家的工作地位抛去",以及举行飞行集会、散发传单、贴标语等的做法,也得到了鲁迅和茅盾的坚定呼应。他们同样表明了决不参与这种没有任何意义的危险举动的态度和立场。

而有关郁达夫坚持"个人主义的"写作立场,同一年半后22岁的湖北青年胡秋原挑战"左联",提倡"文学自由人"的主张与立场,基本上是一致的。大名鼎鼎——在文坛和社会上的影响力远高于"左联"那些决策者的郁达夫,尚且遭到"群情激动,纷纷表示赞成"的"当场开除"(时任"左联"常委的大会主持人郑伯奇的回忆),更何况初出茅庐的胡秋原直接而又公开地向"左联"的软肋叫板。这必然要遭到"左联"左得出奇的头面人物的一致抨击,施之以密集炮火的围剿了。由此看来,胡秋原最终被荒谬地打成类"托派"的下场,也是在情理之中的。

对于"左联"的开除郁达夫,以及对"文学自由人"胡秋原的排炮式围剿,茅盾先生都没有参与其中。从心底深处讲,他是不同意"左联"的这种做法的——这可以从其晚年的回忆文字,和时隔近半个世纪后的1979年,他在四次文代大会的发言得出结论。而论及鲁迅的态度,倒是有些微妙:对郁达夫的被"开除"出"左联",鲁迅当然是持反对意见的。由于是"组织"决定,且鲁迅也没有到会,因而他没有过多地加以指责。

对于胡秋原,鲁迅的处理方式就不一样了。从论战一开始,鲁迅的态度也是耿耿然的。这可以从他撰写的充满火药味的《论"第三种人"》

我是"托匪"？

一文中看出端倪来：他附和了瞿秋白、冯雪峰、周扬们对胡秋原的凶猛指责。但指责归指责，鲁迅却没有公开点胡秋原的名字。显然，鲁迅此举给自己留了一定的余地。笔者认为，这不仅仅是四年前在鲁迅同创造社、太阳社的论争中，18岁的胡秋原坚定地站在鲁迅一边，在鲁迅脑中留下的印象使然。更重要的是胡秋原在日寇发动"九一八"事变，侵占东三省之后极其鲜明的民族气节与立场，以及对蒋介石的"攘外必先安内"的反革命媚日绥靖政策的痛加抨击，都影响了鲁迅对于胡秋原的态度。距1932年10月10日写下《论"第三种人"》的檄文仅仅相隔了两个月，鲁迅在12月10日写下了与胡秋原有关的另一篇亲笔文章，即《辱骂和恐吓决不是战斗》。在文中，鲁迅有意识地保护了胡秋原：把坚持"文学自由人"主张的胡秋原，同日寇发动"一·二八"上海闸北战火时投靠日寇的汉奸胡立夫，给严格地区分了开来，虽说他依然对胡秋原的"文学自由人"主张持强烈的批评态度。此后，当胡秋原与"左联"的这场论战即将落下帷幕时，鲁迅又做了一件"很有人情味的事情"（胡秋原晚年语）：把在苏联的友人（疑是曹靖华——秋石注）刚刚寄达的一张普列汉诺夫的照片，送往照相馆精心翻拍后，特地委托冯雪峰送给了胡秋原（据胡秋原本人讲述，有俄国马克思主义之父称誉的列宁政友普列汉诺夫，为其一生所景仰——秋石注）。须知，就在胡秋原与"左联"展开激烈论战的前一年即1931年，年仅21岁的胡秋原历经三年的磨砺，完成并出版了七十万字的煌煌巨著《唯物史观艺术论：普列汉诺夫及其艺术论》一书（神州国光社出版）。而有关普列汉诺夫及其著述，同样为鲁迅、冯雪峰等中国左翼作家所推崇。

对于鲁迅在其《辱骂和恐吓决不是战斗》一文中对自己有区别的保护，胡秋原是终生铭记的。这是胡秋原先生逝世后，其家人与我在北京、上海等地的多次会面时，以及自美国等地打来的越洋电话中一再转述的。

回顾历史，郁达夫和胡秋原都被推行关门主义路线的"左联"头面人物们群起而攻，一个被无端诬之为"投机和反动分子"，一个被视之为共产党敌人和"托洛斯基派和社会民主主义派"。然而，历史这位公正的老人却给予了两人以应有的地位与评价：他们都是20世纪中华民族铁骨铮铮的爱国中坚。

从日本掀起"九一八"事变的那一刻起，郁达夫从未放弃过其鲜明的反日立场。而且，早在十年前的1921年，时为东京帝国大学留学生的郁达夫，就当众质问一位日本政界大人物在演讲中对中国的嘲讽言辞，并迫使其当着全场1 000余名中国留学生的面为自己的不当言论道歉。在战争后期避居印尼荷属苏门答腊岛巴爷公务热带丛林山村的日子里，郁达夫仍然不屈服于日寇的殖民统治，强烈谴责日本侵略中国的野蛮暴行，从而在一个月后的1945年9月17日，遭穷途末路的日本宪兵秘密杀害于武吉丁宜附近的丹戎革峇的荒野中。对此，曾经同在新加坡宣传抗战的中共特别地下党员胡愈之先生，在1946年8月24日撰写的详细论述郁达夫南洋踪迹的《郁达夫的流亡和失踪》一文之七《一点感想》中，给予了相当高的评价。胡愈之先生指出："从达夫一生在文艺上的造诣以及他在沦陷时期的言论行动来看，我不能不承认他的伟大。他的伟大就是因为他是一个天才的诗人，一个人文主义者，也是一个真正的爱国主义者。"

而胡秋原毕其一生，一以贯之地坚决反对包括日本军国主义在内的帝国主义列强对中国的侵略和殖民政策，始终坚持一个中国的立场，从不间断同各种形形色色的试图分裂祖国的罪恶行径作不调和的斗争，并以近八旬之年毅然退出拥有半个世纪党龄的国民党的傲然正气，以台湾执政党国民党立法委员的身份，首开两岸统一的破冰之旅。

《论革命文学问题》：钱杏邨理论批判之前奏

有关这个问题，已经有不少学者探索过了。其中的一个说法是，早年留学日本（后因日寇发动"九一八"事变侵占我东三省，于回国探亲旅次的胡秋原，毅然放弃官费留日学业，留在上海以笔作刀枪，宣传救国抗战）的胡秋原，从同样从事普罗文学的日共作家那里获悉了一些有关世界左翼运动的信息，借批判民族主义文学派之机，抢在"左联"之前批判、清算钱杏邨鼓吹的理论，于是，便引发了来自"左联"阵营的一场声势浩大的反批判、反清算运动，云云。

我是"托匪"?

关于"左联"如何批判钱杏邨理论,确凿史料表明,肯定不是在这场闹得沸沸扬扬的"文艺自由论辩"之前。倘若历史上确实发生过"左联"内部这场批评的话,也只能是在这场"文艺自由论辩"之后。钱杏邨推行的理论究竟有什么问题?冯雪峰在猛轰胡秋原的《"阿狗文艺"论者的丑脸谱》一文,早已发挥得淋漓尽致了。在这篇怒气冲冲的檄文中,冯雪峰这样写道:"首先第一,钱杏邨的文艺批评,自他的开始一直到现在,都不是正确的马克思主义的批评,并且对于他的批评的不满现在已成为一个普遍的意见,杏邨自己也早在大家面前承认,要求同志们给他批评。这是无论在什么时候,在什么人面前,我们都用不着给我们自己辩护的。我们为什么要给自己辩护呢!?杏邨的错误,我们自己就早要给他批判和斗争的……"由此可见,冯雪峰强调的关于"我们自己就早要给他批判和斗争"的说法,是那样无可辩驳地印证了一个历史事实:批判和斗争钱杏邨错误理论,尚在"内部"的孕育中,却不料给一个外人,而且还是一个年轻的后生给捷足先登了。这可能是引发冯雪峰、瞿秋白、周扬,包括舒月等"左联"一干头面人物气恼万分之所在!而且,面对不服输,且"越战越勇"的胡秋原,冯雪峰怒气冲冲地写下了《"阿狗文艺"论者的丑脸谱》这篇檄文,代表"左联"给了胡秋原似是"致命"的狠狠一棒子:以"托洛斯基派和社会民主主义派的真面目"大帽子冠之。冯雪峰的这篇讲理甚少、论据匮乏,但棍子帽子齐飞的批判文章,为时隔六个月后鲁迅撰写《论"第三种人"》一文所借鉴。可以这么说,冯雪峰这篇气势汹汹蛮不讲理的文章,是"左联"阵营中批判胡秋原火力尤为凶猛的一篇檄文(见文尾附件)。

相关问题,胡秋原先生有一个恰如其分的有关其来龙去脉的说明。

1968年11月20日,也就是这场由"左联"全面发动的以胡秋原为主要批判(唯一)目标的"文艺自由论辩"过去36年之后,旅次纽约的胡秋原先生,写下了长达近三万字的《关于一九三二年文艺自由论辩》一文。胡秋原这样写道:

> 这文艺论争由我开始。
>
> 我原来在日本读书,后来考取早稻田大学政治经济学部,获得

湖北省政府公费供给。当时我对政治毫无兴趣。除了应付功课外，所有的时间，看马克斯主义、文学、艺术、美学，以及文化史。1931年暑假中，我回国游历故都，并在大水灾中回故乡省亲。九月半到上海，买好9月20日船票东渡。行前一日，忽闻九一八之讯。我踌躇一天，终决定退了船票，抛弃学业和公费，留在上海。1924—1925年后，我已写文章，不过自此开始文笔生活，直至今日……

由于日本侵略之刺激，我开始研究国际政治。鉴于当时文化界的空气对我有一种左右夹攻之压力，在1931年12月，我以卖文所得稿费之余，约了三个朋友，自己办了一个刊物，名曰《文化评论》。这刊物除了主张抗日之外，提出"自由人"和"自由知识阶级"的理论，认为知识分子不是阶级和政党的工具，而应站在自由独立的立场；认为今后文化运动是要继续五四未竟之业；又认为文艺必须自由创作，不能做政治的留声机，若然，只算"阿狗文艺"。

当时在马克斯主义的压力下，"自由"似已成落伍之谈。而我说马克斯主义不可以反对自由而必须与自由主义合作，不仅有一种新鲜之趣，也有一种鼓舞之力。左翼认为此对他们不利，……他们说现在是无产阶级要建立政权的时代，没有什么五四未竟之业；而文艺必须为无产阶级服务，实即必做共党之留声机。自由知识阶级与文艺自由论，是反动理论，是帮助统治阶级。这是他们的老套，但对我所说的"自由主义的马克斯主义"全无攻击之力。……不久以《莎菲女士日记》成名的丁玲在其主编的《北斗》上说当时她"恨不得向那几个反动分子扑过去"……

左翼以他们的所谓杂文对我叱喳不止，我决定重重的反击一次，这便是发表于1932年5月《读书杂志》上的《钱杏邨理论之清算与民族文艺理论之批评》。……我根据马克斯及"俄国马克斯主义之父"朴列汗诺夫之所说，批评他根本违反马克斯主义。民族主义理论在此文中只是一个配角。我其所以用此左右开弓法，固由于感到左右夹攻之压力，亦鉴于左联对一切批评总是以"国民党的走狗"云云作基本武器的。

左翼之愤怒，可由洛扬(秋石注：洛扬为冯雪峰打笔伏时用的另一个笔名)发表于《文艺新闻》上的《"阿狗文艺"论者的丑脸谱》一文可以看出。

他们之愤怒,尤在于不能不承认钱杏邨之错误。洛扬说他们自己有错,就是没有及早批评钱杏邨的错误,而竟让胡秋原批评。他们只好说我的文章是反动派的阴谋。因无法说我是国民党的走狗,便戴我以社会民主党的帽子;而社会民主党是客观上帮助国民党的,云云。……

应当说,胡秋原最早酝酿并付之实际行动批判钱杏邨的错误理论,较之高举"文艺自由"大旗,批判民族主义文艺派这个"政治的走狗",兼批阿英的《阿狗文艺——民族文艺理论之谬误》一文,要早上三年零九个月,是在1928年的3月20日。就在这一天,有感于太阳社、创造社围剿鲁迅而深感不平的胡秋原,一鼓作气地撰写了长达近万字的《革命文学问题——对于革命文学的一点商榷》的评论文章,发表于1928年4月出版的《北新》杂志半月刊上,署名冰禅。也许是由于他过于年少,师出无名又系自投稿的缘故,此文给排在了这一期的末尾。尽管如此,此文一经刊出,迅即引发了热议。在此有必要做一点说明,此时的胡秋原尚不足18岁——他是1910年端午节农历五月初五生人。还是在两个月前,时为共青团员、武昌大学学生的他,为躲避宁汉合流后的国民党右翼势力的追杀,于年末的农历除夕夜仓皇逃出武汉来到上海。不日,经时任复旦大学中文系主任的陈望道先生当面考试,插班进入中文系三年级读书。此后,又复经爱才心切的陈望道先生提醒,由遭国民党右翼势力追杀的那个无畏少年胡业崇,更名为胡秋原入学。至于坊间流传的胡秋原与所谓的"日共作家或日本左翼人士"交往,并由此获得共产国际或世界左翼文艺运动的某个信息,——倘若此说成立的话,笔者以为,自幼博览群书并运用自如的胡秋原,也只有一种可能:从书本上获取而已!其次,时间也不对哇!胡秋原去往日本的时间,是在撰写、发表《论革命文学问题》一文整整一年之后:1929年3月,他自上海回武汉探视双亲,在获悉国民党右翼反动势力仍在威胁着他的生命之后,被迫再次流亡,前往日本留学。笔者认为,及至目前,尚无确凿可信的史料可以佐证他与日共左翼人士交往或受其影响而致。

《论革命文学问题》的核心,是反对、批判所谓"革命文学"的僵化、八股,文中提出好几个与众不同的论点,如艺术不完全是宣传,文艺不是阶级的武器,而伟大的文艺家则是革命的先驱……

于《论革命文学问题》一文伊始,胡秋原写道:

> 这自然是一件很好的现象,近来所谓"革命文学"的喊声,真是甚嚣尘上了。革命文学的理论,革命文学的作品,风起云涌了。诚如蒋光慈君所云:"革命文学已成为一个很时髦的名词"了。……
>
> 然而我们的革命文学家,革命文学批评家,为了革命热情的激动,或者还有其他的原因,竟至抹煞一切的文学,排斥一切在他们所认为非革命文学;觉得真正伟大的文艺,只此一家;所有一切不革命文学,都只应该扔到茅厕里去。这种精神固然大可佩服,但是革命文学的标准究竟是什么,文学的真价值究竟是什么,是我们应该仔细地冷静地讨论的问题;不然,我们不独要误解文学作品,而且很容易在一种有权威的旗帜之下(秋石注:《论革命文学问题》所点出的"一种有权威的旗帜之下"的要害,为其三年九个月之后批判"左联"的关门主义路线和钱杏邨的错误文艺理论,做了一个很好的先导),制造出许多肤浅,俗滥的,挂牌的劣货了!那么,所谓文学革命,难免又成了一种革命八股滥调了。这将是一个何等可怕的损失!
>
> 布哈林说:"在艺术的创造上,需要自由和多种多样的倾向……文艺要有竞争,有批评,要有无产阶级的本身决定其价值。限制会使艺术性萎落。自由竞争才是使无产阶级文学成长的最好的办法。……"这实在是深解文艺的话。真是的,在艺术的世界里最必要的是自由:要有精神的不羁的自由,才能产生伟大的艺术。

在《论革命文学问题》一文中,胡秋原重点引用了日本左翼色彩浓厚的作家藤森成吉和厨川白村等人的相关论述来加以说明。笔者认为,正是这一运用,引发了一些研究者的猜测:认为胡秋原批判钱杏邨理论的起源,是来自于同日共作家的交往或提示……其实,这哪儿跟哪儿呀!前面笔者已经作了说明,此时的胡秋原尚不足18岁,而且为躲避国民党

我是"托匪"?

右翼反动军警追杀,亡命上海才不过两个月左右的时间。其次,在《论革命文学问题》一文中,胡秋原不光引用了藤森成吉、厨川白村等人的著述,他还引用了苏俄作家纳巴斯徒(音译),以及当时的苏共领导人托洛茨基、布哈林,还有被列宁称誉为"俄国马克思主义之父"的普列汉诺夫等人的著述,来加以巩固自己的批评立论与立场。

在《论革命文学问题》一文中,年少,然而已经开始彰显出老成持重的胡秋原,用一种浅显易懂的语言作了注解。胡秋原写道:"文学之所以不是阶级的武器,根本因为他不是如政治法律一样;世界上也没有那样傻的资产阶级拿文学当机关枪使用。"

胡秋原认为:

  文学与革命是不是简直风马牛不相及呢?那我敢大胆答道:否,否!

  文学之所以为文学,就因为他真而且美的描写生活;因为他描写生活;因为他表现了人生,也就批评了人生,也就指导了人生,也就创造了人生。文学是时代的灵魂,他看清楚了现在,也就很早地看到了将来。因为文学家的感觉比我们敏锐,他们的感情比我们真挚,他们的观察比我们精确;于是时代的真象,就逃不出他们如鹰一样预知的眼了。所以伟大的文艺家也就是文化的先驱,时代的先驱,革命的先驱了。

胡秋原那样又尖锐又泼辣地写道:

  ……每一个伟大的作家,一个伟大的革命,他们的作品之能永远可贵者,并不一定要把他的作品,装入一个革命的范型内面去;只要他能够真正地表现时代精神,那末,他的作品也便是痛切的社会生活的批评,预言和警告了;他的作品也就永远的不朽了。假使是在一个需要革命的时代,在一个腐败黑暗恶劣的时代,有人偏偏要歌颂社会的公平,人生的美满,那也可见这样的文艺家价值如何地不值半文钱。然另一方面,我们先树立一个文学的格式,以为没有革命的字样就一无足取,大家也就嚷着"革命""革命",反而没有看出社会痛苦之真象,也是一样的失去了文艺底真义之所在罢。

> 文艺的目的,并不在于教人革命……

87年前,年仅18岁的胡秋原先生写下的这句话,在今天读来,依然有着强烈的震撼力,特别是在经历了共和国历史上的反胡风、反右、十年"文革"之后的知识分子、作家、文艺理论家、批评家,以及众多的读书人亲历的一系列莫名摧残之后,体会尤为深刻、深远。

胡秋原先生最后指出:

> 深切地表现社会的罪恶、痛苦与悲哀,毫无隐讳地针砭民族的恶劣根性和堕落思想,我以为是我们的文学家应该所有的事。这样平淡的话自然是没有革命文学那样响亮时髦,然而我们在文艺上多做一些忠实的工夫,比至于仅在好听的名义上推求,说不定我们的子孙还能多得些实益哩。
>
> 俄罗斯一些伟大的作家,个个是忠实于艺术者,同时也个个是忠实于人生者。他们在荆棘血泊中呐喊,他们在漫漫长夜中照耀;仗着他们的努力,毕竟产生出十月革命那样震动全世界的霹雳,那样熠熠熊熊的火光!他们是我们的好榜样啊,他们是我们的好榜样啊!

附带说明的是,印证胡秋原上述论点的,是在这场"文艺自由论辩"结束七年后,烽火遍地的全民抗战中:1939年由生活书店出版了李何林先生编著的《近二十年中国文艺思潮论》一书,该书第二编《从五卅前后到九一八的中国文艺思想界》,则较为详尽地介绍了化名冰禅的胡秋原著《论革命文学问题》一文的精华与影响。李何林先生给以胡秋原相当高的评价:

> 以创造社在当时所发表的唯物史观的文艺论文和文艺的阶级性理论都不足以给冰禅所提的这些问题以具体答复。据创造社诸人的那些文章内容看来,他们所了解的,也并不比冰禅所了解的多,冰禅引了藤森成吉……的话,在创造社诸人的文章里还没有这样的说明。……所以冰禅的这些文章是一九二八年三月(应为四月初——秋石注)发表的,恰是这次文艺论战最热闹的时候,而以后

始终未见创造社方面的答复。我们现在把冰禅所提的上面那些作家及其作品的阶级性或社会作用,一一加以分析解答,那是一本书的规模。好在已有柯根的世界文学史观和弗里契的欧洲文学发达史中译本,其他的唯物史观的文学论的著作,以及讲苏联文学理论,作家与作品的书,中国也出版了一些,从他们上面是可以得到解答的。

李何林还强调:

>……不过他末了所提出"文艺家如不彻底知道他所描写的人生,作品一定不好",倒是对革命文学作家的一个很好的忠告。

1959年的"清明节前一日",在台湾的胡秋原先生将《论革命文学问题》一文,及李何林先生20年前对该文的评述,收入到即将出版的《少作收残集·上册》时,特地标注道:"此文是我第一篇投稿谈文艺之文,以冰禅笔名发表于1928年三四月间上海《北新半月刊》者。……当时正所谓'革命文学'开始热闹之时。"在该文文尾,胡秋原先生还进一步为之写下了一段至今看来仍旧是颇有意义的文字说明——:

>我当时与鲁迅或语丝派根本无关。我当时"逃难"至沪,入复旦大学中国文学系读书,对国人好杀,心怀反感。而革命文学又是一股杀气,且盛气凌人,固对于鲁迅人道主义倾向这一点,有所同情,而此文在客观上与鲁迅派有别而已。当时我写此文寄投"北新"后,亦被放在一个极不重要地位;不过发表以后颇受注意而已。以后,我写"文艺起源论",即表示我想对文艺作一系统研究,而以朴列汉诺夫为中心。翌年,我到日本,先写朴列汉诺夫之研究一书。后入早稻田大学,为《读书杂志》投稿。而鲁迅则在上海翻译蒲列汉诺夫(此译名不同,即表示我是独立研究的),并在"左翼作家联盟"成立后由革命文学对象,一变而为普罗文学统帅了。他的一派参加左联,使其声势大振。又左联之成立,并非由于对付"新月"派而已。这主要由于中共之推动,间接由共产国际之指使。同时,"社会科学家联盟"(社联)也成立了。当时中共正在逆势(秋石注:胡秋原此

说，系指蒋介石全面围剿江西井冈山及鄂豫皖根据地的红军）。在他们所谓"白区"，全靠左联社联活动。这中共两大文化运动之统战组织，在中共后来发展上，是大有汗马功劳的。

综上所述，早在1928年，胡秋原于动笔撰写《论革命文学问题》这篇日后大放异彩的评论文章时，就已经窥出了属于左翼文艺阵营的作家批评家们的软肋：不切实际的超前"革命"，以及隐藏在"革命文学"背后的唯我独革，唯我正确，排斥包括人民大众喜爱的其他文学的严重关门主义倾向。也可以说，《论革命文学问题》是一次预演，一个前奏，与三年九个月后开展的对钱杏邨理论和对"左联"推行的严重关门主义独树一帜的猛烈批评，存在着必然的有机的不可分割的联系。前者是后者的预演，而后者则是前者的深入与继续。

周扬、杨邨人与"文艺自由论辩"缘起

上节文字论及胡秋原批评钱杏邨理论，指出早在此前4年太阳社、创造社与鲁迅论战时就开始了。由此可见，1928年胡秋原撰写的《论革命文学问题——对于革命文学的一点商榷》，已经阐述得相当清楚了。只不过，当时的胡秋原尚籍籍无名，无法引发大的反响。这一次就大不同了，胡秋原羽翼丰满了。他不仅高屋建瓴地写出并在大东书局出版了当时尚少有关注，但涉及国家、民族之未来命运的《日本侵略之下之满蒙》一书，而且，还出版了洋洋七十万言的《唯物史观艺术论：朴列汉诺夫及其艺术理论》的巨著。自然，"左联"的若干头面人物要视他的"攻讦"，为动摇其基石的危险对手了。

于本文之前，有学者撰文论述道，"左联"之所以如此倾巢出动，全面攻剿胡秋原的"反革命理论"，主要系由周扬发起。其诱发原因是，与周扬同庚的族侄周立波因煽动罢工，遭租界工部局逮捕后，周扬即委托冯雪峰找"有背景"的胡秋原寻关系保释。而后者却因种种借口不愿意帮这个忙（或因办不了）而予以拒绝。于是，周扬迁怒于胡秋原，矛盾遂由此产生……

我是"托匪"？

依笔者之见，上述说法属于揣度，虽有合理成分，但缺乏一定的事实依据。下面，笔者依托胡秋原先生的早期回忆著述文字，以及他同他的传记作者、台湾女作家张漱菡女士的相关谈话资料（1980年春），作一较为符合历史现场的诠释。

时为中国左翼戏剧家联盟成员的周立波（后于1934年9月加入中国左翼作家联盟），于1931年底1932年初入神州国光社任校对。而此时的胡秋原，除独立承办《文化评论》杂志，还在日寇发动"一·二八"上海战火后与挚友王礼锡合办了《抗战报》。这一报一刊均在神州国光社印刷。据胡秋原先生上世纪60年代撰文回忆道，当时上海工人罢工事件频发，为此，神州国光社也不可避免地发生了罢工事件。一些工人拒绝罢工，而由共产党操控的一派工人与那些拒绝罢工的工人之间还发生了互殴，遂引起租界工部局的干涉："逮捕凶手数名，其中二三人，是神州工人"。这被捕的"二三人"中，便有担任印刷工人罢工委员会委员长的周立波。

据胡秋原回忆，时值日寇发动"一·二八"，上海战事有扩大趋势的危急关头，个别"左"得出奇的罢工者不合时宜地将矛头指向英勇抗击日军进犯的十九路军，竟然指责十九路军抵抗不力。胡秋原，同鲁迅、茅盾一样，是坚决反对作任何无谓的牺牲的，诸如举行飞行集会、上街示威游行、张贴传单一类的活动。

从历史角度分析，当时的冯雪峰与胡秋原的关系甚是一般，可以说只是一面之交，周扬也是如此。他们是在1932年2月7日这一天与胡秋原相识的。为抗议日寇继发动"九一八"事变侵占我东三省后，又在上海发动"一·二八"淞沪战火，沪上文艺界人士聚集在法租界的一间教室里，讨论通过了由自由派人士胡秋原起草的《中国著作者为日军进攻上海屠杀民众宣言》，计有129人在这个宣言上签名，以左派和中间派人士居多，鲁迅、茅盾、瞿秋白没有到会。其中，冯雪峰以何丹仁署名，周扬以周起应签名。可见，这一天的左派和自由派文艺界人士尚且能够以国家安危和民族利益为大局，走到一起。所以说，大家都是一面之交，周扬没有必要委托冯雪峰找胡秋原捞人。而事实也确乎如此：正是周扬本人找的胡秋原！其陪伴者，是既为胡秋原武汉时期的学友，又为现时"左

091

联"盟员的杨邨人先生。冯雪峰并不在场!周扬之选择由杨邨人陪同前往,也正是因为杨邨人是胡秋原无话不谈的老友!

当时,胡秋原在法租界一个朝鲜人的家中分租了前楼一间狭小的房子居住。他将两个箱子叠起来作为书桌,盘膝而坐著书立说。因为时局动荡,虽说他稿费比较充裕,但也没有购床。到了晚上,把被褥往地板上一摊,便成了睡觉的地铺。而书籍和用具,也都一一堆放在地板的一隅。他所住的这个朝鲜人家,与主编"左联"《北斗》杂志的著名女作家、"左联"五烈士之一的胡也频的妻子丁玲的住处,同在一条弄堂里。

这一日晚上,杨邨人领着周扬一起来到胡秋原的住处。起始,胡秋原还以为他们此行来探望的是丁玲呢!

杨邨人回答说:"不,专门找你!"

胡秋原问道:"有何见教?"

周扬、杨邨人同声说明了来意:"为神州国光社工人被捕事。"

胡秋原诧异地问:"这与我何干呢?"

对方满含希望地回答说"你总可以说话的。"

胡秋原更加诧异了:"我向谁说呢?"

周扬说:"向神州国光社老板说,请他去保释如何?"

胡秋原实话实说:"……我讲自由主义,既不赞成强迫罢工,也不赞成捉人。不过,这不在我的权力范围之内。"

这时,在一旁的杨邨人又开口了:"老兄,你与神州老板有密切关系,要帮忙做得到的。"

听了这话,胡秋原不禁苦笑了一笑,他用手指指用箱子叠成的"书桌"和"椅子",又指指摊放在地板上的被褥、书籍和面盆洗漱用具等一干生活用品,对来者说道:"你们看,这像一个与老板有密切关系的人吗?我同他们只有一点投稿关系。如果我与他们见面,我劝他们不必计较,是可以的。况且,这还是洋人的问题。"临了,胡秋原无奈地告诉他们:"我不能接受你们之托,以免轻诺寡信。"

这时已是夜晚九时多了,发动淞沪战争的日军的炮弹时不时地在空中掠过,发出震耳欲聋的炸裂声。这样的晚上在街上行走是很危险的,尤其是对于周扬、杨邨人这样具有共产党员和"左联"双重身份的人。于是,两人便一起挤住在了胡秋原陋室的地板上。作为老朋友的杨邨人和胡秋原竟然还作了一夜长谈。两人谈昔日在武汉的见闻,谈日本,兴致倍浓。杨邨人告诉胡秋原说自己长得有点像日本人,曾在街上行走时被人打得半死。胡秋原接过话头说:"打人不好,打老兄更不好,但民众反日之心可知;而你们居然要打倒十九路军,算什么一回事?"一句话,问得杨邨人无话可答。孰料,几天以后,杨邨人居然写文章骂胡秋原"压迫工人",并以此证明"社会民主主义派"是"帝国主义资本家走狗"……

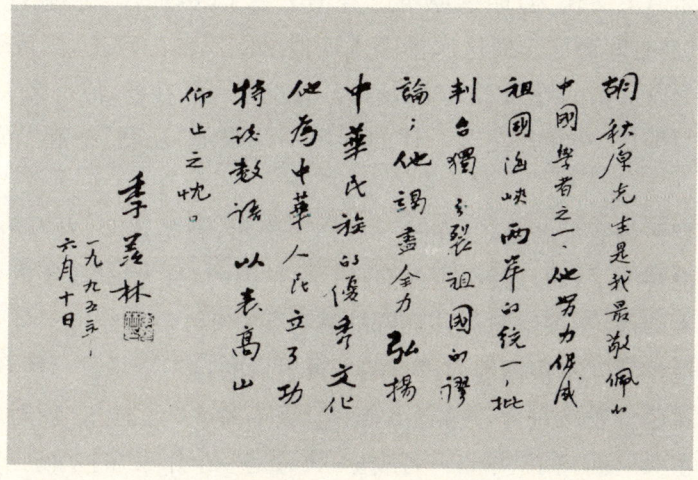

季羡林题词胡秋原

由于杨邨人(非周扬)公开撰文对他进行谩骂攻击,年轻气盛的胡秋原深感好笑之余,却产生了一种想"教训"一下对方的想法。他先是在自己主办的《文化评论》杂志上撰写了一篇《勿侵略文艺》,继而又在《读书杂志》上刊出了针对性极强、左右两面开弓的《民族文学理论之破产及钱杏邨理论之批评》的文章……胡秋原撰写此文的理论基础是:"我的进攻武器是自由主义,防御武器是朴列汗诺夫。"此时的胡秋原,撰文运用朴列汗诺夫的理论,已然是相当的深邃、自如、老到。这是因为,在这之前,他出版了70万字的《唯物史观艺术论:朴列汗诺夫及其艺术理论》一书。

毋庸置疑,因了胡秋原对杨邨人的无端攻击施之以狠狠的反击,"于是开始'左联'对我的围攻。……1932年6月,'左联'以洛扬的集体名字(实为冯雪峰执笔,因此时的冯雪峰正担任着'左联'的党团书记一职,自然也可以视之为他的观点代表着'左联'的立场——秋石注)在他们的机关报《文新》上攻击我显露了'托洛斯基派和社会民主党的真面目'"(冯雪峰的原文是:"这真正显露了一切托洛斯基派和社会民主主义派的真面目!"——秋石注)。

上述,便是发生在距今83年前的那场"文艺自由论辩"的真实起因。其实,对于"左联"的唯我独革、唯我正确,且容不得来自任何方面任何人批评的霸道主义作为,胡秋原早已看不下去了,因而,与之理论一决高下,也只是时间而已。而这次杨邨人近似颠倒黑白的攻击,则成了胡秋原撰文予以反击的导火索。笔者以为,有没有周扬在场,似乎无关紧要。因为他们都是一样的"左",一样的排斥不愿跟随"左联"一起"革命"的人们。

颇具讽刺意义的是,就在这一年的下半年,就是这个"左"得出奇的杨邨人也转向了,而且转得颇为彻底。这是因为,身为1925年入党的老共产党人的他,在被组织派往湘鄂西苏区工作时,亲身经历了极左路线占统治地位的红军根据地内进行的不可思议的自相残杀。一回到上海,杨邨人就公开发布宣言,"揭起小资产阶级革命文学之旗"、"反对左联那种关门主义",回归了"并非一名战士,我只是一个作家"的立场。

至于在杨邨人陪同下,周扬本人当面委托他向神州国光社老板求情开释被捕的神州国光社"工人"一事,实非胡秋原之力所能及。神州国光社老板也没有这个能力和胆量去租界工部局保释周立波这个共产党嫌疑明显的罢工工人领袖。何况由于罢工,业已给神州国光社造成了不小损失。这都是不争的事实。

实践证明,胡秋原并不是一个不近人情的人,而是一个能够顾全大局的人,即使面对"左联"施之以排炮式的攻剿,他也不会蓄势报复。有以下两件事可以佐证。

一件,是鲁迅先生在《辱骂和恐吓决不是战斗》一文中严厉批评过的。一位化名芸生的作者(其真名为邱九如,宁波人,后在鄂豫皖边区反围剿的一次战斗中为革命英勇牺牲),在1932年11月出版的《文学月报》上,发表了长达120多行的题为《汉奸的供状》的长诗。这首打油诗

我是"托匪"？

用词极为尖刻、狠毒，在把坚持"文学自由人"主张的胡秋原比作为上海"一·二八"事变时附逆日寇的汉奸胡立夫的同时，竟然咬牙切齿地表示要像切西瓜一样，将胡秋原的脑袋"剖开"……

对于这首攻击、谩骂至极的长诗，首先是鲁迅表示了强烈的反感，写下了《辱骂和恐吓决不是战斗》的杂文，进行了严厉批评，告诫左翼一定要分清敌我，并且及时地将这篇杂文刊登在了下一期即 12 月出版的《文学月报》上。而作为被攻击对象的胡秋原呢，也写了一首嬉笑怒骂无所不在的诗文予以回敬，还将其排印成铅字列入了即将出版的《读书杂志》。然而，当他读到鲁迅为他主持公道的《辱骂和恐吓决不是战斗》的文章后，感动之余，迅速抽下了他的那篇同样杀伤力很大的诗文。由于出版日期已在眼前而无法补救，以致于这一期的《读书杂志》的目录上还刊有他的这首诗的题目，而遍查内芯却没有了该诗文的片言只字！

还有一件事，是在这场"文艺自由论辩"进入到了后期，新婚不多日的胡秋原，接到了光华书局出版的《读书月刊》主编顾凤城的信，说他们要出一期"文艺论战专号"，题目限于"文艺之阶级性"的范围内，由此向胡秋原约稿。对此，胡秋原心知肚明得很：这，无疑是"左联"给他出的一道难题。在胡秋原看来，对方出此专号的意思是：如不能否认文艺阶级性，就不能否认文艺的党派性，也就不能否认文艺应当做政治留声机……

然而，胡秋原只花了极短的时间便写好了这篇应答文章。胡秋原是这样认为的：

> 不能否认文艺有阶级性，正如不能否认文艺之时代性，民族性、地方性一样。但文艺之所以为文艺，在其普遍性，人道性。阶级性亦在人类性之下变形。此所以古今大作品能为一切时代、一切阶级、一切民族共同欣赏的理由。如若文艺只有阶级性，则无产阶级出现以前的文艺，应对无产阶级无缘。而非无产阶级亦将对无产阶级文艺无缘。于是无产阶级文艺也便成为一种无根而闭关之物。再者，文艺阶级性又是通过复杂的社会心理而曲折的表现的，有阶

095

级斗争,也有阶级同化;有阶级的忠臣,有阶级之逆子,亦有阶级性甚为朦胧的。又文艺有文艺的本质与方法。文艺不能违反真实,而也必须通过美学的描写手段。伤于虚伪的,赤裸裸的阶级叫喊,根本不成文艺。文艺的社会作用在以表现人生而批评人生,通过人心而发生感化作用;文艺为阶级武器之说,也是不通的,再者,无产阶级又不是一个人化的上帝,谁又有权能自称他就代表无产阶级的意识呢?

于该文的结尾部分,针对洛扬(冯雪峰)"左"得出奇的一些立论,胡秋原毫不留情地给出了一个恰如其分然言辞犀利的答复。胡秋原如此写道——:

> 不懂文艺阶级性者,是他洛扬,而非我胡秋原!

《读书月刊》主编顾凤城先生接稿审读后(似交由"左联"掌门人冯雪峰审读并作决断),立马与胡秋原协商,希望他能将回击洛扬先生的这最后一段文字删除。并且还特别予以挑明:这是"左联"要保持他们组织的威信,恳请胡秋原笔下留情。对此,后生可畏,然又可敬,"坚持文学自由人"立场不动摇的胡秋原,如同前些日子鲁迅为维护"左联"完整、统一所采取的做法与立场,居然也作了一次违心之举,删除了这一节令"左联"汗颜的文字。

马克思确实倡导文艺自由

先论述一下胡秋原先生关于"文艺自由论"的出处。

其一,1931年12月25日出版的《文艺评论》创刊号,胡秋原先生以《文化评论》社的名义,发表了题为《真理之檄》的发刊词。在这不足1 400字的发刊词中,胡秋原先生郑重宣告:

> 我们是真理之守护者,我们要以古印度学者的严峻精神,以真实的科学方法,为真理之光复,铁也似的抨击一切非真理的思想。
>
> 同时我们是自由的智识阶级,完全站在客观的立场,说明一切

我是"托匪"?

批评一切。我们没有一定的党见,如果有,那便是爱护真理的信心。不过我们的生活虽然影响了我们的意识,然而我们的理想是超越了我们的生活。我们不仅在思想上去批评一切,同时也在实际中实证我们的理想。

其二,写于"1931年11月15日晨",发表于同期《文化评论》上以批判国民党当局卵翼下的右翼文人鼓吹的"民族文艺理论之谬误"为主的《阿狗文艺论》一文中,胡秋原先生深刻指出:

艺术虽然不是"至上",然而决不是"至下"的东西。将艺术堕落到一种政治的留声机,那就是艺术的叛徒。艺术家虽然不是神圣,然而也决不是叭儿狗。以不三不四的理论,来强奸文学,是对于艺术尊严不可恕的冒渎。

上述,就是引发"左联"一干要员对胡秋原"鼓吹"的"文艺自由论"进行围剿式批判的核心内容,也是鲁迅在《论"第三种人"》一文中加以严厉申斥的。

既然,鲁迅在其文中认为胡秋原"在马克思主义里发见了文艺自由论",那么,马克思他老人家到底有没有说过类似的话呢?

回答,是肯定的:马克思确实倡导文艺自由,而且身体力行,不遗余力。

与马克思、恩格斯同时代的德国工人运动的著名活动家、德国社会民主党左翼杰出的理论家、政论家、历史学家和文艺评论家弗兰茨·梅林(1846—1919),受马克思女儿劳拉·拉法格夫人委托,继编辑出版《马克思恩格斯通信集》之后,通过长期收集、研究、校印马克思、恩格斯著作,精心撰写了被奉为经典的《马克思传》一书。在书中弗·梅林深刻指出:

马克思在文学鉴赏方面,正如他对莎士比亚和瓦尔特·司各脱的偏爱所表明,是没有任何政治和社会成见的。但是他也绝不是那样常常和政治上的漠不关心或甚至奴颜婢膝相联的"纯粹美学"的信徒。在文学方面,马克思也是一个了不起的人,一个不能用任何死板公式来衡量的具有独到见解的学者。因此,他在选择文学读物方面完全没有洁癖,有时对于那些学院审美家们望而生畏的读物,他也并不嫌弃。象达尔文和俾斯麦一样,马克思爱读长篇小说。他特别喜欢惊险小说和幽默小说:从塞万提斯、巴尔扎克和菲尔丁,下而至于保尔·德·科克和因写了《基度山恩仇记》而内疚的大仲马。(1965年7月第1版第623页—624页)

读了弗·梅林的上述精辟论述,我们再来读一读马克思恩格斯是怎样阐述文艺自由的。

发表于1842年5月德国《莱茵报上》的《第六届莱茵省议会的辩论》(第一篇),是马克思在青年时代撰写的一篇经典批评文章(此文已在1972年收入由人民出版社出版的《马克思恩格斯论艺术》(四),第180页—252页)。在该文中,年仅24岁的马克思采取了与其他青年黑格尔派和自由主义报刊所持立场不同的革命民主主义的立场。当其他自由主义集团欢迎新的书报检查令的时候,马克思却揭露了它的反动性质,一针见血地指出农奴制的书报检查同出版自由是不能相容的。马克思在文中一方面对书报检查及其控制下的报刊无情批判,另一方面对资产阶级-商人的文学观点,这种观点把文学降低到手工业的水平,把出版自由和工业自由等量齐观,进行批判。在同反动统治当局及资产阶级-商人的文学观点进行斗争的时候,马克思捍卫了大胆的自由的民主主义的报刊。

在《第六届莱茵省议会的辩论》(第一篇)中,马克思有关文艺自由的论点如下:

> 从思想的观点看来,不言而喻,出版自由和书报检查制度的根据是完全不同的,因为出版自由本身就是思想的体现、自由的体现,就是肯定的善;与此相反,检查制度是不自由的体现,是以表面的世界观来反对本质的世界观的斗争,它只具有否定的本性。
>
> ——《马克思恩格斯论艺术》(四)第212页
>
> ……出版物在任何情况下都是人类自由的实现。因此,哪里有出版物,哪里也就有出版自由。

我是"托匪"？

……

作家——可以说是检查官的秘书。如果秘书不能表达上司的意旨,上司就干脆删去不合用的作品。可见这种出版物是由检查制度造成的。

……

自由确实是人所固有的东西,连自由的反对者在反对实现自由的同时也实现着自由……

问题不在于出版自由是否应当存在,因为出版自由向来是存在的。问题在于一面的有权是否应当成为另一面的无权。"精神的自由"不比"反对精神的自由"有更多的权利吗？

如果体现"普遍自由"的"自由的出版物"和"出版自由"应当摈弃的话,那么,体现特殊自由的检查制度和受检查的出版物就更应当摈弃了；……

——同上,第213—214页

书报检查法想给自由这种不合心意的东西设下障碍,结果适得其反。在实现书报检查制度的国家里,任何一本未经检查而出版的禁书都是一件大事。……检查制度使每一篇被禁作品,无论好坏,都成了不平凡的作品,而出版自由却使作品去掉这种气派。

……不带刺的玫瑰是没有的！请想一想吧,失掉自由的出版物时,你们会丧失什么！

自由的出版物是人民精神的慧眼,是人民自我信任的体现,是把个人同国家和整个世界联系起来的有声的纽带；自由的出版物是变物质斗争为精神斗争,而且是把斗争的粗糙物质形式理想化的获得体现的文化。……自由的出版物是人民用来观察自己的一面精神上的镜子,而自我认识又是聪明的首要条件。它是国家精神……

——同上,第227—228页

……没有出版自由,其他一切自由都是泡影。

——同上,第251页

紧随上文,马克思和恩格斯又在其共同合作撰写的《评普鲁士最近的书报检查令》一文中,对写作自由作了更为精彩的论述:

> 书报检查不得阻挠对真理的探讨,在这里有了更具体的特征:这就是严肃和谦逊。……
> ……
> 其次,真理是普遍的,它不属于我一个人,而为大家所有;真理占有我,而不是我占有真理。我只有构成我的精神个体性的形式。"风格就是人"。可是实际情形怎样呢!法律允许我写作,但是我不应当用自己的风格去写,而应当用另一种风格去写。我有权利表露自己的精神面貌,但首先应当给它一种指定的表现方式!……指定的表现方式只不过意味着"强颜欢笑"而已。
> 你们赞美大自然悦人心目的千变万化和无穷无尽的丰富宝藏,你们并不要求玫瑰花和紫罗兰散发出同样的芳香,但你们为什么却要求世界上最丰富的东西——精神只能有一种存在形式呢?我是一个幽默家,可是法律却指定我用谦逊的风格。没有色彩就是这种自由唯一许可的色彩。每一滴露水在太阳的照耀下都闪耀着无穷无尽的色彩。但是精神的太阳,无论它照耀着多少个体,无论它照耀着什么事物,却只准产生一种色彩,就是官方的色彩!精神的最主要的表现形式是欢乐、光明,但你们却要使阴暗成为精神的唯一合法的表现形式;精神只准披着黑色的衣服,可是自然界却没有一枝黑色的花朵。精神的实质就是真理本身,但你们却想把什么东西变成精神的实质呢?谦逊。歌德说过,只有叫化子才是谦逊的,你们想把精神变成叫化子吗?也许,这种谦逊应该是席勒所说的那种天才的谦逊?如果是这样的话,那你们就先要把自己的全体公民、特别是你们所有的检查官变成天才。可是天才的谦逊和经过修饰、不带乡音土语的语言根本不同,相反地,天才的谦逊就是要用事物本身的语言来说话,来表达这种事物的本质的特征。天才的谦逊是要忘掉谦逊和不谦逊,使事物本身突出。精神的普遍谦逊就是理性,即思想的普遍独立性,这种独立性按照事物本质的要求去对待

我是"托匪"?

各种事物。

——同上,第253页—255页

其实,有关实现包括文艺自由、出版自由在内的一揽子人们应当享有的自由的问题,马克思在《共产党宣言》中,就作过极为精辟的阐述。

1894年1月9日,恩格斯应两位意大利记者约请,为新创办的《新纪元》周刊题辞。记者要求恩格斯在展望即将到来的新世纪时"用简短的字句来表述未来的社会主义纪元的基本思想,以别于但丁曾说的'一些人统治,另一些人受苦难'的新纪元。"恩格斯在回信中坦言,"要用不多几个字来表述未来新时代的思想,同时既不堕入空想社会主义又不流于空泛辞藻,这个任务几乎是难以完成的。"但是74岁高龄的恩格斯经过认真考虑,还是很好地完成了这个任务。他说:"我打算从马克思的著作中给您寻找一行您所要求的题词。马克思是当代唯一能够和伟大的佛罗伦萨人(即但丁)相提并论的社会主义者。但是,除了从《共产党宣言》中摘出下列一段话外,我再也找不出合适的了。"恩格斯摘出的就是《宣言》第二章结尾所鲜明指出的:

代替那存在着阶级和阶级对立的资产阶级社会的,将是这样一个联合体,在那里每个人的自由发展是一切人的自由发展的条件。

而在1867年出版的马克思的鸿篇巨著《资本论》第一卷第一章第四节中,则是用更加简明的"**自由人联合体**"六个字来概括。

综上所述,胡秋原说的一点儿也不错,马克思确确实实,并且不止一次地呼吁、倡导文艺自由。

那么,鲁迅为什么会如此斥责胡秋原"挂着'左翼'的招牌,在马克思主义里发见了文艺自由论"呢? 笔者以为,这是跟当时的大环境有关。一是由国民党右翼文人潘公展、范争波等人于1930年6月策划了所谓"民族主义文学"的运动,这个运动鼓吹以"民族主义"为"中心意识",对抗此前三个月成立的以"左联"为代表的普罗文学即无产阶级革命文学。而且,这个"民族主义文学"运动,在日寇发动"九一八"事变侵占东三省后,又为蒋介石鼓吹的"攘外必先安内"的反共投降政策百般辩护。正是在这个特定的气候条件下,冒出了自称为"文学自由人"的胡秋原,以及

101

不满"左联"对胡秋原"文艺自由论"围剿而异军崛起的以苏汶为代表的"第三种人"。鲁迅认为,胡秋原和苏汶等人的所作所为是在向"左联"进攻,分裂左翼作家队伍,这些,都令鲁迅愤慨不已。鲁迅站在"左联"的立场上,维护他们的集体行动,并为之鼓与呼。而鲁迅之所以不公开点名批评胡秋原,是因为胡秋原撰写的《阿狗文艺论》,其矛头所指,乃是着重批判了国民党蒋介石卵翼下的"民族主义文学"派的反动实质和荒谬论调。二是距此文发表一年多前,为鲁迅格外器重的柔石等"左联"五烈士惨遭国民党秘密杀害,在鲁迅心中留下了至死也无法磨灭的伤痛(秋石注:柔石、殷夫、冯铿、李伟森,以及丁玲的丈夫胡也频等"左联"五烈士,并不是因为从事左翼文学运动献出年轻又宝贵的生命的。他们,以及何孟雄、林育南等一批共产党的高级干部计23人惨遭国民党杀害,是死于残酷的党内斗争——被王明同伙赵容,即后来耍尽阴谋以整人著称的那个康生出卖而致。有关这一点,鲁迅是不知情的。倘若鲁迅知道一二的话,还不知道作何感想呢?!)。为揭露国民党之暴行,鲁迅牵头主持出版了"左联"秘密刊物《前哨》(纪念战死者专号),并亲自撰写了《柔石小传》、《中国无产阶级革命文学和前驱的血》等(见鲁迅《二心集》,收入《鲁迅全集》第四卷),以及应美国友人史沫特莱约请,为美国《新群众》杂志撰写的《黑暗中国的文艺界现状》一文,并参与起草《中国左翼作家联盟为国民党屠杀大批革命作家宣言》。因之,一旦有人对"左联"暴露出来的问题和错误,提出严厉批评时,鲁迅会将其视之"进攻"而加以撰文痛斥。三是,也是症结所在,鲁迅对马克思恩格斯等人的著作读之甚少(对其原著的阅读更是少之又少),实际上,他也几乎没有什么时间,可以对马、恩的原著精心研读。平时的一些有限的了解,也多是听多次到过苏联的瞿秋白的介绍而已。因而,失之全面,出现偏颇的理解,也是可以预见到。而胡秋原则不同了,他年轻,自幼勤奋好学。在血雨腥风的1927年宁汉合流遭右翼国民党迫害流亡后,胡秋原就比较系统地阅读了马克思恩格斯的著作,有的还是外文原著。值得一提的是,在后来亡命日本留学的那段时间里,为撰写七十万字的《唯物史观艺术论》(副题为《朴列汗诺夫艺术之研究》)一书,胡秋原几乎通读了马克思恩格斯主要著作,以及普列汉诺夫、列宁、托洛茨基等人的著作。因之,他对马克

我是"托匪"?

思恩格斯和普列汉诺夫等人倡导的"文艺自由",有着入木三分的理解。胡秋原毕其一生认为:"承认文艺自由与否,是马列分水线,而不承认,必到史达林主义。"(胡秋原:《关于一九三二年文艺自由论辩》,写于1969年1月10日,原刊1969年1月台湾《中华杂志》,后收入《胡秋原文章类编之一:文学艺术论集》下册,台湾学术出版社1979年11月出版。)

其实,说到底,鲁迅同样是崇尚文艺自由和言论自由的,而且,为之奋斗了一生。

1906年,因愤于自己祖国的不强大和遭受帝国主义列强的蹂躏,正在日本仙台医专习医的鲁迅,毅然决然地作出了弃医从文的选择。鲁迅在《呐喊·自序》中,对自己人生道路上的这个重大转折作了说明:

> 凡是愚弱的国民,即使体格如何健全,如何茁壮,也只能做毫无意义的示众的材料和看客,病死多少是不必以为不幸的。所以我们的第一要著,是在改变他们的精神,而善于改变精神的是,我那时以为当然要推文艺,于是想提倡文艺运动了。

值得指出的是,也是人所共知的,在国民党蒋介石政权独裁统治的年代,鲁迅不也是一再猛烈抨击当局的书报审查政策,一再呼吁文学自由、新闻自由和言论自由吗?

毋庸置疑,独树一帜,坚持"文学自由人"立场始终不予妥协的胡秋原,在猛烈抨击国民党右翼文人的同时,也击中了"左联"推行关门主义路线的要害。历史已经表明,在所谓"文艺为政治服务"的这一立论上,错的是"左联",而非胡秋原!

1979年10月30日,在中国文学艺术工作者第四次代表大会的开幕式上,中国改革、开放的总设计师邓小平在代表党中央所作的祝词中强调指出:

> 党对文艺工作的领导,不是发号施令,不是要求文学艺术从属于临时的、具体的、直接的政治任务,而是根据文学艺术的特征和发展规律,帮助文艺工作者获得条件来不断繁荣文学艺术事业,提高文学艺术水平,创作出无愧于我们伟大人民、伟大时代的优秀文学艺术作品和表演艺术成果。

邓小平还指出:

> 我们提倡领导者同文艺工作者平等地交换意见……在文艺创作文艺批评领域的行政命令必须废止……文艺这种复杂的精神劳动,非常需要文艺家发挥个人的创造精神。写什么和怎样写,只能由文艺家在艺术实践中去探索和逐步求得解决。在这方面,不要横加干涉。

继邓小平这个高屋建瓴的祝词之后,茅盾在向大会所作的发言中再次明确宣布:

我们反对文艺作品堕落为政治口号的图解!

邓小平的祝词和茅盾的发言,激起了全场代表一阵又一阵雷鸣般的掌声。

同样,就在这次文代会期间,当音乐界代表傅庚辰向胡乔木询问有关"今后不宜再提'文艺为政治服务'这一口号"的出处时,胡乔木作了一个很好的诠释。胡乔木说道:

> 之所以不再提"文艺为政治服务"而提"为人民服务、为社会主义服务",是因为这样更有利于文艺的发展……更有利于调动广大文艺工作者的积极性。我们回想一下历史,是不是不提"文艺为政治服务"就不能产生好作品、大作品和大作家呢?是不是《在延安文艺座谈会上的讲话》发表之前就没产生过好作品、大作品和大作家呢?不是的。伟大的文学家鲁迅 1936 年就已逝世了,巴金的《家》、《春》、《秋》,茅盾的《子夜》,曹禺的《雷雨》、《日出》和老舍的一些作品都产生于《讲话》发表之前。所以,不能说不提"文艺为政治服务"就不利于文艺的发展。而且有一些文艺作品虽然并没有明确的政治倾向性,但它符合审美要求,它能给人以美的享受和陶冶,这样的作品就要允许它存在……

距四次文代会召开后不过两个半月,1980 年 1 月 16 日,在中共中央召集的干部会议上,邓小平同志在其所作的《目前形势和任务》的报告中,用极为明确的语言再次宣布:

我是"托匪"?

我们坚持"双百"方针和"三不主义",不继续提文艺从属于政治的口号,因为这个口号容易成为对文艺横加干涉的理论根据,长期的实践证明它对文艺的发展利少害多。

在1979年四次文代会和1980年1月邓小平同志的两度宣告,以及文艺界所呈现出来的春天般的繁荣,在台湾的胡秋原先生也深深地体会到了。他同样感受到了春风扑面。我们可以从一度成为岛内政论界、思想界重镇,由胡秋原先生当年亲手创办的《中华杂志》刊发的众多文章中得到进一步的印证。在中共中央新文艺方针的感召下,胡秋原先生更加倾尽全力致力于两岸统一大业。1988年金秋,胡秋原先生全然不顾李登辉当局的百般恫吓、阻拦,毅然来到北京,与李先念、邓颖超、屈武、贾亦斌、郭述申等诸多中共和留在大陆的昔日国民党老友共商两岸统一大计,从而被誉为"两岸破冰第一人"。诚如胡秋原先生坦诚相告的那样:"我以前是坚决反共的,但中共十一届三中全会的召开和邓小平推行的改革、开放路线,使我看到了国家的统一和民族复兴的希望。"

但是,1979年和1980年党中央已经把几十年来争论不休的关于文艺和政治的关系的问题解决了,而且是不拖任何尾巴的解决了。可是在后来《鲁迅全集》的印行中,却仍然坚持了过去"左"的那一套来加以诠释。1981年第二版《鲁迅全集》的出版是这样,2005年版的《鲁迅全集》,依然是这样。2005年版的《鲁迅全集》的修订决策者与参与者们,依然是忧心忡忡,惧这惧那,并没有从根本上纠正当年"左联"发动的对胡秋原全面攻剿所作的定论的这一严重错讹!依然保留了浓郁的意识形态色彩和极左时代的特征。尽管早在七十多年前,中共在白区的宣传战线最高负责人张闻天就谆谆告诫道:"对于革命的文学家,就是不是无产阶级的文学家,我们都应该爱护。马克思对海涅,列宁对于高尔基那种亲爱的态度,应该给我们很好的榜样。""要使中国的左翼文艺运动变为广大的群众运动,坚决的打击这种左倾空谈与关门主义,是绝对必要的。"

"**坚决的打击这种左倾空谈与关门主义,是绝对必要的。**"

仅比冯雪峰大三岁的张闻天的这个严正告诫,是何等的震聋发馈啊!今天读来,依然如此。然而,又有多少人能够将其听在耳朵里,记在心中呢!

回顾历史,我们可以看出,当年这场以众压小,然而真理确实在坚持"文学自由人"主张的胡秋原等少数人手中,倘若不是"左联"的直接主管领导、中共中央负责人张闻天的适时出面干预,撰写了一篇《文艺战线上的关门主义》的批评告诫文章,并对时任中共中央宣传部文化工作委员会书记的冯雪峰施加压力,予以严厉批评的话,还真不知道要闹哄到什么时候什么程度呢!面对日寇在东北、华北,在上海的战争挑衅,竟然如此之不顾全大局!

笔者以为,即使在中共中央负责人的出面干预下产生的这等结局,也只能是治标不治本!即只能是臣服,而不是让他们心服口服。这未免使人痛心地感受到,当年的宗派主义、关门主义,太可怕了,太过于根深蒂固了!笔者此言,断非空穴来风,或是危言耸听——这,可以从相隔四年后的1936年,周扬等人与自己在这之前尊奉的左翼文艺阵营旗手、主帅的鲁迅之间,爆发的那场近似你死我活激烈异常,令国民党高层也为之拍手称快的"两个口号"之争中,得到强有力的印证。只不过,这场近乎你死我活的"两个口号"之争,使得四年前"文艺自由论辩"中同仇敌忾并肩作战的战友冯雪峰与周扬,已经不是普通意义上的那种论敌了,两人水火不相容的关系,一直持续到四十年后。——1975年夏周扬从关押了九年的秦城监狱给释放了出来,去探望来日不多,生命已成夕阳重病卧床的冯雪峰。为此,冯雪峰在卧榻上写下了《锦鸡与麻雀》的绝笔之作,以示与周扬之间冰释前嫌,重温"左联"初创时期的那种患难中的战友之情。这回,他们的共同论敌,是当年在上海滩上争演妓女赛金花的蓝苹,如今中国大地上的新一轮"旗手"江青……

论及胡秋原随后发表的《勿侵略文艺》和《钱杏邨理论之清算与民族文学之批评》二文,笔者在通读全文之后的感觉,也并非如当年冯雪峰、瞿秋白等"左联"作家反击的那样。在《勿侵略文艺》一文中,针对一些人的流言,胡秋原郑重指出,"我更没有否定普罗文艺";作为文学自由人,胡秋原强调:"我并不能主张只准某种艺术存在而排斥其他艺术"。胡秋原还指出:"无论中国新文学运动以来的自然主义文学,趣味主义文学,浪漫主义文学,革命文学,普罗文学,小资产阶级文学,民族文学以及最近的民主文学,我觉得都不妨让他存在,但也不主张只准某一种文学把持文坛。而谁能以最适当的形式,表现最生动的题材,较最能深入事象,最能认识现实把握时代精神之核心者,就是最优秀的作家。"

读着胡秋原的这些论述,不禁令笔者想起了四年后鲁迅的《答徐懋庸并关于抗日统一战线问题》,两者之间何其相似乃尔:

> 我以为文艺家在抗日问题上的联合是无条件的,只要他不是汉奸,愿意或赞成抗日,则不论叫哥哥妹妹,之乎者也,或鸳鸯蝴蝶都无妨。但在文学问题上我们仍可以互相批判。

鲁迅还指出:

> 我认为应当说,作家在"抗日"的旗帜,或者在"国防"的旗帜之下联合起来;不能说作家在"国防文学"的口号下联合起来,因为有些作者不写"国防"为主题的作品,仍可以从各方面来参加抗日的联合阵线。

岁月无情,但历史是公正的,不仅仅是对胡秋原这个与托派毫无瓜葛的文学自由人而言。上世纪80年代末,尚未解体的苏共中央为包括托洛茨基本人在内的所有托派分子平了反。在中国,随着类似胡秋原持不同政见的王实味的最终彻底平反,有关中国托派的种种"罪恶"与指责,也渐渐烟消云散。例如,在旧版《毛泽东选集》的原注中引述的当年斯大林宣布托派为"暗害者、破坏者、侦探间谍、杀人凶手的匪帮"的诬指,以及原注添加中国托派完全是"帝国主义和国民党反对人民的卑污工具"等等,均被一一删除。1991年版《毛选》二卷第516页的新注正式承认:"抗日战争时期,托派在宣传上是主张抗日。"与此同时,新注还廓清了一个史实:"把托派与汉奸相提并论,是由于当时共产国际流行着中国托派与日本帝国主义间谍组织有关的错误论断所造成的。"

所谓"列宁主义那里找到了杀尽共匪说",
又是怎么一回事?

在《论"第三种人"》一文中,有关鲁迅的这又一指斥,又是怎么一回事呢？

在这里，为正视听，先向读者和学术界同行们读上几段由胡秋原撰写，屡遭冯雪峰、瞿秋白、周扬等"左联"要员们重炮猛轰的《阿狗文艺论》、《钱杏邨理论之清算与民族主义文艺理论之批评》等文章中的论述。

在《阿狗文艺论》中，胡秋原先生旗帜鲜明地表明了自己所持的立场，他不无讥讽地这样写道：

> 《文化评论》编者，征文于余，并示《前锋》第一期之民族文艺运动之宣言，嘱为文批评其理论；余阅之不觉失笑。民族理论之不通，曾于《文艺史之方法论》中略述之，此种理论之存在，实中国文艺界之污点，故稍指出其谬误不经之处，他日有暇，当更详论之。

在该文第一小节《艺术非至下》的论述中，胡秋原将"民族主义文学"斥之为"新的法西（斯）主义文学，是比所谓颓废派下流万倍的东西"。胡秋原发挥道："艺术者，是思想感情之形象的表现，而艺术之价值，则视其所含蓄的思想感情之高下而定。所以，伟大的艺术，都具有伟大的情思。而伟大艺术家，常是被压迫者，苦难者的朋友。"胡秋原认为："艺术虽然不是'至上'，然而决不是'至下'的东西。将艺术堕落到一种政治的留声机，那是艺术的叛徒。艺术家虽然不是神圣，然而也决不是叭儿狗。"胡秋原还论述道："到了去年，随着中国'内乱'之尖锐，独裁政治之强化，盲动之急进与败北，所谓普罗文学之盛极而衰，在感觉最敏锐的文艺领域中，开始见法西（斯）主义之萌芽。为这萌芽之具体表现者，即所谓'民族文艺运动'"。

在第二节《中心意识之谬论》中，胡秋原一针见血指出："民族文艺派之唯一理论经典，即所谓《民族主义文艺运动宣言》。据说，这三四千字的宣言，是颇经过一番苦思深虑，而且经过某大衙门掌柜之批准的。"（这里所指的"某大衙门掌柜"，系指当时执掌国民党宣传文艺大权的张道藩——秋石注）接着，胡秋原在批驳民族文艺派鼓吹的文艺"中心意识"论时指出："文化与艺术之发展，全靠各种意识互相竞争，才有万华缭乱之趣。……用一种中心意识独裁文坛，结果，只有奴才奉命执笔而已。……各种意识之竞争批评，正是光明而不是危机；而要用什么民意识来包办,才算是危机,不,简直是畜牲而已。"

在第三节的论述中,胡秋原在批驳民族文艺派捏造的"艺术作品在原始状态是从民族的立场所形成的生活意识里产生"的说法时,断然指出:文艺之起源与民族意识无关。他还嘲笑道:"可怜民族文艺派连文艺起源几个字都不懂,还高谈理论;可笑也,亦可怜也!"

在随后的第四节中,针对民族文艺派们宣扬的"说什么民族文艺之发展第一需要政治上的民族主义,第二要造成政治上的民族主义",胡秋原斥之为"牛头不对马嘴"。胡秋原写道:

> 将文艺与政治混为一物,已经表示他们没有谈文艺的资格,那意思无非是说:民族文艺是民族主义的儿子,民族文艺又要生民族主义的孙子;也就是说,文艺是政治的走狗,文艺又是政治的忠臣。
>
> 呜乎,这是阿狗文艺的肺腑!

最后,胡秋原结论性地认为:

> ……现代的民族主义只有在殖民地半殖民地之彻底的反帝国主义运动上,才有进步的意义。然而若是一个单纯民族主义运动,离开其真实的同盟者,不仅不能达到目的,而结果必形成民族主义的反面。结果,只是资产阶级之改良的、虚伪的民族主义。

综上所述,胡秋原撰写的《阿狗文艺论》,通篇充斥着对国民党右翼文人竭力鼓吹的《民族主义文艺运动宣言》的有力批判。

在《钱杏邨理论之清算与民族文学理论之批评》一文开始时,胡秋原撰有一个导语,这个导语泾渭分明地表明了他对左、右翼文人的态度。胡秋原指出:

> 最近三四年来,中国文艺理论界有一个最大的滑稽与一个最大的丑恶。前者即是左翼文艺理论家批评家钱杏邨君之"理论"与"批判",后者是随暴君主义之盛衰而升沉的民族文艺派之"理论"与"创作"。

显而易见,在这里,胡秋原先生视"左联"诸君为友。而民族文艺派则是其对立面,并被冠之以"随暴君主义"的"丑恶,而且是最大的丑恶"。

其次,在此文中,胡秋原对钱杏邨散布的"阿Q死了"、"我们永远不需要阿Q时代"的说法所作的令人信服的驳斥,以及对钱杏邨曲解茅盾小说的真正含义,错误地认为茅盾小说"否认英勇的革命战斗的现实"等观点的分析,无不说明了胡秋原对鲁迅、茅盾精典作品的全力维护。

对钱杏邨错误理论批评归批评,但胡秋原还是实事求是地肯定了"钱杏邨先生的努力与精力,是可佩服的","但他在中国新文艺批评之初期建设上,不能不说他尽了相当的功绩"。

事实上,正是文学自由人的胡秋原,最早窥出了钱杏邨文艺理论与批评的软肋,或曰幼稚的呈苍白状的缺失。由于胡秋原抢在"左联"前面批评了钱杏邨的苍白理论,因而引发了推行关门主义政策的冯雪峰等人对胡秋原的进一步反击。

之所以笔者认为胡秋原先生对待左右翼文人泾渭分明的态度和立场,这可以从该文后半部分对民族文艺派旗帜鲜明的批评上反映出来。胡秋原猛烈地痛斥道:

> 总而言之:民族文艺是极低下的功利派,极下流的政治底宣传,是中国的法西(斯)主义文艺;是土司政治的文化"前锋";他们的理论与创作是"狗"之"屁",是说谎之堕落与堆集;他们侮辱艺术之高尚,玷辱文艺之尊严;他们仇视解放运动和解放思想,用可怜的文字,表现下贱的幻想,宣传剿灭苏联;他们的目的,是希望土司政治稳定与统一,满足帝国主义的欲望,中国完全殖民地化——这实在是反民族的文艺。

胡秋原先生的这一段论述,惟妙惟肖地勾勒出了《民族主义文艺运动宣言》的炮制者们及其后台老板蒋介石的嘴脸,也反映了他的憎爱分明的立场,我们能说他是在"诽谤当时的革命文学运动"、"是进攻整个普罗革命文学运动"吗?孰是孰非,一目了然。

论述到此,倒是有一个现象值得人们深思,这就是胡秋原撰写《阿狗文艺论》的初衷,是针对"仇视解放运动""宣传剿灭苏联"和"满足帝国主义欲望"的《民族主义文艺运动宣言》派们攻击左翼无产阶级文艺运动"嚣张"的谬论的,孰料,却引发了"左联"一大批人对胡秋原的围攻,而右

我是"托匪"？

翼文人却一个个作壁上观，无一人同胡秋原论战，这，岂非咄咄怪事？实实在在的事实表明：对"当时的革命文学运动"，胡秋原是维护，而决不是什么"诽谤"与"否定"。

那么，鲁迅为什么会在《论"第三种人"》中指斥胡秋原是一个在"列宁主义那里找到了杀尽共匪说的论客"呢？

笔者认为，令鲁迅产生如此与事实大相径庭的错讹的原因有二。其一，也正是笔者于此前强调的，鲁迅为维护冯雪峰、瞿秋白、周扬等"左联"头面人物的"集体行动"，保持步调一致；其二，与当时的革命环境有关，即与被"左联"乃至中共高层所切齿痛恨的某些共产党人和"左联"重要盟员的"背叛"行为，有着至关重要的联系。

先谈"其一"。

在鲁迅撰写并发表《论"第三种人"》一文半年前，亦即1932年6月6日出版、由"左联"直接掌管的《文艺新闻》第58号上，发表了化名洛扬的冯雪峰所撰写的《"阿狗文艺"论者的丑脸谱》。在这篇颇有点谩骂味道的论战文章中，冯雪峰毫不客气地给论战的另一方胡秋原按上了一顶被共产党和左翼势力视之为不共戴天仇敌的托派帽子——这也是胡秋原成为"托派"、"托匪"最早说法的源头。文中，冯雪峰以一种不容置疑的口吻写道：

> ……第二，胡秋原在这里不是为了正确的马克思主义的批评而批判了钱杏邨，却是为了反普洛革命文学而攻击了钱杏邨；他不是攻击钱杏邨这个人，而是进攻整个普洛革命文学运动。胡秋原曾以"自由人"的立场，反对民族主义文学的名义，暗暗地实行了反普洛革命文学的任务，现在他是进一步的以"真正马克思主义者应当注意马克思主义的赝品"的名义，以"清算再批判"的取消派的立场，公开地向普洛革命文学运动进攻，他的真面目完全暴露了。他嘴里不但喊着"我是自由人"，"我不是统治阶级的走狗"，并且还喊着"马克思主义"，甚至还喊着"列宁主义"，然而实际上是这样的。这真正暴露了一切托洛斯基派和社会民主主义派的真面目！

这就是胡秋原被诬指为"托派"的最早文本！但冯雪峰此文中所列

111

举的胡秋原之"罪状",以及被诬指为"托派"的依据,却又是如此之苍白而又不堪一击!

谈及胡秋原对马克思、列宁的态度(或者说,是否如"左联"一干要员们对他的批判的那样),我们不妨来读一读胡秋原先生本人有关这方面的论述。

胡秋原有关这方面论述的文章,题为《浪费的论争——对于批判者的若干答辩》。它的撰写与发表时间,与鲁迅《论"第三种人"》处在同一时间段(写于"1932.10.24夜",刊1932年12月2卷2期《现代》)。因之,以出手快捷,笔锋犀利著称的胡秋原的这篇"答辩",从某种意义上来讲,同样可以视作对鲁迅《论"第三种人"》一文的答复。在该文文尾,胡秋原并不因为鲁迅对他的"莫须有"的凶猛指斥,而迁怒于鲁迅一丝一毫,也没有反唇相讥。相反,发表令当年文坛和鲁迅赞叹的《革命文学问题》一文,又一次维护了鲁迅作为"中国大作家"的核心地位。

胡秋原先生写道:

> 易嘉先生又非笑我说"高尚的情思"。其实这是毋庸非难的。例如,伊里支(即列宁,又译伊里奇——秋石注)亦曾称托尔斯泰为"伟大的艺术家",然而"这里",并不见得"立刻就发生一个问题:所谓伟大与否又用什么标准去定呢?"列宁也没有说明用"哪一阶级的标准"。例如,我们认为花红柳绿的。其实,时代解放运动的思想,自己牺牲以利他人的感情,都是高尚的情思。当然我们不否认革命情思是高尚的情思。
>
> ……
>
> 再说"留声机"。一个艺术家一定要做政治的留声机,我无论如何总是觉得不大够味儿的。无论哪一家的片子。因为一个艺术家,他没有锐利的眼光,观察生动的现实,只有做政治的留声机的本领,就是刀锯在前我也要说他是一个比较低能的艺术家。马克斯严厉地劝拉萨尔创造戏曲:"要仿效莎士比亚,不要仿效释勒,不要将许多个性,变为时代精神之喇叭……"不要当喇叭,就是说不要当一个纯留声机。易嘉先生要知道高尔基等之所以伟大,在他是革命的春

燕,不是革命的鹦鹉啊。

胡秋原还进一步论证道:

>一八四八——四九年间马克斯每来巴黎之时,虽在极忙之中,亦常访病榻之海涅。海涅与马克斯别后,海涅之诗,亦渐失其新锐。海涅一直到死之前,动摇于小资产阶级艺术至上主义与无产阶级革命之间;在死前之《告白》中,一面称赞马克斯等是伟大理论家,有才能的头脑;但又恐怖无产者要打倒大理石像,砍倒月桂以种甘薯。然而,这又无碍马、海两人交谊之密。他常访马克斯之家,谈他的诗,两人讨论诗。海涅被人攻击之时,感伤地跑到马克斯家中,常以马克斯夫人的机智与亲切,使这绝望的诗人归于平静。海涅曾救马克斯女儿燕妮的命,也是使马克斯全家感念的。马克斯爱海涅之人,又爱其诗,而宽容其政治上的弱点。又当海涅与 Boerne 冲突之后,发表关于波氏的《手记》,于是许多人非难海涅,时马克斯与 Ruge 来巴黎,路格反对海涅,而马克斯则援助海涅。……
>
>马克斯如何爱海涅,在这里可以看出来了。……
>
>不仅马克斯对于海涅极其宽大,列宁对高尔基,也是极其宽大的。今年纪念高氏虽非常热闹,然而此老也是颇经过一些"动摇",并曾大受批评的。然列宁一面劝他,一面对他抱深长之友情,也没有"冷酷的批判"。

读着胡秋原关于马克思、列宁与有"政治上的弱点"的海涅、高尔基之间特有的相知及宽容的鲜活叙述,尤其是关于列宁对高尔基"抱深长之情,也没有'冷酷的批判'"的描述,我们可以看出胡秋原发自内心深处对列宁的钦敬与欣赏,就从根本上否定了鲁迅关于胡秋原是什么"列宁主义里找到了杀尽共匪说的论客"的这一近乎莫须有的不当指斥。

胡秋原在"最后我声明"中,实事求是地阐述了他对普罗文学运动、对左翼文坛,以及对鲁迅、茅盾等人文坛巨无霸地位的认识:

>对于真正的革命家思想家,我从来就尊敬,对于整个普罗文学运动,也只有无限同情,至于对若干人的不敢佩服,那也不能怪我。

而中国左翼文坛是一天一天向比较正确的络线上走,我也是承认的——虽然不见得如洛扬先生所在今春就自信的,"现在绝对正确"!我还说一点,譬如鲁迅先生茅盾先生,我毫不踌躇地承认是中国的大作家,还有几位新起的作者:我也认为是前途很远大的。他们之所以大,决不仅因为他们是左翼的人,至少鲁迅先生茅盾先生等在还没有左翼以前已确定了他们的地位;而且,他们的作品,也决不能说是严格的普罗文学,就是茅盾先生的近作,也决不是严格的普罗文学。但这亦无碍其作品之价值。而他们的作风,毕竟也还是一线相承地变化的。至于左翼自豪的《东洋人出兵》,作为文学的价值,不能不说很低,而其中的意识,也不能说很健全。将这些事实真挚地思索一番,则左翼理论家们的"气焰",或者可以冷静一点罢;所苦者,人类每不肯或不能深思耳。

《浪费的论争》一文发表后,上海滩上一时洛阳纸贵,人们争相传阅,以致于这一期的《现代》杂志出版不日即告售罄,连向来站在左翼立场上并与之并肩作战的一些名家大家,如柳亚子、林庚白等也大加称赞。还有一个入过黄埔五期,参加过北伐和大革命,后又重新入伍,官至少将师长,1929年在上海因写了一本《小小十年》的小说(鲁迅亲为修改并作小引),受到鲁迅称许的那个叶永蓁(叶会西),在读了《浪费的论争》之后,特地前来拜访以示仰慕。叙谈中,叶永蓁还特别提到郁达夫先生也甚为欣赏他胡秋原的文章。为此,叶永蓁还邀请胡秋原一起来到郁达夫先生府上,大家畅谈了很久。据了解,后来在台北,胡秋原与叶永蓁还有过往来。

其二,鲁迅所指斥的在"列宁主义里找到了杀尽共匪说的论客"的说法,非但胡秋原本人没有说过这样的话,而且当时的托派也没有说过这样的话。事实上,胡秋原从来没有说过他信奉列宁主义。当年,他所崇尚的是马克思科学社会主义的学说,以及后来同列宁有隔阂但仍被列宁尊奉为"俄国马克思主义之父"的普列汉诺夫的学说。有关这一切,可以从胡秋原半个多世纪的著作、演讲中,得到进一步的证实。

胡秋原在洋洋七十万字的巨著《唯物史观艺术论》一书的《绪言》中

我是"托匪"?

这样认为:

……谓新艺术论之出发点实在朴列汗诺夫,怕也不是过言罢。

虽为政敌,列宁在《再论职业组合、时局及其他》的实际论文中郑重地提起"青年党员"的注意道:"若不研究——不真正地研究朴列汗诺夫的哲学著作,是不能成为意识的真实共产主义者的。因为,他的著作,是全世界马克斯主义文献中的精华。"艺术问题在某种程度上是哲学性质的问题。所以列宁一面竭力主张朴列汗诺夫哲学著述之真挚研究,而一面将他的艺术论也归于哲学著述的部门。列宁对于他们青年党员们所给的注意,对于一切理论地或实际地从事艺术的人们是可以完全应用于艺术问题的全范围的;如果我们想在艺术上求真实的解答与作一个新时代艺术活动者的话。

1972年7月11日,香港一位名叫史明亮的读者,在读罢五个月前大陆《红旗》杂志刊登的雷军这篇题为《为什么要提倡读一些鲁迅的杂文?》的论述文章之后,彷徨之余,提笔给台湾的《中华》杂志写了一封信。史明亮先生写道(并注明"烦请胡秋原先生赐答,俾解我等之疑"):

在中共《红旗》杂志1972年3月号的一篇题为《为什么要提倡读一些鲁迅的杂文?》文章中,说鲁迅杂文中所揭露"'在马克思主义里发见了文艺自由论'的托匪胡秋原,"不是孤立的个人,而是"代表着某一群","是一定阶级、一定政治集团的代表。"又说:"鲁迅同他们(指胡先生等)的斗争,不是个人间事,无关大局,"而是阶级对阶级的斗争。"

……

我们知道胡秋原先生是一位坚强的民族主义者,但过去曾经是主张"不断革命论"的托洛斯基派吗?我们也不知道该志所谓"代表着某一群"、"是一定阶级、一定政治集团的代表"是何所指。

……

收到史明亮来信后,胡秋原于同月15日回信作答。胡秋原写道:

一,先说鲁迅原文及《红旗》含沙射影的小手段。

115

《红旗》该文括号中的文字见于鲁迅《第三种人》一文。原文是"在马克思主义里发见了文艺自由论,列宁主义里找到了杀尽共匪说。"上一句指我而言,下一句指托派而言。上一句,指一九三二年的文艺自由论辩而言;下一句,则是当时有一托派陈君写信给鲁迅(当时共党宣传是陈独秀,现证实为陈其昌),劝其勿为中共宣传工具,鲁迅曾有答复,即《红旗》上所说《答托洛斯基派的信》。鲁迅没有说我是托派,而当时托派亦无"杀尽共匪说"——这只是鲁迅之罗织。现在《红旗》乃利用鲁迅的上句话,再将下文所说的托派,一并射到我身上,想造成一个印象,即鲁迅曾说我是"托匪"。但他也不便公然如此做,托匪二字放在""号之外。所以这种含沙射影的诽谤……,不应由鲁迅负责。

二,我从未加入托派。所谓托派,其正式名称是"共产党反对派"。他们称共党干部派史达林派,史达林派乃称他们为托洛斯基派,后来则称之为"托匪"。在俄国起于1927年,传到中国,各国至今有托派,还有一个第四国际。必须是共(产)党才是托派,或者,托派是共产党中之一派。我不曾作共(产)党,所以无从做托派也不曾单独加入托派。我认识许多托派的人,亦如我认识许多史派的人。

三,我不仅与托派无组织的关系,在思想上亦从未受托洛斯基或者一派之影响。

四,我与马克思主义有十年的缠绵。但我的马克思主义来自普列汗诺夫,我从未承认"马列主义",亦未认为……托洛斯基、史达林是真正马克思主义者。

五,马克思主义者确有文艺自由,……不过,……托洛斯基亦未尝主张文艺自由。在我相信马克思主义时期,我重视的是马克思主义方法论——唯物史观。

……

马克思主义者确有文艺自由。此由马恩通信中讨论文艺的通信,以及恩格斯在世之日德国社会民主党关于文艺倾向之讨论可知。

我是"托匪"?

但胡秋原先生上述辩述中也有糊涂之处,或许是年代太久记忆有误的缘故。其实,下一句,即在"列宁主义里找到了杀尽共匪说"之说,鲁迅也是针对胡秋原本人的,并非是针对"托派"陈其昌的。这是因为:这封由重病中的鲁迅口授、冯雪峰据此"笔写"而成的《答托洛斯基派的信》,写于1936年6月9日——发表于1936年7月出版的《文学丛报》月刊第四期和《现实文学》月刊第一期,陈其昌致鲁迅的信写于1936年6月3日,鲁迅收到后,曾气愤地对冯雪峰说:你看,他们看我在重病中,竟然打上门来了……于是,便有了冯雪峰征得鲁迅同意后代笔写的《答托洛斯基派的信》。但此事距1932年的"文艺自由论辩"和鲁迅作《论"第三种人"》已经过去了四年。

由此可见,胡秋原并非是什么"杀尽共匪说的论客",自然,也并非是什么历史上被沸沸扬扬传得可恶无比的"托派"!

然而,说胡秋原为托派又是怎么一回事呢?

这,恐怕还得从苏区说起。当时,在几乎所有的苏区,发生了震撼苏区党内的肃反扩大化,乃至到了最后,大批逮捕、杀害被无端诬为"AB团"、"托派"之类的各级共产党干部、红军指挥员、政工人员这种令亲者痛仇者快的情况。也就在这一时刻,1925年入党的中共老资格党员、"左联"早期重要成员杨邨人,在被派往湘鄂西苏区"体验生活",亲眼目睹了这一惨痛过程。他不由得迷惘了,失望了……以致于回到上海后,心有余悸之时,披露并撰写了诸如《离开政党生活的战壕》、《揭起小资产阶级革命文学之旗》、《我的供状》、《赤区归来记》等一系列亲历反思文章,因此被"左联"视之为叛徒、取消派(托派)、反动派帮凶等而被抛弃(开除)。此事与胡秋原这个文学自由人无关。只是后来杨邨人宣布加入第三种人行列后,"左联"一些人才将他并入胡秋原、苏汶一类的"异类"。

1932年10月,杨邨人得以逃脱国民党军队对苏区的又一次围剿,以及经历昔日"战友"投敌对自己的出卖之后,从危机四伏的湘鄂西苏区逃归到了上海。在读了《现代》十月号刊登的几篇论争文章后,他撰写了《论"第三种人"的文学》的论辩文章,希望"和左联诸同志讨论。那文章里面,最重要的是说左联放弃了最大多数的小市民和农民的群众,现在

117

应该扶掖小资产阶级的革命文学,而转变战斗的对象向鸳鸯蝴蝶派进攻。并且左联不是共产党,不应该以政党的立场为文坛的立场而对于'第三种人'的作家加以攻击和非难。不料这一论文和一封信,去了以后,一直到现在,左联置之不理……"接着,无奈之中的杨邨人又接连写下了《离开政党生活的战壕》和《揭起小资产阶级革命文学之旗》等论战文章,公开宣称加入"第三种人"的行列。

可以想象得到:正是因了杨邨人先生的这篇被"左联"置之不理的《论"第三种人"的文学》的论辩文章,加上苏汶的异军突起及向"左联"公开叫板,鲁迅气愤之下,便有了不点名的胡秋原系"列宁主义里杀尽共匪说的论客"的这一说法。其原因十分简单:"叛徒"杨邨人是帮苏汶、胡秋原说话的;而胡秋原同情杨邨人这种具有"小资产阶级根性"的文人,也是在情理之中的……

苏汶、胡秋原"对人民的革命斗争进行歪曲和诽谤"了吗?

首先,为正视听:通览为胡秋原主持公道的苏汶先生的《关于"文新"与胡秋原的文艺论辩》一文,全文 7 000 字,无一处表明可以认定《鲁迅全集》4 卷第 442 页之(1)注释有关"在文中对人民的革命斗争进行歪曲和诽谤"的说法。也就是说,"左联""继续对胡秋原、苏汶等人加以反击和批判"的做法,显得过于苍白和无理。而且,苏汶在其文中并没有"左联""霸占文坛"的任何说法。苏汶这段文字的原文是:"我这样说,并不是怪左翼文坛不该这样霸占文学。他们这样办是对的,为革命,为阶级。"

另,据胡秋原后来多次撰文说明:在这之前,他并不认识这位早在 1927 年蒋介石发动"四·一二"政变前后与他一样遭受过反动势力追捕、关押,并参加过 1930 年 3 月 2 日"左联"成立大会及成为"左联"第一批成员的苏汶或"戴杜衡兄"。及至这场由"左联"发起的论战受到时任中共中央宣传部长张闻天的严厉批评并加以调解告结束,苏汶主编《文艺自由论辩集》欲收录胡秋原的一干文章,两人方得交往。而且,苏汶并不因论战与另一方交恶,相反,他与冯雪峰等人一直保持着自 1928 年相交以来的友谊。如在收录冯雪峰的《致〈文艺新闻〉的一封信》入集时,冯雪峰特别函告,要求将《文艺新闻》原刊的谩骂式题目《"阿狗文艺"论的丑脸谱》改为现名,苏汶当即照办。按理说,原题原文人人皆知,况又系"左联"刊物编辑出于一时的义愤,信手杜撰而致,与他人无关,可苏汶还是给予了通融,由此可见苏汶为人之一斑,也难怪他要半道挺身而出,为素不相识的胡秋原仗义执言了。

苏汶为胡秋原说话,批评"左联"几员大将不公正对待文学自由人胡秋原,是建立在事实基础上的。如冯雪峰在《致〈文艺新闻〉的一封信》中将胡秋原打成比右翼文人还要凶恶、反动的托派,如周扬在《到底谁不要真理,不要文艺》一文中将胡秋原斥之为"那一阶级的狗";更如遭到鲁迅严厉批评的芸生所写《汉奸的供状》讽刺诗,仅仅因为姓胡,竟把胡秋原比作在"一·二八"事变中投向日寇遭万人唾弃的汉奸胡立夫等。此外,该诗还有威胁胡秋原"当心,你的脑袋一下要变做剖开的西瓜"的句子,等等。苏汶的文章虽也偶有嘲笑之意,但其宗旨毕竟是讲道理摆事实及为弱小者讨还公道。苏汶没有,胡秋原同样没有对"人民的革命斗争"进行过任何歪曲与诽谤,这是有大量史实为证的。

值得一提的是,苏汶撰文并没有一边倒,他在文中同样批评了被他称作为"书呆子"的胡秋原:"胡秋原先生纵然以马克思主义相标榜;其实,他充其量不过是一个书呆子马克思主义者。"他还嘲笑了被胡秋原奉若神圣的"蒲力哈诺夫也不免带一些这些书呆子的气份"。苏汶的笔锋还直指胡秋原自由人理论的软肋,批评道:"叫人不要碰艺术……但不幸胡先生也不是一个彻底的自由主义者。他猛烈地攻击那种有目的意义的文学:照这看来,你还是不允许作者有整个的自由。万一胡先生不准碰艺术的态度是这样:你们不要碰,让我来:那可不是同样的不自由?"嗨,真是一语中的。

尽管后来苏汶在其《一九三二年的文艺论辩之清算》一文中认为通过论辩,"文艺创作自由的原则是一般地被承认了","左翼方面的狭窄的排斥异己的观念是被纠正了,""武器文学的理论是被修正到更正确的方面了",但是,苏汶丝毫也不曾产生过退出"左联"的想法。相反,在以后的文学活动中,仍以维护"左联"为重。这,可以从施蛰存先生的《没有感想的感想》一文(刊1933年5月《现代》3卷1期)中得出结论。在该文中施蛰存这样写道:"我和杜衡有一个协议,要使《现代》坚持《创刊宣言》的原则。尽管我们对当时的左翼理论家有些不同意见,但决不建立派系,决不和左联对立,因为杜衡和戴望舒都还是左联成员。"事实上,在这以后,《现代》一如既往地发表了鲁迅及众多"左联"成员的大量论文及其他作品。

有史为证,证实胡秋原全力支持抗御日寇侵犯的人民革命斗争,而决非是"歪曲"和"诽谤"!

就在胡秋原发表《阿狗文艺论》一个月后,日寇在上海挑起了"一·二八"战火,胡秋原甫一闻讯,迅即与冯雪峰等"左联"成员一道,前往激战中的淞沪前线慰问我英勇抗击日寇进犯的十九路军将士。2月7日,战争爆发的第9天,在租界里一间阴冷的校舍内,50多位沪上著名文化人士聚集在一起,成立了"中国著作者抗日联合会",胡秋原与冯雪峰一道,被推选为该会15名执行委员之一。与此同时,经全体与会者审定,一致通过了由胡秋原执笔起草的《中国著作者为日军进攻上海屠杀民众宣言》,巴金、李达、周谷城、郁达夫、钱杏邨、陈望道、丁玲、叶圣陶、夏丏尊、匡互生在内的129位文化名人签字支持。

次年,针对独夫民贼蒋介石推行的"攘外必先安内"的卖国投降政策,胡秋原于同年6月出版的《现代》杂志3卷2期上发表了《"中日亲善"颂》的檄文。在这篇可以和鲁迅的《"友邦惊诧"论》(见附件)相媲美的檄文中,胡秋原以其独特的辛辣笔调,一层一层地剥去了蒋介石的伪装。

写到最后,胡秋原干脆将矛头直接指向了蒋介石及其卵翼下的投降派。

> "'安外'也是有办法的。前天北平政委会成立,大都是'安外'的专家,经验丰富。委员长更是慷慨陈词,说'决不负国'。其实此地无银,是无须招贴的。"

之所以笔者将胡秋原的《"中日亲善"颂》与一年半前鲁迅发表的

《"友邦惊诧"论》相提并论,请读者们比对一下鲁迅此文的一些精彩片断就明白了:两人的笔法及矛头指向何其的相似!

再有,请读者们认真地读一读胡秋原写于1933年7月25日(刊1933年第7期《读书杂志》)的《第三种人及其他》一文之第二节,我们便可以从中得出一个强有力的结论:胡秋原不可以与所谓"托洛斯基派分子"相提并论,也没有与他们"勾结在一起"。这是因为,在2005年新版《鲁迅全集》的这个注释中,存在着一个似是似非的提法。这就是,在"指胡秋原和某些托洛斯基派分子"之后,又有"当时胡秋原自称'真正马克思主义者';托洛斯基派污蔑中国工农红军为'土匪'"。在这里,我们姑且不论历史上胡秋原是否有过自称"真正马克思主义者"的说法(实际上,胡秋原从没有过此类的"自称"。),这个注脚中所蕴含的潜台词却是明眼人一眼就能看穿的。在所谓"自称'真正马克思主义者'"的背后,胡秋原不就成了一个"假马克思主义者"的骗子了吗?而假马克思主义者,还不是跟托洛茨基派一个鼻孔出气?这样一来,胡秋原也岂不同托洛茨基派一样,被无中生有指控为所谓的"污蔑中国工农红军为土匪"的蒋介石帮凶了?!

在《第三种人及其他》一文之第二节《焚,坑,绑,杀,囚》中,胡秋原将其无比犀利的笔锋,直指大开杀戒的独夫民贼介石。义愤填膺的胡秋原这样写道:

> 我虽然孤陋寡闻,但似乎觉得古今中外没有此时此地这样的腥暗。
>
> 就外国说罢,犹太的祭司长老钉死过耶稣,罗马的暴君焚杀过地下室的基督徒,中世纪迫害过异端,资产阶级革命期间的流血,近代帝国主义者之杀屠殖民地土人与社会主义者,以及日本江户时代之迫害切支丹,沙皇之杀戮革命党,乃至最近德国跛子希特拉之发狂的行为,然而比较起今日中国之Murderer来,我看成绩是还有逊色的。
>
> 在中国,杀人的事,到春秋战国时代才渐渐地多,以后就要数秦始皇的焚书坑儒了。然后所焚的只是古书,所坑的只是方士。历汉

绘得红楼铸青史

魏六朝隋唐两宋,文人被杀的虽多,然而大多数是由于奔竞权势而被杀的。到了元明清,才对于有叛逆性的文人作有组织的压迫,文字之狱屡起。一直到袁世凯,这大谋杀家以"惩治盗匪"的名义,杀了无数的革命党人。然而比起今日的后继者来,无论在卖国上,在残民上,真是不免小巫见大巫了。

中国的特色,便是:在古代,文明发达得早,在近代,杀人杀得多。

革命也难免,但那是求进步的杀,消灭杀的杀。然中国今日之杀人,则是一种大规模的反淘汰,以最卑残方式,绝灭社会的英良,以维持最黑暗的统治,完成其出卖于那凶恶的帝国主义的使命,使国民只有驯羊蠢豕与走狗为目的的。这是千古黑暗的杀。

今日的中国,是在洋大人支配下的西崽,巡捕,流氓三位一体的统治。洋大人到了中国,酋长变成西崽。这华洋合作的统治,要镇压奴隶,自必形成一种谋杀制度(Murdersystem)。

自从大英,法兰西,东洋,花旗来到中国之后,中国的大人们就变成了刚白渡和那摩温。他们要孝敬洋人,就只有卖国。今日的中国,又是这文化刚白渡那摩温的一个卖国组织(Traitor-system)。

所以要借洋钱、洋麦、洋棉、洋枪、洋炮,还要和洋人"合作"。所以要升李际春的官,要放郝鹏举,因为大家都是"同志"心照不宣。

凡反对洋华合作,日支亲善者,都是罪无可赦的。

于是乎焚!我们的心血皆成邪说,一批一批的书就被他们送到龙华烧成灰烬。

于是乎坑!胡也频李伟森六个青年就被他们活埋!

于是乎绑!丁玲潘梓年就被他们绑去谋害。应修人则摔死于楼下。

于是乎杀!恽代英,邓演达,杨杏佛以及无数的青年民众都被他们明杀暗杀而死。

于是乎囚!牛兰陈独秀都被他们囚于狱中。

此外还有什么自首,反省院的丑剧,非迫国民尽入畜生道不可。

昏天暗日满地红,地狱的中国!

我是"托匪"？

卖国部长院长和杀人总司令正在出卖我们最后的血，吃我们最后的肉，葬送我们最后的灵魂。在这可战栗的谋杀之前，被谋杀者还是沈默？要阻止这谋杀制度以上，需要笔墨以上的抗议。

怎么办？首先第一，同盟地实力地反法西（斯）。

在论述了上述旗帜鲜明的反蒋爱国抗日者和历数共产党要人、各界救国领袖及国际友人系列被害事件后，鉴于先前的"左联"一干头面人物不分青红皂白的歧视和围剿式攻击，便有了本文结尾胡秋原义愤填膺的反击。胡秋原写道——而且是骂街式的：

> 这班小红帽子天天说这个是AB团，那个是社会民主党，在今日，只有畜生反对布尔塞维克，只有畜生组织社会民主党，而这班赤坊之大惊小怪者，不过说明他自己不安于那顶小红帽，要做凡俗的畜生之畜生而已。

> 要中国真有左的文化，首先也要赶掉这些口头左翼（Phrase-monger）。

若，此时此刻的"左联"决策层，包括鲁迅、冯雪峰（秋石注：冯雪峰此时尚在上海，与瞿秋白夫妇同住南京西路王家沙鸣玉坊，时任中共江苏省委宣传部长，兼管文委工作）、周扬在内，从胡秋原的此番骂声中认真反思并悟出一二真谛来，意识到关门主义和"左"的严重危害，那么，日后也就不会产生两个口号之争如此敌我般对立和自身队伍的四分五裂了。

历史的真相便是如此。

同年11月20日，为响应中国共产党提出的联合抗日主张，陈铭枢、蒋光鼐、李济深、蔡廷锴等国民党爱国将领在福州发动兵变，成立了抗日联共倒蒋的中华共和国人民革命政府。年仅23岁的胡秋原被任命为文化委员会委员。来自全国各地和海外侨胞代表组成的人民代表大会，一致通过了由胡秋原等人执笔起草的《人民权利宣言》和《人民革命政府政纲》。事变失败后，遭通缉的胡秋原被迫流亡海外，在海外仍从事与中国共产党紧密结合的抗日宣传救亡工作。他在莫斯科的寓所，还是第二次国共合作蒋介石代表邓文仪和中共代表潘汉年首轮会谈的地点。同时，为完善中共驻共产国际代表团制定的《八一宣言》，全面推进联蒋抗日的民族统一战线做出了应有的贡献。

笔者在这里还要书上一笔：胡秋原虽系一介"自由人"书生，与中共倡导的意识形态持不同观点，但他一向视中共著名文化人为友。如就在论战结束不久，面对白色恐怖的迫害，他在毫不问询某位"朋友"真实面目的情况下，慨然允诺星夜急访的冯雪峰之请求，充分利用自己作为自由人的中间派色彩，毫不犹豫地为之作了担保，从而卓有成效地掩护了正遭国民党蒋介石通缉的中共要员瞿秋白；抗战时期在重庆，他同样二话没说，接受中共领导人董必武的委托，利用自己作为《中央日报》副总主笔和蒋介石政府国防最高委员会秘书的有利身份，积极参与了由毛泽东发起的中共高层营救关押在上饶集中营里的冯雪峰的行动。他的这些行为，与其晚年毅然返抵大陆，与中共高层及其老友一起畅谈两岸统一，是一脉相承的。

这就是胡秋原的一段历史，纵观这段历史，胡秋原既没有"对人民的革命斗争进行歪曲和诽谤"，也没有片言只字"诬蔑中国工农红军为'土匪'"。相反，胡秋原对蒋介石推行卖国投降政策、不惜一切围剿中国共产党领导下的苏区红军"攘外必先安内"的反民族反革命的行径，进行了有力的声讨。

历 史 的 回 声

有关当年这场论战的终局，史实告诉我们，是当时任中共中央宣传部长的张闻天化名歌特所写的《文艺战线上的关门主义》一文起了决定性的作用。在文章中，张闻天严厉批评了"左联"领导者所犯的左倾关门主义和左倾空谈的错误：第一，对"第三种人"和"第三种文学"的否定；第二，认为文艺只是某一个阶级的"煽动的工具"、"政治的留声机"的理论；认为凡是不愿做无产阶级的煽动家的文学家，都是资产阶级的走狗，不承认有"第三种人"和"第三种文学"的存在。张闻天严肃指出："左联"负责人所奉行的"这种关门主义不克服，我们决没有法子使左翼文艺运动变为广大的群众运动。"

我是"托匪"?

张闻天还语重心长地告诫道:

无产阶级文艺批评家的任务,正是以马克思主义的武器去批评所有的文艺作品,正确的指出这些作品的阶级性与他们的艺术价值(或无价值),而不是把一切这些作品因为他们不是无产阶级的作品,就一概把它们抛到垃圾堆里,去痛骂这些作品的作家为资产阶级的走狗。马克思主义的文艺批评家不是资产阶级的自由主义者,拿所谓超阶级的观点去批评艺术(如胡秋原),但同时他也不是疯狂的宗教的信徒。

张闻天还指出:

对于革命的文学家,就是不是无产阶级的文学家,我们都应该爱护。马克思对于海涅,列宁对于高尔基那种亲爱的态度,应该给我们很好的榜样。

继张闻天的批评之后,陈望道首先以陈雪帆的名义发表《关于理论家的任务速写》的文章。陈望道指出:不应把胡秋原、苏汶等人"对于理论或理论家的不满,扩大作为对中国左翼文坛不满,甚至扩大作为对于无产阶级文学不满……"

陈望道最后写道:"尤其对于无产阶级文学作家,在未从作家学得一些常识以前,还是让作家自己各人尽量发表各人的所得有益些。"

应当说,张闻天关于"左联"在胡秋原问题上存在着严重的关门主义错误的批评,在很大程度上指的是当时任"左联"党团书记的冯雪峰及其代表作《"阿狗文艺"论者的丑脸谱》一文而言。事实上,也正是如此。冯雪峰在此文中"首先"承认了一个客观事实,即:"钱杏邨的文艺批评,自他的开始一直到现在,都不是正确的马克思主义的批评,并且对于他的批评的不满现在已成为一个普遍的意见。"冯雪峰虽然"更欢迎一切人的严厉的批评",但对于胡秋原的批评,他却视作"敌人"及"进攻整个普洛革命文学运动的阴谋"对待的。冯雪峰还抱怨道,由于"左联"内部的迟缓,"要批判杏邨的错误,特别是他的政治的,阶级的错误,是八九个月以前决定了的……竟到现在也还没有形成一篇有系统的批判他的错误的论文。"因而,问题的实质在于:正是由于胡秋原抢在"左联"前面对钱杏邨理论给予的系统的批评式的"清算",便有了冯雪峰认定的"对于杏邨的批判的迟缓这件事的严重,给了敌人(这里指胡秋原——秋石注)以阴谋的便利",于是,胡秋原便成了他笔下比国民党右翼文人还要反动、还要凶恶的"阴谋者"和"托派"了!

当然,到了最后,作为一名老党员,作为"左联"党团书记的冯雪峰还得执行党的决定。在张闻天的严厉批评之下,冯雪峰以何丹仁的笔名写了《关于第三种文学的倾向与讨论》的文章,有限度地检讨了自己所犯的关门主义错误。冯雪峰检讨说:我们不能否认我们的左翼批评家往往犯着机械论(理论上)和左倾宗派主义(策略上)错误。同时,他也明确肯定:"苏汶先生们反对地主资产阶级及其文学,是我们所确信的。"

在写完《关于第三种文学的倾向与讨论》之后,受张闻天和鲁迅的双重委托,冯雪峰找胡秋原作了沟通,并将鲁迅委托转赠的一张普列汉诺夫的照片交给了胡秋原。胡秋原后来撰文,称冯雪峰这次交心"很有人情味儿",于是,论战停止了。

据周扬若干年后回忆说,当芸生谩骂胡秋原的诗刊出后,胡秋原也立马写了一首回骂《文学月报》主编周起应(周扬)的诗,准备刊登在最近一期的《读书杂志》上。恰恰在此时,冯雪峰来找胡秋原交心了。交心过后,深明大义的胡秋原迅速跑到《读书杂志》编辑部,抽下了已拼版即将付印的那首回骂诗。以至于后来当读者拿到那一期的《读书杂志》时,却发现开了天窗:在其目录上还印有胡秋原诗的标题,内页正文却没有了踪影。

胡秋原本应借受赠普列汉诺夫照片的东风前往探望鲁迅的,可惜他不曾向冯雪峰提出,这成了他终生一大遗憾。这其中,除却胡秋原本人桀骜不驯的本性外,还牵制于许多客观因素。四年后,当鲁迅逝世时,胡秋原又失却了一个机会——当时他正遭受国民党蒋介石的通缉亡命欧洲,给中共驻共产国际代表团编辑《救国时报》。但在他的内心深处,始终充满了对鲁迅的敬仰之情。他忘不了在当年这场本不该发生的"左联"作家与他的论战中,鲁迅出来为他主持公道及赠送普列汉诺夫照片

我是"托匪"？

的事（鲁迅赠送的这帧普列汉诺夫照片他一直珍藏在身边），在其晚年著述中时有提及。

笔者附带在这里说一下，鲁迅也是格外的推崇普列汉诺夫。1930年5月，鲁迅翻译并校阅完毕普列汉诺夫的《艺术论》。在为该书所作的《译本序》中，鲁迅先生怀着极其虔诚的心情引用了列宁对普列汉诺夫的一段评价："我觉得在这里应当附带向年轻的党员指出一点：不研究——正是研究——普列汉诺夫所写的全部哲学著作，就不能成为一个觉悟的、真正的共产主义者，因为这是整个国际马克思主义文献中的优秀著作。"不仅如此，鲁迅还依据自己的理解，指出："蒲力汉诺夫也给马克思主义艺术理论放下了基础。他的艺术论虽然还未能俨然成一个体系，但所遗留的含有方法和成果的著作，却不只作为后人研究的对象，也不愧称为建立马克思主义艺术理论，社会学底美学的古典文献的了。"鲁迅还认为："……蒲力汉诺夫不但本身成了伟大的思想家，并且也作了俄国的马克思主义者的先驱和觉醒了的劳动者的教师和指导者了。"

鲁迅的普列汉诺夫《艺术论》译著出版一年后，胡秋原费了两年心血的力作——七十万字的《唯物史观艺术论——蒲力汗诺夫之研究》一书也在上海出版。由此可见，在有关普列汉诺夫之哲学、艺术学的研究上，胡秋原的心是与鲁迅相通的。

在这场本不该发生的令亲者痛、仇者快的围剿"文学自由人"的大论辩过去四年后，因参加福建事变而遭受蒋介石通缉流亡海外，帮助中共驻共产国际代表团编辑《救国时报》及《全民月刊》的胡秋原，在莫斯科一再拒绝中共领导人王明提议加入共产党的盛邀。笔者认为，这与当时斯大林在苏联全境推行的清党运动大开杀戒有着密切的关联。其结果是使这位本来可以成为自己人的早期共青团员、国民党左派、马克思科学社会主义学说的信徒，倒向了国民党阵营。令人匪夷所思的是，对于这位嬉笑怒骂，与鲁迅一道不住抨击自己媚日剿共打内战，且遭自己亲手通缉的昔日小政敌，蒋介石竟也不避前隙，任命他为国民党政权国防最高委员会的秘书，兼国民党喉舌《中央日报》副总主笔！

这场论辩过去半个世纪后,历史上一度被人视作"反共老手"和"托匪"的胡秋原,为邓小平推行的改革、开放路线所深深折服,热烈欢呼中华民族伟大复兴时代的来临。1988年4月,胡秋原在台湾登高一呼,顺应时代潮流,成立中国统一联盟。四个月后,正在美国治病、访问、讲学的他,无视李登辉之流一再发出的恐吓威胁,毅然直飞大陆,与中断了40余年来往的邓颖超、李先念等"共党"高层及老友笑论两岸一统大业。返台后,被海内外舆论誉为"两岸破冰第一人"的他,又亲将国民党党证送往"中央党部"。在退出已有半个世纪党龄的国民党党籍的同时,胡秋原庄重地向世人宣告:

"我做中国人定了,相信没有人能够开除我的中国国籍!"

(本文节选自由陈思和、王德威主编,教育部"985"工程重点学刊,复旦大学《史料与诠释》(2012年度),使用时做了一些删改。)

附录一:

胡秋原声援鲁迅反击创造社太阳社的
《革命文学问题》一文摘录

文学与革命是不是简直风马牛不相及呢?那我敢大胆答道:否,否!

文学之所以为文学,就因为他真而且美的描写生活;因为她表现了人生,也就批评了人生,也就创造了人生。文学家是时代的灵魂,他看清楚了现在,也就很早的看见了将来。……所以伟大的文艺家也就是文化的先驱,时代的先驱,革命的先驱了。

我是"托匪"?

当一个社会的黑暗与腐败还未充分暴露时,文学家已经感到深切的不安了;当无数民众还在醉生梦死时,文学家已吹着他们的喇叭惊醒人们的好梦了;当人们还在呻吟隐怨时,文学家已代表不幸的人们号泣了;当人们正在绝望於无涯的黑暗的时候,文学家又预示着以未来的曙光了。……

所以每一个伟大的作家,一个伟大的革命,他的作品之能永远革命者,并不一定要把他的作品,装入一个革命的范型内面去;只要他能够真正的表现时代精神,那末,他的作品也便是痛切的社会生活的批评,豫言,和警告了;他的作品也就永远地不朽了。……

……

今年是民国十七年么?何以我们眼睛所看的还是一些曾国藩李鸿章……以及袁世凯杨度这些人的鬼影呢!若是不把这民族的劣根性铲除阉割洗涤净尽,恐怕什么都很难说起。近来有人说"死去了的阿Q时代",以为中国的农民都进步了,都不复再是阿Q了;果然如此,自然是一件可庆幸的事,不过这恐怕是要面子的话。阿Q的时代不独还没有过去,就是最近的将来还不会过去,除非我们四万万人都能一旦发大愿心,把自己阿Q相的露魂一齐击死,也许戴瓜皮帽,托旱烟长着猪尾巴的人一天少一天了,然而就是穿西装中山服也无碍于其为阿Q;……

……

俄罗斯一些伟大的作家,个个是忠实于艺术者,同时也个个是忠实于人生者。他们在荆棘血泪中呐喊,他们在漫漫长夜中照耀;仗着他们的努力,毕竟产生出十月革命那样震动全世界的霹雳,那样熠熠熊熊的火光!他们是我们的好榜样啊!

一九二八,三月二十日:于江湾。

原载 1928 年 4 月上海《北新半月刊》。文章发表时用笔名冰禅,时年方 18 岁的胡秋原为陈望道主政的复旦大学中文系三年级插班生。此文刊出次月,北新书店老板李小峰向他交付稿酬时,当面转达了"鲁迅先生对你的文章非常赞赏"的褒语。

附录二：

胡秋原 1936 年 11 月 15 日在巴黎全欧华人华侨追悼鲁迅大会上发言节录

我只谈谈鲁迅先生在文艺上的事业。第一，他是一贯地以写实主义作为描写中国旧社会的一个最伟大的作家；第二，他是介绍外国（欧洲日本苏联）文学到中国最初人物之一，同时也是成就最大的一人；第三，他是介绍东西方文艺理论和批评著作到中国最初的一人，也是功绩最大的一人；第四，他是中国无产阶级文学提倡者之一，他介绍了许多无产阶级作品及其理论到中国，在今日民族危机日深之日，他就特别起来提倡民族革命战争的大众文学；第五，他不仅是个大作家，同时也组织过若干文学团体和刊物来指导青年，训练新的作家；第六，年来鲁迅先生在他的杂感中用极深刻痛烈的笔调揭发一切黑暗，鼓励一切光明。鲁迅先生曾对一个向他问出路的青年说过：第一要生存，第二要温饱，第三要发展，这话也可以说是对中国民族说的。因此我们在纪念鲁迅先生的时候，就不要忘记为中华民族的生存幸福和发展而斗争，为全人类的幸福和发展而斗争。

摘自 1936 年 12 月 10 日巴黎出版的
《救国时报》第 71 期

附件一：率先将胡秋原列为"托派"的冯雪峰著——

"阿狗文艺"论者的丑脸谱

（致《文艺新闻》的一封信）

洛扬（冯雪峰）

编者先生：

你的信已经辗转的转到我们手里，关于胡秋原最近在《读书杂志》上

我是"托匪"？

发表的那篇批评钱杏邨的文章，我们要求《文新》给我们一个发表意见的机会。

首先第一，钱杏邨的文艺批评，自他的开始一直到现在，都不是正确的马克思主义的批评，并且对于他的批评的不满现在已成为一个普遍的意见，杏邨自己也早在大家面前承认，要求同志们给他批判。这是无论在什么时候，在什么人面前，我们都用不着给我们自己辩护的。我们为什么要给自己辩护呢!？杏邨的错误，我们自己就早要给他批判和斗争的；其次，杏邨的到现在为止的理论并不是代表目前中国普洛革命文学运动的指导路线的理论，而现在我们的路线是绝对正确的。杏邨，无疑是普洛革命文学运动中的干部分子之一，他个人的错误当然就是我们自己的部分错误，但敌人想借了"清算"他的错误的名而企图进攻整个普洛革命文学运动的阴谋，是不能损害我们的！

当然，我们自己非承认一个更大的错误不可，就是，要批判杏邨的错误，特别是他的政治的，阶级的错误，是八九个月以前就决定了的，然后除在会议上给以原则的批判以外，竟到现在也还没有形成一篇有系统的批判他的错误的论文。（对于杏邨的批判的迟缓这件事的严重，不仅在于给了敌人以阴谋的便利，尤其在于要给予一般拥护和同情普洛革命文学运动的人以不正确的理论的影响。）——这就是说，杏邨的批评上的错误，我们不但承认，并且非越快越好的给以批判不可，我们更欢迎一切人的严厉的批判。这是我要回答的第一点。

然而，第二，胡秋原在这里不是为了正确的马克思主义的批评而批判了钱杏邨，却是为了反普洛革命文学而攻击了钱杏邨；他不是攻击杏邨个人，而是进攻整个普洛革命文学运动。胡秋原曾以"自由人"的立场，反对民族主义文学的名义，暗暗地实行了反普洛革命文学的任务，现在他是进一步的以"真正马克思主义者应该注意马克思主义的赝品"的名义，以"清算再批判"的取消派的立场，公开地向普洛文学运动进攻，他的真面目完全暴露了。他嘴里不但喊着"我是自由人"，"我不是统治阶级的走狗"，并且还喊着"马克思主义"，甚至还喊着"列宁主义"，然而实际上是这样的。这真正显露了一切托洛斯基派和社会民主主义派的真面目！这是我们要首先弄明白的，我要说的第二点。

绘得红楼铸青史

第三,胡秋原因此就不愿意而且不能够真正的抓到钱杏邨的错误的根本。这是只有真正站在无产阶级的立场上,真正为着普洛革命文学,为着真正马克思主义文艺理论而斗争的人,才愿意和能够这样的做。表面上看来,胡秋原仿佛的确道着一些钱杏邨的错误了,什么"基础理论之混乱"啦,"流俗观念论"啦,"左倾机会主义"啦,然而自己是一个右倾机会主义者的人能够真正的指出别人的右倾机会主义吗?自己是混乱得不得了的观念论者能够指出别人的混乱和观念论吗?胡秋原的全篇文章,没有一点抓着了杏邨的病根。钱杏邨的一切错误的根本,在于他不理解文学和批评的阶级的任务,在于他常常表现的阶级的妥协与投降。而胡秋原的主义,是文学的自由,是反对文学的阶级性的强调,是文学的阶级的任务之取消。这是一切问题的中心!是我要答复的第三点。

第四,必须简单地在这里说一说:胡秋原的自以为并不混乱的基础理论是蒲力汗诺夫。但首先第一,蒲力汗诺夫的艺术理论是有许多不正确的,特别是同样地渗进艺术理论中去的他的门雪维克的观念论的要素。蒲氏的客观批评论是不完全正确的,是含了机械论的唯物论的要素的,蒲氏对阶级斗争的认识是机会主义的,因此他对于艺术文学的阶级性的理解是机械论的,是取了机会主义的态度的,对于艺术文学的阶级的任务的认识,是并非坚固地站在无产阶级的立场上而来的。然而虽然如此,第二,胡秋原却是蒲力汗诺夫的最坏的扭曲者,最恶劣的引用者。在胡秋原的一切文章里,到处都是把蒲力汗诺夫断章取义的引用,切断上下文的抄袭,借了胡秋原自己的话,是把蒲氏"戏画化"了。他甚至从蒲力汗诺夫那里得出"伟大的文艺永远是被压迫阶级的东西"及其他等等奇怪的结论来(如此说来,则无产阶级专政的苏联的文艺,也无疑是"阿狗文艺"了)。但是,我们要明白,这种歪曲,不是无意的。……

最后,编者先生,请你注意胡秋原的狡猾,并且我们要在一切人的面前暴露他的狡猾!

在现在,反对普洛革命文学,已经比民族主义文学者站在更"前锋"了。对于他及其一派,现在非要加紧暴露和斗争不可。在这里,我们还非在你和一切读者面前承认又一个错误不可,就是对于胡秋原的理论,我们太不及早的给以暴露了,否则,他的反动性可以早些暴露。现在就

我是"托匪"？

必须赶快比较有系统的更详细的给他批驳；这封信只不过表示了你所问的我们的态度罢了。

即请

编安。

5月29日

原载1932年6月6日《文艺新闻》第58号

附件二：胡秋原著《"中日亲善"颂》

先来两条"老八股"——

《晋书·刘聪传》：聪封怀帝位会稽郡公。聪曰："卿家骨肉相残，何其甚也？"帝曰："此皇天之意也。大汉将应天受历，故为陛下自相驱除，且臣若能奉武皇之业，九族敦睦，陛下何由得之！"

《旧五代史·汉书高帝纪》：帝遣牙将王竣奉表于契丹。契丹主赐诏褒美，呼帝为"儿"。

《金史·太宗本记》：天会四年，宋使李梲来谢罪，且请修好，许之，约质，割三镇地，增岁币，戴书称伯侄。宋以康王构，少宰张邦昌为质。辛巳，宋上誓书，称"侄大宋皇帝，伯大金皇帝"！

古人毕竟比较质朴。怀帝说话，就不见得高明！而胡人充充老子，也感到一种满足。现在，"俱分进化"，帝国主义者不待说了，皇帝措词也比较漂亮了，异口同声地说，中日亲善，大亚细亚主义云。

中日亲善自然是交关好的。所可惜者，日本人的枪炮是太不可亲善了。但这也不要紧，这是亲善过程中所不可避免的事，是应该暂时"镇静""忍痛"，不怕"吃苦"的。

谁个不"苦"呢？小民固然苦，政府也确不安闲，一面要"安内"，一面又要"攘外"；一面要"交涉"，一面要"抵抗"：不是天才，也实在难乎应付这非常之局。

但混蛋的是"内"不是外,所以非"攘内安外"不可,而且也只能如此。所以非大举攘内,大攘,特攘,痛攘不可。国难至此者,完全是家奴混蛋之故。

所以,日本人天天来打,我们无抵抗,这是"安外"之义;我们天天向内打,这是"攘内"之义。这是救国之正谊,不足希奇的。

攘内就是救国,救国就要攘内。好在现在已经有两大办法:航空救国,古物救国。我们的飞机"攘外"不足,"攘内"有余。至于古物,自然也可间接救国,撒豆成兵,古物打仗,祖宗藏锱于古物,可见天不亡大汉也。何况,现在又已有七八个总司令呢?

"安外"也是有办法的。前天北平政委会成立,大多是"安外"专家,经验丰富。委员长更慷慨陈词,说"决不负国"。其实此地无银,是无须招贴的。

但是,真正亲善总还要候"战略"和"新阵地"的变更。

自然,也不是很远的事。这也不要紧,既地大物博,半壁江山,也很不差。

在朝者,是胸有成竹;在野的呢,也是胸有成竹,例如,"电影救国"。自从《大饭店》来沪后,三字经很流行,譬如,《天鹅肉》,《恐怖窟》,《张瑞亭》,《宛转歌》,《七英雄》,《四壮士》,《女镖师》,《她的心》,《洗冤记》;万一日本人来打,《玉腿酥胸》也是大有用武之地的。

然而,"亲善尚未成功,同志仍须努力!"

原载《现代》杂志 1933 年 6 月第 3 卷第 2 期

附件三:胡秋原生平简介

胡秋原,1910 年出生于湖北黄陂,原名胡曾佑,笔名未明、石明、冰禅。15 岁时考入国立武昌大学学习理工,后因加入共青团,主编《武汉评论》,反对蒋介石发动"四·一二"屠杀共产党人而遭受白色恐怖的追捕,于 1928 年来到上海复旦大学改习文学,并在 1929 年被公费派往日本早稻田大学学习政治经济学。1931 年日寇发动"九一八"事变占领我东三省后,胡秋原毅然放弃官费留学生学业,留在上海以文学作刀枪力主抗日,任上海大学教授、翻译。同年底,胡秋原主编《文化评论》,在创刊号上发表《阿狗文艺论》一文,宣称"文学艺术至死又是自由的、民主的"独立主张。不日,又发表《勿侵入文艺》、《钱杏邨理论之清算与民族文学学术之批评》等文章,从而引发了鲁迅、瞿秋白、冯雪峰等左翼作家对他的批判,双方为此展开了激烈的论战,胡秋原也因此成为当时文坛上赫赫有名的"第三种人"。

1932 年,上海发生"一·二八"日寇大规模侵略事件后,胡秋原与前不久的论敌冯雪峰一道,不顾自身安危,多次前往激战中的淞沪前线,慰问浴血抗日的十九路军将士。1932 年 2 月 7 日,参与发起成立"中国著作者抗日联合会",并被推荐为执委会委员。与会者一致通过了由胡秋原、王礼锡两人起草的《中国著作者为日军进攻上海屠杀民众宣言》。

1933 年,胡秋原发表《"中日亲善"颂》一文,猛烈抨击蒋介石"攘外必先安内"的反共投降政策。1933 年 11 月 20 日,福建事变暴发,成立了中华共和国人民革命政府。胡秋原被任命为人民革命政府文化委员会的委员。就在中华共和国人民革命政府成立前一小时,由 80 余位来自全国 25 个省、市、地区和海外侨胞代表组成的中国人民代表大会,一致通过了经胡秋原和王礼锡等人起草的《人民权利宣言》和《中华共和国人民革命政府政纲》。福建事变失败后,胡秋原流亡香港,遭港英当局拘捕后复遭勒令出境。从此,游历印度、埃及、英国、法国、苏联、美国,帮助完善过《八一宣言》。

1937 年抗战全面爆发后,回国投身抗战,被任命为国防最高委员会秘书、《中央日报》副总主笔,以及《东南日报》和《香港时报》总主笔,并任暨南大学、复旦大学教授,创办《祖国》、《民主》、《政治文化》及《评论》等刊物,宣传全民族抗战。曾参与营救过冯雪峰,掩护过瞿秋白及其家人。1945 年当选为国民党中央候补委员,随后,因旗帜鲜明地抗议出卖中国利益的《雅尔塔协定》的幕后交易,痛斥蒋氏政权软弱腐败,并只身前往美国大使馆与赫尔利大使展开论战,被蒋介石免去本兼各职。1948 年,胡秋原当选为国民党政府首届立法委员,1950年冬由香港去台后仍任立法委员、中央研究院研究员、大学教授,独立主办《中华杂志》。胡秋原一生著作等身,达100余种3 000余万字。

  中共对台"九条"发表后,胡秋原在台湾给予了积极响应。在国民党"立法院"举行的会议上,在其主办的《中华杂志》上,对应中共提出的"三通",胡秋原提出了著名的"通思想、通观念"的立论。自1988年4月起,胡秋原一直站在反分裂反台独的第一线,继在台湾发起成立"中国统一联盟"并被推荐为名誉主席后,毅然来到大陆推进两岸统一大业,因而被李登辉开除国民党党籍。他成了那些一心想搞台独的人的巨大障碍。他被誉为两岸破冰第一人。

我愿在墓中面向东方

——记《续西行漫记》作者海伦·斯诺的毕生中国情

埃德加·斯诺的《西行漫记》是一部了不起的不朽名著,而他的妻子海伦的写作亦应当有她自己的地位。他们为介绍中国所作的贡献,应该得到一视同仁的认可……每一所大学,每一位希望更多地了解中国革命早期艰苦岁月的人,都应当学习她的著作,学习她丈夫的著作。

——著名英籍女作家韩素音

海伦·福斯特 1907 年生于美国犹他州。于 1931 年 8 月来到中国,翌年冬与同乡同行的埃德加·斯诺结婚。在中国,他们先后结识了宋庆龄与鲁迅,从而改变了"来中国看一眼就走"的初衷,随之,便投身于中国人民反对外来入侵的伟大斗争中去了。

在著名的北平"一二·九"学生反内战反侵略拯救中华民族的示威游行中,海伦与丈夫同学生们一起手挽手,坚定地走在示威队伍的最前列。她还带头高呼"打倒法西斯"的口号,冲上前去,赤手空拳地与手拿消防水龙镇压学生的国民党军警英勇搏斗,怒斥军警们的残暴行径;之后,她与埃德加·斯诺一起,不仅将中国学生的爱国行动告之天下,而且还将自己的寓所变成了荫蔽共产党员和进步学生的避难所。

1936年10月3日海伦在西安采访了张学良将军,据此写出了《宁可要红军,不要日本人,中国将军要团结》的访谈纪要。仅仅过了5天,英国伦敦的《每日先驱报》率先发表了这条独家新闻。10月9日,英文《华北明星报》转发了消息。10月20日,上海出版的《密勒氏评论》周刊全文发表了她的采访记。是第一个报道以张学良将军为首的东北军要求停止内战,与红军联合抗日的西方记者。继埃德加·斯诺之后,她先后两度潜入风雨飘摇的西安,最终得以进入红都延安,受到了毛泽东、朱德、周恩来等中共领导人、红军将领的热烈欢迎与会见。她在帮助斯诺充实、完善《西行漫记》的同时,写下了同样毫不逊色的姐妹篇《续西行漫记》一书。

她不遗余力地向世界广为介绍中国共产党、中国人民反抗日本侵略的伟大斗争,并发起创办了中国工合组织,用从海外募捐来的大量款项实物,给了中国共产党领导的抗日根据地以实实在在的援助。

她与夫君一起,两度向美国战时总统当面进言,游说罗斯福总统积极支持中国共产党领导的反抗日本侵略的伟大事业,支持中国工合运动,受到了罗斯福总统及夫人的好评。

在向世界介绍中国的同时,海伦还让世界进一步知道了鲁迅:她与夫君密切合作,抢在死神前面,当面向中国新文学运动和左翼文学运动的主帅鲁迅提出了有关中国文学现状的23个大问题。这,也是历史上鲁迅唯一一次全面、详细地向外界阐述他对中国新文学运动的见解,从而,为我们,也为世界大家庭留下了一份极为珍贵的文学文化遗产。

上世纪70年代后,她一再谢绝中国政府提供的资助,两度变卖家产自费来华访问,一如年轻时那样满腔热血地向世界报道人民中国所取得的成就,先后出版了多部有关中国的书。

她还两度被提名为诺贝尔和平奖的候选人。

1991年9月,为表彰她的杰出成就和对中国人民的深厚友情。中国作家协会、中华文学基金会和中国国际友人研究会向海伦·福斯特·斯诺颁发了第一个"理解和友谊"国际文学奖。

我愿在墓中面向东方

1997年1月11日，海伦·福斯特·斯诺于美国康州吉尔福特镇福勒养老院静静地离开了人世，终年90岁。

生前，她不止一次充满激情地说道：

"我在中国的岁月是我一生中最幸福的时光。"

"我的心在中国，我愿在墓中面向东方，那是太阳升起的地方。"

"邓小平先生，您真难找呀！"

1979年1月30日晚，中国传统的己未年农历大年初三，在华盛顿，中国驻美国首任大使柴泽民举行盛大招待会，庆祝中美两国建立正式外交关系。出席招待会的美国贵宾有白宫、国务院的高级负责官员，以及一致赞成美国政府对华政策的众、参两院议长和议员。同时，这个招待会也是为了欢迎由中国国务院副总理邓小平率领的中国政府代表团一行的到来。

就在晚会开始前，一位年逾古稀身着缀有松竹梅图案的中国大红绸袍（此绸袍为1972年来华访问时由周恩来夫人邓颖超馈赠——笔者注）的美国老太太，找到了邓小平。一见面，美国老太太就用充满喜悦而又激动的声音，对着这位中国领导人说道：

"邓小平先生，您真难找呀！"

说话的工夫，美国老太太用微微颤抖着的手，从怀中掏出了一张年代已久显得有些发黄但是保存完好的纸条，庄重地递到了一脸诧异的邓小平手上。原来，这是42年前毛泽东亲笔写就的一封介绍信，信也正是写给邓小平的。而现在将此信递到邓小平手上的这位美国老太太，几十年来早已为邓小平耳熟：她就是当年在延安窑洞里与毛泽东、朱德相谈甚欢，《续西行漫记》一书的作者，著名国际友人埃德加·斯诺的亲密战友海伦·福斯特。

要说这其中的典故，还得从海伦当年访问延安说起。

1937年5月3日，经过了一系列令常人难以克服的艰难险阻——她离开西安时，是女扮男装翻爬过西京招待所窗户，冒险闯过国民党军警特严密把守的大门,在中共地下工作人员接应下才逃出西安,踏上去红军根据地旅途,并最终抵达红都延安的。

抵达当日,毛泽东和朱德当即放下繁忙的工作,来到海伦的住处亲切探望了她。

"欢迎你到延安来,"毛泽东亲切地对她说,并且自我介绍道,"我是毛泽东!"

"我早就从照片上认识你了!"

海伦说着话,掏出笔记本,将其中夹着的一张毛泽东头戴八角红军帽的照片递给了毛泽东。海伦还风趣地说道:"这是我丈夫给您照的那张像。我在西安跳窗户逃出来时,身上只带了两样东西,一样是您的照片,另外一样是一盒口红。您知道,您的这张照片就是我来见您的介绍信,而一盒口红对于美国年轻妇女来说多么的重要,几乎什么都可以贡献出去,而口红是不能丢的。所以,您就不必诧异了。"

海伦一席风趣的话,把毛泽东和朱德都说得开怀大笑起来。

海伦又说道:"它在一家报刊上发表出来,就吓坏了国民党,轰动了全世界呢!"

海伦说得一点儿也没错。在斯诺保安之旅结束回到北平,迎接他的是国民党宣传、特务机关散布的弥天大谎,说斯诺已被"赤匪"处决。连美联社也在美国发了电讯,称:"斯诺已落入赤匪之手,他利用笔记本报道他们的情况时,被当作间谍加以逮捕并被处决。"在斯诺的家乡堪萨斯城,有关斯诺被赤匪处决的讣告已经排好只等付印。首先散布这个弥天大谎的国民党当局,还假模假样地指示西安方面进行一场声势浩大的调查,寻找斯诺夫妇的下落——因为另有消息称:在斯诺被赤匪处决的同时,他的夫人海伦在新疆也遇害了……不得已,斯诺赶写了一系列他在红军根据地亲见亲闻的报道文章,分送给英美诸国的报纸和电讯社发表。接着,斯诺又以《毛泽东访问记》为题,把毛泽东口述的关于毛个人经历的谈话交由《密勒士评论报》在 1936 年 11 月 14 日率先发表——此时,距斯诺陕北之行回到北平刚刚半个月。《密勒士评论报》在发表时为强调真实性,还配发了由斯诺亲手拍摄的毛泽东头戴缀有五角星的八角红军帽的大幅照片。它像枚巨型炸弹震动了整个世界。蒋介石知道后更是震怒万分,下令对西安的宪兵、警察、特务机构进行了改组,并且制定了更为严厉的新闻封锁措施。紧接着国民党外交部还吊销了斯诺好几个月的在华采访证。

毛泽东十分感动地说道:"斯诺先生让世人知道我们并不是红毛绿眼睛、杀人放火的'赤匪',我们感谢他。"

朱德也对海伦的到来表示热烈的欢迎。朱德由衷地赞叹道:"你是深夜跳窗户跑到延安来的,真勇敢啊!"

"我是沿着我丈夫的脚印来看看中国革命的,不勇敢又怎么行呢!"海伦自豪地回答道。

海伦在延安采访期间,正值中共中央召开党的全国代表会议,在毛泽东和朱德的帮助下,这使她得以见到斯诺前一年在保安访问时未能谋面的许多中共要员和红军高级将领。但是,当她欲和邓小平会一面时,却被告知,邓小平已率部前往八路军总部所在地云阳镇去了。于是,海伦找到毛泽东请求帮助。毛泽东听后,当即提笔写了一封亲笔信给任弼时、邓小平,介绍她前去采访。

毛泽东的信全文如下:

弼时

小平　同志

　　斯洛夫人随军赴战地担任向外国通讯的工作,请你们给她以帮助,生活费等事情请为解决。

敬礼!

毛泽东
八月十九日(一九三七年)

后来,当海伦携带毛泽东的亲笔信赶到云阳镇时,不料却又扑了一个空:邓小平已率部开赴华北敌后抗日前线了。就在她同有关方面联系,准备寻踪赶去时,她的夫君斯诺给她拍来了一封电报:要她经青岛尽快返回(据了解,此举为尽快出版《红星照耀中国》一书急需海伦的补充材料和照片所致——笔者注)。因而,她不得不中断了对八路军的采访及华北前线之旅,从而使她无缘得见风华正茂的邓小平而成为一件莫大的憾事。42年的风风雨雨过后,新中国同美利坚合众国正式建交,邓小平率中国政府代表团访问美国,已是72岁高龄的海伦闻讯,喜出望外地从康涅狄格州的家中赶往华盛顿。于是,便出现了本文一开始时出现的那一幕激动人心的场面——海伦将自己精心珍藏了42年之久的毛泽东亲笔信,物归原主,郑重地交给了邓小平——此事被世人传为佳话(此信现存于国家档案馆)。

海伦一直珍藏着毛泽东为她写给邓小平的介绍信,希望有一天能亲手交给邓小平。然而,这条"相见之路"却没有那么顺畅。1972年冬,正是"文革"期间,海伦第一次重返中国。那时邓小平正被下放江西劳动,处于受难阶段,她因此未能得见。1978年秋,海伦第二次重返中国。那时"四人帮"已经垮台,邓小平复出,中共十一届三中全会尚未召开。海伦到北京访问时,适逢邓小平访问日本,两人还是未能得见。直到1979年1月中美两国正式建交,邓小平访美,海伦作为中国人民的老朋友,才得以同邓小平相会。

在中国驻联合国首任大使黄华的夫人何理良陪同下,海伦双手捧着42年前那封已经泛黄的介绍信,十分激动地说:"邓小平先生,您真难找啊!今天是中美两国人民大喜的日子,我终于如愿以偿见到了您,感到十分愉快。因为我从42年前访问延安开始。为中美人民架设友谊之桥奋斗到今天。虽然我已经72岁了,但只要一息尚存,还要继续为中美人民的友谊架桥。祝愿中美人民世代友好下去,两国再也不要兵戎相见了。"此时的她想到了20世纪50年代初发生的那场朝鲜战争,因为当时她曾经心情沉重地写道:"那是我一生中最悲伤的时刻。"

邓小平接过那封信凝神看了一遍,热情地同海伦握手,十分亲切地对她说:"你把毛主席这封信保存了几十年,太难得,太珍贵了。这是中美人民友谊的历史见证。当年,你在中国人民抵抗日本军国主义侵略的最困难的岁月里,支持中国人民的抗战,我代表中国人民感谢你。今天见到你,我十分高兴。"在场的中国驻美国联络处主任韩叙、何理良和杨洁篪见证了这一难忘的历史时刻。站在一旁的美国好莱坞著名制片人蒂姆·康西丁立刻举起照相机,拍下了这一具有历史意义的会见时刻。

我愿在墓中面向东方

海伦一直关注着邓小平的行踪和他在革命生涯中的沉浮。她曾在一篇文章中这样写道:"1949年以后,北京赴莫斯科的大多数官方代表团都有邓小平,其中包括刘少奇1960年率领的那个代表团,以及1963年7月共产党高级会谈的中共代表团。"海伦认为,邓小平不是空想家,而是一位高级执行官、行政官和实干家。

在谈到邓小平在"文革"中的遭遇时,海伦指出:不屈不挠,是邓小平的主要特点。在中美关系上,1978年使中美关系回到正常化轨道的一个杠杆支点,就是邓小平。

1979年邓小平出访美国,在美国掀起了"中国热"。邓小平除同美国的政府官员进行会谈外,还会见了许多国会议员和各界人士,在不同场合向数千人直接发表讲话,并回答一批又一批新闻记者提出的问题。美国的主要报刊、电台、电视,纷纷报道邓小平在美国各地的参观访问活动。

广大的美国公众更是渴望了解中国。美国的书店里,介绍中国革命历史的书籍却十分缺乏。海伦的《红色中国内情》一书,在销声匿迹几十年后,1979年由纽约德卡波书店重新出版。美国作家协会主席哈里森·索尔兹伯里为此书再版作序写道:

> 海伦·斯诺的《红色中国内情》,是埃德加·斯诺的《红星照耀中国》的姊妹篇。它像红星一书一样,是中国革命史诗中的重要的名著之一……两位斯诺的书,本身就是美国人民和中国人民同呼吸共命运的证据。

索尔兹伯里还指出:

> 对青年时代朋友们的感情,中国人一向是坦诚的。在1972年以前的25年间,有许许多多的矛盾和斗争,使北京和华盛顿分离。但是,在19世纪铸成,而又被一种奇异而拉压的文化与人类亲和力所加强了美中人民之间的联系,从来就没有被中断过。海伦·斯诺的生平和著作,就是这种关系的缩影。这种真正的关系,成为缓和紧张局势,使美国人和中国人走到一起的基础,一旦开放,就像双方从来没有分离过一样……之所以出现如此大不一样的形势,海伦·

斯诺在中国的工作以及她对中国问题无可比拟的研究,是其原因的一部分。

当人们问海伦为什么你和斯诺在中国那么多年,冒着生命危险,过着动荡不安的生活,却不惜一切,始终不渝地为中国人做好事呢?

"如果你没有生活在中国,没有经历过她这一悲惨的历史阶段,你就不会感觉到这一小群自我牺牲的人们所力图进行的工作的重要意义。"海伦如是说。

在旧中国的近十年间,海伦和埃德加·斯诺深受宋庆龄的影响,他们热爱宋庆龄,把她看成是良师益友。

多年后,海伦回忆起同宋庆龄和鲁迅的交往时,她满怀深情地说:

> 埃德加和我结识了宋庆龄和鲁迅,他们就像磁石一样吸引我们。他们使我们俩明白如何去研究社会,怎样去认识错综复杂的中国问题,我从宋庆龄和鲁迅身上发现了东方的魅力,看到了中国的希望。

为《西行漫记》增辉添彩

《西行漫记》一书的作者,明白无误地标注为埃德加·斯诺。七十多年来,数以千万计的读者,又有多少人知道,这部震撼了一整个世纪的书,并不仅仅是埃德加·斯诺一个人的陕北之行,还有其妻子海伦·福斯特的又一次陕北之行,以及海伦竭尽全力要求保留毛泽东的全部谈话和生平资料所致。

因而,《西行漫记》的最终诞生,海伦同样功不可没!

而《续西行漫记》的诞生,则凝结着海伦的全部心血和智慧。

斯诺当初制定赴陕北一探被蒋介石宣布为"赤匪"的朱、毛领导的红军根据地的计划时,得到了妻子海伦最为坚定也最为热烈的支持。

"也许死亡会粗暴地打断我的访问,使我半途而废,"对被蒋介石当局称之为杀人放火的"匪"的红军并不知道多少的斯诺不无担心地说道。

"无论付出什么代价。你都应该去!"海伦进一步鼓励丈夫道,"如果

我愿在墓中面向东方

可能的话,我跟你一起去,我还可以是很好的掩护呢!"

"是的,这次采访的机会太重要了,不要错过,如果有危险,我至少可以拿一点来自慰,就是许许多多中国人已经为这个运动牺牲了性命,为了探明事实真相,拿一个外国人的头颅去冒一下险也是值得的,用中国人的一句成语说,我要破釜沉舟!"斯诺激动地向热心支持他的贤内助说出了他的心声。

1936年10月末的一天,香山红叶正当时,斯诺回到了分别四个多月的北平盔甲厂13号的院落。

面对斯诺从陕北红军根据地带回来的一大堆稀世珍宝般的照片资料和笔记本,尤其是毛泽东本人珍藏了多年委托斯诺带回北平翻印的早期照片,在一遍又一遍地阅读、欣赏、整理后,夫妇俩开始热烈地讨论起如何将它们撰写成一流的报道文章对外发布,以及将其成书出版。

"可惜,我没有来得及见到朱德等其他一些杰出的红军将领。"斯诺一边翻阅他为毛泽东拍摄的照片,欣赏着毛泽东讲述的生平资料,一边不无遗憾地说道。

朱毛,朱毛,两者不可分离。

"我必须不惜一切代价也到苏区去一趟。"海伦斩钉截铁地说道,"我要把你没有来得及访问的人物采访回来!"

说到做到,海伦很快将其付诸了切切实实的行动。

经过一段时间的精心而又细致的准备,1937年4月下旬,仿如她的丈夫一样,海伦悄然离开北平,义无反顾地踏上了充满凶险、荆棘遍地的西行旅程。

海伦在陕北呆了将近5个月的时间,收集了丈夫前一次访问不及采访的红军领导人的情况,包括朱德本人和朱德的部队,以及斯诺离开苏区后和中央红军胜利会师的红二方面军和红四方面军。她还约谈了许多人,提出了她和丈夫急待诠释的数以千计的疑问。她采访了不下65位有名有姓的人物,还为其中的34个人物写了小传。后来,依据她此次采访的笔记,不仅大大充实了丈夫正在撰写、修订的《西行漫记》,而且,还写成了堪与《西行漫记》相媲美的姐妹篇《续西行漫记》,以及另外三本书。

绘得红楼铸青史

在延安,毛主席先后五次会见海伦。

第一次会见,是在海伦抵达延安当天的1937年5月6日,毛泽东和朱德一起拜访了海伦。海伦告诉毛泽东:"我丈夫一回到北京,我就立刻把你的自传打印出来。这是一部巨大的经典著作。它将影响每一个阅读的人。于是我决定不惜一切代价来访问你的地区。我丈夫让我从你这里获取最后一章。"毛泽东收到了海伦一行带来的《外国记者西北印象记》和自己头戴八角帽的照片。《外国记者西北印象记》中毛泽东与斯诺谈话中预测中日战争的对话段落,后来被收入毛泽东最重要著作之一的《论持久战》中。

第二次会见在1937年7月4日,毛泽东向海伦介绍了中国革命的性质。这天也是美国国庆日,海伦认为:毛泽东选择这天接受采访,表示了他对中美友好的期望和自己的善意。

第三次会见在1937年8月中旬,毛泽东向海伦介绍了中国工农红军的十年奋斗史。对此,时为海伦翻译后来担任过国家轻工业部副部长的俞建亭,相隔半个世纪后在其《回忆毛泽东在延安会见海伦·斯诺》一文中这样写道:"埃德加·斯诺访问陕北的时候虽然和毛泽东主席谈了很多次,但系统的谈十年红军历史恐怕首先还是跟海伦·斯诺谈的。"

第四次会见也在1937年8月中旬,毛泽东向海伦逐条介绍了尚未发表的"中国共产党抗日救国十大纲领",希望她将其介绍给世界人民。后来海伦将该纲领写入《续西行漫记》(又称《中国红区内情》)中。

第五次会见在1937年8月19日,毛泽东为要求去前线采访任弼时、邓小平的海伦写下介绍信。因斯诺催促她早日回家,海伦改变行程,未能如愿去前线。42年后的1979年,海伦向访问美国的邓小平面交了这封介绍信,此事成为中美友好史上的一段佳话。

为了适应西安事变以后急剧变化的新情况,斯诺"不得不重写《西行漫记》的最后4章"。为此,正在延安深入采访的海伦把丈夫急需的材料,及时地从延安托专人转给了他。6月13日,她还委托她的翻译、中共地下党员王福时自延安回北平时,给丈夫捎回她拍摄的14盒胶卷,并提醒丈夫"注意保存"。

70多年来,当世界各地读者在阅读《西行漫记》时,恐怕极少有人知

我愿在墓中面向东方

道这部书中部分章节的原始材料为著作者的妻子亲手提供,书中数十幅珍贵的历史照片,其中有十多幅为其夫人所拍摄!因而,毋庸置疑,《西行漫记》也是夫妇俩人一次卓有成效的联手合作的产物。

海伦·斯诺不仅是丈夫埃德加·斯诺西行的坚定支持者和实践者、《西行漫记》的忠诚合作者,而且还是一位公正、务实的评判者。这是因为在《西行漫记》的全部写作过程中,海伦与丈夫斯诺之间有过许许多多的争议:几乎全书的每一个章节,她都强烈地表达了自己的意见,其中多为长远的、富有见地的独特见解。

当埃德加·斯诺向妻子提出:把毛泽东的生平材料压缩一下,并为他的书做些摘要,然后用他自己的话把其中的某些部分重写一下。海伦听后惊呆了!她在再一次阅读了斯诺所记述的关于毛泽东个人经历口述的笔记后认为,斯诺不仅为自己,也为中国人民和全世界人民发现了毛泽东,这可是他访问苏区带回来的最珍贵最重要的东西啊!于是,她当即予以了激烈的抗辩。她又一次提醒丈夫道:"可这是经典著作,无价之宝!"海伦坚持认为,毛泽东的这些生平材料,必须而且应当成为丈夫著作的心脏和灵魂,成为支撑整部书的脊梁骨。它完完全全可以以其完美的形式,展示这位红军领袖的整个背景。海伦还进一步论证说,埃德加不应当改动原材料。而应该一字不漏不走样地使用毛泽东向他讲述的原话。

然而,在以往的写作生涯中,埃德加·斯诺已经养成了自己独特的写作习惯,他不愿意照抄照搬。重要的一点是,他想用自己的语言进行改写。同时,他还有专门考虑——这就是书的市场。他对妻子说:"你不能将这么一大块读者无法消化的东西塞到一本书里去。这样做是绝对不行的,也从来没有人这样做过,这将会使这本书丧失销路的。"

海伦寸步不让地对丈夫强调道:"别管销路,如果读者愿意,他完全可以略过去这一部分不看。但这将使你的书成名。如果你的书有这一大重要情节,而未塞进太多地迎合时尚的货色,你的书就能成为传世之作。"

由此可见,作为妻子的海伦比丈夫的目光更趋远大——她要将它打造成为一本让全世界读者都能受到教育且经久不衰的书。七十多年来

147

的历史进程,完完全全证实了海伦这一出发点的正确无比。后来,当埃德加吩咐妻子在整理他的保安笔记时删去所有那些人名、地名和部队的名称时,海伦却反其道而行之,用打字机准确无误地抄下了每一个手写的单词,就像当初毛泽东向丈夫讲述的那样。原笔记本中记录的名称表及所有的一切,一个也没有漏掉——这就是我们今天所看到的《西行漫记》。它记叙了一段真实的经历,一整个那个年代的历史,一个原汁原味的毛泽东!重要的是,也是无可非议的,自埃德加·斯诺以后,毛泽东再也没有向任何人如此详细地讲述自己的生平历史。感谢美丽、睿智、具有深远目光的海伦,给我们保存了这么一部丰厚的历史遗产!

事实上,正是由于埃德加·斯诺"被迫"接受了妻子海伦坚持的"客观报道"的正确意见,完整地使用了他所亲笔记录的有关毛泽东生平自述的全部材料,才形成了我们今天所见到的《西行漫记》中的毛泽东自述部分及此后单独成书的《毛泽东自传》。迄今为止,由埃德加·斯诺面对面采访而得到的这份极为珍贵的历史文献,仍然是中外学术工作者研究毛泽东前半生的权威文本。

6个月后,不顾自身安危的海伦紧随丈夫的脚印去了陕北。在延安访问期间,海伦一直高度关注着远在北平的丈夫《西行漫记》的写作,唯恐丈夫趁她不在,对手稿大砍大删。与此同时,她根据西安事变以后已经发展了的新形势,及时地对原手稿提出了许多卓有成效的建设性意见。就在海伦抵达延安不久的1937年夏天,国共两党开始了第二次合作的艰难谈判,全国人民热盼的抗日民族统一战线随时都有可能正式建立。海伦向丈夫及时地转告了延安高层方面的要求:按照新形势修改《西行漫记》手稿。在1937年5月21日给丈夫的信中,海伦这样写道:"陈赓要你特别小心,不要发表任何对蒋介石不利的东西。"相隔不到一个月,海伦在第二封信中又向丈夫发出了忠告说:"陈赓特地写了一信,再次要求你修改他的自传,删掉搭救蒋介石的那件事,他(被捕后应召)在南京同蒋介石的谈话也删去。他说,他现在要去做特别统战工作。如不删去,就会坏事的。如果书稿现在还没有出版,你可以及时发出更正,至少在陈赓的生平部分,不要对蒋介石进行任何评论。"

而且,无论是在斯诺去陕北之前,还是自陕北回到北平后,作为妻子的海伦都不遗余力地甘为丈夫承担一切。1936年5月9日,当斯诺从上海宋庆龄那里凯旋而归后,海伦一边帮助丈夫落实旅行安排,一边准备相应资料,购买日用品,收拾行装。当丈夫去医院和防疫机构接种各种疫苗时,作为妻子的她,则夜以继日地为丈夫的西北之行编写、打印一系列采访提纲和问题单。四个月后,当丈夫从陕北回到北平家中后,海伦一如既往地全力以赴,夜以继日地整理丈夫采访回来的资料。她一一仔细核对照片,辨认照片上所有人的名字和面容,并根据丈夫零乱的笔记,坐下来逐一撰写大段的传记性标题。为了使丈夫能够集中精力写好《西行漫记》,她承担了除丈夫写作以外的所有事务,包括拆阅处理丈夫的邮件,接待各方来访宾客……

值得指出的是,在张学良、杨虎城将军发动兵谏蒋介石抗日的"西安事变"的前几个星期,海伦与丈夫一起以前所未有的高效率投入了斯诺从保安带回来的材料的归拢、分类整理,他们几乎不分白天黑夜地工作着。由于自苏区回来后一直得不到休息,在紧张撰写书稿的同时,埃德加·斯诺还得见缝插针地写讲稿、作报告,过度的疲劳使斯诺病倒了。这样一来,海伦承担起了更大的责任。在海伦看来,继自己在伦敦《每日先驱报》发表张学良将军要求联合红军抗日的谈话纪要后,一件更重要更紧迫的事,摆在了自己的面前,这就是与时间抢速度,把丈夫从苏区带回的信息,尽快传达给中国人民,进一步唤醒他们的民族救亡的觉悟。为此征得斯诺同意,她根据丈夫的笔记,在打字机上以最快速度编写其采访材料,从而编成一本书。海伦每编写一章,斯诺就审校一章。后来陪同海伦一起进入延安并承担她的翻译的中共地下党员王福时,就把这部手稿分章分章拿去,同李放、郭达等人一起将其译成中文,并且自费出版——这就是先于《西行漫记》出版同样具有非凡影响的《外国记者西北印象记》。《印象记》共有300页左右,内附照片30幅,歌曲10首,红军长征路线图一张。重要的是,这本书还收入了英文版《西行漫记》中没有写到的毛泽东的重要谈话。《外国记者西北印象记》与《西行漫记》的区别在于:除采用斯诺保安之旅的采访素材外,还采用了其他外国记者对苏区的报道材料。其选用的重要材料有《毛施会见记》(毛泽东与斯诺谈话的最原始文字记录)、毛泽东与史沫特莱的谈话《中日问题与西安事变》(这是斯诺离开陕北回到北平后毛泽东亲自安排人转来要求广为宣传的)、毛泽东亲撰的《七律·长征》诗,以及埃德加·斯诺亲自拍摄的毛泽东头戴八角红五星帽的照片等,都是第一次发表。埃德加·斯诺后来在其《漫长的革命》一书(其中译本由上海人民出版社1975年出版)中对该书的评价是:"向无数中国人第一次提供了有关中国共产党的真实情况。"后来,王福时陪同海伦去延安时,专门带去了一本。这本书的及时快速出版,对许许多多的中国人有着不可估量的影响力。当年,国统区以及海外华人华侨中众多有着强烈忧患意识的有识之士,就是在读了这本书之后奔赴延安的。张学良将军本人于"西安事变"前夕看到了这本书,更加坚定了其联合红军一致抗日打回东北老家去的信心和决心。毛泽东在延安读到了这本书后,连连称赞说写得好,给予了很高的评价。

后来,为感谢妻子对自己的全力支持,以及对此付出的巨大心血,埃德加·斯诺将《西行漫记》的手稿送给了海伦。

然而,不幸的是,就在人们热切期盼的新中国成立前夕,1949年5月,俩人亲密无间堪称一流楷模的协作组合却搁了浅——海伦与斯诺离了婚。离婚后,俩人依然保持着一种高尚的情谊。1960年,埃德加·斯诺首次访问人民当家作主的新中国。访问期间,毛泽东再次与他进行长谈。之后,1967年1月17日,斯诺在写给海伦的信上向她传达了这么一个信息:"我们认识的所有中国人,都怀着关切和思念的心情谈起你。如果你要去中国,我确信你会受到欢迎的。"

显然,斯诺信中提到的"关切和思念"海伦的"所有中国人",是包括毛泽东在内的。当然,还有为他们所熟悉而又为之敬重的新中国开国元勋朱德、周恩来和宋庆龄等。

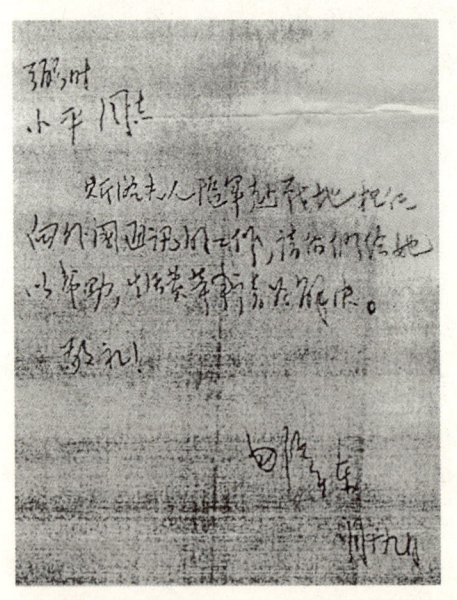

1937年8月19日,毛泽东为海伦去华北战地采访给任弼时、邓小平的亲笔介绍信

所有熟悉他们的中外人士无不这样认为：《西行漫记》所产生的经久不息的巨大影响，埃德加·斯诺成为蜚声全世界的著名记者，其获得的无与伦比的沉甸甸的"军功章"里有着海伦不可磨灭的一半。自离婚之日起，仍然使用"斯诺"作为姓氏的海伦，一直隐居在当初用《西行漫记》版税购置的那座1752年建造的麦迪逊郊外的小木屋里，而她曾经为埃德加、为《西行漫记》、为中国人民的民族解放事业做出的巨大贡献，从此渐渐地不为外界所知而遭湮没。这种情况一直持续到1972年11月，埃德加·斯诺离开人世十个月后，海伦接受中国人民对外友好协会的邀请，得以重返中国这片神圣的大地，她才梅开二度，在世人面前重新绽放出绚丽夺目的光彩。

最早向世界推介鲁迅的西方女性

鲁迅的作品享誉世界。

以鲁迅为代表的左翼文学运动，在令蒋介石国民党反动统治当局恐惧万分的同时，也令西方世界的读者为之耳目一新。

1919年"五四"运动的浪潮，在荡涤着古老中国的污泥浊水的同时，也开始了崭新风貌的中国现代文学运动，吸引着世界的目光。

如果说，埃德加·斯诺是最早向世界介绍鲁迅、介绍中国现代文学，特别是饱受国民党反动当局法西斯文化围剿的左翼文学的西方记者，那么，则可以毫不夸张地认为，作为他的妻子，海伦·福斯特是世界上最早的，堪与同乡、前辈的艾格尼丝·史沫特莱媲美，广为推介鲁迅与中国革命现代文学的杰出西方女性。实际上，海伦对于鲁迅作品与中国左翼文学左翼作家的认知度，特别是在创作艺术与风格上，较史沫特莱还要精深一些。后者则偏重于政治势力与大环境的博弈。

不仅仅是那一部埃德加·斯诺所著，享誉全世界的《西行漫记》凝结着海伦·福斯特的大量心血，内中还有近一半的文字内容与珍贵历史实景照片，为海伦实地采访所得。而且，由斯诺和我国著名作家、编剧家姚克同心协力合作编纂的《活的中国》，同样凝结着海伦的心血。她在1936年6月撰写完成的长达2万字的《现代中国文学运动》的论文，为广大的西方世界读者打开了一扇阅读鲁迅与中国新文学作品的窗户。她以无与伦比的远见卓识,委托前往上海宋庆龄处联系赴陕北红军根据地途径的丈夫斯诺,抢在死神前面,向鲁迅先生提出了有关自1919年以来的中国新文学运动的23个大问题。通过鲁迅先生的逐一解答,从而为我国也为世界留下了一份极为宝贵的文化遗产。这份文化遗产,是迄今为止鲁迅先生惟一诠释新文学运动,且内涵异常丰富的名录内容。对此,海伦功不可没。应当肯定的是,在向世界介绍鲁迅与中国新文学运动方面,海伦走在了斯诺的前面。

在此,我们也深切感谢我国著名学者安危先生,正是他,抢在死神前面,从尘封了半个多世纪,当年斯诺用《西行漫记》版税购买的康州麦迪逊小镇郊外那座小木屋里的一只箱子里,寻觅到了这份半个世纪前斯诺亲笔记录鲁迅问答录的英文手写稿。

由安危先生亲手翻译的《埃德加·斯诺采访鲁迅的问题单》与《鲁迅同斯诺谈话整理稿(斯诺整理)》,以及安危先生在海伦居住的麦迪逊小屋里实地采访提出这份问题单的主人海伦·斯诺,与之面对面地谈话,进而在深入研究历史事实的基础上撰写了《鲁迅和斯诺谈话的前前后后》,刊登在1987年第3期《新文学史料》上。

这是一份多么珍贵、丰厚的历史文化遗产啊!

它,见证了20世纪30年代同国民党反动当局发动的文化围剿英勇斗争的新文学运动主帅鲁迅精神世界的深刻内涵。

它,同样见证了这对富有冒险精神但又脚踏实地,有理想有信仰有远大目光,全身心支持中国革命运动的美国人民的友好使者的无私奉献。

依据丈夫斯诺从鲁迅身边带回来的这份记录稿,海伦·斯诺依据自己多年细致观察与积累,开始了她在中国革命文学——左翼文学这一学科领域上的经典论文的撰写。

在完成于"1936年6月,北京"这篇题为《现代中国文学运动》的论文伊始,尼姆·威尔士(海伦·斯诺写作时用的笔名)旗帜鲜明地写道:

> 现代中国文学运动紧跟着政治上革命运动的变迁,差不多截然

分作两个时期。它是从一九一七——一九二七年的文艺复兴运动开始的,这是在留洋归国的学生所译的西洋文学的刺激之下掀起的,是吸收与传播的时期。在一九一九年的五四运动之后,曾有过短时期的繁荣。中国人称这个十年为"从文学革命到革命文学"。这个时期,中国的新兴资产阶级表达了他们对自由、平等、博爱的绝望而混乱的憧憬,体现了他们反对古老社会体制的斗争。随着一九二七年国民党右派的政变,这个时期宣告结束,那就标志着半完成的资产阶级革命的死亡;而在共产党的领导下,农民和工人的革命独立地发展起来了。随着这一军事政变,文艺运动的富有生命力的主体急遽地向左转了,它痛切地表现出对中产阶级的软弱及反动所感到的失望,对下层酝酿的大众革命表示了信念。从一九二八年到现在,左翼革命文学一直是主流。

尽管海伦撰写这篇论文的1936年五六月间,当年"五四"运动的两位先哲与旗手发生了很大的变化:胡适先生转向了国民党阵营,而陈独秀先生因组建中国的托派被共产党开除,并且被蒋介石国民党反动统治当局关在了牢狱里,但海伦仍然实事求是地作了评价,并由此及彼,引申到鲁迅先生身体力行倡导的中国文学革命上来:

反对文言的文学革命运动于一九一七年由胡适和陈独秀倡导,到一九二〇年即已取得全部胜利。不久,整个教育制度就以白话为基础了。一九三四年一度出现恢复文言的企图,结果只引起一次更加剧烈的运动,进一步简化文字,要取消方块字,改用拉丁化文字。一九一七年以后,在四年之内,除了许多真正的文学杂志之外,还出现了约三百种新的学生刊物。

在一九一九年的五四运动之前,除了一些试验性质的诗歌和新闻论文外,几乎没什么新的创作。鲁迅的《狂人日记》(一九一八年发表在陈独秀所编的著名的《新青年》杂志上),以及随后发表的两个短篇小说《孔乙己》和《药》是先驱。他的小说集《呐喊》(其中包括《阿Q正传》)在一九二三年轰动了全国,至今仍是现代中国小说中的畅销书。他立刻被称为中国的高尔基或契诃夫——各有各的称法。

五四运动是一九一九年五月四日由北京学生们掀起的"反帝反封建"的民族主义革命运动,文艺运动带动了这场斗争。骨子里,它是个人为了摆脱在各方面束缚他的枷锁而进行的战斗。

针对国民党反动统治当局掀起的对左翼文化运动的法西斯围剿,海伦在介绍的同时,对中国反动统治当局给予了无情揭露与抨击:

到一九三〇年左翼运动才把分散的力量集结起来,成立了中国左翼作家联盟。它是一九三〇年三月二日在上海成立的,发起人五十名,以鲁迅为中心。……他被历史必然性的逻辑所说服。这是左翼的一大胜利。有了全国最重要、最杰出的作家作为他们的领导,左翼就可以与国民党在政治界实行的军事专制相抗衡,席卷整个文艺界,在那里占绝对优势了。以前的左翼各支派都解散了,大家都团结一致地参加左联:它有着广泛的外围追随者。

……

一九三一年与一九三二年,左翼运动在知识界和学生界的影响达到了高峰。国民党忽然意识到它的巨大的力量及影响,就认真镇压起来。在那以前,军阀们忙于战争,无暇顾及文化界左翼革命的发展;同时,国民党那时还害怕由于镇压国内知识界的领导人物而暴露其反动嘴脸。为了杀一儆百,一九三一年二月七日,他们在上海处决了胡也频(二十六岁,丁玲的丈夫)和其他五位左联很有前途的年轻成员:冯铿(二十四岁,女小说家),宗晖(二十一岁)、殷夫(二十二岁)、李伟森(二十八岁)和柔石(三十一岁)。一九三二年,一个法西斯联合行动开始了一场特殊的"文化剿匪战",由受过专门训练的政治警察和蓝衣社的秘密恐怖分子来执行。

海伦还充分注意到了左翼文学运动的同盟军,以远远区别于"左联"实行的关门主义政策,要实事求是、包容得多的目光,给予了巴金先生应有的评价与地位。海伦这样写道:

具有革命浪漫主义气质而对左翼表示同情的有巴金(无政府主

义者,作品在青年中极受欢迎)……

在这篇论文中,海伦还热烈地讴歌了中国的左翼作家们为反对文化围剿所作的英勇不屈的斗争与牺牲:

> 历史上很少有任何国家的文学界知识分子象当前中国的革命作家那样进行了英勇的斗争。左翼运动的蓬勃的生命力本身就是惊人的。据茅盾在一九三五年开出的一个名单,左联重要成员遭到牺牲的有:一九三一年二月七日被处决的柔石、胡也频、冯铿女士、李伟森和殷夫。一九二八年被处决的任国桢——一位早期的左翼成员。在下列年份投入狱中,命运不详,但估计仍活在狱中的有:李初梨(一九三一年)、顾万全(一九三三年)、潘梓年(一九三三年)、楼适夷(一九三四年)、华蒂(一九三五年)、平山(一九三五年)、何毅天(一九三五年)和彭康(一九二九年)——一个早期的左翼成员。艾芜于一九三三——一九三四年被监禁一年左右后获释,草明女士一九三四年六月被捕,据传已获释,时间不详。丁玲女士于一九三三年五月被捕,关到一九三五年。潘训于一九三四年被捕,一九三五年在天津狱中因九天未吃到囚食而饿死。丁九于一九三三年五月与丁玲一道逃避逮捕的途中被击毙。

对于鲁迅,海伦给予了极为崇高的评价。她这样写道:

> 毫无疑问,鲁迅是中国所产生的最重要的现代作家。他不但是一位创作家——多半是中国最好的短篇小说家,也是一位活跃的知识界领袖,是最好的散文家及评论家之一。既然他是中国最受尊敬的评论家,在这里值得援引一下最近他在一次与埃德加·斯诺的谈话中所发表的意见:
>
> 自从新文学运动开始以来,茅盾、丁玲女士、郭沫若、张天翼、郁达夫、沈从文和田军大概是所出现的最好的作家。这里包括了最好的短篇和长篇小说家,到现在为止,还没有真正重要的小说家。沈从文、郁达夫、老舍等人的"小说"实际上只是中篇小说或长的短篇小说,他们是以短篇而闻名的,不是由于他们对长篇小说的尝试。

在近代中国文学的发展史上，短篇小说比其他任何文体更具有重要性。它在技巧、素材、风格——老实说，在一切方面，对中国文学传统来说，都差不多是崭新的，而戏剧则有不少可以从过去借鉴的。最好的戏剧家有郭沫若、田汉、洪深和一个新出现的左翼戏剧家曹禺。

在诗歌方面，冰心、郭沫若和胡适同旁的人写得一样好。不过中国新诗好象还只是在尝试阶段。迄今为止，我们的新诗是失败的。散文方面更有成就一些。重要的散文家有周作人、林语堂、陈独秀和梁启超——著名的清代学者，他是现代文学运动的前驱。

当前我们最好的作家几乎毫无例外都是左翼的，因为只有他们所写的内容才具有充分的生命力，足以引起知识界认真的注视。最优秀的左翼作家有茅盾、丁玲女士、沙汀、柔石、郭沫若、张天翼、田军、叶紫、艾芜和周文。田军（真名萧军）的妻子萧红是最有前途的女作家，看来她有可能接替丁玲女士，正如丁玲接替了冰心女士。

中国文学的发展不可能经历一个真正资产阶级的时期，正如它在政治上的发展不可能经历一个独立的资产阶级时期一样。时间来不及，我们没有选择的余地。今日中国唯一可能的文化是左翼革命文化，否则就只有接受侵略性的帝国主义文化，那就意味着完全没有独立的民族文化。"当世界其他地方在使用飞机的时候，中国不能仍用旧式火轮——生活上是这样，艺术上也是这样。我们得向前飞跃，奔向当前世界上最有价值、最有意义的事物。"

正因为我们是从封建的社会概念飞跃到无产阶级的文化概念，所以现代中国文学的基础才这样差。这一方面，中国文学的发展在世界上很有可能是绝无仅有的。甚至在文艺复兴运动初期，就有这种强烈的左的倾向。奇怪的是中国并没产生任何重要的资产阶级作家，连林语堂也不能算作资产阶级的，他属于从封建背景产生出来的古老的学院派文学传统，多于近代的资产阶级概念——实际上，他讽刺的正是那些。冰心也不属于资产阶级。她的作品几乎都是为儿童写的。她在作品中从没提出过任何文化问题。

同时，倘若说来自农民、工人中的真正的"无产阶级"作家还没有在中国出现,这一点也不假。左翼文学仍然只局限在革命知识分子和小资产阶级的圈子里。

《活的中国》是首次编成的一部具有代表性的短篇小说集。所选的最重要的短篇小说家的作品都曾征得出版者的同意。此集包括鲁迅、茅盾、丁玲、沈从文、郁达夫、郭沫若、张天翼、柔石、巴金、沙汀、田军和(谢)冰心等人的作品,此外还有其他具有代表性的作家,如孙席珍、穆时英以及两个最近出现的年轻作家,一个是左翼新写实派的失名女士(她用几个笔名在中国发表作品)和沈从文的独立浪漫主义的追随者萧乾。由于篇幅关系,未能把已征得同意的全部作品都编进这个集子,而老舍、王统照和张资平,则由于他们最好的作品都是长篇,也未能入选。

在《现代中国文学运动》一文结束时,通过编纂这部《活的中国》,在言简意赅地分析了中国现阶段的文学现状之后,如同站立在高山之巅迎接远方海平面上即将喷薄而出的旭日那样,满怀信心与喜悦的海伦向本书的西方读者大声宣告道:

> 青年作家大多显示出比他们的先辈更高的才能。他们完全不懂外文,或者仅仅为了学习现代科学和艺术,略懂一些。中国读者不象初期那样为世界文学的灿烂宝藏所吸引了。读者们现在要买的是本国作家的作品,而不是西方名著的译本了。中国作家们也准备用现代的艺术方式来写作,并采用周围富于戏剧性的素材。现在他们之所以还不能产生其他伟大国家在其历史发展时期所产生过的那种具有生命力的崭新的文学,只是由于写作及探讨的自由受到压制,而这种压制本身就是一股辩证的力量,不久必然会以巨大的爆炸力朝相反的方向发展。

诚如编纂这部《活的中国》的发起者、海伦·福斯特的亲密战友、丈夫埃德加·斯诺,于未来震撼世界的首度秘赴陕北根据地之行前夕的1936年7月写下的《〈活的中国〉编者序言》中,向西方世界的读者们隆重地介绍了妻子佩格依据鲁迅诠释与自己独到细致的观察完成的这篇论文,斯诺指出——

绘得红楼铸青史

倘要阅读此书并能引起共鸣,就必须预先多少了解这一历史进程,以及本集所收和未收的作家所处的地位。为此,书后特地附了一篇尼姆·威尔士所写的现代中国文艺发展概况——作者是研究中国文学艺术的权威。此文是在对原著作了广泛而深入的调查研究的基础上写的,执笔之前又曾同中国几位最出色的文学评论家商榷过。我相信这是第一次用英文写成的全面分析的探讨。

值得一提的是,距英文版的《活的中国》问世才不过一两个月的时间,1937年1月17日,与斯诺夫妇过从甚密的我国著名媒体人、女作家杨刚(她同时又是一名地下党员),在自己服务的《大公报》上,适时地推出了同样彰显其独到细致评判特色的书评文章《评〈活的中国〉》。在这篇书评中,杨刚先生认为,在《活的中国》里面,活着的不仅仅是一个民族,而是一片人类爱活的志愿。

对于这部《活的中国》,对于斯诺夫妇的辛勤付出,杨刚先生由衷地表达了发自内心的深深敬意。杨刚先生这样写道:

> 这部书还是第一部以英文出版的中国小说集,编者在五年的人事倥偬之季,历了不少物质经济上的困难才有这个初生的结果。我们尽管觉它不完美,然而靠了他和威尔士先生在担负这件工作上的热情细心和持久,我们这缕不死的灵魂,才能与世人见面和世界携手,这还不值得铭感吗?

好一个"我们这缕不死的灵魂,才能与世人见面和世界携手"!
真是一语中的,多么精辟!

毋庸置疑,无论是对中国革命的支持,还是让鲁迅走向世界,海伦同样功不可没。

1997年,萧乾在《悼念海伦·斯诺》一文中谈到海伦的这篇论文时写道:"她的这篇文章仍然是很重要的,甚至说得上是对中国做出的一项不可磨灭的功绩。最可贵的是,她在文中详尽具体地揭露并义正词严地声讨了国民党对左联作家的残酷迫害与血腥镇压。在国民党一面实行白色恐怖,一面对内对外严密封锁消息的当时,仅仅把这些法西斯暴行公之于世就是大无畏的正义之举。她的出发点是明确的：使世界进步人士了解、注意并重视方兴未艾的中国新文艺运动。""海伦和她的丈夫埃德加一道把精力倾注在中国新文艺运动的探讨上,通过沸腾的30年代像雨后春笋般涌现的文艺作品,探索了处在水深火热中的中国人民的憎与爱、诅咒与憧憬。"

经过数年努力,《活的中国》一书于1936年由英国伦敦乔治·G.哈拉普出版公司和美国纽约的约翰·戴维书店分别出版。这是最早将中国左翼作家的文学作品介绍给西方世界。因了半年前海伦撰写的《现代中国文学运动》的论文(作为该书的附录之一收入),西方读者由此认识了处在剧烈动荡、变革中的中国作家的作品,以及他们的创作心智的现状与诉求。诚如斯诺夫妇格外敬仰的老朋友宋庆龄在1972年第6期《中国建设》(英文版)上撰文评价《活的中国》时指出：书中的作品"生动地反映了中国人民的生活,使长期以来被人冷漠地称为'神秘不可测'的中国人民能为外界所了解。"

当时的美国驻中国大使纳尔逊·特拉斯勒·詹森,曾写信称赞斯诺编译《活的中国》对于增进美国人对中国的认识是有价值的,鼓励斯诺继续钻研现代中国文学。

斯诺夫妇通过编译《活的中国》对中国社会的诸多问题有了更广泛的了解,对他们的思想发展具有重要的影响。斯诺曾对当时美国驻华大使纳尔逊说：他从这本编译的书里学到了很多东西,"也许是太多了。在某些方面不能再认为我是温和的,因为在你深入翻译作品时,不能不受到作品内容的影响而与其共鸣;也许这是一条改变一个'外国记者'对一个国家和她的人民的观点的正确道路。"

多年后,海伦回忆起编译《活的中国》的体会时写道："我在编译工作中顺手拈来了许多意义重大的思想。""我对中国缺乏任何种类的基本自由而感到窒息。""一个人只有亲身领教了这种严酷、落后、充满迷信与残暴制度,才能识别共产党人努力从基层改变中国的了不起的进步性。一个人只能用中国自身的过去判断中国,而不能用任何其他的标准。"

海伦还说："我吃惊地发现,正如美术界一样,左翼统治着中国的文学运动,虽然主要是模仿俄国人。在中国、朝鲜和其他亚洲国家,托尔斯泰是最有影响的作家。在中国,唯一有点儿独特性和创造性的推动力(除了自然科学的影响力较小外,甚至对研究学问也如此),存在于左翼运动中。我没有忽视这一意义。由于许多原因,中国没有别的道路可走——只有通往某种社会主义的这一条路。在一切创作领域中,学习马克思主义成了主要灵感来源,而不是个人对中国人的认识。"

萧乾在1978年写的《斯诺与中国新文艺运动》一文中谈到《活的中国》时认为:1930年代上半期,斯诺和海伦花了不少心血把我国新文艺的概况及一些作品介绍给世界广大读者,在国际上为我们修通了一条精神桥梁。

据此,我们可以这么认为,斯诺和海伦通过编译《活的中国》,为他们后来为什么一定要冒险访问陕北苏区,探索中国革命的真相,写作《西行漫记》、《续西行漫记》做了铺垫。

"我的心回到了中国"

海伦·斯诺于1940年12月离开上海返回美国后,依然一往情深地关注着中国共产党领导的人民革命事业。

1949年10月1日,当海伦从大洋彼岸的收音机里,听到老朋友毛泽东在天安门城楼上向全世界庄严宣告新中国成立的消息后,她特意从箱子里翻出珍藏了达12年之久的一件"礼服"——1937年春夏她克服重重困难赶赴延安时穿过的一件兰布中式旗袍,再度将其穿在身上,端端正正,笑容满面地坐在她当年写作《续西行漫记》时用过的英文打字机前,照了一张相片作为纪念。

1972年2月,美国总统尼克松访问中国,会见了毛泽东和周恩来,从而一举打开了尘封23年的中美关系。年已65岁的海伦心潮澎湃,像一名离开祖国太久太久的海外游子一样,迫不及待地准备重访魂萦梦牵的新中国。她要去看看她深深爱着的中国人民和她的许多朋友。但是,一向依靠微薄的养老金度日的她,哪来的这笔旅费呀!贫穷挡不住她对伟大新中国的一颗拳拳之心。最后,为筹措去中国的旅费,她忍痛割爱变卖掉了一部分老式家具,以及当年从中国、日本、菲律宾等国购置的珍贵物品,在请我国首任驻联合国大使、她的老朋友黄华帮助办理去中国的手续时,黄华立即提出中国政府愿意为她提供整个旅行的费用,但她仍然坚持由自己出钱。她说:"不论是埃德加·斯诺还是我,从不接受任何政府或集团一分钱,如果接受了,我就失去了读者……"她进一步强调说:"我的书,主要是写自己在中国的不平常的经历,写自己与众不同的世界观,我写作不是为了赚钱,而是为了表达一个纯正的美国人的思想感情"。

不仅如此,对于私人间的馈赠,她也一概婉谢。当年她在延安结识的著名女作家丁玲1980年赴美访问时,专程探望了海伦。当她看到海伦的生活如此贫困时,决定赠予她一笔钱,但遭到了她的谢绝。前国务院副总理、她的老朋友黄华担任中国国际友人研究会会长时,曾筹集到5 000美元,作为付给她在中国出版《七十年代西行漫记》一书的中文版稿酬。这一回,她收下了,但不是作为家用,而是转交给了"海伦·斯诺文学托管会",作为继续出版介绍人民中国其他书籍的基金。

多么可敬的一位美国友人啊!

1972年12月初,应中国人民对外友好协会的邀请,海伦以《续西行漫记》作者的身份,终于踏上了阔别了34年的中国。尽管当时的中国还处在"文革"的阴影中,林彪虽已折戟沉沙,但是极左思潮依然占着主导地位。在此次访问的两个来月中,每当她向陪同、接待她的新老朋友问及对"文革"的看法时,那些朋友们没有一个说大话、空话,自然也没有作任何不合时宜的评论,或者存心欺骗她。一次,在参观中有人忍不住直言不讳地对她讲:"过去,我们以为苏联是对的,但是他们错了。我们以为林彪是对的,可是他错了。现在,我们以为文化大革命是对的,但是,我们现在所想的,也许是错的。"海伦听后,意味深长地作了回应:"这种想法是智慧的开始,是科学思想的开始,是自由探索精神的开始……"

抵达北京后,海伦就向接待人员展示了一张她此行计拟会见当年在延安时结识的老朋友名单。从内心深处讲,海伦渴望能在北京见到毛泽东、周恩来。后来,她在《重返中国》一书中以平静的笔调这样写道:

在河内和北越遭到"圣诞节轰炸"之时,我没有要求会见毛泽东也没有要求见周恩来。在这一年,毛泽东只见了五六位外宾,考虑再三之后,我觉得要求见他不合适,并且我也不愿意我的要求遭到拒绝。周恩来非常忙,看来要求见他也是不对的,因为我没有特殊理由要求见他,何况他的夫人邓颖超特别关心我和我的旅行。有人告诉我"她的关心如同周恩来的关心"。坚持要求见周恩来是对他的夫人和负责我的访问的中国其他领导人的一种蔑视。

12月14日,已是86岁高龄的全国人民代表大会常务委员会委员长朱德,在其夫人康克清和周恩来夫人邓颖超的陪同下,在人民大会堂亲切会见了海伦。会见时在座的,还有她的老朋友龚普生、陈翰伯等人。朱德和她进行了长时间的交谈,共同回忆在延安的那些日子,特别是朱德亲自为她引路,采访一位又一位的红军将领的难忘情节。

会见结束后,邓颖超和康克清设宴招待了海伦。朱德因年迈有病饮食有特殊要求向她告辞了。席间,邓颖超对海伦说:"周恩来让我转告你,他工作太忙,今晚来不了。蔡畅也问候你,她身体不好,今晚也来不了。"邓颖超还代表周恩来亲切地对她说:"你在中国愿意呆多久就呆多久,愿意去什么地方就去什么地方。"

临离开北京前,海伦提笔给毛泽东写去了一封热情洋溢的信。她在信中写道:"我们全都感谢你为保持中美人民友谊的自然发展趋势而做的一切。其中之一是您同1936年至1937年的两个青年人斯诺夫妇的合作和在埃德加·斯诺后来访问时您继续同他保持私交。"

随信,海伦还给毛泽东送去了她的《续西行漫记》的中译本,以及斯诺当年在北平写作《西行漫记》时的一张照片。

随后,海伦去湖南访问。甫一抵达长沙,她就收到了两位老朋友毛泽东和周恩来委派专门信使送给她的信。

毛泽东在1973年1月3日的信中写道:"你的信和你写的《续西行漫记》一书都已收到。书写得很好,我在很久以前读过这本书,非常感谢;我祝你在回国途中一路平安。如果你想再次访问中国,你将受到欢迎。"

我愿在墓中面向东方

毋庸置疑,这也是毛泽东在其一生中写下的最后几封信之一,也是他亲笔写给外国老朋友的最后一封信。为此,海伦自豪地向世人宣告道:"我是第一个(或第二个)采访毛泽东的外国妇女,也是收到过他亲笔信的唯一外国妇女。"(见海伦·斯诺所著《重返中国》一书第443页,北京发展出版社1995年版)

海伦说的不无道理。从迄今我们所能掌握的史料来看,无疑,海伦是第二个"采访毛泽东的外国妇女"。而"第一个",则应当归属于拥有《大地的女儿》、《中国红军在前进》、《中国的战歌》、《伟大的道路——朱德传》等煌煌巨著的美国著名女作家艾格尼丝·史沫特莱。1937年,几乎是中共中央刚一入驻延安,史沫特莱便相跟着来到了延安……

周恩来在1月7日的信中对她说:"在你这次访问期间,我没能会见你。你离开后,邓颖超同志向我谈起你时,我对此感到抱歉。我希望你下次来时,还能看得见我。祝你新年快乐,一路平安!"

海伦还特意去了斯诺未曾去过的毛泽东的故乡——韶山。为此,她还住进了1959年毛泽东重归故里时住过的房间。房间里安放的是一张很大的硬木板床,床上方挂着一顶蚊帐。她兴奋地在这张硬木床上睡了一夜。后来,她逢人便说:"我在毛睡过的床上睡了。"之后,海伦又专程前往浏阳文家市等处访问,追寻毛泽东当年率领秋收起义队伍走上井冈山的足迹。

离开长沙前,时任湖南省革命委员会副主任的李振军来到海伦下榻的宾馆里拜访她,并为她举行送别宴会。李振军是一位老革命,他腋下挟着一本封面磨破了的书,请海伦亲笔签名。海伦把书接过来一看,竟是一本中文版的《续西行漫记》。在延安抗大学习过的老革命李振军对她说:"我做梦都没有想到我能够见到你。很久以前,我读了你的书,写得很成功,很漂亮,我看到了里面的照片。这本书不同于其他书,这是一本经典著作。我在延安抗大学习过,我一直把你的书带在身边,让别人读,一直很好地保存着,后来又让我的孩子们读。我从延安到了冀北,一直作战。每当我们追击日寇时,我总是把你的书放在一个特别的地方。我把它藏在一户贫农家里,打完仗回来再取它。

"我也读过斯诺先生的书。白区的许多青年认为,读完这两本书以

163

后,受到了教育。许多人由于读了这两本书,才到延安和解放区。我们必须通过你们两人走过的封锁线,我们同你们两位是'风雨同舟'了。在三原,我遭了很大的罪,敌人把我抓起来了。夜里,人民群众和共产党帮我逃了出来,我步行到了延安。但是,我读你的书时,才知道你碰到的困难比我的困难多得多。"

听了李振军这一番话,海伦大为感动。她说:"去延安,写那一本书,只为像你这样的一个人去读,也是值得的。许多年来,没有什么比我看到你拿着这本破旧的书使我更高兴的了。"

1937年去延安旅途中的所有艰难险阻,1949年后美国麦卡锡时代的一切不幸遭遇,今天统统得到了补偿。"会见李振军,就是会见真正的中国人民。"

此次访问历时两个月。访问期间,海伦收集了丰富的资料,拍摄了上千张照片。回美国后,她相继写出了《重返中国》和《毛泽东的故乡》两本书。在《重返中国》一书中,她深有感触地写道:"我始终觉得自己是美国人民的私人代表——我应当把情况告诉他们。我并没有像其他留在中国的别国人一样同中国人融为一体。我始终站在一个热爱美国历史和传统,同时感到自己对美中友谊负有自然使命的美国人的立场上看中国。我站在已如此暗淡的正在失去的地平线上,经济上几乎难以维持生计,体力上几乎难以继续工作,但是,我仍然有自己的归宿,有自己的使命感,这就是把我在中国的见闻,把我学到的浅薄的知识告诉我的美国同胞。"

从1937到1972年,海伦·斯诺研究毛泽东已有35年。回国后她着手写作《在毛泽东故乡——我的湖南之旅》一书,成为第一个以毛泽东故乡为写作题材的外国作家。她后来说:"我觉得毛泽东生活的背景并没有被人们所认识。我写这本书的时候,唯一的一本类似的书,是埃德加·斯诺的《西行漫记》。"海伦·斯诺将此书称为"毛泽东的地理传记",这在一定程度上弥补了她重返中国期间未与毛泽东会面的遗憾。

1993年12月25日,毛泽东诞辰一百周年之际,《毛泽东的故乡》中文版首发式在西安举行。海伦·斯诺为此发来贺词说:"我旅居中国期间,研究过中国的历史和人际学。我意识到,毛泽东是中国历史上最有

我愿在墓中面向东方

影响的人物。""我之所以写《毛泽东的故乡》,是因为我觉得毛泽东生平经历,无论对西方人还是对东方人,都是非常重要的。"这是著有63部书稿的多产作家海伦·斯诺在世时出版的最后一本书。她与老朋友毛泽东的友谊,至此画上了圆满的句号。

1978年,"文革"结束不久,已入古稀之年的海伦又一次踏上了中国大地。这年9月,她率领一个电视摄影小组,追寻30年代斯诺和她在中国从北京到西安、保安、延安的全部足迹,拍摄一部电视片。前后历时六周。

1978年9月1日,海伦一行抵达北京,她就急切地赶到天安门广场上的毛主席纪念堂,瞻仰毛泽东的遗容。海伦一看见安卧在水晶棺里的毛泽东,就泪如泉涌,泣不成声,一直到走出毛主席纪念堂,海伦仍在不断地流泪。

海伦哽咽着说:

> 我没有想到,我竟是在这样的情况下再见到他。我和斯诺与他是好朋友,我们对他是怀有特殊的感情的。他是一位真正的伟大人物。他改变了中国,世界因此变了样。

海伦又一次谢绝了中国方面提供的此次追寻旧日踪迹活动的费用,仍然是靠变卖她在30年代收集到的中国和东南亚的古董而来。

回到美国后,根据这次访问,年逾七旬的海伦,还写出了一部题为《七十年代西行漫记》的书。

1989年政治风波之后,面对国际上出现的反华反共的逆流,海伦·福斯特初衷不改,满怀深情地写下了一篇又一篇抒发她对伟大中国及其伟大人民理解和信任的动人诗篇。她在《友谊》一诗中旗帜鲜明地表示:

> 在每一个十字路口,
> 总是那样坚定不移。
> ……

在另一首题为《永恒》的诗中,海伦用这样的诗句再次表达了自己对中国人民至死不变的友情:

> 我的心在中国，
> 我愿在墓中面向东方，
> 那是太阳升起的地方。
> ……

是金子，谁也无法阻拦它放射出夺目的光彩！

《友谊》一诗，荣获美国1989年度"金诗人奖"；而《永恒》一诗，则被收入了美国名诗人诗集。

1991年9月，为表彰她的杰出成就和对中国人民的深厚友情，中国作家协会、中华文学基金会和中国国际友人研究会向海伦·福斯特·斯诺颁发了第一个"理解和友谊"国际文学奖，获知这一消息后，海伦在写给中国友人的信中，用如诗如歌如画一般的语言写道："我们可以寻找星球的结合点，也许是织女手中的丝线，跨越太平洋和天空，将东西方连接起来。"她还在信中表示：只要还有一口气，就要为架设美中人民理解和友谊的桥梁继续努力。

11月，中华文学基金会总干事张锲和中国作家协会对外联络部主任金坚范专程赴美向海伦颁奖时，海伦激动得像一个热恋中的少女一样，特意去理发馆精心理烫了她那一头银发，再度穿上邓颖超20年前送给她的印有松竹梅图案的大红绸衣，同前来颁奖的中国朋友进行了长达三个多小时的亲切交谈。客人们告别时，海伦拿出1991年9月30日的英文《中国日报》介绍她的文章说，美国著名记者索尔兹伯里看到此文后复印寄给了她，并特意打电话说，这篇文章写得很好。海伦说，"这的确是篇好文章，连索尔兹伯里这样的大记者都赞扬它，这可不容易。"此文用的题目是《毕生热爱中国》，对此她颇不以为然，提高嗓门说："这不是一个热爱的问题，而是我研究中国的结果。"她进一步强调说，"要整体的研究问题"，"我似乎超前了一代人，或者甚至更多，原因是我总是力图客观地审视问题，连续不断地全面观察问题。在我看来，我的著作今天依然适用。""自1932年到1949年，我们俩组成了一个独立的两人小组，任务只有一个：从事实中来了解中国革命的真相。"她还指出，她以前写的，和现在写的，只不过是"客观报道，独立思考"而已。她在《重返中国》

一书中,明确无误地写道:"在30年代,我做的几乎全部的调查研究是最初的开拓工作。……重要的问题是始终展望中国,从历史和世界的图景中,从它自己的历史中和其他新兴国家的历史观察中国。"正是因为有了这样一种正确的、科学的观察问题的方法,海伦那时认识到,抵抗侵略以及中国复兴和进步的希望,只能寄托在共产党人身上,"资本主义在中国没有存在的条件。"

海伦逝世后,英国《经济学家》杂志发表的讣文特别提到:"斯诺夫人得出的结论是:社会主义为中国展示了美好的未来,因为引领这一社会主义的是中国历史性的高尚道德观念。"对海伦所高度赞扬的这一高尚道德观念,最好的注脚是1980年她同老友陈翰伯的谈话。她认为30年代中国知识青年投入革命,"既不为名,也不为利,没有一些不良动机,这类革命是最纯洁的";"这些青年是理想主义者,充满热情,不怕吃苦,也不怕流血,生死不顾,这种革命精神是最崇高的"。

据了解,中华文学基金会决定将第一届"理解与友谊国际文学奖"授予海伦·斯诺,是根据另一位国际友人、著名英籍女作家韩素音女士的建议做出的。

在颁奖大会上所作的发言中,韩素音进一步强调指出:"埃德加·斯诺的《西行漫记》是一部了不起的不朽名著,而他的妻子海伦的写作亦应当有她自己的地位。他们为介绍中国所作的贡献,应该得到一视同仁的认可。……每一所大学,每一位希望更多地了解中国革命早期艰苦岁月的人,都应当学习她的著作,学习她丈夫的著作。"

1996年4月26日,中国老一代外交家、也是与海伦相交六十多年的老朋友龚普生,在中国驻纽约总领事的陪同下,专程来到养老院探望海伦时,百感交集的海伦向她说出了自己的心绪:"我已经一天不如一天了,可我的心回到了中国!"

这一年的6月17日,中国人民对外友好协会授予她"人民友好使者"的光荣称号。

海伦·福斯特·斯诺于1997年1月11日在睡梦中静静地离开人世,终年90岁。

绘得红楼铸青史

一个可敬的外国友人

在本文结束时,作者感到有必要和读者们一起,重温一下我国一位著名学者安危先生33年前发出的亲身感受。安危先生是一位研究斯诺夫妇三十多年的著名学者,和海伦·福斯特保持了近二十年的友谊,并和海伦一起共同工作了一段较长的时间。相信,这并非是多余的话。

那天,海伦穿着邓颖超送给她的中式丝绸外衣,笑嘻嘻地站在门口欢迎我们。我先向她介绍我的上司孙铭和何克敬,她却迫不及待地同我紧紧拥抱起来。这是我第一次去海伦家里探望。见到海伦,又高兴又激动,也感到非常震惊。我以中国人的思维方式想象着,原以为海伦·斯诺那么著名,生活应该过得差不多。那次旅美之后,我才发现海伦是美国最穷的人。麦卡锡时期的政治迫害,使她一直找不到正式工作;与埃德加离婚后,她只身独居,埋头做她一直想做而耽误太久的事情——写一部美国的"巨著"。她居住在一个小农舍,是1752年修建的。按中国居住标准,她的房子倒是不小,但只使用着一间。为的是节省暖气。20世纪60年代起,她每月只靠70美金生活;80年代初,才增加到150美金。那时,在美国的中国留学生,每月生活费都给400美金呢!电视机倒是有一个,是黑白的,图像还不清楚。海伦说,看新闻节目的时候,她必须把后背箱拍一拍,才能出现图像。1949年以后,她一直没有车,没有办法上街买东西,总是请邻居代劳。在美国,没有汽车就等于没有腿。镇上的商店,离她家有好几公里,邻居之间,也有80米、100米远,不像中国邻居,住楼上楼下,或隔墙而居。临别时,我们给她送了礼品,可是她没有什么可回赠我们,在屋里转了一圈,最后在地上捡起一支圆珠笔,擦了擦上面的泥巴送给了我。回国后,何克敬把这个令人感动的场面,当作故事,给人们讲了好多年。

一个为人类进步事业做出过卓越贡献的人,晚年在一个很富足的社会,竟然过着如此凄凉的生活!然而,海伦的思想、品德和人格,却是那么高尚,那么光彩照人!

中国政府和人民从来没有忘记过这位风雨同舟的老朋友,多次设法帮助她,但她多次谢绝了中国政府对她的资助。据我所知,我国驻联合国总部几任大使,前后不下三次,亲自登门看望她,并给她资助,她都没有接受。海伦1972年和1978年两次访华,都是应全国友协邀请、全程公费招待的,但她还是自筹资金来华访问。她没有钱,就把她三十年代在中国收藏的字画,在中国买的地毯、青铜器等东西卖了,筹够了旅费来到中国。对中国人来说,海伦是有功之臣,接受这样的资助和招待是理所当然的。可是,她为什么一次又一次地婉言谢绝呢?

在后来的一次深谈中,我跟她提到了这个问题。她说:"我是作家、是新闻记者,我的一贯原则是如实报道和独立思考。对发生的任何事件,首先要搞清楚事实,然后再独立思考,不受外界因素的干扰,从而做出自己的判断。"她说,她一直是这样做的。如果她接受了中国政府的资助,即使她的文章是客观的、符合事实的,别人也会说,她是为中国说话的,因为她拿了中国政府的钱。如果是这样,她就会失去她的读者。如果一个作家、一个新闻记者失去他的读者,就等于失去了生命。

麦迪逊与海伦相见,我的灵魂受到极大的震撼。我什么也说不出,久久控制着我的,只有感动、同情和敬仰。海伦的思想和品德,正是我们生活中所缺少的。

注:本文在撰写过程中,得到了与海伦交往近二十年并协助海伦整理相关史料(海伦先后致信200余封于他)、协助海伦在中国翻译出版多部专著的我国著名学者、翻译家安危先生;1991年11月代表中国作家协会、中华文学基金会和中国国际友人研究会向海伦颁发第一个"理解和友谊国际文学奖"的原中国作家协会对外联络部主任金坚范先生;以及当年怀揣《西行漫记》投奔革命队伍、1997年赴美出席海伦葬礼、长期研究斯诺夫妇并著有《报春燕纪事:斯诺在中国的足迹》、《十个美国人的中国情缘》、《斯诺与中国》及《海伦·斯诺与中国》等多部专著的原中国人民解放军总政治部办公厅研究员、受斯诺夫妇

老友、老一辈无产阶级革命家黄华邀请担任中国国际友人研究会常务理事的武际良先生的帮助,在此表示感谢。

附注:2007年9月3日,应中国国际友人研究会(原三S研究会)特别邀请,非会员的本人,与来自欧美的40多位国际友人(含多位亲属),以及国内学者、外交战线的前辈等,出席了在北大举行的中国人民的伟大朋友海伦·斯诺百年追思会。为撰写本文,作者与1979年1月30日海伦、邓小平历史性会面现场亲历者、前国务院副总理兼外交部长黄华的夫人何理良(何理良前辈还在追思会现场向笔者赠送了由其亲笔签名并钤有黄华大印章的黄华回忆录《亲历与见闻》),以及与海伦有过交往的前联合国副秘书长金永健(昆山籍)、前我国驻联合国代表凌青,来自美国的多位海伦亲戚等进行了交流印证。

《活的中国》：
他们让世界知道鲁迅

"**斯**诺先生是中国人民的朋友。他一生为增进中美两国人民之间的相互了解和友谊进行了不懈的努力，作出了重要的贡献。他将永远活在中国人民心中。"

——毛泽东

1936年5月，在姚克陪同下，鲁迅先生在家中亲切地接待了斯诺先生，同其进行了一次具有深远历史意义的谈话。在这次长时间的晤谈中，鲁迅先生详尽地回答了斯诺先生提出的有关中国新文学运动的一系列问题。此外，斯诺还与姚克通力协作，将鲁迅及中国左翼作家的代表作源源不断地介绍给西方世界的广大读者，其精典之作是迄今仍在熠熠闪光的《活的中国》……

姚克，原名姚志伊，学名姚莘农，20世纪20年代毕业于苏州东吴大学文学系。20年代末叶起，姚克凭藉其娴熟的英文技巧，在英美人办的《字林西报》、《密勒氏评论报》和《亚西亚》杂志上频频发表文章，介绍鲁迅著作，并由此结识了刚刚抵达中国不久的美国青年记者埃德加·斯诺。不久，出于同样的对鲁迅先生的崇敬心情，自《呐喊》着手，俩人携手同译鲁迅著作。30年代初叶，斯诺在北京撰写《鲁迅评传》，又是由姚克一手译成中文,并亲寄鲁迅本人审阅。

在我国新文学史上,姚克有着其独特的不可估量的一席之地。1933年3月7日,他同鲁迅的初次会面,便在鲁迅的脑中留下了"有真才实学,是个切实做事的人"的深刻印象。而且,正是这个姚克,将美国人民的友好使者埃德加·斯诺同中国现代革命文学的奠基人鲁迅紧紧地维系在了一起,从而为20世纪的中国文坛和世界文坛留下了一段佳话。

如果说,一部《西行漫记》(《红星照耀中国》),让西方世界及其不可一世的政要们记住了正在巨大变革中的中国,记住了被蒋介石呼之为"匪"的中国共产党及其领导下的中国工农红军,记住了日后让他们颤抖不已的新中国创建者毛泽东和他的同志们,那么,一部《活的中国》,让广大的西方读者知道了同毛泽东一样具有巨大魅力的中国现代文学之父鲁迅先生。

深厚诚挚的友谊

把鲁迅著作翻译成英文,让世界人民知道"中国的伏尔泰"(斯诺语),这是斯诺和姚克从一开始携手就立下的共同心愿,也正是这个心愿,缔结了这两位不同国籍的青年才俊同鲁迅先生之间深厚诚挚的友谊。

《呐喊》,是两人联手翻译的鲁迅的一部重要著作。为征求鲁迅本人的同意并解答翻译中面临的疑难问题,尤其是作品中鲁迅独特的语言、对白,以及博大精深的思想内涵,姚克于1932年12月4日写信寄请北新书局代转鲁迅先生。但这封信直到次年3月5日才和姚克于1933年3月3日发出的第二封信一起转到了鲁迅先生的手中。鲁迅当天即复信姚克,并告知了今后写信的快捷地址及会面地点。鲁迅写道:"三月三日的信,今天收到了,同时也得了去年十二月四日的信。北新书局中人的办事,散漫得很,简直连电报都会搁起来。所以此后赐示,可寄'北四川路底、内山书店转、周豫才收,'较妥。""先生有要面问的事,亦请于本月七日午后二时,驾临内山书店北四川路底,施高塔路口,我当在那里相候,书中疑问,亦得当面答复也。"

鲁迅逝世后,姚克在其《最初和最后的一面》的悼文中这样回忆道:"一九三三年三月七日是个可爱的日子。而我呢,这也是个极可纪念的日子。在那天下午二时,我初次见了鲁迅先生。"

姚克按时来到了内山书店,向书店老板内山完造先生说明来意后,内山把姚克引到店堂后面早已等候着的鲁迅先生跟前。待姚克落座后,鲁迅先生不加客套,就直截了当地谈起翻译中遇到的"三百大钱九二串"、"猹"(关于"猹",鲁迅承认:"这猹字是我自己造的"。不是刺猬但比刺猬大,"大概是'獾'一类东西罢"? 鲁迅还承认,有关"猹"的来源,"是乡下人说的,我也不大了然。"而"三百大钱九二串"一说,则为绍兴人特有的表达方式。——引者注)等一些问题,并且不厌其烦地一直解释到对方完全弄明白为止。谈话中,姚克被鲁迅谈吐中的完全平等所深深打动,初见面那一刻时的拘谨顿时烟消云散。接下去,俩人又谈了一些有关文学文化的情况。当鲁迅谈及:"不错,中国的文化也有美丽的地方,但丑恶的地方实在太多,正像一个美人生了遍体的恶疮。若要遮她的面子,当然只好歌颂她的美丽,而讳隐她的疮。但我以为指出她的恶疮的人倒是真爱她的人,因为她可以因此自惭而急于求医。" 鲁迅的诚挚,鲁迅谈话回答问题时的诙谐及一语中的,把姚克给完全吸引住了。这一天,直到临近天黑,姚克方才带着极大的满足向先生告辞而去。

对于这次会见,双方都留下了较为深刻的印象。鲁迅后来同朋友谈起姚克时说道:"别看他西装革履,倒有真才实学,是个切实做事的人。"而姚克则在《最初和最后的一面》悼文中谈及了自己那一天的感受:"最先感觉到的当然是欢欣:再过几分钟就可以见到我一向憧憬着的鲁迅先生了!随后我自己一忖:我是新近才写起文章来的,而且寥寥的几篇还是用英文发表的,文坛上绝对没人知道我的名字。鲁迅先生恐怕会瞧不起我吧? 其次,我又想起他是左翼文坛的领袖,最讨厌的是浮滑的'洋场恶少';而我那天恰穿着一套崭新的洋服,头发也梳得光光的,只怕被他斥辱一顿。而他骂起人来是会使受骂者藏身无地的啊!"姚克还写道:我初见他的时候就觉得自己似乎矮了半截。但他并没有一点吓人的"大师"派头和"学者"架子,也没有那种谦虚得要命而圆滑得可怕的"君子"之风。

自此之后,姚克在与鲁迅信来信往的同时,也时时前往拜访,虚心求教。其时,为正在翻译中的英译本《鲁迅短篇小说集》(后成为《活的中国》一书的第一部分——引者注)的需要,埃德加·斯诺正在撰写一篇题为《鲁迅评传》的介绍文章,因而,他极盼得到鲁迅先生的一帧近照以辅之。经姚克转达后,鲁迅就拿出一些照片让姚克挑选,但姚克看后,觉得都"不能把他的性格传出神来",于是,提出若鲁迅方便的话请重拍一张。姚克还请求与鲁迅先生合一个影准备将来以一个鲁迅著作译者的身份一起刊登在海外的刊物上。对此,鲁迅欣然表示同意。1933年4月13日,姚克邀请鲁迅先生至家中晚餐,特备了二斤绍兴花雕酒和几样精致的家常菜。俩人边吃边谈,从文学创作、名著翻译谈到时下流行的漫画、木刻,以致于竟忘了原定饭后同去照相馆留影的打算。直到一个多月后的1936年5月26日下午,姚克陪同鲁迅先生一起来到位于南京路上的雪怀照相馆,照了两张照片。一张是鲁迅的单身半人像,拍摄效果甚佳,鲁迅本人也深感满意。在赠与亲朋好友的照片中,也多是这张半身像——笔者在其学生黄源先生处也曾见过此照。此照片最早与斯诺撰写的《鲁迅评传》一起,刊登在1935年1月出版的美国《亚细亚》杂志上,以后又刊登在1936年底英国伦敦出版的《活的中国》一书的扉页上。鲁迅逝世后于万国殡仪馆供人吊唁的巨幅遗像,就是由这张单人照放大而来。另一张则是鲁迅与姚克俩人并立的大半身像。有一段时间,姚克在北京除与斯诺合作翻译外,还经常为中、英文报刊写稿。他曾写信告诉鲁迅说,他有志于创作,写小说和写些对中国当代文学的评论。对此,先生很高兴,多次予以鼓励。他在1934年1月25日的信中说:"先生作小说,极好。其实只要写出实情,即于中国有益,是非曲直,昭然具在,揭其障蔽,便是公道耳。"同年2月20日、3月6日,又在信中写道:"先生能发表英文,极好,发表之处,是不必太选择的。""关于中国文艺情形,先生能陆续作文发表,最好。我看外国人对于这些事,非常模糊,而所谓'大师''学者'之流,则一味自吹自捧,绝不可靠,青年又少有精通外国文者,有话难开口,弄得漆黑一团。"

《活的中国》：他们让世界知道鲁迅

通过这个时期的不断交谈和通信，鲁迅对姚克更加赏识和关怀，引为忘年之交，乃至以"吾友"相称。姚克也因受知于先生，得到更多的教益和鞭策。

1934年4月12日，鲁迅写信给姚克说："向来索居，近则朋友愈少了，真觉得寂寞，不知先生至迟于何日南来，愿得晤谈为幸耳。"5月间，姚克从北京南返，一到上海，即去拜访鲁迅先生，未遇，留条内山书店。先生见条后，立即复信说："今日往书店，得见留条，欣幸之至。本星期日（二十七日）下午五点钟，希'惠临施高塔路大陆新村第一弄第九号'，拟略设菲酌，藉作长谈。令弟是日想必休息，万乞同来为幸。"在信中，鲁迅还极为细致周到地指引道："大陆新村去书店不远，一进施高塔路，即见新造楼房数排，是为'留青小筑'，此'小筑'一完，即新村第一弄矣。"这是先生第一次把当时很少有人知道的住址告诉姚克，是对姚克兄弟俩的莫大信任。从此姚克成了先生家中常客之一。先生有时也请夫人许广平亲来姚克寓所联系，交往更趋密切。

在姚克与鲁迅交往的四年间，鲁迅日记中有关姚克的信息多达95处，姚克致函先生52封，多是因翻译鲁迅著作求教于先生，鲁迅则复函29封，两人见面交谈也有数十次。鲁迅不但不厌其烦地一一回答姚克需要解决的问题，而且还就做人作文观察社会给了姚克不少教诲。

对待姚克如此，对待斯诺和姚克的朋友，鲁迅也一样竭尽全力给以帮助。1935年夏，姚克的朋友，另一位青年画家王钧初，在斯诺安排下从北京来上海，住在姚克处，准备去苏联学习。经姚克介绍，得到鲁迅先生的热情关怀和帮助，不仅代为联系咨询，并且设法请国际友人购买了王钧初所作的三幅油画，解决了他出国的旅费问题。王钧初对鲁迅先生感激万分。9月1日，姚克陪他去先生家告别，他特地作了一幅工人、农民、学生三个青年在一起读《呐喊》的油画，送给先生。先生赠王钧初和姚克《北平笺谱》各一册。

姚克与鲁迅先生的交往，虽然前后只有四年，但在鲁迅先生的熏陶下，他不仅结识了不少左翼文艺工作者，积极参加左翼文艺界的一些活动，还在向世界介绍中国的文化艺术、沟通中外文化交流方面作出了贡献。仅在1935年到1937年间，姚克以旺盛的精力，在英、中文刊物上，发表了许多文章，除介绍鲁迅的一些重要作品外，还系统地评述中国戏剧从元曲、昆曲到现代话剧和电影的发展，翻译昆曲《贩马记》、京剧《打渔杀家》、现代剧《雷雨》等剧本，还为《译文》翻译介绍西方进步作家的作品。他翻译的肖伯纳的《魔鬼的门徒》被列为《译文》丛书之一。这是姚克的译著高峰期，取得的重要成就是同鲁迅先生的指引和鼓励分不开的。

姚克最后一次与鲁迅会面，是在鲁迅逝世前一个月的1936年9月22日下午。那天，姚克是给鲁迅送两本书去的。一本是姚克翻译的萧伯纳的戏剧《魔鬼的门徒》一书，还有一本是美国刚刚出版的《亚细亚》杂志九月号，在这一期《亚细亚》杂志上，有一篇是经姚克亲手翻译的鲁迅先生所著《野草》集中的散文《风筝》。在这次会面中，大病刚愈的鲁迅向姚克询问了《活的中国》一书的发排情况，谈到了自己所患肺病的情况，以及他对死、去外地或外国疗养的态度，还谈到了前不久撰写《答徐懋庸并关于抗日统一战线问题》长信的经过……

1936年10月19日，鲁迅先生溘然逝世。姚克惊闻噩耗，泫然泪下，急忙赶到先生家里，在遗体前默哀致敬。接着他又去万国殡仪馆守灵，参与所有治丧活动。他怀着极其沉痛的心情，写了一副挽联，与斯诺一同署名，敬献在先生灵前。

鲁迅先生不死
译著尚未成书，惊闻殒星，中国何人领呐喊；
先生已经作古，痛忆旧雨，文坛从此感彷徨。
姚莘农
EDGAR　SNOW 挽

姚克还同欧阳予倩与明星电影公司联系为鲁迅先生丧礼拍摄纪录影片，招待中外记者，担任司仪；最后又与先生的生前友好共同扶柩下葬。

鲁迅先生逝世后，姚克以极大的热忱，在众多英、中文刊物上介绍鲁迅的生平和作品，报道《活的中国》一书在西方出版与发行的消息。在这里，值得一提的是，鲁迅逝世后，姚克用英文写就的题为《鲁迅：他的生平和作品》的介绍文章，刊登在1936年11月出版的英文杂志《天下月刊》第3卷第4期上。姚克的这篇文章是专门为西方读者写的,也可以说是凝结着作者多年研究心血的一篇精心之作。后来,此文又被译成中文,收入《鲁迅研究资料》第10辑。

鲁迅与斯诺的交往,并不多。查鲁迅日记,也仅有七处记及斯诺;见面一次,时间为1933年2月21日。在这一天日记中,鲁迅写道:"晚晤施乐君。"但实际上的会面在两三次以上,其他有关转赠书刊、提出和解答问题,大多由姚克转达,郑振铎与萧乾等人也曾为他们充当过信使。如1934年10月8日鲁迅日记记有"上午复西谛信并赠《木刻纪程》一册,又二册托其转赠施乐君夫妇"的字样。萧乾先生后来也曾回忆道:"一九三六年春,我从天津调到上海《大公报》编《文艺》时,斯诺曾托我把一封信面交鲁迅先生。信中可能提到了我同《活的中国》的关系。一次在新雅餐厅举行的茶会上,先生还曾亲切地向我问起斯诺那本书的情况。"

尽管鲁迅与斯诺之间的交往不多,但这并不影响各自对对方的深情厚意和敬重。1935年11月8日,鲁迅致信在北平的郑振铎,在谈及穆木天之流的"反正"时,鲁迅高度赞扬了斯诺:"S君是明白的,有几个外国人之爱中国,远胜于有些同胞……"

而斯诺对鲁迅的评价则是无与伦比的。他在鲁迅逝世后写的《向鲁迅致敬》的文章(刊1937年6月8日出版的《民主》杂志1卷3期)中这样写道:

> 鲁迅是当代中国产生的一位最重要的文学家。他是那些为数不多的使自己成为整个民族历史组成部份的作家之一。他生活于中国革命之中,毕生的经历就是描述那个伟大而又激烈的运动的一部史诗。1917年,他为中国的新文化奠定了基础。从那时起,直到1936年10月19日,他55岁在上海逝世止,他在思想领域中一直起着主导的作用。

斯诺还写道:

> ……我认为鲁迅确实是一个精神上的巨人……
> 然而使鲁迅的形象显示出无上高贵和尊严的并不是他那颗

硕大的,带有两道粗黑浓眉的杰出的头颅,也不是他那双深邃的眼睛,而是人民倾注给他的巨大的爱。自从我来到中国,七年中从未感到一个中国人的死,像鲁迅那样真正震撼着整个民族的心。"

为什么鲁迅会如此深受人民的爱戴?

斯诺的回答是:在一个民族的历史发展的长河中,偶尔会出现这样一类人,他是他所处时代的代表,他的一生如同一座大桥,跨越了两个世界,鲁迅是这样的人,伏尔泰也如此……只是因为时代接近的关系,人们才随口把鲁迅称为"中国的高尔基",不过,鲁迅远远超出了这个称号。也许,更确切地说,应称他为"中国的伏尔泰"。但事实清楚地表明,最恰如其分的称呼应是"中国的鲁迅",因为鲁迅这个名字本身在史册上就占有着光辉的一页。

令斯诺为之大开眼界的,并不单纯是鲁迅那些富有哲理的向旧世界宣战的作品,而是鲁迅独特的富有中国民族特色的逻辑思维。而鲁迅对整个世界和中国未来发展的看法,从某种程度上来说,甚至要比斯诺所敬仰的另一伟人毛泽东还要远见卓识一些。

在1933年2月21日两人的初次晤谈中,鲁迅精辟地认为(斯诺亲笔记录,见其《鲁迅印象记》一文,后收录《我在旧中国十三年》一书,北京三联书店1973年出版—引者注):

"民国以前,人民是奴隶,"鲁迅说,"民国以后,我们变成了前奴隶的奴隶了。"

"既然国民党已进行了第二次革命了,"我(斯诺)向鲁迅问道,"难道你认为现在阿Q依然跟以前一样多吗?"

鲁迅大笑道:"更坏。他们现在管理着国家哩。"

"你认为俄国的政府形式更加适合中国吗?"

"我不了解苏联的情况,但我读过很多关于革命前俄国情况的东西,它同中国的情况有某些类似之点。没有疑问,我们可以向苏联学习。此外,我们也可以向美国学习。但是,对中国来说,只能够有一种革命——中国的革命。我们也要向我们的历史学习。"

《活的中国》：他们让世界知道鲁迅

正是鲁迅那独特的不同凡响的思维，使得斯诺和后来成为他妻子的海伦·福斯特改变了"想看一看中国就走"的初衷。20世纪80年代中叶，独居在美国康州麦迪逊小镇小木屋里已经进入暮年的海伦·福斯特对我国访问学者安危先生这样描述道：

"埃德和我先后结识了宋庆龄和鲁迅，他们就像磁石一样吸引着我们。他们使我俩明白如何去研究中国社会，怎样去认识错综复杂的中国问题。我们从宋庆龄和鲁迅身上发现了东方的魅力，看到了中国的希望。在中国，埃德和我受宋庆龄、鲁迅的影响最大。我俩不谋而合，最初的计划极其相似，都想看一看中国就走，结果一呆下来，竟是十几个年头"。

鲁迅是教我懂得中国的一把钥匙

这是1944年秋天，在盟军刚刚解放了的巴黎，穿着军装的西方战地记者斯诺与同样穿着军装正准备随盟军挺进希特勒巢穴的中国《大公报》欧洲战场记者萧乾重逢时发出的肺腑之语。

萧乾先生后来在其所著的《斯诺与中国新文艺运动》一文中开宗明义地向我们介绍道：

30年代上半期，斯诺在中国曾做过一件极有意义的工作：他和他当时的妻子海伦·福斯特（佩格）花了不少心血把我国新文艺的概况及一些作品介绍给广大世界读者，在国际上为我们修通一道精神桥梁。这项工作同时也使斯诺大开眼界，他从中国事态的表层进而接触到中国人民的思想感情，使他在对中国现实的认识上，来了个飞跃。40年代中期在一次会晤中他告诉我，在这条路上指引他的是鲁迅先生。《活的中国》是《西行漫记》的前奏。

萧乾先生指出：

一九二八年这个密苏里出生的美国青年来到中国时，才二十三岁。他自己说，像所有的冒险家一样，他到远东最初也是来撞大运的。然而皇姑屯的炮声很快震撼了他。随后，由于认识了鲁迅先生和孙夫人，他接触到中国人民为抗日、为民主而进行的英勇不屈的斗争。同时，为了编《活的中国》,他读了鲁迅先生和三十年代其他中国作家的作品。同旁的外国记者不一样,他看到了一个被鞭笞着的民族的伤痕血迹,但也看到这个民族倔强高贵的灵魂。通过新文艺创作中的形象和其中的精神世界,他一步步地认识到中国人民的伟大并成为我们革命事业的同情者。

萧乾先生进而指出:

《西行漫记》问世于一九三八年。在那之前,斯诺最重要的一部书不是《远东战线》(一九三三年),而是《活的中国》。这本书的编译,也正是他在鲁迅先生指引下,认识旧中国的现实和新中国前景的开端。

也正是在同鲁迅的一次次交往中,斯诺进一步认识了被誉为二十世纪中国最伟大女性的宋庆龄,从而进一步认识到中国的未来必将红星普照!

1978年8月,在《活的中国》一书诞生42年后,面临正在孕育着的新的一轮伟大变革的浩荡东风,当年也曾参与《活的中国》一书编译工作的著名老作家萧乾先生,为已经长眠在北大未名湖畔的西方老友写下了以下一段评述:

> 作为伦敦、纽约和芝加哥几家报纸的驻华记者,十三年来斯诺在苦难的中国采访了不少重要人物,经历了不少重要事件。但有的外国记者比他呆的时间更长,经历的更多,然而他们并没看到"活"的中国。这就回到斯诺所说的那把钥匙上去了。新闻记者的见闻是浮光掠影的,他只是生活在当天的"热消息"中。由于鲁迅先生的指引,斯诺这位外国记者并未停留在"热消息"上。他以更多的精力倾注在中国新文艺运动的探讨上,通过沸腾的三十年代所产生的文艺作品,探索了中国人民的恨与爱,咒诅与憧憬。正因为他窥见了现实更本质的方面,体会到中国人民的思想感情,他才于一九三六年突破黑暗的重围,奔赴陕北革命圣地;他才像另一个美国记者——《震撼世界的十天》的作者约翰·里德那样,洞察到人民革命胜利是历史的必然规律。

《活的中国》共辑录了鲁迅的七篇短篇小说。此外,在该书卷首,斯

诺还为其心目中的另一位中国伟人写下了这么一段献词:

献给 S. C. L[宋庆龄],

她的坚贞不屈,勇敢忠诚和她的精神的美,

是活的中国最卓越而辉煌的象征。

就为什么要编译《活的中国》一书这个话题,斯诺在其亲笔撰写的"编者序言"中,写道:

> 任何人在中国不需要呆多久就体会到他是生活在一个动荡不安的社会环境中。这个环境为富有活力的艺术提供了丰富的资料。世界上最古老的、从未间断过的文化解体了,这个国家对内对外的斗争迫使它在创造一个新的文化来代替。千百年来视为正统的、正常的、天经地义的概念、事物和制度,受到了致命的打击,从而使一系列旧的信仰遭到摈弃,而新的领域在时间、空间方面开拓出来了。到处都沸腾着那种健康的骚动,孕育着强有力的、富有意义的萌芽。它将使亚洲东部的经济、政治、文化的面貌大为改观。在中国这个广大的竞技场上,有的是冲突、对比和重新估价。今天,生活的浪涛正在汹涌澎湃。这里的变革所创造的气氛使大地空前肥沃。在伟大艺术的母胎里,新的生命在蠕动。

从1931年萌生编译一本有关中国左翼作家"活的"作品集子的愿望开始,斯诺将目光投向了鲁迅。他不止一次拜访鲁迅,与鲁迅促膝长谈,从心底深处认识到鲁迅就是"中国的高尔基"、"中国的伏尔泰",从鲁迅手中领取开启中国古老社会大门的钥匙,从鲁迅那里汲取动荡中的中国社会的营养。他和姚克精诚合作,向西方世界广大读者最早介绍的中国作品,便是鲁迅的开山醒世之作《呐喊》和《阿Q正传》。而鲁迅在倾尽全力支持他们编译《活的中国》的同时,热情地向斯诺推荐了已在左翼文坛崭露头角来自东北沦陷区的年轻作家、爱徒田军(萧军)的两篇作品。鲁迅还以极其沉痛而又愤怒的心情推荐了被自己奉为知己的年轻挚友、已被国民党残酷杀害的"左联"烈士柔石的力作,推荐了"一个有热情的有进步思想的作家,在屈指可数的好作家之列的作家"巴金的作品,以及当时尚在国民党特务掌控中煎熬度日的丁玲的作品……

绘得红楼铸青史

　　为使《活的中国》一书的编译质量更上层楼,更忠实于原著的深刻内涵,斯诺与佩格(斯诺对夫人海伦·福斯特的呢称——本文作者注)一道拜访了鲁迅的朋友林语堂先生,以及左翼文学运动的另一位先驱茅盾先生,并与年轻的左翼作家萧乾、失名(杨刚)等人多次磋商。据萧乾先生后来撰文介绍道,早在该书付型前,斯诺夫妇就曾将加工完毕的小说陆陆续续地寄了出去,刊登在《亚细亚》、《论坛》和《今日之生活与写作》等英美刊物上。这样做的目的在于:既替行将出版的《活的中国》一书作了广泛的预展和宣传,同时也多多少少地缓解了一些"中国作家所得的报酬少得可怜"(斯诺语)的困顿之苦。

　　除编者斯诺写的序言,尼姆·威尔士写的《现代中国文学运动》的论述文及相关参考书目表作为附录外,《活的中国》一共分为两大部分。第一部分为鲁迅短篇小说集,收有《药》、《一件小事》、《孔乙己》、《祝福》、《风筝》、《论"他妈的!"》和《离婚》等七个短篇小说。被冠以"其他中国作家的小说"的第二部分,计收入14位作家的17件作品。他们是:柔石的遗作《为奴隶的母亲》、茅盾的《自杀》和《泥泞》、丁玲的《水》和《消息》、巴金的《狗》、沈从文的《柏子》、孙席珍的《阿娥》、田军(萧军)的《在"大连号"轮船上》和《第三枝枪》、林语堂的《狗肉将军》、萧乾的《皈依》、郁达夫的《紫藤与茑萝》、张天翼的《移行》、郭沫若的《十字架》、失名(杨刚)的《一部遗失了的日记片断》,以及沙汀的《法律外的航线》等。

　　《活的中国》一书,于1936年岁末由英国伦敦的乔治·哈拉普公司出版。诚如该书编者在其"序言"中庄重宣告的:

　　……本集在精神上和内在涵义上对原作是忠实的,它把原作的素材、根本观点以及他们对中国的命运所提出的问题,都完整地保留下来了。读者可以有把握地相信,通过阅读这些故事,即使欣赏不到原作的文采,至少也可以了解到这个居住着五分之一人类的幅员辽阔而奇妙的国家,经过几千年漫长的历史进程而达到一个崭新的文化时期的人们,具有怎样簇新而真实的思想感情。这里,犹如以巨眼俯瞰它的平原河流,峻岭幽谷,可以看到活的中国的心脏和头脑,偶尔甚至能够窥见它的灵魂。

《活的中国》：他们让世界知道鲁迅

相关链接：关于埃德加·斯诺

埃德加·斯诺，20世纪世界新闻史上一颗耀眼的星。

在中国，80年来，他的一部以实地考察亲见亲闻材料为基础撰写而成的《红星照耀中国》（后改名为《西行漫记》），不仅在伟大的中国人民抗日战争中指引着广大热血青年投奔中国共产党领导下的革命圣地延安，而且还鼓舞和教育了一代又一代的中国人，并且让整个国际社会拨云见日，了解了被蒋介石之流呼之为"匪"的中国共产党领导的红军，以及他们的领导人朱德、毛泽东等……

作为中国人民和世界人民和平友好的使者，埃德加·斯诺从1928年来到上海，目睹了遭受西方列强殖民主义瓜分和日本军国主义践踏的旧中国，以及军阀割据的旧中国的黑暗腐败统治，亲身体验了中国人民水深火热的艰难生活，从而理解并同情、支持了中国共产党与中国革命。他以客观、公正的立场与诚实无比的品格，积极参与帮助了中国青年学生的"一二·九"爱国运动，以及抗日战争中的"中国工业合作运动"。他是第一个冒险进入中国共产党领导的陕北苏区报道中国革命的西方记者，是第一个也是唯一一个采访并撰写《毛泽东自传》的人，是第一个将中国工农红军二万五千里长征的传奇故事传遍世界的人，是第一个将"皖南事变"的真相公布于世的人，是第一个翻译介绍鲁迅先生、左翼作家及其作品的外国人，是第一个报道上海抗战的美国记者，是第一个报道新中国与"文化大革命"的外国记者，而且还是第一个被邀请登上天安门城楼与毛泽东肩并肩参加中国国庆大典的外国记者……

在旧中国，正是因为他的客观公正的立场，两次被国民党当局吊销外国记者特许证，并在1941年被迫离开中国。同样是因为他所持的客观公正的立场，新中国成立后，他又因此遭受了美国"麦克锡主义"的迫害，被迫离开自己的祖国迁居中立国瑞士。

从一个本来只想在中国呆六个星期"撞大运"的青年，到后来竟然在中国整整生活了十三年的西方优秀记者，埃德加·斯诺深深地热爱上了中国。他先后与宋庆龄、鲁迅、毛泽东、周恩来等建立了深厚的友谊。而说到毛泽东和斯诺的友谊，则可以说是一段旷世奇缘。埃德加·斯诺先后五次会见毛泽东,两人之间的友谊长达三十五年之久,直到1972年2月16日斯诺去世。他是唯一一个敢于当面向毛泽东批评"文革"与个人崇拜的西方人。而毛泽东则把自己的生平自传,特别是把发动"文化大革命"的目的和解冻中美关系的信息,首先告诉了这个美国人。在斯诺病重期间,毛泽东、周恩来还派出了专门的医疗小组远飞万里之遥的瑞士为他治病。而当他去世时,毛泽东、周恩来、宋庆龄等领导人在第一时间发出唁电的同时,在北京人民大会堂第一次为一个外国人举行隆重的的追悼大会。这一切都是共和国历史上所没有的。而在战时的美国,罗斯福总统在看完斯诺的著作后,先后三次在白宫椭圆形办公室约见斯诺作长时间的谈话;还亲自推荐包括《红星照耀中国》的斯诺著作。

1972年2月16日凌晨2时16分,躺在病床上的斯诺静静地告别了这个世界。这一天,正好是中国的农历大年初一。当天,毛泽东、周恩来、宋庆龄等中国领导人向斯诺夫人洛伊斯发出了沉痛的唁电。

三天后,1972年2月19日,中华人民共和国首都北京,庄严肃穆的人民大会堂里座无虚席,中国人民的好朋友埃德加·斯诺的追悼大会在这里隆重举行。横贯会场的黑色会标上写着"沉痛悼念中国人民的好朋友埃德加·斯诺先生"。大会隆重、庄严、肃穆,人们在沉重的挽歌哀乐声中深切悼念斯诺先生的去世,赞扬他为中美友谊所作出的伟大贡献。毛泽东、周恩来、宋庆龄等中国领导人敬献了花圈。

斯诺逝世不及一周,美国总统理查德·尼克松启程前来中华人民共和国访问,开始了中美友好的破冰之旅。而尼克松的此行,正是斯诺为他奠的基。在前往中国的"空军1号"座机上,尼克松总统不停地翻阅着为他准备的访华前必须阅读的材料。在万米高空上,尼克松总统手捧着一叠斯诺写的有关中国的文章凝神仔细阅读着。在每一篇文章的首页上方,都有总统安全事务助理亨利·基辛格博士为他标注的字样:"请特别仔细阅读"。

与总统随行的那一大群记者们,更是忙不迭地争相阅读他们的先行者埃德加·斯诺生前发表的一系列关于中国的文章和书籍。在跟随总统访华的随行记者中,自称是老资格的艾尔索普是一位反共老手,一位一贯对新中国持严厉批评态度的作家。在斯诺生前,他曾狂妄地攻击《红星照耀中国》一书"在总体上是虚构的"。而在跟随尼克松访华亲眼看到新中国的情况后,他不得不敬佩埃德加·斯诺的远见卓识,以及他所报道的一切的真实可信。

根据斯诺的遗愿:他死后,其骨灰一半安葬在他曾经生活、工作过的中国北京大学的未名湖畔,另一半则安葬在美国纽约州哈德逊河畔1905年他出生的旧居附近(1974年5月18日举行)。

1973年10月19日,在当年斯诺任教过的燕京大学——今天的北京大学校园内的未名湖畔举行了隆重的斯诺骨灰安葬仪式。周恩来、李富春、郭沫若等党和国家领导人,马海德、爱波斯坦、路易·艾黎等当年他的亲密战友,以及来自十多个国家和地区的国际友人,与斯诺夫人洛伊斯及其女儿西安一起参与安葬仪式。毛泽东、宋庆龄、周恩来、朱德等党和国家领导人敬献了花圈。周恩来夫人邓颖超主持了斯诺骨灰的安葬仪式,廖承志代表中国政府和中国人民致悼词。悼词强调指出:

斯诺先生是中国人民的老朋友。无论是在中国革命艰苦的年代,还是在新中国成立之后,他几十年如一日,为中美两国人民之间的相互了解和友谊进行了不懈的努力,作出了重要的贡献。他的一生,是中美两国人民诚挚友谊的一个见证。自从斯诺先生逝世的一年多来,中美关系有所改进,中美两国人民之间的友好往来日益增进。我们相信,斯诺先生生前所致力的中美两国人民之间的友谊一定会继续不断地发展。我们亲爱的朋友,埃德加·斯诺,将永远活在中国人民的心中。

"望乡之星"绿川英子

绿川英子是中国人民的好朋友、杰出的世界语工作者和反对日本侵略中国的英勇斗士。对此,在1941年重庆的一次集会上,周恩来副主席高度赞扬她"是日本人民的好女儿,真正的爱国者"。邓颖超同志也亲切地对她说:"我们并肩作战。"

抗日战争胜利后,为响应中共中央的号召,牢记周恩来嘱托的绿川英子不及回国,便毅然随夫奔赴我东北解放区,以忘我的热忱投入到中国人民埋葬蒋家王朝、建立新中国的伟大事业中去。不久,在一次手术中因细菌感染不幸逝世,年仅35岁。逝世后,她与稍后不多日逝世的丈夫刘仁一起,被我东北行政委员会追授为烈士。1980年,改革开放的总设计师邓小平亲自为中日合拍的反映绿川英子刘仁夫妇生平业绩的电视剧题写了"望乡之星"的片名。之后,该电视剧即在中日两国同时播映,由此推动了中日人民之间的又一轮友好往来浪潮。1983年夏,经胡耀邦同志和中共中央书记处批准决定,佳木斯市人民政府为绿川英子刘仁夫妇重新修建了合冢墓陵园。

"望乡之星"绿川英子

投身激流求真理

绿川英子,原名长谷川照子,1912年3月7日出生在日本国山梨县留郡太原村猿桥(今太月市)一个建筑工程师的家庭。早在少年时代,绿川英子就表现出了少有的口才和文学艺术表达能力,并有广泛的兴趣与爱好。1929年,绿川英子高中毕业后,同时报考了东京女子大学和奈良高等师范学校。由于考试成绩特别优秀,绿川英子被两所大学同时录取。最终,她选择了远离家居地的奈良女子高等师范学校,这是因为绿川英子想过独立的生活,这也为她日后在中国不畏战火和忍受流离颠簸的生活打下了坚实的基础。

古都奈良是日本元明天皇迁都来此时,仿照中国长安的建筑格局精心修建的。因此,在奈良求学时,绿川英子不止一次前往当地的唐招提寺,谒拜供奉在那里的中国鉴真和尚的塑像。从此,在少女的心底里立下远志向鉴真大师学习,做促进中日亲善的友好使者。

1932年,是绿川英子思想上的一个重要转折点。是年6月,她与一个名叫长户恭的同学一起开始涉足世界语,还去东京参加了为期一个月的日本世界语协会举办的夏季讲习班,并在那里加入了日本无产阶级世界语者同盟。回到奈良后,绿川英子以世界语为武器,积极参加当地的左翼文化运动,组织女高师文化小组,指导同学开展文学创作、新剧演出、世界语讲座等一系列活动。她们还与奈良地方左翼工会及文化团体频繁接触。上述这些活动,进一步促进了她的世界观的转变,并且很快成长为一个初具无产阶级思想的和平战士。当日本军国主义发动"九一八"侵华事变后,绿川英子旗帜鲜明地反对当局的侵略行径。特别是为她所景仰的进步作家小林多喜二惨遭杀害后,绿川英子更加坚定了反对当局对外侵略、扩张,对内残酷镇压人民的立场。在一次世界语学习会上,绿川英子当场表态道:"作为一名绿色的世界语者,我毫不掩饰地反对侵略战争!"绿川英子这种毫不掩饰的进步立场,理所当然地为当局所不容。1932年9月10日,警察突然闯入奈良女高师,以"具有危险思想的人"和"共产党同情者"两项罪名将绿川英子和另一同学逮捕,关押在奈良警察署。由于社会舆论和同学们的声援,10天后,当局被迫释放了绿川英子等人。随后,对绿川英子活动早有反感的校方乘机取消了她的学籍,这时,距她大学毕业还有三个月的时间。面对这一切,绿川英子没有丝毫的恐惧与颓丧,她在写给女友的信中表示:"尽管环境恶劣,但心情平静,今后的生活纵然最不安而意志毫不动摇。"

1932年12月16日,绿川英子到达东京。在较短的时间内掌握世界语的打字技能后,绿川英子进入了世界语协会工作。由于她还具有一定的文学水平,被吸纳为日本世界语文学研究会的会员,并参与了《世界语文学》的创刊工作。从此,她以"绿色的五月"为笔名,频频出现在东京的世界语刊物及其他杂志上。长谷川照子也就被人们亲切地呼之为"绿川英子"。其间,绿川英子还有一个良好的愿望——成为一名优秀的电台播音员,向世界传递和平、进步、反战、正义的声音。为此,她报考了NHK广播电台的播音员。尽管考试成绩优秀。但因她是一个坐过牢"反政府"的人,愿望落空了。通过这次报考,绿川英子在进一步认识当局反动面目的同时,也展示了她出色的口播才能。

在东京生活、工作的这段时间内,绿川英子著述甚丰。其著述可分为以下三类:第一类文学作品,主要是用世界语创作的小说,如《春之狂》、《一对男女世界语者的独白》、《六个月》等。前二者是绿川英子早期思想的自我写照,描写了进步青年在旧制度的压迫与束缚下的痛苦,以及在迷茫中探索人生道路的过程。《六个月》则是绿川英子这一时期的代表作,从一个侧面反映了危机四伏的旧社会,给挣扎在下层的人民带来的深重灾难。第二类是译文。绿川英子除把一些日本古典作品译成世界语外,其最重要的贡献是把日本无产阶级文学开拓者的小林多喜二的代表作《蟹工船》节译成世界语。此外,她还在世界语刊物《世界儿童》上发表了众多介绍日本社会、历史、文化、习俗、风光的译文,如《东京工人区》等等。第三类是散见于报刊的各种评价文章,日语、世界语都有,涉及历史、文学、妇女等。

世界语无国界,1935年,绿川英子同中国的世界语组织取得了联系。不日,即应上海世界语协会《世界语》之约,在该刊发表了《日本妇女之现状》一文。文章以大量事实和精辟的分析,阐述了日本妇女遭受封建压迫与资本主义剥削的双重苦难,同时也介绍了她们为求自身解放而进行的斗争。她在文章中深刻指出:"只有解放无产阶级,女工才能享受与男工平等的权利。"她还应我国著名世界语学者叶籁士之约,连续发表了《日本无产阶级文学现状》和《日本无产阶级文学处于何种状态》的文学评论。作为文学青年的绿川英子敏锐地觉察到了无产阶级文学发展阶段的幼稚病,在经过独立思考后她尖锐地写道:"我们知道,在(无产阶级作家)同盟存在的日子里,人们习惯地错误理解文学对政治的依赖性,并且为组织文学团体配合政治任务等等耗费了绝大部分精力,接着出现了类似宣传品的小说,它们以赤裸裸的思想说教、狭窄的题材、幼稚的表现手法、表现的观察为特征……作家们意识到了自己的使命,重新开始深入广泛观察社会,并用现实主义的手法进行写作。"

诚如日本女作家泽地久枝分析的那样:

长谷川照子的这一段经历是昭和初期觉醒的知识女性的典型经历。但照子回到东京家里后不久,就开始了当时日本女性中没有先例的人生,这是从她与中国官费留学生刘仁相知而开始的。当然,如果照子不具备足够的素质,这类关系是不能建立起来的。

世界语联姻系战友

世界语不但使绿川英子走向世界,最终成为一名维护正义、反对战争的著名国际主义战士,也使绿川英子找到了理想的夫君刘仁,一名来自中国东北的留学生。

刘仁较绿川英子大三岁,1909年出生在辽宁本溪一个乡镇邮局职员的家庭,1928年营口水产专科学校毕业后入沈阳东北大学预科。"九一八"前夕,刘仁毅然中断学业,只身前往北平参加抗日救亡运动。在北平,刘仁组织领导了西城区黄包车工人的罢工,以反对蒋介石的卖国投降政策。之后,受组织委派,刘仁赴天津开展救亡工作,他多次深入英美商人开设的烟草公司,向女工们宣传爱国思想,调查外资对中国劳工的剥削情况,并将整理出的材料及时送往北平地下党组织以供掌握。在天津工作的后期,刘仁还深入津郊的古冶、林西、赵各庄等煤矿宣传鼓动矿工们的爱国热情。

1933年,在党组织指示下,刘仁以官费留学生的名义前往日本进修外语并伺机开展工作。就这样,刘仁考取了东京高等师范学校英语系。由于他是政治流亡者,赴日目的十分明确,因此,他一到东京就投入火热的斗争。刘仁还是中华世界语协会的骨干,正是基于对世界语的共同爱好,他同绿川英子相识了。1936年3月底的一天,在一个名叫"绿地"的小剧场,刘仁与绿川英子边看用世界语表演的话剧《拂晓》,边聊得十分投机。至当年秋天,俩人幸福地结合了。从此,为了中国人民的解放事业,俩人患难与共,转战了大半个中国,直至死而同穴,留芳千古。

婚后,这对志同道合的异国伉俪,并没有沉醉在新婚的蜜月生活中。相反,中国革命者刘仁从妻子绿川英子身上得到的是更多的理解与支持。

1937年1月,面对日本军国主义吞并中国的狼子野心,刘仁毅然放弃了在东京刚刚组建的小家庭生活,先行回国参加抗日救国活动。三个月后,在告别病重中扶着门扉含泪相送的妈妈之后,绿川英子冲破重重阻力,变卖了部分衣物、书籍、随身携带一架轻便手提式世界语打字机,于1937年4月19日抵达上海与刘仁会合。从此,绿川英子正式以一个国际主义战士的身份投身于中国人民的抗日救国行列。

在上海,绿川英子和丈夫先是住在吕班路(今重庆南路),与东北著名抗日女作家萧红"作了一个月余同屋的房客"。后来在陪都重庆,绿川英子与萧红,以及另一位从事反战工作的日本左翼女性池田幸子毗邻生活,尽管时间也很短暂。1942年1月22日,因贫病战乱交加,年仅31岁的萧红不幸夭逝于已沦入日寇铁蹄下的香港。噩耗传至重庆,绿川英子怀着极其沉痛的心情,于这一年的"七七"前夕写下了《忆萧红》一文,经欧阳凡海译成中文后,发表在了同年11月19日出版的中共主办的《新华日报》上,以志深切的悼念。

在《忆萧红》一文中,绿川英子这样回顾道:

> 自从萧红,池田,及和我们三人的共同生活相似的人们,终日在

不见日光的米花街小胡同开始生活以来，便渐渐被现实情形纠正了。

恐怕是汉口沦陷后，战局告了一段落及远隔前线的安闲感中产生出来的吧，我们日里在重庆所具有的享乐生活中度过，夜里又落在不与战争相关的闲谈中。在这些场面中，萧红便是一个善于抽烟，善于喝酒，善于谈天，善于唱歌的不可少的角色。另一方面，她又常常为临盆期近，不便自由外出为池田煮她所得意拿手的牛肉，并且像亲姐妹一股关心的跟池田闲聊，无所不谈。

可是，这不过我对她回忆到的次要的东西。

进步作家的她，为什么在另一方面又那么比男性柔弱，一股脑儿被男性所支配呢？在上海常和她接触的池田，惋惜地，抱不平地对我好几次发过这样的感慨，这是我的头脑中最为深刻的印象。

绿川英子最后异常沉重地写道——

她脱出了长久呻吟于敌人铁蹄下的故乡东北，却在初次沦入敌人魔手的东南孤岛上了结她的一生。在民族自由与妇女解放斗争的行程上，她没有披沐胜利的曙光，带着伤痕死去了，那作家的生活，也没有能够完成。

结婚、生产、苦恼、贫困、疾病、早死——无数的女性所踏过的荆棘的道路，进步的作家萧红也背负着十字架走过了的。享年只有三十几岁的她的死，殊为意外，殊为过早，殊为不应当。我常常在痛感她的牺牲的生活之余，希望她用抗战的圣火把自己锻炼得钢铁一般。而现在，她的一切苦痛都化为乌有，我的希望也落空了。

她张得很大的眼睛，教我知道，流泪是无意味的，她的响亮的声音，在呼唤我的越过她的遗体进向前去。

在上海，绿川英子很快就和早些时候在东京结识的中国世界语者叶籁士、张企程等人取得了联系。中国的世界语者门纷纷向她们伸出了援助之手，在她们付不起高昂房租被迫流浪街头的困难时刻，住在华龙路（今雁荡路）69号的世界语诗人徐雉，把自己居住的本来不大的斗室让出了一半给这对反战国际夫妻安了家。从此,绿川英子以更加激昂的热情,将自己融入到了中国人民反对日本侵略者的行列中去。1937年6月,炎炎夏日中,在上海各界群众举行的要求释放"救国会七君子"和抗日的示威游行队伍中,出现了一个外国女性,而且还是整个游行队伍中唯一的日本女性,她就是刚从日本来到上海才两个月多一点的绿川英子。日本人参加中国人民的抗日游行,在上海当时的街头实为罕见。事后,绿川英子自豪地对中国战友们说:"幸亏我是个世界语者,在这里我不是多余的人。"

"七七"卢沟桥事变爆发,日本帝国主义发动了全面的侵华战争。1937年7月15日,绿川英子参加了上海世界语协会主持的世界语诞生五十周年纪念大会,各地与会者达300多人。这是一次世界语工作者团结的大会,也是抗议日本帝国主义侵华的大会。绿川英子表态抗议日本帝国主义对华发动野蛮战争,支持中国抵抗日本帝国主义。在中日战火炽烈的8月,日本著名杂志《日本评论》发表刘蒙晖译苏醒的报告文学《花儿怎样开?》作家以大量事实揭露日本帝国主义武装侵略中国的罪行,号召中国各阶层人民团结起来保卫中国大地。苏醒是中国作家,而译者刘蒙晖就是绿川英子的中文化名,日本人很难猜出是谁,连《日本评论》的主编伏室高信也以为刘蒙晖是中国人。

抗战初期,上海世界语者为向世界宣传中国抗战,倡议创办世界语杂志《中国怒吼》。绿川英子积极支持,并成为该杂志的编辑。日本侵略军在占领平津之后,8月初战火燃至上海,日军使用军舰、飞机、重炮猛烈进攻。绿川英子为中国生灵涂炭而震怒,她在《爱与憎》一文中揭露说:"这座国际城市为烟火所笼罩,到处是一片惊骇恐惧的喊叫声。炮声隆隆,恐惧地划破了中午宁静的空气。一些人,吸完了最后一口气,无声无息了;另一些人,血迹斑斑,满身泥垢,爬行着,作垂死挣扎。……夜里,我为轰炸声所惊醒。两眼再也不愿意闭上,于是我走上了阳台。西北的天空红红的,闪烁着耀眼的亮光。这样的大火1932年也同样燃烧过,如今不仅威胁着上海和北平、天津,还威胁着唯一拥有几千年文明的整个中国,正是它曾给予日本以巨大的影响。"

绿川英子还愤怒痛斥了日本法西斯灭绝人性的暴行:"日本人在空

"望乡之星"绿川英子

中投下了好多燃烧弹,又给地上的平民洒上了汽油,他们封锁了道路,用机枪扫射那些逃命的市民。"

绿川英子不无痛心地这样描绘自己的同胞:"这些士兵屠杀着中国人,而他们自己也是日本法西斯的牺牲品。"

10月12日的上海《救亡日报》发表了《爱正义爱祖国的呼声——一个女子的家书》,信中对日本军队的野蛮侵华极为愤怒,对日本军队丧尽天良的种种罪行进行了揭露。这封家书署名的日本名字叫"妙子"。上海和中国的知识分子很快知道了一个日本人在支持中国的抗日战争。只是他们不知道,这个"妙子"就是在世界语杂志《中国怒吼》上发表文章的绿川英子。

《中国怒吼》成为绿川英子的抗日"根据地",她以"M"署名连续发表《爱与憎》、《中国的胜利是亚洲的曙光》等重要文章。她写道:"现在,如果可能的话,我愿意加入中国军队,因为它为民族解放而战斗,不是反对日本人民,而是为反对日本帝国主义者而战斗。"在《中国的胜利是亚洲的曙光》一文里,绿川英子写道:"中国在这次战争中胜利,不只是中国民族的解放,而是远东被压迫人民(连日本人民也在内)的解放。中国的胜利是全亚洲,甚至全人类的明天的一把钥匙。"

10月27日,日本侵略者付出惨重代价后攻陷上海。同一天绿川英子和刘仁乘坐一条法国轮船,离开上海去香港。同船离开的还有著名作家郭沫若、国民党元老何香凝、爱国七君子之一的邹韬奋等。其后,绿川英子的名字开始为越来越多的中国民众和日本士兵所熟知。过去她曾报考日本广播电台播音员,因政治审查"不合格"而未被录取。孰料几年后,她作为国际主义战士,在中国的广播电台与中国人民并肩战斗,直到抗战胜利。

1937年12月3日,在中国朋友的安排下,绿川英子和丈夫刘仁一起乘坐法国邮船逃离日本鹰爪遍布的上海抵达广州。在广州,国民党当局对他们夫妇不放心,最终以莫须有罪名予以驱逐出境。他们转而流亡到了香港。在香港,尽管过着贫困潦倒的生活,但绿川英子的心,依然同饱受日本侵略的中国人民的心一起跳动。

笔枪舌战播英名

在香港困居了四个月后,1938年6月底,经主政国民政府政治部三厅的郭沫若的安排,绿川英子和刘仁获准来到战时中心武汉,并被安排在国际宣传处进行广播宣传工作。

这是一个神圣而又难忘的时刻!1938年7月2日19时正,绿川英子一脸庄重地步入了战时播音室,立刻,一个柔和、圆润的日本女音随着电波传向四面八方,传向日本本土——

"现在是中国电台对日军的广播谈话!"

绿川英子以流利清畅的日语对侵华日军发起了攻心战:

"日军同胞们,当你们的枪口对准中国人的胸膛,当你们大笑着用刺刀挑死了一个无辜的婴儿,当你们手举火把点燃一栋栋草房,当你们扑向可怜的少女……你们可曾想过这是罪孽,是世界人民不可饶恕的滔天罪孽!当你们高喊着誓死效忠天皇,一腔热血洒在中国大地之时,你们可曾知道,这是为谁卖命?又是为谁效忠!圣战祭台上的亡灵,是英雄,还是罪犯?"

在"保卫大武汉"的日子里,绿川英子以自己的名义发出了一封题为《日本朋友的慰问信》,信一开头,她"向拿自己的血肉来保卫中华民族的英雄们致诚挚的敬礼!"她写道:"日本军队不过是持较优良武器,可是这种武器赶不上你们的勇敢,更赶不上你们的团结,因为他们没有正当理由打仗,你们无情地顽强地打下去吧!我也在后方用一切来支持抗战。"

绿川英子后来对人说道:"当我在战争(指七七事变)第一周年的前夕被允许公开参加中国抗战之时,我是多么地喜悦和充满希望啊。"绿川英子还满怀深情地说道:"我爱日本,因为她是我的祖国,在那里生活着我的父母和亲戚朋友。我爱中国,因为她是我新的家乡,这儿在我的周围有着许多善良和勤劳的同志。作为一个世界语者,一个世界文明的爱好者,我愿意保卫中华,使她不受强盗魔爪的糟蹋。如果可能的话,我愿加入中国军队,因为它为民族解放而斗争,它的胜利也预示着东方光明的未来。"

绿川英子就是在这无声的电闪雷鸣中闪现着光芒。她不仅是一个"制造电闪雷鸣"的优秀播音员,她还是一位爱憎分明的作家。郭沫若先生称她是一个诗人,日本作家泽地久枝高度评价她是"掌握着丰富的、生动的、能够打动读者的心的语言的人……"

此外,她在会见一位做游击队长的老大娘时所写的一篇通讯《赵老太太会见记》,发表在《抗战文学》上。她写道:"这位文盲的农妇,乃是从现实斗争中间生长出来的最好的宣传者,鼓动者,组织者……她是这个伟大时代的伟大母亲"。热情地讴歌了中国军民同仇敌忾奋起抗日的献身精神。

绿川英子的言行,特别是通过电台向日军一线士兵的反战宣传,像一把锋利的匕首狠狠地刺向日本军国主义政府的胸膛,令敌人惊恐万状。很快,他们查明这个名叫绿川英子的人就是当年的长谷川照子时,立即通令在华军警宪特予以通缉,并诋毁她是"娇声卖国贼"、"赤色败类"等。不仅如此,日本反动当局还对绿川英子的父母狂施压力,恐吓威逼,逼迫其父母"剖腹明志,以向天皇赎罪"等等。在中国辽宁本溪,关东军特高课将刘仁的父亲刘镇绑捕了去,惨无人道地将其装入钉有铁钉木板的麻袋里活活摔死。

在这期间,武汉政治部第三厅举行了一次纪念"七七"抗战周年的宣传活动,献金运动就是其中的一项。

献金活动一开始,人们如潮水般涌去,黄包车夫、码头工人、擦皮鞋的孩子……他们把一分、一角、一元、十元,投进献金箱中,更有人把手表、金镯、黄白戒指、银质首饰、西装、中山装等各种物品送到献金台上。

绿川英子清楚地记得,在日本,也举行过献金活动,同胞们手里拿着金银首饰,嘴里却说着"嗨,没法子!"而且更为可卑的是,日本统治者利用中小学生单纯的"爱国热情"从他们的父亲那里取了金银。对这种"献金"活动,绿川英子甚为反感。

在中国,为支援抗日战争而献金,这是正义之举,绿川英子决心要做出自己的贡献。

晚上回到家,她翻箱倒柜折腾出全部家当。可是,经过广州、香港两次贫困的洗礼,能当的早就成了当铺里的东西,只剩下几本不值钱的书……最后一狠心,她一把撸下手上的戒指和手表,这是他们唯一值钱的东西啦,也是母亲和妹妹临别时送给她的最珍贵的纪念物。"快帮我选一下,我留哪一个?"刘仁想了好一会说,还是献戒指吧。他们不能没有表。睡觉前,绿川英子把金戒指放到枕边说最后陪妈妈一夜。

献金台前人很多,绿川英子匆匆赶来,等了好一阵才轮到她,她把戒指恭恭敬敬递上去,还没等对方接住,忽然有人喊了一声:"她是日本人!""嗯?""日本人?她是日本人?"人群骚动了,几个鲁莽大汉带头喊起口号:"打倒日本帝国主义!""滚她妈的蛋!不要她几个臭钱!"人们叫骂着向她挥起拳头。感到窒息中的她,急中生智地向台上的人喊着:"快拉我一下!"

愣在台上的几位三厅的同志,猛醒过来把她拉上台去。一位中年人向骚动的人群大声喊道:"同胞们——她虽然是日本人,但她同情中国人民,是来献金的,我们不应该排斥她,应该热烈欢迎她!我代表政治部第三厅向这位献金的日本朋友表示感谢!谢谢您,小姐!您是第一个来献金的外国朋友!"

他向绿川英子鞠躬、握手,接过她手中的戒指高高举过头顶。人群再次骚动起来,一张张愤怒、惊愕的脸霎时变为赞美、钦佩,直至肃然起敬,随之爆发出热烈的掌声。

播音工作是辛苦的,绿川英子不仅要播音而且还要写作。在抗战形势进入高潮时,她的处境就更加危险,因为不但日本特务、汉奸在寻找她,许多抗日群众也误以为她是日本人派来的间谍。

她的家距国际宣传处不远,这条马路人不多,她每天都必须走这条路。一次,她走在回家的路上,觉得身后有一阵紧似一阵的杂乱的脚步跟上来,她回头望去,果然有几个工人模样的人在紧紧地跟着她。她的思绪一下子乱了。跑?肯定跑不过那几条长腿,这时,她想起了刘仁的魁梧身影,于是她突然喊着刘仁的名字向前跑去。可刚跑几步,就被人从后面推倒。她拾起眼镜,发现了几双冰冷的目光正向她逼近。

"同胞,你们——这是——?"

"哼,哪那个是你的同胞?"

"望乡之星"绿川英子

"先生,你们要……干什么呀?"

"特工家伙?送你上西天!东洋鬼子。"

"先生请别误会……"还没等她解释。一只拳头挥起来,打在她瘦弱的肩膀上。"东洋鬼子,打死你!"于是她的前胸后背着实地饱受了一顿乱拳,有一拳正打在女人要害处,她疼的一下子弯下腰去……

有人夺下她的提包,口中嚷嚷道:看你偷来的情报!绿川英子急了,"放下,你们给我放下!"提包里有明天的广播稿和刚写完的文章,如果让他们毁了,那损失可太大了,她冲上前去奋力与之争夺。可哪里是对手?有人将她胳膊猛力拧向了背后,疼得她"哎哟"一声,一下蹲在了地下。

这时有人结结巴巴念起文稿来……

敬爱的中国士兵

首先……我向你们致以诚实的敬礼。

我老想到前线去,同你们在一起……拼命的斗争,好打倒侵略者,但我又怕你们杀了我,至少要恨我、骂我,因为我是敌国来的女性……

假如我有两个身体,要到前方日本军队去,同他们好好谈谈,不让他们屠杀中国兄弟……假如我有千只手,要到所有的战线去,给你们中国士兵绷一绷受伤的绷带……你们无情的、顽强的打下去吧!我在后方用一切方法支援抗战!

你们的日本朋友绿川英子

这些人呆住了,好一会儿他们才来到绿川英子的面前,把她扶了起来,歉疚地道说:"小姐,真对不住你……真是的,快看看打坏没有"?

绿川英子宽容地笑了……

1938年7月29日,在武汉文艺界举行的欢迎英国进步作家阿特丽的集会上,绿川英子用世界语呼出了她的最强音:

"中、日、英三国人民团结起来,共同打倒日本军国主义!"

在武汉短短的四个月中,绿川英子用自己的实际行动支援了中国人民的抗日斗争,这不仅仅因为中国是她丈夫的祖国。她还声援保卫马德

197

里的西班牙人民反对法西斯入侵的正义斗争。后来,当德、意法西斯和日本军国主义勾结在一起组成轴心集团时,绿川英子向全世界的世界语者发出呐喊:"法西斯是人类文明的毁灭者,世界和平的破坏者,必须拿起世界语这个武器来与之战斗!"

武汉失守前夕,绿川英子和丈夫刘仁随同高崇民、郭沫若等共赴重庆,仍然从事文化宣传、报刊编辑和翻译工作,仅发表在《新华日报》等报刊的文章达上百篇,还有用日文和世界语出版的多种著作,无一不证实了绿川英子坚定地站在中国人民一边,反对日本军国主义侵华的鲜明立场。在重庆,绿川英子还经常用日语和世界语向日本及世界各国广播,热情讴歌中国军民的抗战精神,无情揭露日本侵略者对中国人民犯下的滔天罪行。

1941年7月27日,在文化工作委员会为郭沫若归国参加抗战四周年而举行的集会上,周恩来副主席当面赞誉绿川英子说:"日本军国主义骂你是'娇声卖国贼',其实你是日本人民的好女儿,真正的爱国者。"在为这次集会专备的一个签名扇面上,邓颖超同志把自己的名字签在绿川英子的名字旁边,并且意味深长地对她说:"我们并肩作战。"

1944年7月10日,绿川英子自撰的,反映她从1937年初春离亲别友来到中国献身中国人民伟大的抗日救国事业的回忆录《在奋斗的中国》脱稿后,在《反攻》杂志上连续刊载,引起了人们对位英勇的反法西斯战士的广泛的了解和尊重。次年5月,重庆世界语函授学社出版了绿川英子的《在战斗的中国》、《暴风雨中的低语》、反战译著《活着的士兵》等三部著作。而绿川英子则把所得稿酬全部捐献给了抗战中的中国人民,自己和丈夫刘仁则仍然过着极其清贫的生活。

丰碑永立昭后人

1945年8月15日,日本宣布无条件投降。听到这个消息后,绿川英子是多么的高兴啊!她和同仁们一起参加了山城重庆百万军民通宵达旦举行的火把狂欢活动,也只是在这时,绿川英子格外地思念起离别的父母和亲友。不久,当高崇民传达我党中央关于把一大批干部转移到东北去工作的决定后,她再次压抑了思乡之情,奔赴东北。从1945年11月离开重庆,肚里正怀着女儿的绿川英子和丈夫刘仁携4岁儿子刘星,经过近一年的长途跋涉,在我党向导的引导下,于1946年11月安抵人称"小延安"的东北佳木斯。

1946年11月下旬,佳木斯各界人民为绿川英子等人的到来举行欢迎大会,绿川英子应邀在大会上发表了演讲。她愤怒地谴责了国民党蒋介石的内战政策,揭露蒋管区的黑暗,并表示继续努力,为中国人民的彻底解放贡献一切。绿川英子激动地说:"早在5年前,我就向周恩来副主席表示要作中日两国人民的女儿。现在我要充分利用时间,把《战斗的中国》的续篇写出来,向中日两国人民汇报。"她的话激起了全场热烈的掌声。

1947年1月7日,我东北行政委员会第13次会议通过决定:"任命绿川英子和刘仁同志为东北行政委员会社会调查研究所研究员,其待遇与行政委会各委员会委员相同。"当时的东北行政委员会副主席高崇民亲自把这一任命函告了绿川英子刘仁夫妇。

绿川英子还应邀到东北大学作报告,她在揭露蒋管区的黑暗与腐朽后,满含激情呼吁:一切革命的知识分子拿起笔来,歌颂光明,鞭笞黑暗,迎接新中国的诞生!

然而,距东北行政委员会任命才三天,1947年1月10日,为更好地投入工作,绿川英子到医院作人工流产术时,因手术器械细菌感染而夺走了她年仅35岁的宝贵生命。不久,我东北行政委员会为这位国际友人举行了隆重的追悼大会。绿川英子逝世恰百日,1947年4月22日,38岁的刘仁难以承受妻子突然去世的巨大打击,加之长期积劳成疾,终因肾衰竭,经抢救无效而病逝。

35年后,经中共黑龙江省委请示,中共中央办公厅于1982年9月17日下达文件,批准为绿川英子刘仁夫妇重新建墓。文件指出:"**经请示中央书记处,同意你省为绿川英子及其丈夫刘仁同志修建陵墓和展出革命事迹的意见。这对进一步促进中日两国人民友好关系的发展,反对日本帝国主义,教育广大人民发扬无产阶级国际主义精神,具有重要的**

现实意义。"

1983年8月8日,经过近一年的筹建和施工,在佳木斯市南郊风景秀丽的四丰山麓,一座具有中日两国民族风格的合冢陵墓落成了。在这里长眠着为中国人民的解放事业奉献了全部青春和热血的国际主义战士绿川英子和她的丈夫刘仁,他们将世世代代受到人民的尊敬与爱戴。

经中央有关部门审定,以佳木斯市人民政府名义撰写的碑文指出:绿川英子在我国八年抗日战争中用笔墨作武器,热情讴歌中国军民团结抗日的英雄业绩,揭露日本军国主义的侵略罪行,敦促日本军人反战,号召一切进步的国际力量援华抗日,为中国人民取得抗日战争的胜利,为中日两国人民的友谊,为世界各国的文化交流做出了重要贡献。刘仁同志为收复东北失地,为抗日战争的胜利,为民族解放做出了自己的贡献。

碑文最后强调指出:经中共中央书记处批准,为其夫妇修建合冢墓,追授绿川英子为国际主义战士。

又及:在重庆时,绿川英子曾经写过一首题为《失去了的两个苹果》的长诗,抒发了她对故土家园和生身母亲的深深怀念,被当时的重庆文艺界人士普遍誉为是一首好诗。此诗由胡风亲手译出,还为之撰写了800字的后记予以推崇,刊登在于重庆复刊的《七月》上。

还是在十多年前搜寻有关绿川英子的资料时,20世纪30年代的"左联"老战士,同绿川英子有过来往的胡风夫人梅志先生,在北京寓所的电话中深情地告诉笔者:绿川英子不仅坚定地献身于中国人民的革命事业,而且还是一位性格温顺、有着良好教养及较高素质的日本知识女性。

抵抗日本侵略的文学上的一面旗帜

——《八月的乡村》诞生前前后后

著名老作家、鲁迅学生萧军,是中国最早一位描写中国共产党领导的人民革命武装抗击日寇侵略的作家。其代表作也是成名作为抗日小说《八月的乡村》。鲁迅先生在为《八月的乡村》所作的序中,满怀激情地指出:"这《八月的乡村》,即是很好的一部,虽然有些近乎短篇的连续,结构和描写人物的手段,也不能比法捷耶夫的《毁灭》,然而严肃,紧张,作者的心血和失去的天空,土地,受难的人民,以至失去的茂草,高粱,蝈蝈,蚊子,搅成一团,鲜红的在读者眼前展开,显示着中国的一份和全部,现在和未来,死路与活路。凡有人心的读者,是看得完的,而且有所得的。"

本文全方位地介绍了这部小说从采集素材、酝酿、构思、写作,到克服重重障碍最终得以出版的全过程,以及这部小说出版后,鲁迅先生同狄克(张春桥)之间剑拔弩张的批判与反批判的斗争。

今年是伟大的中国人民抗日战争胜利 70 周年,也是萧军在极其艰苦危险的境况下,呕心沥血创作的反映中国

绘得红楼铸青史

共产党领导的武装抗日小说《八月的乡村》出版80周年。与此同一时期出版的,还有同属一个"奴隶社",共产党员、"左联"老战士叶紫创作的,以我党领导的武装革命斗争为题材的短篇小说集《丰收》;以及由萧红创作的同样描写不甘做奴隶与伪满洲国顺民,觉醒了的黑土地农民自发抗击日寇侵略的小说《生死场》。

说起萧军,我们不能不提及在其成长过程中与之息息相关的两个人。一个,是他早年患难与共的爱侣、著名左翼女作家萧红;另一个,则是一手提携他和萧红迈入左翼文坛的鲁迅先生。而萧军之所以一举蜚声文坛,正是因了鲁迅亲为作序并且不遗余力四处举荐的长篇小说《八月的乡村》。

1935年7月问世的《八月的乡村》,不仅是中国大地上最早的一部直接描写中国共产党领导的人民革命武装英勇抗击日本法西斯侵略的文学作品,而且也是世界上最早的反法西斯战争题材的文学作品。

因了鲁迅的亲为作序,以及对狄克之流"教训"的愤怒痛斥,《八月的乡村》在烽烟四起反抗日本入侵的华夏大地上成为"庄严工作"、"一部很好的书"(鲁迅语),还先后被翻译成俄、英、日、德文本,在世界各地广为发行。

红花当需绿叶扶。

固然,《八月的乡村》凝结着萧军本人的心血,但是,如果没有当年两位共产党员、抗日先驱傅天飞,以及傅天飞战友、左翼作家、第三国际情报人员舒群的及时转让腹稿和引导他们走出荆天棘地的伪满州国;如果没有爱侣萧红的时时鼓励及在滴水成冰的寒夜中流着清水鼻涕,一笔一划为之誊写;如果没有鲁迅先生戴着老花镜亲任责任编辑亲为作序及四处大力举荐;如果没有二萧初抵上海时鲁迅亲自为他们选定的向导叶紫联系到愿冒风险印刷抗日作品的私人印刷所,那么,这部文稿的命运是可想而知的,更不用说她在随后爆发的全民抗战中所产生的作用了。

舒群转让腹稿:地下党员义举酿就壮丽史诗

1933年的春夏之交时分,曾与著名抗日将领杨靖宇共同创建中国

抵抗日本侵略的文学上的一面旗帜

最早一支抗日义勇军游击队（即"九一八"事变后活跃在吉林磐石一带，不断地给日寇侵略者以沉重打击的中国工农红军第32军南满游击队）的地下党员傅天飞，忽然来到商船学校时期老同学、同为地下党员舒群栖身的哈尔滨商报馆，向后者提供了一份极为珍贵的抗日资料——磐石游击队从小到大不断发展的进程。傅天飞生动而又艺术地描绘了磐石游击队所展开的一系列惊天动地的战斗，可歌可泣的抗日英雄人物及其大无畏的革命献身精神。他淋漓尽致地向舒群讲述了一天一夜。据舒群后来回忆道，傅天飞在讲完后着重说明道：

> 之所以这么做，其目的在于想留下两部"腹稿"：万一将来他们当中的一个人不幸牺牲了，剩下的那一位就可以完成这部气壮山河的民族御侮史诗。

舒群听后，考虑到当时身处异常险恶的环境——他作为第三国际的情报人员，随时随地都有被日寇和伪满特务捕杀的危险，舒群决定将这部"腹稿"转赠给当时在哈尔滨文坛已崭露头角的辽东汉子萧军，并亲邀傅天飞向萧军讲述。为此，在舒群的引导下，傅天飞数度前往萧军萧红居住的商市街25号，向萧军讲述了抗日游击队的种种情况，从而使萧军进一步了解了中国共产党领导的人民革命武装队伍与日寇浴血奋战的事实，给了萧军以丰富的素材，极大地鼓舞了萧军的创作热情。傅天飞的生动讲述，不仅使萧军本人内心感受到了强烈的震撼，连一旁为他们准备晚饭的女主人萧红也"旁听"得一时忘了东西南北。（参阅舒群在1980年春夏间写就的《早年的影——忆天飞念抗联烈士》一文）

后来在上海，萧红在创作纪实体作品《商市街·生人》一节中这样传神地向人们描述道：

> 来了一个稀奇的客人，我照样在厨房里煎着饼，因为正是预备晚饭的时候，饼煎得糊烂了半块，有的竟烧着起来，冒着烟，一边煎着饼一边跑到屋里去听他们的谈话。
>
> 我忘记是在预备饭，所以在晚饭桌上那些饼不好吃，我去买面包来吃。
>
> 他们的谈话还没有谈完，于是碗筷我也不能去洗，就呆站在门

绘得红楼铸青史

边不动。

……

这全是些很沉重的谈话！有时也夹着笑话，那个人是从磐石革命军里来的……

我记住他是很红的脸。

萧红的上述描绘很形象化。据舒群后来回忆说，当年在东北商船学校，傅天飞确确实实因常常红脸，而被同学们戏称为"小苹果"。而那时的傅天飞，得益于进步校长王时泽的保护，已经死里逃生了一回。傅天飞讲述完"腹稿"不久，萧军就开始了构思。他以磐石抗日游击队——杨靖宇将军领导的红三十二军，以及在这之前掌握的黑龙江汤原县抗日民主联军第六军的事迹为主要线索，加上自己当年在东北军的军旅生活和在吉林舒兰图谋发动抗日武装兵变的未遂事件，经过艺术加工，写出了一部处在水深火热之中的东北人民组成的人民革命军，在中国共产党领导下英勇奋战的抗日救亡小说。（参阅1979年8月17日下午2时，在哈尔滨南岗文昌街省图书馆三楼小会议室，黑龙江省及哈尔滨市文艺界为当年背负"三反"罪名，离别卅一载后的萧军重返举行的座谈会上，年届七旬又二高龄的萧军向与会者介绍了长篇小说《八月的乡村》的构思、创作经过的记录稿。）就萧军的初衷而言，他是把它当作一件"政治宣传品"来写的，其目的在于唤起三千万沦陷区人民的一份良知，一份民族自尊心，从而为现实的政治斗争、军事斗争起到相应的作用。但无论是作为创作者的萧军，还是当时讲述故事的傅天飞，以及转赠"腹稿"的共产党员舒群，还有默默地在一旁尽些微末之劳和"旁听"的女主人萧红，谁也不曾想到萧军日后完成的这部小说，会在四年后开始的全民族救亡运动中，成为一部被鲁迅、茅盾等大家赞誉为"抵抗日本侵略的文学上的一面旗帜"！

萧军的这个成就是令人瞩目的，而舒群转赠"腹稿"的举动，同样有着非凡的历史意义。

舒群将傅天飞推荐给萧军，傅天飞讲述的中国共产党领导下的抗日人民革命军的英勇业迹，造就了萧军笔下"抵抗日本侵略的文学上的一面旗帜"。

舒群的功绩还远远不止此。

他的另一个功绩,是将日后在左翼文坛和中国现代文学史上异彩绽放的双子星座带离了被日伪当局捕杀的险境。

就在傅天飞向他们讲述磐石抗日游击队的英勇事迹一年后,令舒群担心的事儿终于发生了:第三国际情报站被日伪当局破坏了。1934年初,舒群被迫南下逃亡,先行到了各种势力并存的青岛。选择青岛作为流亡栖身地,是由于舒群就读过的原东北商船学校校长王时泽先生此时正担任着青岛市公安局局长。而王时泽先生的顶头上司、与张学良将军情同手足的原东北海军司令沈鸿烈则担任着青岛特别市的市长,因而在青岛形成了一个势力强大的"东北帮"。舒群当年东北商船学校的许多同学也都来到了青岛。舒群抵达青岛后,经先期来此的船校同学牵线,很快与一位19岁的山东姑娘倪青华相识成婚并安了家。倪家是一个沸腾着爱国激情和民族热血的革命家庭,舒群的妻兄、妻弟都为抗日热血青年,倪家也曾一度作为地下党和爱国热血青年的联络点。就在这时,活跃在哈尔滨的萧军、萧红这对文坛双子星座,联袂出版了具有鲜明反满抗日倾向内容的散文小说合集《跋涉》。《跋涉》是自费印刷出版的,费用中最大的一笔40元,正是舒群将母亲留给他的一枚金戒指卖掉后资助二萧的。应当说,二萧以反封建反满的鲜明立场引起整个北满文坛的注意,舒群所起的作用同样不可估量。《跋涉》出版不久,即遭到了伪满当局的查禁。与此同时,生性好动的萧军的名字也上了日伪特务的黑名单。舒群闻讯后,迅速给萧军萧红写了信,敦促他们立即南下逃亡青岛与他会合,以免遭遇不测。

舒群还给地下党员罗烽也写了信,要他们想尽一切办法敦促萧军带着萧红迅速逃离哈尔滨去青岛。

在舒群和哈尔滨朋友们的反复劝说下,萧军萧红于1934年6月11日离开了哈尔滨。五天后历尽艰难险阻,自大连通过海上抵达青岛——一块尚没有被日寇铁蹄践踏的祖国大地。

舒群偕新婚妻子倪青华在码头上迎候他们的到来。当天晚上,二萧随同舒群夫妇一起住在了舒群的岳父家。几天后,他们又一起搬至位于观象山北麓的观象一路1号一所砖砌的小楼上定居了下来。在这里蛰居了四个来月后,1934年10月22日,萧军完成了《八月的乡村》初稿。

萧军萧红离开哈尔滨才一周,与他们一起从事地下抗日宣传活动的共产党员罗烽就被日伪特务机关逮捕了。但罗烽坚贞不屈,经受住了日伪侦缉队的百般折磨,没有透露一点有关中国共产党所领导的北满地区人民反满抗日的情况,也没有交代他作为中共北满省委候补委员与其上级领导、战友杨靖宇将军的任何情况。后经党组织和朋友们营救,罗烽带着遍体伤痕出了狱。一年后,在日趋疯狂的日伪当局迫害中,罗烽与妻子白朗经大连、青岛流浪到上海,与二萧会合。

应当说,正是舒群先行到青岛后所作出的安排与催促,使萧军得以逃脱了日伪满当局的追捕。否则,历史将改写了。《八月的乡村》与《生死场》这两部伟大的作品也将不复产生。

在这里附带说一句,在向舒群、萧军等人讲述完中国共产党领导的人民革命武装英勇抗击日寇侵略的事迹不久,傅天飞即牺牲在了武装抗击日寇的第一线。他的英雄事迹及遗物,至今,仍与他的亲密战友杨靖宇将军的遗物一道,陈列在哈尔滨霁虹桥一侧的东北烈士纪念馆里。

生死危急关头:萧军沉着应对保全原创稿

1934年6月14日上午,两天前逃离哈尔滨来到大连,化名刘毓竹的萧军,与爱侣萧红一起,搭乘日本轮船"大连丸号"三等舱前往青岛。

说是三等舱位,其实就是统舱,主要是下等人乘坐。舱里面什么人儿都有:有跑单帮做买卖的,有携儿带女闯关东后回故乡地山东的农民,还有一些穷酸的书生一类的人物,而二萧就属于这后一类人。应当说,三等舱人杂,也比较安全。谁知,船还未开,他们就受到了日本海上特务侦缉队的严密盘问和搜查。沉着、机智的萧军闯过了这一关:他把藏在茶叶筒里的抗日小说《八月的乡村》原稿,及时地转移到身穿的风衣口袋里,侥幸地躲过了敌人的眼睛,避免了一场灾难。

就在萧军和萧红想把随身携带的简单行李进行归拢的时候,突然间围上了一群人,大约有五六个,他们是日本海上特务侦缉队的,有的身着

制服,有的穿便装,身上都挂着手枪。一个胖胖的小头目一样的人恶狠狠地向他们问上了:

"你们到哪里去?"

"到青岛去。"

萧军强作镇静地回答道,而萧红则脸色苍白,眼神里充满了不安。

"你们从什么地方来?"

"从哈尔滨来,"萧军回答。

"在哈尔滨你们干什么职业?"

"××部里当办事员。"(实际上,在××部作办事员的是萧军的一个朋友,情急之中,萧军冒充上了他。)

"××部的司令姓什么?名字叫什么?号叫什么?他多大年岁?"胖子提出了一连串的问题,其目的就是想从萧军的答话中看出个破绽来。

"他姓×,名字叫××,号××,今年……他……大概是五十岁。"萧军说到这里,打了一个顿。胖子一听,似乎觉得抓住了什么把柄似的,阴阳怪气地问道:"怎么是大概呢?"

在他身后的那些帮凶们有的手摸枪,有的则挥舞一下棍棒,似乎只等一声令下,就要冲上来抓人了。四周的人们无不同情地望着他们,注视着事态的发展,而萧红的眼睛则瞪得更大了,她有些害怕地将身子不由自主地向萧军这边挪了挪。若论萧军其时的心态,真恨不得挥起一拳将那个人模狗样的胖子来一顿死揍。然而,一眼瞥见身边萧红的惊恐目光时,他又把紧握着的拳头松开了。要知道,他现在并不是一个单身汉,为了萧红,他只得耐住性子,一个劲地和坏蛋们周旋。

想到这里,萧军慢悠悠地说了起来:"噢,是这样的,他去年是五十岁,今年就是五十一岁,中国人的年龄有虚年龄和实足年龄之分,所以我刚才说大概是五十岁,也没错呀!"

胖子觉得萧军回答得有理,于是换了个话题:"你为什么要到青岛去?这个女人是你什么人?"

"她是我的妻子——到青岛是回家。"

"怎么?你是山东人吗?你的口音……"

"不,我是满洲人。"

绘得红楼铸青史

"你,你回家为什么到山东去?"

"我的父亲在那里。"

"你父亲在那里做什么?"

"做买卖。"

"什么买卖?"

"钱庄。"

"什么字号?"

"×××。"萧军随便诌了一个字号。

"在什么路?"

"××路。"

"你为什么回家?"胖子见找不出什么破绽,又将问题拉回到了早先要问的问题。

"我们是新婚,回家去看看老人。"萧军一边答话,一边意味深长地望了一眼倚在身边的萧红,萧红则下意识地垂下头,红着脸,点了点头。那神态,还真像一对度蜜月的新婚夫妻!

"你请长假,还是短假?"

"长假。"

"拿你的名片和假单给我验看验看。"胖子一边说着话,一边向萧军伸手来索要。

"没有,"萧军很是干脆地回答道。

"我看你不像正经好人。"胖子将眼睛在萧军浑身上下扫视了个遍,而萧军的目光也同样不甘示弱地直直地盯视着他……

盘问没查问出什么名堂来。胖子随后又搜查开了行李,查了衬衫,还抖开了袜子一类的小件物品,甚至将一张张雪白的信纸对着阳光照了又照,随后,又将萧军当初藏掖《八月的乡村》初稿的那个茶叶筒倒了又倒,结果什么也没有发现。

胖子领着他那一帮人悻悻地下船去了,此时此刻,萧军与萧红默默地相视着,心中缓缓地松了口气:《八月的乡村》初稿保住了,笼罩在他们头上的危险阴影也随之消失了。次日上午船抵青岛,放眼望去,那满目葱茏碧绿湛青的山峦,令人心中油然升腾起一股久违了的土地和家的主人感觉。青青的岸边码头上,老友舒群偕年轻漂亮的新婚妻子倪青华,正微笑着大张着双臂迎候着他们平安到来。

首次去信鲁迅即复:抗战文学初沐阳光

在青岛,萧红专心致志地创作她的《生死场》。该书中一些至关重要,特别是事关民族危亡的情节的描写,是何等的高昂悲壮,这同萧红惯有的细腻婉转的散文笔调有着天壤之别,而同萧军作品中的那种特有的粗犷激越如出一辙。在这里,我们不妨读一读该书第十三节《你要死灭吗》中的具体描述:

……

赵三……说话表示出庄严,连胡子也不动荡一下:

"救国的日子就要来到。有血气的人不肯当亡国奴,甘愿做日本刺刀下的屈死鬼。"

……

四月里晴朗的天空从山脊流照下来,房周的大树群在正午垂曲地立在太阳下。畅明的天光与人们共同宣誓。

寡妇们和亡家的独身汉在李青山喊过口号之后,完全用膝头曲倒在天光之下。羊的脊背流过天光,桌前的大红蜡烛在壮默人头前面燃烧。李青山的大个子直立在桌前:"弟兄们!今天是什么日子!知道吗?今天……我们去敢死……决定了……就是把我们的脑袋挂满了整个村子所有的树梢也情愿,是不是啊!……是不是?……弟兄们?……"

回声先从寡妇们传出:"是呀!千刀万剐也愿意!"

哭声刺心一般痛,哭声方锥一般落进每个人的胸膛。

一阵强烈的悲酸掠过低垂的人头,苍苍然蓝天欲坠了!

……

就这样把一支匣枪装好子弹摆在众人前面,每人走到那支枪口就跪倒下去盟誓:"若是心不诚,天杀我,枪杀我,枪子是有灵有圣有

绘得红楼铸青史

眼睛的啊!"

寡妇们也是盟誓,也是把枪口对准心窝说话……

1934年的9月9日,悄吟——萧红率先完成了她的中篇小说《生死场》,而且很快就誊清了。这时,萧军的《八月的乡村》还没有脱稿。他们不知道这两部作品所选取的题材和所表现的主题积极性,与当前革命文学运动的主流是否合拍,很想写信问一问在上海领导革命文学运动的主帅鲁迅先生。

萧军向在青岛结识的左翼朋友梅林提及给鲁迅写信一事。梅林参加革命早,知道鲁迅先生和上海文艺界的一些情况。从一些文章披露的情况他得出结论:鲁迅常去内山书店。因此,他对萧军说,只要写"上海内山书店周树人先生收",就一定会收到的,也一定会得到他的指教的。

二萧的另一个朋友便是负责《青岛晨报》和青岛荒岛书店的孙乐文,他是中共党员,去上海进书时,曾在内山书店见过鲁迅。为此,他鼓励萧军给鲁迅先生写封信试试。不知道鲁迅家的地址,可以写到内山书店转交。他还建议萧军:可以用"荒岛书店"做通讯处。即使一时发生什么问题,他可以推说不知道,是顾客没经过他同意随便写的。他还提醒萧军:不要用自己的真名实姓,可以另起个名字,以防万一。

在孙乐文的建议下,为了能够及时和鲁迅通上信取得联系,他特意起了一个新名字,这就是一直沿用至逝世的"萧军"。萧,是因为他非常喜爱京剧《打渔杀家》里的老英雄萧恩。另外,因为他是辽宁人,古时辽代萧姓者居多,故而,他也就顺理成章地姓萧了。军,则是因为他原来当过兵,是个地地道道的军人。而且,直到现在,他无时无刻不在想着走上抗日第一线,面对面地去杀日寇,当一个真正的抗日军人。

1934年10月初,萧军给鲁迅写去了第一封信请求指导。在信中,他问鲁迅先生愿不愿意看一看萧红写的小说。信发出去了,究竟鲁迅能不能收到,即使收到了会不会回信,他是没有什么把握的。可他就是没有想到,鲁迅在接到萧军信的当天晚上就给写了回信,回信正是寄到荒岛书店由孙乐文转交的!

这么快就收到先生的复信,萧军和萧红、孙乐文三个人一起,同享了

抵抗日本侵略的文学上的一面旗帜

难以克制的激动与快乐。

鲁迅先生在复信中回答了两个问题：

一、不要问现在要什么，只要自己能做什么。现在需要的是斗争的文学，如果作者是一个斗争者，那么，无论他写什么，写出来的东西一定是斗争的，就是写咖啡馆跳舞场罢，少爷们和革命者的作品，也决不会一样。

二、我可以看一看的，但恐怕没工夫和本领来批评。稿可寄"上海，北四川路底，内山书店转，周豫才收"。最好是挂号，以免遗失。

对于萧军和萧红，正如萧军后来所说："我们在那样的时代，那样的处境，那样的思想心情状况中，得到了先生的复信，就如久久生活在凄风苦雨、阴云漠漠的季节中，忽然从腾腾滚滚的阴云缝隙中间，闪射出一缕金色的阳光，这是希望，这是生命的源泉！又如航行在茫茫无际夜河上的一叶孤舟，既看不到正确的航向，也没有可以安全停泊的地方……鲁迅先生这封信犹如从什么远远的方向照射过来的一线灯塔上的灯光，它使我们辨清了应该前进的航向，也增添了我们继续奋勇向前划行的新的力量！"

鲁迅表示愿意看一看萧红写的小说，这对她是多么大的鼓舞啊！她是多么的高兴啊！

为了让鲁迅先生更具体地认识他和萧红的面貌，萧军将1934年春天二萧离开哈尔滨之前照的一张合影——照片上，萧军身着一件俄国高加索式绣花的亚麻布衬衫，腰间束了一条暗绿色带有穗头的带子，这是当时哈尔滨青年们的流行时装；萧红穿一件半截袖子的蓝白色的斜条纹绒布做成的短旗袍，头上梳了两条短辫子，辫子上还扎了两朵淡茄紫色的蝴蝶结，这也是当时哈尔滨女青年喜爱的流行时装——连同萧红的手稿《生死场》（复写稿），以及一本导致他们南下流亡的《跋涉》，按照鲁迅先生的嘱咐，用挂号寄往上海内山书店。

然而，天有不测风云，哈尔滨时的那种白色恐怖气氛再一次降临到了二萧的头上。只不过所不同的是，哈尔滨搞白色恐怖的是日本侵略者和伪满洲国的汉奸帮凶们,而在青岛大肆搜捕、杀戮抗日志士和共产党人的,则是属于"自己人"的国民党反动派!

书稿、《跋涉》和照片刚寄出去不久,孙乐文就来告诉二萧说:青岛、济南等地,以及山东境内的不少地方中共地下组织,都受到了国民党反动派的严重破坏,很多同志遭到了逮捕。中共青岛市委书记高嵩同志率先被捕,舒群偕新婚妻子倪青华、妻兄倪鲁平等人,于其岳父母家中秋团聚时也遭逮捕。由于萧军所在的《青岛晨报》属于中共公开的外围组织,还有荒岛书店也是如此,因此,萧军的处境变得危险了起来,极有可能已经上了特务的黑名单,国民党特务也随时会来他家抓人搜查。孙乐文还告诉萧军:《青岛晨报》可能停刊。他叫萧军夫妇做好撤离青岛的准备。

10月22日,深受鲁迅复信鼓舞的萧军终于完成了《八月的乡村》,由于发生了突变,也没有时间修改、校正、誊清了,他们整天忙于走前的准备工作。

10月下旬的一天晚上,鉴于风声越来越紧,孙乐文约萧军到海上"栈桥"亭子的一处阴影里,告诉他:"我明天就转移了,也许离开青岛,书店里、家里全不能住下去了,你们也赶快走吧——这是路费!"说完,孙乐文交给萧军四十元钱,叫他立刻离开青岛。萧军回到家中与萧红简略地讲了讲,同时也告知了好友张梅林,当夜提笔书"快信"一封给鲁迅,告诉他千万不要再回信了,他就要离开青岛去上海。

爱侣强劲鼓励:抗战文学旗帜浴火重生

1934年11月12日,萧军、萧红夫妇,以及几个月来与他们朝夕相处的好友张梅林一道乘坐在一艘名叫"共同丸"的日本轮船底层货舱里,经一夜海浪颠簸,由青岛抵达了上海。次日,二萧搬进了位于法租界拉都路283号一家小杂货铺后面的狭小亭子间里。

定居以后,他们要办的第一件当务之急的事,就是写信告诉鲁迅先生:他们已经来到了上海,不知道从青岛发出的萧红的文稿、《跋涉》和照片收到了没有?此外,萧军在信中还提出了急切想和先生见面的要求。

当时,除了各国的租界地,就是国民党统治区,政治环境极为复杂,国民党反动当局对于革命的进步的文化事业控制极严,早已颁布了"危害民国紧急治罪法"。鲁迅一直处于被国民党反动派通缉中,过着隐居的生活,对于尚未见过面的人,是不会轻易应允见面的。因此,鲁迅在11月3日的复信中说:

刘先生

稿子,也都收到的,并无遗失,我看没有人截去。

见面的事,我以为可以从缓。因为布置约会的种种事,颇为麻烦,待到有必要时再说罢。

专此布复,即颂

时绥

令夫人均此致候。

迅上

十一月三日

萧军当时并不知道鲁迅不能立刻和他们见面的原因,立即又去信表达了渴望早日会见先生的迫切心情。因为四十元路费已经所剩无几了,在上海又人地两生,举目无亲,究竟能不能在上海生活下去呢?一切是茫然的、无把握的,所以很希望能早一日见上鲁迅一面,这样即使离开上海,也心满意足没有遗憾了。鲁迅在11月5日又急急回信说:

"你们如在上海日子多,我想我们是有看见的机会的。"

鲁迅并没有坚决予以拒绝,而是要从侧面先了解一下萧军夫妇的来历,萧军只有耐着性子等待着先生的约会。在这期间,在萧红的督促下,萧军开始了《八月的乡村》的修改。在修改过程中,他很不满意自己这部作品,觉得很不理想。他恼恨自己的低能,有时烦躁得看不下去了,竟产生了想一把火烧了它的荒唐念头。亏得萧红不断地给他以安慰和鼓励,萧军才得以修改完了《八月的乡村》。当时他们身边已经没有钱了,复写文稿的纸已告殆尽,怎么办呢?想来想去,只好把萧红的一件旧毛衣拿到当铺去押了七角钱。

用于复写的美浓纸是日本制造的,在上海只有在北四川路底的内山杂志公司有售。用萧红旧毛衣当来的七角钱,如果用来坐车就没法买纸,如果买纸就不能坐车。好在萧军生来就是吃苦的坯子,走去又走回。由于皮鞋不跟脚,回到家后双脚后跟又红又肿,还淌血,在家的萧红心疼极了,而萧军却反过来抚慰她,就好像疼在萧红身上一样。

买齐了纸,在那严冬时节没有阳光而又阴冷潮湿的亭子间里,萧红脚踩冰凉的水泥地,披着大衣,流着清水鼻涕,时时搓着冻僵的手指,夜以继日地为萧军抄完了《八月的乡村》。

在这期间,对于这对处于穷困、饥寒中的东北抗日流亡青年,鲁迅不但慷慨解囊解了他们的燃眉之急,而且还时时从精神上,以及为人处事应对复杂险恶环境方面,给予了最大限度的抚慰与关爱,从而帮助他们度过了初到上海时的艰难关口。

二萧自青岛带来的四十元钱,除了路费,到上海后租房子、安家……就所剩无几了。写信向哈尔滨的朋友黄之明求援,但"远水"解不了近渴。现在,当掉了萧红的毛衣,抄完了《八月的乡村》,他们又一文不名,已经到了山穷水尽、难以生存的地步。考虑再三,萧军于11月13日写信给鲁迅先生,冒昧向他告急,问先生能不能介绍一个工作?能不能借给二十元钱作生活费?能不能给看看《八月的乡村》?在同一封信中,他还问了很多其他问题。鲁迅于11月17日回信道:

"工作难找,因为我没有和别人交际。"

关于钱,鲁迅说道:

"我可以预备着的不成问题。"

关于其他问题,鲁迅也一一作答。

11月19日,萧军写信给鲁迅又提出了许多问题向他求教。在信中他还附带地着说了一件事:由于他在哈尔滨学过几天俄文,会讲几句俄国话,因此,在霞飞路上散步的时候,遇到一些俄国人,就忍不住要跟人家说上几句。

鲁迅于收信当日——11月20日便急急地在复信中告诫道:

> 十九日信收到。许多事情,一言难尽,我想我们还是在月底谈一谈好,那时我的病就可以好了,说话总能比写信讲得清楚些。但

抵抗日本侵略的文学上的一面旗帜

自然,这之间如有工夫,我还要用笔答复的。
    现在我要赶紧通知你的是霞飞路那些俄国男女,几乎全是白俄,你千万不可以跟他们说俄国话,否则怕他们会疑心你是留学生,招出麻烦来。他们之中,以告密为生的人很不少。

鲁迅对二萧的关心与警告,提高了二萧特别是萧军的警惕性,事后想想后怕得很。然而,使二萧高兴的是,鲁迅先生终于答应月底和他们见面了……

11月27日,鲁迅先生终于向他们发出了约会的信函:

    本月三十日(星期五)午后两点钟,你们两位可以到书店里来一趟吗?小说如已抄好,也就带来,我当在那里等候。

三天后,鲁迅与他们的会面如期举行。分手告别时,鲁迅先生把散发着体温的装有二十元钱的一个信封放在了桌子上,说道:

"这是你们所需要的……"

望着鲁迅先生借予的这二十元钱,萧军这个生性耿直的关东汉子由不得内心一阵酸疼,一股泪水很快浸满了他的眼眶……说心里话,他们要不是一次一次遭通缉、迫害、流亡,以至到了山穷水尽的地步,是绝不会轻易向人张口借钱的,况且借的又是鲁迅先生的钱,心里能好受吗?!

当听说他们连回去坐车的零钱也没有了,鲁迅先生又二话没说,同样默默地从衣袋里掏出了大大小小的银角子和铜板,轻轻地放在桌子上……

萧军双眼噙着泪水,将凝结着爱侣心血的《八月的乡村》抄稿交给了许广平女士。

许广平对萧红深有感触地说道:

"见一次面真是不容易啊!下一次不知什么时候再见了?"

"他们已经通缉我四年了,"鲁迅低低地如此补充了一句。

当萧军、萧红夫妇走上驶来的电车车厢以后,鲁迅先生还直直地站在那里望着他们,许广平女士则频频地向他们扬着手中的手帕,而依偎在他们身旁的小海婴也在挥动着他的一只小手……

对此,萧军在1936年11月出版的《作家》月刊第二卷第二号(总第

215

八号)《哀悼鲁迅先生特辑》中,这样深沉悲痛地回忆道:

只是这句话(指鲁迅先生在与他们首次会面时所云"他们已经通缉我四年了"的话——引者注),直到我写这文字时,它还是毫无有更改的、喑哑的铃声似的响在我的记忆里。

……

去的时候,我们的心全是破轨的跳跃,而回来,我们的心却似死去了。

"这是冬天,他还在穿着胶皮底鞋(此系东北方言,据萧军确切回忆,当时鲁迅穿的是一双黑色橡胶底的网球鞋——引者注)……脖子上连一条围巾也没有,那件棉袍子是什么布的呢?黑的也不正确,看起来又是那样的单薄不合身……"萧红说道。

"如果不是他……我也许疑心他是一个落拓的吸鸦片烟的人!他的脸色……那森立的头发……眉毛、胡须……可是虽然他是病瘦到这样不成形……我们这壮年的人……却要来吸他的血!……"我说。

"你的原稿(指《八月的乡村》——引者注)抄的字太小了……又用油印纸……这使他看起来吃力呢!"萧红说道。"油印纸",即美浓纸,很薄,由于是当了毛衣换来的七角钱购买的,为了省纸,萧红抄写的字既小又密。后来,鲁迅先生在校阅时十分吃力,看不清楚,必须在下面衬上一张白纸方才看得清字。鲁迅在校阅时戴着老花镜,一边看,一边慨叹地说道:"嗳!眼睛不成了。"却没有埋怨别人。

鲁迅力挺"奴隶社":《八月的乡村》成正果

还是在1935年3月5日鲁迅为叶紫和二萧举行的"解馋"宴会上,一个在未来文坛和中国革命文学史上将产生重大影响的计划酝酿产生了。席间,萧军代表叶紫和萧红向鲁迅先生提议:创建奴隶社。

鲁迅先生听后当即表示了同意,他说,"奴隶社"这个名称是可以的,因为它不是"奴才社",奴隶总比奴才强! 奴隶是要反抗的……

鲁迅再一次给予了他们强有力的支持。鲁迅先生后来对参加完红军两万五千里长征后从陕北回到上海的冯雪峰极为认真地说道：

"这奴隶，是受压迫者，用来作丛书名，是表示了奴隶的反抗。所以，统治者和'正人君子'们，一看到这类字样就深恶痛绝，非禁止不可的。"

对于在残酷年代里愿意并真正为奴隶的解放呼号的人，鲁迅最大的支持是出版他们的书，并为之鼓与呼。

叶紫的《丰收》是收有《丰收》、《火》、《电网外》、《夜哨线》、《乡导》、《杨七公公过年》六篇短篇小说的短篇小说集，列为奴隶丛书之一。作品无情地揭露了反动当局和地主对基层人民的残酷压榨，描写了人民群众的强烈反抗。有的则再现了大革命时期农村风起云涌的反封建反压迫的伟大斗争。叶紫的《丰收》、萧军的《八月的乡村》、萧红的《生死场》，曾辗转托人送到黎明书店等处，请求安排出版。而黎明书店的决策层起初也曾对这几个小"奴隶"的稿子考虑过，但鉴于当时恶劣的政治形势和国民党文化检查官的苛刻，书店不得不对这些作品存有戒心，生怕一旦出版发行会累及书店的前途，最后还是婉言拒绝了。但是要想自费出版，全部经费又一下成了问题。三个人连打牙祭都想要"老头子"来出钱解馋，又何以拿得出这么一大笔钱呢？这个当口，黎明书店两位当时名不见经传的小编辑丁镜心和敖方肇，站了出来，起到了关键作用。因为当时，印刷费和白报纸可以赊账，于是他们两人冒着风险作了担保，先后把这三部小说稿转给与黎明书店有来往的民光印刷所排印。

《八月的乡村》文稿取回来之后，给了叶紫。叶紫看过之后激动得抱着萧军说："好哥哥！你写得真好！"叶紫热情地为萧军介绍到公共租界内一位王先生私人办的"民光印刷所"，也就是印刷叶紫小说集《丰收》的那个印刷所去出版。叶紫的《丰收》因为得不到公开出版的机会，只好自费秘密出版。《八月的乡村》是抗日小说，当然更不能公开出版了。悄吟的《生死场》(这是胡风给起的书名)经过鲁迅推荐，转来转去有半年之久，也未得到公开出版的机会，只得另找出路。在萧军的建议下，征得鲁迅批准，他们三人组成了"奴隶社"，自费、秘密、"非法"出版了三本《奴隶丛书》：《丰收》、《八月的乡村》和《生死场》。这三本书都由鲁迅写了序言。在《丰收》的附页上以及《八月的乡村》、《生死场》初版时，都刊有萧军拟写的小启事：

> 我们陷在"奴隶"和"准奴隶"这样的地位，最低我们也应该作一点奴隶的呼喊，尽所有的力量、所有的忍耐——《奴隶丛书》的名称便是这样被我们想出的。

《八月的乡村》的出版较之叶紫《丰收》的发排要晚4个月，7月初正式出版，但在印刷时出版日期给印成了8月，目的是为了蒙蔽敌人。鲁迅先生为《八月的乡村》所作的序言，较之先前出版的叶紫《丰收》的序言，以及后来萧红的《生死场》的序言都要长，因为它直接描写了由中国共产党领导的抗日人民革命军同日伪军队直接作战的事迹。无论是在中国，还是在世界历史上，它都是最早反映中国共产党、中华民族、中国人民同法西斯侵略者之间进行殊死搏斗的小说。鲁迅为此热烈地写道：

> ……不知道是人民进步了，还是时代太近还未湮没的缘故，我却见过几种说述关于东三省被占的事情的小说。这《八月的乡村》，即是很好的一部，虽然有些近乎短篇的连续，结构和描写人物的手段，也不能比法捷耶夫的《毁灭》，然而严肃，紧张，作者的心血和失去的天空，土地，受难的人民，以至失去的茂草，高粱，蝈蝈，蚊子，搅成一团，鲜红的在读者眼前展开，显示着中国的一份和全部，现在和未来，死路与活路。凡有人心的读者，是看得完的，而且有所得的。

> "要征服中国民族，必须征服中国民族的心！"但这书却于"心的征服"有碍。心的征服，先要中国人自己代办。宋曾以道学替金元治心，明曾以党狱替满清籍口。这书当然不容于满洲帝国，但我看也因此当然不容于中华民国。这事情很快的就会得到实证。如果事实证明了我的推测并没有错，那也就证明了这是一部很好的书。

> 好书为什么倒会不容于中华民国呢？那当然，上面已经说过几回了——

> "一方面是庄严的工作，另一方面却是荒淫与无耻！"

> 这不像序。但我知道，作者和读者是决不和我计较这些的。

抵抗日本侵略的文学上的一面旗帜

一九三五年三月二十八日之夜，鲁迅读毕记。

为了蒙蔽敌人，他们为"奴隶社"假设了一个发行所：上海四马路容光书局。并将《八月的乡村》出版日期印成了"八月"，其实是5月份付排，7月初就出版了。先交了三十元印刷费，不足之数，出版之后卖了钱才补齐的。《八月的乡村》封面是经鲁迅介绍请木刻家黄新波刻的一幅木刻画。

萧军也为《八月的乡村》写了一个《书后》，表达了他要用笔同日本侵略者战斗到底的决心。

《书后》在指出他和萧红来到中华民国的青岛和上海"生活还不足一个年，我明白了，所感受的原是'到处一样'：一样是生活在辗轧和恐怖里；一样是血腥，一样是无耻，一样是荒淫、凌乱、可恶和贪污！……一样是满洲……"后，又写道：

> 可是，在满洲和日本帝国主义者，一直作血的斗争的义军，他们从同志们底血，敌人底血，以及本身流出的血瀑里面，长成了智慧和聪明，控制成了血的甲胄和纪律！本身在巩固，在庞大，在不断扩掘着斗争的路……。虽然他们是几多面受着敌人，敌人的走狗和"姘妇"们的夹攻，阴谋的损害！……但，这又成功了什么呢？最终的胜利，也还是属于有海一般广大群众拥护的这一面；人民所需要的这一面，——在满洲斗争的弟兄们，不正是为成千成万不甘心作奴隶的民众们拥护和热爱着吗？谁能否认这事实？
>
> 我伤心，这部书不会为正在斗争的弟兄们所读到。如果，只要他们之中有一个人能读到它，我便什么全满足了！我期待着。
>
> 如果可能——就是说，环境不迫害我到连呼吸全不自由的时候，——现在正是要"城下盟"的时候，中国政府应该自动消泯百姓反日的思想及其他。"危害民国"的罪名，也许会贯到你底头上来。因为我这是在反"日"，反"帝"，反对人类的残害者呢！——一定还要写，写，写……
>
> 这书，曾经给鲁迅先生读过了，并且还请他作了一篇《序言》。鲁迅先生是我所信赖和尊敬的，所以我请他把这书介绍给读者。

绘得红楼铸青史

……

7个月后的1936年2月2日,萧军又为该书的再版写了"感言",感言愤怒地驳斥了自初版问世以来"一些可怜的小报纸,曾为作者造了一批很可观的谣言",萧军写道——

记得,当这书印出后,一些可怜的小报纸,曾为作者造了一批很可观的谣言。有的说作者是从苏联归来,为"共产党"走卒(走卒也许比走狗还高明些,"卒"毕竟还是人。)又说这书是由鲁迅先生"斥资印刷",作者名利双收。可是接连第二天又说,此书的作者不独没能名利双收,而且连印刷费还没能付清。我想,像这样嗅觉不锐敏也不准确的家伙们,还是应该送到什么"警犬学校",多训练些时日再出来服务的好。省得丢尽主子的脸!

类似这样造谣的小报,在别的所谓文明的国度里也许是有,恐怕还不如中国来得这样下劣吧!可是在中国这样下劣的报纸,几乎成了主流。借这再版的机会,我要写点事实在下面:

(一)本书的印刷费,一部是作者从别面节省下来的一点稿费加入,另一面便靠着书卖出后的所得。而这卖出收不到钱的也是普通的事。为了欠债,在最后印刷局几至不准拿书了。——现在也还是欠着债。

鲁迅先生并没有一分钱在这里面。因为他本身既不是资本家,也不是靠着有钱主子的帮闲……他不会有这样多的余钱来"投资"。

(二)我没到过苏联,也没当过任谁的功狗和走卒。

(三)……

鲁迅怒斥狄克:倾力保护失却家园的热血作家

《八月的乡村》出版后,正是由于鲁迅先生的作序,给当时处于国民党反动统治当局推行全面围剿左翼文化运动的国统区文坛带来了一股清新的空气,注入了强劲的活力。正如鲁迅先生在为该书所作的序言中

抵抗日本侵略的文学上的一面旗帜

尖锐地指出"不容于中华民国"的那样,它也必定而且首先遭遇了来自制定并执行"攘外必先安内"媚日不抵抗政策的当局的封杀:印刷出版是地下的,发行销售自然也不准摆上各书店的书架公开流通。此外,还遭到了所谓自己人阵营的讥讽与挑刺。这其中,就有30年后登上中国政治舞台中心的张春桥(化名狄克),在高高祭举"国防文学"旗号的同时,"却实行着抹杀《八月的乡村》"的险恶勾当。在1936年3月15日的《大晚报》副刊上发表了《我们要执行自我批判》的文章。张春桥这样写道:

>《雷雨》从发表到现在一年多了,《八月的乡村》,《生死场》发表也快三四个月了,我们见到一个较详细的批评吗?《雷雨》在国外演出多次了,《八月的乡村》,《生死场》也得到很多读者了,难道我们底批评家还没有得到阅读的机会?不会吧?或者是满意了那些作品吗?也未必吧!或者说:为了要鼓励作者,对于他们严厉的批评,是不合适的。或者说:等些时自然有人写的。然而,这是多么错误的事!
>
> 是的,对于那些贡献给文坛较好的作品的作者,我们应当加以鼓励,应当加以慰勉。然而,一个进步的文学者,是绝对的不会反对正确地给他些意见的,甚至他正迫切需要。如果只是鼓励,只是慰勉,而忘记了执行批评,那就无异是把一个良好的作者送进坟墓里去,我不必举远例,头些时候青年诗人XXX底诗集出版以后获得赞美,大家忘了批评他,如何呢?他没落下去了!再看《雷雨》作者底单行本序文,又显出一种非常不好的态度:他不高兴别人给他底意见。他已经在自傲了!假如他底《雷雨》发表以后,就得到正确的批评,那是不会有这现象的。
>
>《八月的乡村》、《生死场》内容上没有问题了吗?
>
>《八月的乡村》整个地说,他是一首史诗,可是里面有些还不真实,象人民革命军进攻了一个乡村以后的情况就不够真实,有人这样对我说:"田军不该早早地从东北回来",就是由于他感觉到田军还需要长时间的学习,如果再丰富了自己以后,这部作品当更好。技巧上,内容上,都有许多问题在,为什么没有人指出呢?

将这部作品批判以后至少有下面的几点好处：

（一）田军可以将《八月的乡村》改写或再写另外一部，（二）其他的正在写或预备写的人可以得到些教训，而不再犯同样的错误，（三）读者得到正确的指针，而得到良好的结果。

我相信现在有人在写，或预备写比《八月的乡村》更好的作品，因为读者需要！

批评家！为了读者为了作者请你们多写点文章吧！多教养作者吧，许许多多的人们在等待着你们底批判！不要以为那些作家是我们底就不批评！我们要建立国防文学，首先要建立更为强健的批评！我们要结成联合阵线，首先要建立强健的批评！更为了使作家健康，要时时刻刻的执行自我批判！

针对狄克对《八月的乡村》及其作者近乎否定的百般挑剌的"自我批判"，鲁迅先生读到后，写了一篇题为《三月的租界》的檄文。鲁迅先生针锋相对地批判道：

今年一月，田军发表了一篇小品，题目是《大连丸上》，记着一年多以前，他们夫妇俩怎样幸而走出了对于他们是荆天棘地的大连——

"第二天当我们第一眼看到青岛青青的山角时，我们的心才又从冻结里蠕活过来。

"'啊！祖国！'"

"我们梦一般这样叫了！"

他们的回"祖国"，如果是做随员，当然没有人会说话，如果是剿匪，那当然更没有人会说话，但他们竟不过来出版了《八月的乡村》。这就和文坛发生了关系。那么，且慢"从冻结里蠕活过来"罢。三月里，就"有人"在上海的租界上冷冷的说道——

"田军不该早早地从东北回来！"

谁说的呢？就是"有人"。为什么呢？因为这部《八月的乡村》"里面有些还不真实"。然而我的传话是"真实"的。有《大晚报》副刊《火炬》的奇怪毫光之一，《星期文坛》上的狄克先生的文章为证——

抵抗日本侵略的文学上的一面旗帜

"《八月的乡村》整个地说,他是一首史诗,可是里面有些还不真实,像人民革命军进攻了一个乡村以后的情况就不够真实。有人这样对我说:'田军不该早早地从东北回来,'就是由于他感觉到田军还需要长时间的学习,如果再丰富了自己以后,这部作品当更好。技巧上,内容上,都有许多问题在,为什么没有人指出呢?"

这些话自然不能说是不对的。假如"有人"说,高尔基不该早早不做码头脚夫,否则,他的作品当更好;吉须不该早早逃亡外国,如果坐在希忒拉的集中营里,他将来的报告文学当更有希望。倘使有谁去争论,那么,这人一定是低能儿。然而在三月的租界上,却还有说几句话的必要,因为我们还不到十分"丰富了自己",免于来做低能儿的幸福的时期。

这样的时候,人是很容易性急的。例如罢,田军早早的来做小说了,却"不够真实",狄克先生一听到"有人"的话,立刻同意,责别人不来指出"许多问题"了,也等不及"丰富了自己以后",再来做"正确的批评"。但我以为这是不错的,我们有投枪就用投枪,正不必等候刚在制造或将要制造的坦克车和烧夷弹。可惜的是这么一来,田军也就没有什么"不该早早地从东北回来"的错处了。立论要稳当真也不容易。

况且从狄克先生的文章上看起来,要知道"真实"似乎也无须久留在东北似的,这位"有人"先生和狄克先生大约就留在租界上,并未比田军回来得晚,在东北学习,但他们却知道够不够真实。而且要作家进步,也无须靠"正确"的批评,因为在没有人指出《八月的乡村》的技巧上,内容上的"许多问题"以前,狄克先生已经断定了:"我相信现在有人在写,或豫备写比《八月的乡村》更好的作品,因为读者需要!"

到这里,就是坦克车正要来,或将要来了,不妨先折断了投枪。

到这里,我又应该补叙狄克先生的文章的题目,是:《我们要执行自我批判》。

题目很有劲。作者虽然不说这就是"自我批判",但却实行着抹杀《八月的乡村》的"自我批判"的任务的,要到他所希望的正式的

223

"自我批判"发表时,这才解除它的任务,而《八月的乡村》也许再有些生机。因为这种模模胡胡的摇头,比列举十大罪状更有害于对手,列举还有条款,含胡的指摘,是可以令人揣测到坏到茫无界限的。

自然,狄克先生的"要执行自我批判"是好心,因为"那些作家是我们底"的缘故。但我以为同时可也万万忘记不得"我们"之外的"他们",也不可专对"我们"之中的"他们"。要批判,就得彼此都给批判,美恶一并指出。如果在还有"我们"和"他们"的文坛上,一味自责以显其"正确"或公平,那其实是在向"他们"献媚或替"他们"缴械。

其实,遭到鲁迅迎头痛击的《我们要执行自我批判》一文,并非是化名狄克的张春桥对《八月的乡村》的第一篇攻讦之作。早在此前一个来月,由上海杂志公司出版的《书报展望》1卷4期上,有着另一个笔名"水晶"的张春桥,以《八月的乡村》(田军作)为题,横挑鼻子竖挑眼地抨击上了。而且,此文内容用心更为险恶,几乎到了全盘否定《八月的乡村》的地步。此文公然叫板鲁迅先生所作序中痛斥的不抵抗的国民政府"有些人在过着荒淫与无耻的糜烂生活",与赞扬萧军萧红叶紫这些奴隶社的战士们"正在做着庄严的工作"的同时,还对《八月的乡村》中英勇抗击日寇的人民革命军的几个主要人物的刻画,来了个一概否定:

> 这是本悄悄地出版的书,我现在公开地来谈它,不也大可不必么?我想以纯粹的读书人的立场客观地来说几句读后感,先生原谅吗?《八月的乡村》告我们的是有些人在过着荒淫与无耻的糜烂生活,另一方面却正在做着庄严的工作。
>
> 可是我以为美中不足的,一是司令陈柱底个性不大显明,二是萧队长那末的一个没落的知识分子刻画得不够力,三是李七嫂之受日军蹂躏后竟能够马上执枪从众,尤其是一个聪明的朝鲜女安娜,懂得下命令,裹伤口,教唱歌,给大家讲种种有意识的言论、事实,却会因为萧同志(也许是他吧)而要求"回上海"。我不是说她们不会转变(到底是没落的知识分子),我说的只是毫无线索地突然转变得

那末快而已。法捷耶夫在《我的创作经验》里谈：

"例如昨天某人还是一个懒家伙，但今日已变成一个突击队员了。艺术家的任务，就在表明，这个人怎样由落后转而加入突击队、为什么要这样呢？"

本书的作者就犯了这么的一个毛病——"把主人公内在阅历表现得很薄弱"，"很少观察人们的改造过程是在怎样进行的"，我希望作者在"一定还要写、写、写——"的时候，能够谦虚地参考一下法捷耶夫底《我的创作经验》一文。

刊登这篇文章的《书报展望》，本是上海杂志公司推销书报的杂志，印数很少，影响有限，所以一个来月后，"水晶"选择在发行量、读者群远要多得多的《大晚报》副刊《火炬·星期文坛》上发表《我们要执行自我批判》，那个本名张春桥的狄克，一一列举《八月的乡村》主要情节主要人物"不真实"，并进而嘲笑作者田军本人不具备"艺术家"即作家的基本特质。同绝大多数左翼作家与正直的读者们一样，鲁迅当时并未留意。

当时，在上海的文坛上还流传着鲁迅于《夜莺》月刊发表痛斥狄克对《八月的乡村》攻击的《三月的租界》的檄文之后，狄克——张春桥还专门写信给鲁迅，于百般辩解自己所写的《我们要执行自我批判》一文"良好用意"的同时，请求鲁迅给自己回一封信，以释前疑，给自己留一条后路的故事。

据鲁迅日记载，这封信于4月28日寄到鲁迅手中，鲁迅该日日记记有"得狄克信"。鲁迅当时正患重病，体重骤降至37公斤。可是，他看到狄克的来信不善，又从《夜莺》编辑部等处得知其颇有些来历，于是，为了剥下其伪装革命、藏奸耍滑的画皮，不仅没有回信"私了"，反而随即在30日写出《〈出关〉的"关"》，同样登载在《夜莺》上，再一次公开给予痛击。

鲁迅所写的《三月的租界》檄文，刊于同年5月10日出版的《夜莺》月刊1卷3期。而狄克为自己辩解请求鲁迅笔下留情的信，却是早在此前十来天就发出了。那么，这又是怎么一回事呢？原来，这《夜莺》月刊是委托上海杂志公司发行的。按规定，每期用稿清样需送公司相应部门安排。而时任杂志公司助编的张春桥,却来了一个近水楼台先得月,从设在新钟书店内的《夜莺》编辑部里看到了鲁迅先生的这篇檄文。惊恐、恼怒之下,经过一番思索,仍以"狄克"之名给鲁迅先生写去了一封半是求饶半是"解释"的信,同时祈请鲁迅先生给自己回一封信,以图日后向世人"解释",挽回自己的颜面。此信原件存于北京鲁迅博物馆,曾于1977年11月出版的《鲁迅研究资料》第2期上刊出(此处略去)。

鲁迅还在5月4日致友人王冶秋的信中,提及此事,十分愤慨狄克等"英雄们却不绝的来打击",并且坚定地表示:"我其实也真的可以什么也不做了,不做倒无罪。然而中国究竟也不是他们的,我也要住住,所以近来已作二文反击。"这里所说的"二文",即指《三月的租界》和《〈出关〉的"关"》。

鲁迅先生在《〈出关〉的"关"》一文中,即不点名地答复了狄克4月28日的来信。鲁迅先生指出:

> 我的一篇历史的速写《出关》在《海燕》上一发表,就有了不少的批评,但大抵自谦为"读后感"。于是有人说:"这是因为作者的名声的缘故。"话是不错的。现在许多新作家的努力之作,都没有这么的受批评家注意,偶尔为读者所发现,销上一二千部,便什么"名利双收"呀,"不该回来"呀,"叽哩咕噜"呀,群起而打之,惟恐他还有活气,一定要弄到此后一声不响,这才算天下太平,文坛万岁。然而别一方面,慷慨激昂之士也露脸了,他戟指大叫道:"我们中国有半个托尔斯泰没有?有半个歌德没有?"惭愧得很,实在没有。不过其实也不必这么激昂,因为从地壳凝结,渐有生物以至现在,在俄国和德国,托尔斯泰和歌德也只有各一个(见2005年版《鲁迅全集》第六卷第536页)。

鲁迅四处大力举荐:
《八月的乡村》花绽五洲

《八月的乡村》出版以后,首先给鲁迅送去了一批。之后,鲁迅又陆

抵抗日本侵略的文学上的一面旗帜

陆续续地要了几批分送给朋友们,或者托胡风拿去代卖,也托人带到了苏联、日本、印度、美、英、德等国和中国共产党领导下的抗日根据地。同时,在上海的各大学里秘密推销得也很快,受到了广大进步群众的热烈欢迎,在社会上激起了巨大的反响。

鲁迅在1935年7月27日给萧军的信中写道:"胡有信来,对于那本小说,非常满意。我的一批,除掉自己的一本外,都分完了,所以想请你再给我五六本……"

两天后,鲁迅又在信中要求道:"俄国已寄去一本,还想托人再寄几本去,……"

《八月的乡村》寄到国外去后,最早一个把它译出来的是苏联,一开始是连载在《国际文学》上,此时大约是1937年的早春日子。有关苏联《国际文学》连续刊载《八月的乡村》一事,萧军老友、引导他走上文学道路的老共产党人方靖远(方未艾),于30年代中叶受党组织派遣担任新疆阿勒泰专区反帝分会书记兼金矿局局长期间一天,从金矿局聘请的苏联专家、工程师米秋森那儿,读到了刊有萧军的《八月的乡村》俄文译文的两册《国际文学》可为实证。米秋森同志在将杂志借给方未艾时,还特意竖起了大拇指,用钦敬的口吻向他说道:萧军是"中国现代无产阶级革命作家",给予了很高的评价。这个评价生动形象地反映了苏联共产党、苏联政府和苏联人民对中国革命、中国人民正在进行的抗日战争,以及中国左翼文学的高度关注和强有力的支持。

著名七月派诗人、延安文艺老战士侯唯动深情地回忆了当年如何争着抢着阅读《八月的乡村》的动人场面。他还回忆道,1937年,尚在国统区从事抗日救亡运动的他,有一天去县上的阅览室看报——

> 突然像火星迸入眼窝了。那只有《中央日报》、《西京日报》、《扫荡报》、《大公报》、《申报》的报架子上,《中央日报》等的头版头条,大字标题却出人意外地登载着一条特大新闻:"我国作家田军的巨著《八月的乡村》,荣幸地被翻译成德意志文(此处是侯唯动记忆有误,应为俄文——引者注)了!"(大意)再看内容,"国民政府"沾沾自喜,成了"国民政府"的光荣了。

侯唯动还写道:

> 《八月的乡村》展现了不愿做奴隶的人民的战斗精神……我从中汲取了力量,也间接从那大豆花中采撷了花粉,酿出自己的蜜。
>
> 大家知道,我这地地道道的陕西冷娃,却写出了一篇长诗《斗争就是胜利》,献给东北抗日联军弟兄们。
>
> 我读了《八月的乡村》,发现东北的景物与北方大同小异。揣摸萧军笔下的东北的风景画和风俗画的线条,加上我做庄稼的亲身经历和抗日的坚强意志,在萧军精神感召下,我这个十七八岁乡下青年,用了两年断断续续的雨天与做庄稼的空闲,趴在炕上,硬用竹尖当笔,在一角钱的白纸簿上啃出来的。

后来,《斗争就是胜利》这篇长诗经胡风斧正后,于1938年全民抗战高潮中刊登在武汉由胡风主编的《七月》第十期上,从而使得侯唯动一举成名:"人们都以为我是一个东北诗人,肯定参加过抗日联军。"

对此,侯唯动自豪地向世人宣告道:

> "是参加了抗日联军,是他们的同志,一条心一股劲地参加了抗日联军,而且是跟在萧军举起的大红旗后面。不过是用笔做枪。"

不久,像千千万万个热血青年一样,侯唯动怀揣着《八月的乡村》奔赴了革命圣地延安。在延安,他见到了他的"引路人"萧军,再往后,无论是在延安"整风"中,还是在哈尔滨萧军受阻罹难时,侯唯动都是"一条道上跑到黑",坚定地站在了萧军一边。为此,50年代中叶,他在被定为"胡风分子"的同时也就叨扰未陪成了"萧军分子"。

继《国际文学》连载《八月的乡村》之后,苏联又出版了《八月的乡村》单行本,据说最高时一天的销售量可达五千多本之多。同苏联本国作家的作品相比,这个销量自然不算多,但在中国是令人瞩目的。在国内,一是由于自费出版受经费的限制,二是更由于国民党反动当局的层层设卡和"友邦"的抗议,国内全年也不过销出七八千本左右,而苏联却在一天中就完成了拥有四亿五千万人口的中国一年的销量,这从中也可以看出两种不同制度下社会的巨大差异。颇有意思的是,《八月的乡村》被译成

抵抗日本侵略的文学上的一面旗帜

俄文的消息,经莫斯科电台广播后,竟在国民党的政治喉舌《中央日报》的头版上用"加栏"并冠之以"特种消息"的醒目方式给刊登了出来。虽然他们在国内拼命禁止《八月的乡村》的发售,但在国际上,却要把萧军列入到"中国著名作家"的行列,其光荣自然是属于卖国求荣的"国民政府"了,诚如鲁迅先生在《八月的乡村》序言中所说的那样:"一方面是庄严的工作,另一方面却是荒淫和无耻!"

据了解,后来,当希特勒法西斯侵略军大举入侵苏联后,在苏联共产党和斯大林的英明领导下,在苏联红军和人民游击队风起云涌的抗击希特勒法西斯入侵的伟大卫国战争中,《八月的乡村》一度成为成千上万名红军战士和游击队员的战地读本,因为它是世界上最早的武装抗击法西斯入侵题材的"一部很好的书"。

《八月的乡村》被译成俄文在苏联出版后不久,又有斯诺先生根据鲁迅先生的生前提议而亲手翻译的英译本,得以在美国面世并在英语国家广为流传。就是在法西斯德国和日本国内,也很快出现了《八月的乡村》的德译本和日译本。因此,完全有理由这么认为,《八月的乡村》是国际通行的反侵略战争的"一部很好的书",在全世界所有反对法西斯战争的正义阵线中,有着不可磨灭的地位。

在国内,尽管由于国民党反动当局设置的种种禁令,但是,人民,尤其是积极投身于抗日斗争的广大人民群众,还是很快地知道了这部书的存在及其现实的指导意义。

关于萧军第一次抵达延安的一些情况

——对《南方周末》所刊《〈延安日记〉里的萧军与毛泽东》一文之质疑

关于萧军第一次抵达延安的情况,牛津版的萧军《延安日记》出版之后,一些评述文章不但与历史脱钩,也与萧军本人就其整个延安生涯的亲撰亲述差之甚远,且缺乏相应的时代意识与文史知识。刊登在2014年4月17日《南方周末》"往事"栏,由陈益南先生撰写的《〈延安日记〉里的萧军与毛泽东》这一整版文章,就是其中的一例。

萧军是鲁迅的"头号弟子"吗?

先谈为绝大多数文史学者深感错讹明显的一处。

陈益南先生这样写道:

但是,萧军于1941年7月先后给毛泽东写的两封信,尤其是第二封有"通牒"意味的信可能让毛泽东作出了决定:与鲁迅的这位头号弟子进行一次"接谈"……

请问,萧军何以成了"鲁迅的这位头号弟子"?

关于萧军第一次抵达延安的一些情况

众所周知,除瞿秋白、茅盾这二位与鲁迅并肩共同反对国民党反动当局发动的对左翼文化围剿的亲密战友外,冯雪峰可以称得上是一位能够影响鲁迅的战友兼学生(许广平语),即通常人们形容的半师半友。根据与鲁迅先生交往的程度,以及鲁迅生前的评价,笔者以为,远在萧军之前的著名作家、称得上鲁迅的学生的有三位。

先谈丁玲。

丁玲成名很早,而且与中共早期领导人瞿秋白、张闻天等有来往,还认识李达等多位中共"一大"代表。丁玲加入"左联"后,主编过"左联"机关刊物《北斗》,担任过"左联"负责人,是"左联"五烈士之一的胡也频的妻子。丁玲遭国民党绑架、囚禁后,鲁迅联合宋庆龄、蔡元培等国内外知名人士发表营救丁玲的宣言书,还撰文痛斥国民党对丁玲的迫害。在听到丁玲被害的谎讯后,鲁迅先生写下了《悼丁君》的诗。诗曰:如磬夜气压重楼,剪柳春风导九秋。瑶瑟凝尘清怨绝,可怜无女耀高丘。而且,丁玲是逃离国民党囚笼后,第一个进入陕北红军根据地的国统区左翼作家。为此,毛泽东在保安设宴款待了她,并为她写下了《临江仙》一词,称誉她为"昨天文小姐,今日武将军"。

丁玲之后是叶紫。

叶紫是1934年12月19日晚,鲁迅先生在上海广西路梁园豫菜馆为萧红萧军举行的接风宴上,亲自为人生地不熟的两位失却家园的热血东北青年指定的向导与监护人。早在大革命时期,叶紫的全家都投入到了反对蒋介石叛变革命的洪流中。同为中共早期党员的父亲与姐姐在湖南益阳家乡惨遭国民党右翼势力杀害后,他被迫离开家乡,开始了四处漂泊的人生道路。在南京、上海等地,叶紫做过苦工,拉过洋车,讨过饭,教过书,编过报纸,最后,在同乡志士的帮助下重新找到了地下党,并于1932年加入"左联",次年加入中国共产党,并以自己作品的鲜明特色引起人们的注意。加入中国共产党后,他与老母、妻儿共同居住的狭小亭子间一度充作了联络点,地下党和"左联"多次在这里召开会议。诚如鲁迅先生为其所著的短篇小说集《丰收》所作的序中称颂的"作者还是一个青年,但他的经历,却抵得太平天下的顺民的一世纪经历。"毋庸置疑,论其丰富的人生阅历,早在萧军之前就与鲁迅先生的特殊交往,对革命和左翼文学运动的贡献及其作品的艺术魅力,叶紫都在萧军之上。

上述二位都是共产党员与文坛知晓的著名左翼作家,成就都在萧军之上。他们的成长与成名完全出于自己多年来生活的磨练与细致观察的结果,而且是在鲁迅扶掖之前。

更为20世纪三四十年代文坛知晓的鲁迅学生是胡风。胡风,只有胡风,才可以称得上是鲁迅先生的名符其实的头号弟子。他是继瞿秋白、茅盾、冯雪峰之后、与鲁迅一起挺立潮头反对国民党文化围剿的斗士,而且几乎是形影不离。鲁迅有什么事,也总是会委托胡风去办。如考察刚到上海的二萧,如日本友人鹿地亘选编鲁迅作品集,受鲁迅委托,懂日文的胡风前往指导具体翻译。"七七"抗战全面爆发后,是胡风主编的《七月》,将当年围聚在鲁迅身边的那些战友、学生,以及与鲁迅交往过的进步人士,无论是进入延安、深入敌后的,还是留在国统区、远走香港南洋等地的,重又团结在了一起。那篇著名的毛泽东《论鲁迅》的讲演稿,若非胡风慧眼独具,及时予以发表,说不准早已湮没在了历史的尘埃中。

而且,值得大书一笔的是胡风先生的高风亮节,他并不因为在新中国成立后人为发动的文化界反"胡风反革命集团"的运动中,被毛泽东钦定为这一特大反革命集团案的盟主,失去人身自由达24年之久,就对毛泽东、共产党耿耿于怀,否定一切,包括对毛泽东《论鲁迅》的根本态度与立场。距1938年3月他主政的《七月》杂志刊发汪大漠同志现场亲笔记述的毛泽东《论鲁迅》讲演一文过去43年后,也是胡风先生走出监狱重获自由三年后,胡风先生在其发表于1981年10月12日《人民日报》上的《一点回忆》的文章中,向读者们描述了他在43年前收到这份珍贵文献时的心情——

> 看到文章后,我非常高兴。当时有些人,一直抱有轻视以致敌视鲁迅的态度,常借机暴露出来。鲁迅虽死,但并未"盖棺论定"。抗战发生后,大都陶醉在抗日的热烈台词里面,更不觉得鲁迅的什么在抗战中还有什么作用了。这是和论断二十年代末到三十年代中期鲁迅的战斗和左翼文化情况相关的一个重大问题。大概是

关于萧军第一次抵达延安的一些情况

1936年4月底5月初吧,雪峰从陕北回上海后,才知道了毛主席对鲁迅有很高的评价,但也是语焉不详的。现在看了这一篇,想不到毛主席对鲁迅有这样恳切的同志感情和这样高的评价,虽然和后来在《新民主主义论》中的结论比,这还是初步的看法,但在我已是喜出望外,解除了多年来心头的重压,极其高兴地发表了。

再有一位,虽说没有萧军那样名气"响",可他与鲁迅先生交往了整整十年:早在1927年10月鲁迅自广州刚到上海时,就与鲁迅先生有了来往,并且两次现场记录鲁迅在江湾劳动大学与立达学园的讲演,他就是此后的多年中,还代鲁迅、茅盾编辑过《译文》《文学》杂志的著名翻译家、编辑家黄源先生。在相当一段时间,他与鲁迅隔三岔五地会面商谈《文学》《译文》的编务工作。有时,商讨编务问题晚了,黄源便在大陆新村鲁迅先生的家中与鲁迅先生一起进餐。

笔者认为,解读前辈日记,既不能脱离历史现场,随意割裂一个人的前后历史,更不能凭空想象,做日记主人自己也不认可的事。所谓萧军是鲁迅的这位"头号弟子"(据笔者所知,萧军晚年复出后,无论是在国内各地演讲、座谈,还是去美国、新加坡、日本及香港、澳门等国家和地区访问,面对公众,萧军无不声明自己是一个"鲁门小弟子"及"辽宁凌水一匹夫耳"),以及无视萧军延安日记多年前在大陆两度出版的事实,乃至在同一文中武断作出的"萧军第一次到延安……毛泽东与萧军之间,显然还没有个人接触"等结论,就是这其中比较严重的错误。归根到底,这跟作者不读鲁迅著作与萧军的其他著述,或听风便是雨,或仅凭自己的一知半解及推定的思维模式等,有着密切的关联。诚如时下一些人无视1927年蒋介石背叛孙中山遗训,发动"四一二"大屠杀,鲁迅不顾自身安危,利用自己担任中山大学教务主任这一特定身份,出面主持召开中大各系主任、骨干教授会议,商讨营救被捕进步学生,遭拒后愤而辞职的史实,非要将其纳入共产党对立面。再有一点,是报刊编辑的不敬业、不严谨,缺乏相应的文史知识且不说,对来稿不辨真伪,不查核相关史料,哪怕是翻阅一下鲁迅的书信日记,也不会产生如此低级的错误了。

绘得红楼铸青史

2013年以前没有"完整和可靠的权威实证"吗?

另一处严重错讹,是陈益南先生在《〈延安日记〉里的萧军与毛泽东》一文伊始,就开宗明义地向不明真相的读者给出了这样一个结论:

> 毛泽东与作家萧军的交往,虽然常有真伪难辨的片段文字,散见于书报之中,然而,系统、完整而可靠的权威实证,却始终未能见到。值得庆幸的是,2013年问世的萧军《延安日记》一书,展示了很多细节,由此,人们便可较为清楚地了解到这段历史。

笔者认为,陈益南先生此说根本不能成立!

如前所述,远在香港牛津版的萧军《延安日记》"2013年问世"之前,就已经两次"问世"了。不仅如此,早在20世纪80年代初叶,有关当年在延安萧军与毛泽东的交往,就已经有了"系统、完整而可靠的权威实证"了。

第一,与萧军结婚整半个世纪(至1988年6月6日,恰一个金婚纪念,16天后萧军告别人世)的老伴王德芬,以萧军整个延安时期共同生活的历史见证人身份写下的《萧军年历表》,比较系统、完整地记录下了萧军与毛泽东之间的密切交往。其中的一次,1942年8月12日,王德芬怀抱刚满月的儿子萧鸣,随夫君萧军一道,与艾青韦嫈夫妇、罗烽白朗夫妇,以及舒群一道,前往毛泽东住处作客并进午餐。《年历表》首次公布了毛泽东给萧军的10封亲笔信内容。《年历表》完稿于1984年12月10日,当事人萧军亲笔写下的评价是"条理分明,引证有据。叙事可靠",并认为"对我写《我的生涯》(萧军计划中要完成的回忆录——秋石注)很有纲领性的意义。"(《萧军年历表》,见1990年10月春风文艺出版社出版的《萧军纪念集》P695~865页)。

第二,由萧军夫人王德芬亲笔撰写的长篇记述《萧军在延安》,则是又一次"完整、系统而可靠"地记录下了毛泽东与萧军之间的每一次交往,以及毛泽东致萧军的10封亲笔信。《萧军在延安》全文近20 000

关于萧军第一次抵达延安的一些情况

字,自 1938 年 3 月 21 日萧军首抵延安,受到毛泽东主动登门拜访并设宴款待起,至 1945 年 11 月中旬,萧军随同周扬率领的"鲁艺文艺大队"赴华北东北离开延安前夕,去毛泽东住处辞行,"毛主席还留萧军去朱总司令家共进午餐,饭后又和朱老总一同送他到山下大路旁,才挥手告别"结束。此文最早刊于 1987 年第 4 期《新文学史料》,后经进一步补充修订,收入由程远先生主编、陕西人民教育出版社 1992 年 8 月出版的《延安作家》一书(见该书 P392~412 页)。《延安作家》同时收录的,还有萧军所著的《难忘的延安岁月》一文(刊于 1989 年 5 月 11 日《人民日报》,见该书 P388~391 页。此文为萧军生前留存遗著,王德芬整理。此后,该文又收入由艾克恩先生编、中国社会科学出版社 1992 年 5 月出版的《延安文艺回忆录》一书),以及延安文艺运动研究专家程远先生的专稿《萧军在延安二三事》(原载 1988 年 12 月 12 日《光明日报》,见该书 P413~416 页)。

第三,由延安时期红小鬼、延安文艺运动研究专家艾克恩先生编纂、文化艺术出版社 1987 年 1 月出版的《延安文艺运动记盛:1937.1~1948.3》中,也记有萧军与毛泽东之间的交往事项。

特别要指出的是,较之萧军在其《延安日记》记载的,王德芬所著的《萧军在延安》一文,则更趋理智、客观、严谨、实事求是,而贴近历史真实现场。记得是在萧军逝世后,特别是在 1997 年 10 月间,老夫人王德芬自京城南下南京参加母校原汇文女中(今人民中学)110 周年校庆期间,两次探访萧红早期好友高原先生,以及到苏州重访 60 年前求学过的苏州沧浪亭美术专科学校旧址,及去江南水乡常熟访问萧红中学时期女友徐淑娟家乡时,不止一次的谈话中,王德芬先生亲口告诉笔者,无论是《萧军年历表》,还是《萧军在延安》那篇长文,都是经过萧军本人审核后才发表的。

然而,让人费解的是,陈益南先生怎么能够得出"……系统、完整而可靠的权威实证,却始终未能见到"这样的结论呢? 由此可见,陈益南先生的《〈延安日记〉里的萧军与毛泽东》一文,是只见树木而不见树林;写史,不去考证真实历史;解读萧军,不与历史现场相结合。

萧军首次进入延安没有与毛泽东的接触吗?

在《〈延安日记〉里的萧军与毛泽东》一文中,笔者还认为,最不靠谱的是以下两段话:

> 萧军第一次到延安,是与丁玲等人在1938年3月从山西去西安的途中,而当时,毛泽东与萧军之间,显然还没有个人的接触。1940年6月,萧军第二次进入延安,并在此工作生活了五年多,直至抗战胜利。这期间,萧军与毛泽东有了多次交往。
>
> 不过,萧军第一次与毛泽东的交往,却并非是他初到延安之际,而是在一年多之后。
>
> ……
>
> 于是,1941年7月8日,萧军给毛泽东写了一信,请毛泽东与他谈一次话,他要向毛反映自己的看法,并寄希望于毛泽东能解决这些问题。萧军过去从未同毛泽东有过个人接触……

在进入本文核心话题之前,先替陈益南先生纠正一个史实错误:萧军第一次到延安,并非是与丁玲等人在1938年3月从山西去西安的途中。而是丁玲领导的西北战地服务团,包括萧红在内的一些作家,从临汾进经运城坐火车去的西安。而萧军为了到五台前线打小鬼子,是在临汾火车站与萧红、丁玲她们分手后的第二天,出临汾西门徒步出发,风餐露宿二十多天后进入延安的。至于丁玲,则是在率领"西战团"抵达西安约半个月后,为了解决国民党方面日趋严重的蓄意摩擦与更多的限制措施,坐八路军军车去延安向党中央毛泽东汇报工作在边区招待所遇见萧军的。

读了陈益南先生的上述分析,笔者有一种历史被割裂,学术探寻历史真相过于浮躁的感觉。其一,陈益南先生的上述论断与真实的历史失之千里;其二,陈益南先生写萧军却不了解萧军。须知,萧军我行我素的急躁情绪由来已久。不说别的,仅说在1934年11月至1936年11月与

关于萧军第一次抵达延安的一些情况

鲁迅近距离交往的两年间,其急躁情绪就表露无遗。只不过当时的鲁迅先生并不掌控天下事,且是一个经年累月居家的自由作家,年龄上又是萧军的父辈,得以有空和精力承受并消解萧军的急躁情绪。这,可以从鲁迅给萧军萧红他们的53封信中得出结论。而毛泽东则不同了,1940年前后的毛泽东不光要管天下事,管延安的十数万各路神仙,还要管各抗日根据地的八路军、新四军的抗日,更要保持高度的警惕性,时刻提防消极抗日闹摩擦,欲图消灭共产党军队的国民党顽固派的突然袭击。从1940年6月14日,萧军第二次进入延安,到1941年7月与毛泽东的又一次会面期间,经历了蒋介石、何应钦、顾祝同们不断掀起的限共反共浪潮,步步紧逼围剿皖南新四军的极其惨烈的全过程。更何况,萧军两年前第一次进入延安时,毛泽东已经主动登门拜访,并两次宴请。其三,陈益南先生既为解读萧军的《延安日记》,又为何"只取所需":大谈特谈整个儿一个自由身,全延安到处串门的萧军在《延安日记》中罗列的所谓食分三等的"等级制"……而正是同一个萧军,在其日记中乐此不疲地记下了他在毛泽东等中央领导同志处(以毛泽东处为最多)作客的十余二十余次喝酒的经历……还有,在延安整风后,萧军任延安大学鲁迅艺术文学院教员,他的津贴是属于最高的那一类文化人士,比担任院长的周扬还高4至6元,但在他的日记中就没有记载。凡此种种。

在延安,凡是与鲁迅有过来往的人,无论是受过鲁迅帮助的,还是受过鲁迅批评的人,毛泽东都要与之会面、谈话,乃至主动登门拜访。这其中,当数那个桀骜不驯处处要平等要自由的萧军为甚。

萧军是鲁迅的学生,得到鲁迅的教诲和帮助也最多。在所有与鲁迅往来过而进入延安的国统区文人中,惟萧军可以以鲁迅学生自居,实际上,萧军也是这么声称的,无所顾忌地往来于延安的各个角落。

萧军先后两度进入延安。

第一次进入延安,是在1938年的3月下旬,前后呆了不过十来天的时间。本意要去五台前线打日本鬼子的萧军,在来延安汇报工作的丁玲、聂绀弩的劝说下,最后去了西安,欲图修补与萧红的裂痕。

第二次进入延安,则是在1940年6月14日,携妻女一同进入,前后共呆了五年半的时间。在这五年半中,既有他去毛泽东处诉苦鸣"屈",

绘得红楼铸青史

也有毛泽东上门看望他。在延安毛泽东先后十次致信于他,循循善诱,无微不至,也不因其说了许许多多过火的话,乃至要和共产党平起平坐(系指"我一支笔要管两个党"的狂妄之说)的一些话而薄待他,给萧军的一生都留下了极其深刻的影响。

萧军于1938年3月21日首抵延安,次日,毛泽东即从前去汇报工作的丁玲处获知了这一消息。毛泽东很想见见这位当年的鲁迅学生、《八月的乡村》的作者,就派秘书和培元先到边区招待所探望萧军,问他愿不愿意去见毛泽东?萧军则回答说:"我打算去五台打游击,到延安是路过,住不了几天,毛主席公务很忙,我就不去打扰了!"

和培元回去后,丁玲劝说开了萧军:"既然到了延安,机会难得,毛主席热情相邀,还是去见见吧!"

然而,未及萧军前往,一天上午,毛泽东亲自到招待所看望萧军来了。同时会见的有何思敬、丁玲、聂绀弩等人,毛泽东还请大家在招待所共进午餐。毛主席平易近人和蔼可亲,以及礼贤下士谦恭友好的态度,令萧军自内心深受感动,同时自觉非常惭愧。与毛主席相比,自己年轻气傲过于渺小了。尤其是当他听说在陕北公学举行的鲁迅逝世一周年纪念大会上,毛泽东作《论鲁迅》讲话时对鲁迅的高度评价,而且,毛泽东在讲话中还引用了鲁迅给他和萧红信中的一段话,更是激动不已。

关于首次会面毛泽东主动探望萧军并宴请他一事,有另一位当事人的回忆文字为证。曾被鲁迅批评过的原"左联"负责人之一的徐懋庸,后来在《我和毛主席的一些接触》一文中有过较为详细的描述。徐懋庸写道(据徐回忆,是"一天晚上",而且,毛泽东探望的也不止萧军一个人):

> 大约在三月中旬之末,由于何思敬、萧军等人也到了延安,原来从延安带了一个战地服务团到山西的丁玲等也回来了。有一天晚上,由毛泽东以及康生、张闻天、张国焘出面,代表党中央和边区政府举行一次宴会,欢迎包括我在内的七八个新到延安的文化人。这是我第一次见到毛主席,只觉得他态度平易近人,但比我一月间在洪洞县八路军总部见到的朱总司令潇洒得多。这一次他没有当众演说,欢迎词则由张国焘作的,他提到了我翻译的《斯大林传》,夸奖

关于萧军第一次抵达延安的一些情况

了几句。然后让我们被邀请的人发言,大家谦让,推来推去,要我先讲,我就讲了几句,主要是讲到延安以后的感觉,特别强调延安的人与人的关系与上海不同,批评与自我批评的制度使得是非容易分清并能增强团结,不像上海那样,很多喊喊嚓嚓,是非难分,不易团结,也联系了上海两个口号之争的问题,说自己虽然觉得有错误,但是非的界限还是很糊涂,所以要在延安很好学习。接着是丁玲报告了战地服务团工作的经过。然后是萧军发言,主要意思是不同意延安的文艺为政治服务的方针,说是把文艺的水平降低了。最后康生作了长篇讲话,阐述党的文艺政策,中间针对萧军的发言,不指名地批评了一通,萧军竟听不下去,中途退席。

印证毛泽东等中央领导人这次宴请萧军他们这一帮刚从国统区来到延安的文化人的情况,还有同为鲁迅学生聂绀弩(实际上,与鲁迅的交往,聂绀弩只不过比萧红萧军他们早了几个月)的回忆文字。

1938年3月,春乍现,在周恩来副主席的亲自安排下,聂绀弩与丁玲等人一起前往延安,向党中央汇报八路军西北战地服务团在国统区夹缝中求生,排除万难,想方设法,积极开展工作的情况。

在革命圣地,他们参加了陕北公学开学典礼。就在这次典礼上,聂绀弩平生第一次目睹了毛泽东主席的风采,第一次亲耳聆听了毛泽东主席的大会演讲。

看得出来,毛泽东跟军民之间关系很随便。他每讲一句,听众都会发出一阵笑声。每到他自认为有趣的地方,他往往还没开口,脸上就带上了笑容。他说:"以前有七个君子,都被关起来过,既然是君子,为什么还要关起来呢?"说到这里,他大笑起来。这种演讲风格,总是能够最大程度地调动起听众的积极性。

聂绀弩记得毛泽东还讲过一段关于批评国民党的方式方法问题,用的也是很形象的句子。毛泽东说:"国民党如果有不对处,我们要批评。从前也批评的,用机关枪。现在呢,用笔杆和嘴巴。"说到"用机关枪"时,他笑起来,听众也跟着大笑起来。

毛泽东还讲过一段关于开展敌后游击战的话,聂绀弩同样记忆深刻。他说:"日寇会占领我们的许多地方,会比剩下的大得多。日寇占大块,我们占小块。怎么办呢? 几百年前,王羲之就告诉我们了:'大块假我以文章'。我们不要光在'小块'上做文章,要到'大块'上做文章——到敌后打游击!"

7年以后的1945年8月,中共中央派遣毛泽东、周恩来、王若飞到重庆与国民党谈判,聂绀弩在重庆通远楼写作了题为《毛泽东先生与鱼肝油丸》的回忆性时评文章,回忆了他在陕北与毛泽东谈话的经过与感受:

> 散会后,我夹在许多人中回招待所,中途,听见后面有人喊我。回头一看,是丁玲,而跟丁玲走在一起的却是毛先生。丁玲给我介绍,我只好走拢去和他见礼,谈话。我们就一直谈到了招待所。谈了一些什么,现在一句也不记得,似乎有一段,是与语文问题有关的,从和他的谈话得来的印象与听讲的印象很统一:他不威胁人,不使人拘谨,不使人觉得自己藐小;他自己不矜持,也不谦虚,没有很多应酬话,却又并不冷淡。初次见面,谈起来了就像老朋友一样。似乎真把你当作一个朋友,似乎真在听你讲,而自己又很坦率地发表意见。

在这篇文章中,聂绀弩推崇毛泽东平易近人和蔼可亲的领袖风度,而批评了"一阔脸就变"的"中国人的美德",并对毛泽东的身体健康状况表示了相当的关心。

在延安的时候,有一次,聂绀弩还与毛泽东、丁玲、李又然、康生等人同席吃过饭。延安的生活条件十分艰苦,即使是党的最高领导人和高级将领,伙食也很差,最多吃个"小灶",一荤一素而已。这次是由毛泽东作东宴请他们,在平时的"小灶"之外还加了几样小菜,大家围着方桌坐下来后,丁玲提议请毛泽东讲话,大家鼓掌欢迎。毛泽东清了清嗓子,待大家的掌声安静下来后,很严肃地说了一句:"请同志们吃饭吧! 没有什么好招待。我的话讲完了。"他一字一顿地说着,用的是他平时演讲的语气,大家听后满堂大笑。

气氛很轻松,在宴席间,丁玲也请聂绀弩讲一番话,说他也是个演讲

关于萧军第一次抵达延安的一些情况

家,要他谈谈来延安后的见闻。聂绀弩客气了一番,讲了他对延安的真实感受:"这里不分军队百姓,不分首长士兵,都一律住窑洞,吃小米,穿粗衣布鞋。生活虽然相当艰苦,但是终日歌声、出操声、读书声,不绝于耳。这是一个充满革命乐观主义和平等的社会。这里没有国统区触目皆是的烟馆、赌场和妓院,相反却有许多书店,而且最拥挤的也是书店。学生和红军战士们挤在柜台前,争相购买马克思主义经典著作的普及版以及土纸印刷的边区发行的书刊杂志。这里虽然边远贫困,缠足的女孩子已不多见,脑后拖条小辫子的男人几近绝迹。这里的青年学生、战士、妇女老幼,都懂得团结抗日,一致对外,统一战线的大道理","中国的希望就在这里!争取民族解放战争彻底胜利的核心和基础就在这里!怪不得多少热血青年,抛弃了舒适的生活,抛弃了疼爱自己的亲人,不远千里万里,不顾重重封锁,也要赶来这里"。聂绀弩还将延安的共产党领导的工作作风与国统区的官员们作了对比,认为国民党统治腐败不堪,黑暗透顶,个个都是贪官污吏,只顾升官发财,不管人民的死活和国家的危亡,等等。

关于康生在其所作的讲话中"阐述党的文艺政策,中间针对萧军的发言,不指名地批评了一通"一事,还可以从萧军第二次进入延安后,写于1941年8月19日的日记第6条之"第一次到延安——在招待席上,我坦然指出共产党人文化修养应该补充(这是正确的)"的文字中得到印证。读萧军的这个"坦然指出",固然为萧军的这种初生牛犊不畏虎的率直态度赞叹,但也似是给人以一种救世主下到人间,或钦差大臣"下车伊始,哇喇哇喇"的狂妄之感。要知道,萧军说这番话的时候,到延安只不过七八天时间。而此时的延安,一切都处在初创阶段:既要忙于部署前方部队的打仗事宜,又要忙于接待来自海外特别是南洋诸国,以及全国各地大量涌入的有志知识青年。因而,甭说完善与否了,任何相关制度的起草、制定,共产党人及其革命军人"文化教养"的"补充",等等,自然就一时无暇顾及,或尚在酝酿中。

对于萧军的这种认识,同所有延安中共负责人一样,毛泽东这是第一次领教。当萧军于两年后再次进入延安后,无论是在同萧军的个人谈话,还是在以后召开的延安文艺座谈会的发言中,毛泽东又多次领教到了。即使是八路军朱德总司令在延安文艺座谈会上当场不点名地严厉批评萧军的错误言论的时候,毛泽东也不曾因此为难过萧军,更未在任何公众场合批评过萧军一句。在对待萧军这个人的问题上,毛泽东采用的方式是礼贤下士,循循善诱。也许毛泽东从已经见到的鲁迅书信中,从别人的口中知道了这位辽东汉子的秉性。

4月1日,陕北公学举行了第二届开学典礼,萧军应邀参加。在会场上他又遇到了毛泽东。会后,他与毛泽东、陈云、李富春、校长成仿吾等领导同志在操场上一起会餐。没有凳子,大家站在桌子周围,用一个大碗盛着酒,你一口我一口地轮流喝着。那一日,空中刮着大风,尘土飞扬,大家都有说有笑地满不在乎。

萧军喜欢的就是这样的场合,这样的气氛,尤其是人不分贵贱上下的平等地位。

毛泽东之所以有别于在延安的其他文化人,对萧军格外"宠幸",甚至到了不讲原则的地步,令人费解。比如,在萧军刚到延安不久,这也看不惯,那也瞧不顺,乃至吼着要回国统区去,并张口向党中央借2万元边币作一应费用。明知边区财政经济处在极度困境中的毛泽东的回答,居然是:不用说借,拿去就是了!在延安,恐怕没有一个人能让毛泽东如此慷"国家"即边区政府之慨。要知道,在此前一年由周扬、成仿吾、丁玲、萧三他们发起成立的中华全国文艺界抗敌协会延安分会,全部开办费用也才2万元!可见萧军在毛泽东心目中的分量。后来,当萧军在延安文艺座谈会召开首日继毛泽东作完引言后第一个发言,无视会议宗旨,口吐狂言,说他的一支笔要管两个党,要和共产党平起平坐,要批判所谓共产党的"三风""六风"等……毛泽东听了,居然不急不恼不申斥,甚至连个轻描淡写的批评也不作一个字。这其中,恐怕不能单纯地以萧军是鲁迅学生这一身份来诠释这一现象。笔者认为,内中的原因在于:1,萧军与生俱来的那种天不怕地不怕,独来独往,敢于藐视一切的作派,为毛泽东所欣赏;2,萧军的代表作《八月的乡村》,描写的正是毛泽东提倡的且屡战屡胜的游击战。更何况,小说也点明了这支武装系由"革命党"领导。众所周知,贯穿《八月的乡村》始终的这支人民武装,名叫磐石人民革命军。而磐石人民革命军,就是隶属于中国工农红军系列的红

32军南满游击队。它的领导人,就是中国共产党满洲省委和满洲省委军委的主要负责人,后来威震敌胆的杨靖宇将军。在中国,可以这么说,萧军是第一个正面描写中国共产党领导的人民革命武装抗击日寇侵略的文艺作品的作家,而且还是鲁迅先生一手扶植成长的左翼作家。

本文刊 2014 年第 12 期《鲁迅研究月刊》

萧军与王实味事件

56年前发生在红都延安的王实味事件,究竟是怎么一回事?现在,随着岁月的流逝,历史已经作出了回答。

萧军与王实味素昧平生,直到后来在未经毛泽东同意的情况下王实味被错误处决,萧军也从未与王实味说过一句话(此文系1997年2月间应《解放日报》"朝花"主编约请撰写。由于未经考证,笔者此说有误,谨向读者致歉。近查萧军日记获知:当年王实味遭不公正批判后,有感于萧军为他仗义执言,曾两度找过萧军。但两人话语仅寥寥几句。当王实味又一次找萧军时,萧军还呵斥了他。尽管如此,萧军还是尽心尽责,按照王实味的嘱托,将王实味亲笔撰写的通篇充溢着挑衅味的一封辩解信,通过时任"文抗"支书的刘白羽,转给了毛泽东。此事发生在鲁迅纪念大会举行半月前——秋石2011年12月23日注),自然也不存在"同党"或"托派嫌疑"的问题。然而,由于萧军生性耿直,对一些不良现象易激动而仗义执言,尤其是对批判王实味的过程中出现的缺乏民主、缺乏实事求是的过火行为一再表明自己的鲜明立场,因而受到株连,招致了一系列的麻烦和痛苦。最终,仍是伟人加友人的毛泽东替他解了围。

萧军与王实味事件

历史上,萧军先后两次抵达延安。第二次赴延安是在1940年6月间。时萧军在成都、重庆等地积极宣传抗日救国,因其鲜明的抗日立场和不断撰文对国民党的假抗日真反共行径进行抨击,被国民党特务写进了黑名单。经中共四川省委负责人罗世文及时通报,在重庆八路军办事处负责人林伯渠、董必武和邓颖超等人的安排下,与妻王德芬携周岁女儿及好友舒群一起乔装打扮后,于6月14日经西安抵达延安。

一年后,由于看不惯某些人身上存在着的宗派主义、行帮作风,萧军同一些人之间产生了隔阂。彷徨苦闷之余,他再度产生了欲去抗日第一线"同日寇面对面干"的念头。为此,他数次向毛泽东请求,经毛泽东再三抚慰和挽留,萧军"安心立命"了下来。诚如毛泽东在1941年8月2日给他的信中所说:"延安有无数的坏现象,你对我说的,都值得注意,都应改正,但我劝你同时注意自己方面的某些毛病,不要绝对的看问题,要有耐心,要注意调理人我关系,要故意的强制的省察自己的弱点,方有出路,方能'安心立命'。否则天天不安心,痛苦甚大。"

受毛泽东委托,萧军开始搜集、整理文艺界各方面的意见和情况,并频繁地同毛泽东书信往来和恳谈。在延安文艺座谈会召开前后的近十个月中,毛泽东先后给萧军书信达十封,恳谈七八次,体现了领袖同作家之间亲密友谊。1942年5月2日下午,延安文艺座谈会在杨家岭中共中央办公厅礼堂隆重开幕,毛泽东作了极富时代意义即后来被称之为《引言》的讲话。当大会转入讨论后,毛泽东即请萧军第一个发言。萧军发言的题目是《对当前文艺诸问题之我见》(刊于1942年5月15日延安《解放日报》)。据公木、雪苇、何其芳、张仃等人后来回忆,以及王德芬整理的有关材料,萧军的这个发言直言不讳。针对某些人鼓吹的空洞无物教条式的理论,萧军嘲讽地给予了所谓"三风"、"六风"、"九风"的抨击。他还这样气冲斗牛地讲道:红莲、白藕、绿叶是一家;儒家、道家、释家是一家;党内人士、非党人士、进步人士是一家;政治、军事、文艺也是一家。虽说是一家,但他们的辈分是平等的,谁也不能领导谁。我们革命,就要像鲁迅先生一样,将旧世界砸得粉碎,绝不写歌功颂德的文章。像今天这样的会,我就可以写出十万字来,我非常欣赏罗曼·罗兰的新英雄主义。我不仅要做中国第一作家,而且,还要做世界第一作家。

延安文艺座谈会结束后,萧军再度致函毛泽东要一张去三边考察、体验生活的旅行通行证。对此,毛泽东复信道:

> 萧军同志:
> 来信已悉,王旅长现去鄜县,俟他回来,即与他谈。
> 此复
> 敬礼
>
> 毛泽东
> 五月二十五日

然而,萧军想去三边旅行的这个愿望未能实现,因为此时发生了王实味事件。

是年五六月间,中央研究院的研究员、中共党员王实味,因发表了几篇暴露延安阴暗面的文章,如《野百合花》、《政治家、艺术家》等,被国民党反动派利用做了反对共产党和陕甘宁边区政府的宣传材料,从而把自己推向了延安"绝大多数"的对立面,受到了持久的大规模的批判。

王实味的问题发生后,李又然跑来找萧军,恳请萧军去向毛泽东反映情况,希望能给王实味解一下围。萧军后来回忆道,自己当时不知轻重,自恃同毛泽东交往较多,便挺身而出了。毛泽东对他的态度一如既往地热情、友好,但是斩钉截铁地拒绝了萧军的说情。毛泽东对他说:这事你不要管,王实味的问题复杂。他不是一般的思想意识的错误,他有问题。自此之后,萧军虽然听从了毛泽东的话,不再过问王实味的问题,但是消息很快传开了,引起了一些人特别是本来就对萧军存在不良看法的人的不满。

六月初,萧军随"文抗"的同志们参加了一次由中央研究院召开的批判王实味的大会。当时,会场秩序比较混乱,每当王实味说句什么,便会立刻招来一片怒吼和痛斥声。坐在会场后边的萧军由于听不清前面的人们说些什么,于是站起来,大声喊道:"喂……让他说嘛,为什么不让他说话!"这样一来,会场上人们的目光全部集中到了萧军的身上,而萧军对此却是一脸的不在乎。

散会以后,在归来的路上,萧军针对会场上出现的混乱现象,憋不住又说了几句不满的话,认为这种批判缺乏实事求是的说理态度,还以东北人特有的表达方式说了诸如"往脑袋上扣屎盆子"之类的粗话。他的这些话,被走在一旁的一位女同志听到后,当即向"文抗"党组织作了汇报,而"文抗"党组织也迅速将此事通报了中央研究院。于是乎,形势一下变得严峻了起来。没过几天,中央研究院派出4名代表来到"文抗"住地,向萧军提出抗议,并要他承认错误,赔礼道歉等等。这一下,萧军来了火,大声斥问来人道:"你们有话到中央说去,有状到中央告去!是我让王实味到延安来的吗?是我吸收他入党的吗?是我用小米养活他的吗?是我让他反党的吗?……"

中央研究院的4名同志离去后,越想越不对劲的萧军,为正视听,当即伏案疾书,写就了一份有关王实味批判大会的书面材料,说明了事实真相,并且表明了自己的意见,上呈党中央和毛泽东参阅。后来,他将这份材料取名为《备忘录》,在"文抗"整风小组会上宣读了一遍。之后,在10月18日下午延安各界举行的有2 000人参加的"鲁迅逝世六周年纪念大会"上,他出人意料地又将《备忘录》宣读了一遍。

这样一来,就像炸了锅似的,会场上展开了激烈的论战。其中,情绪最为激昂的要数党员作家丁玲、周扬、柯仲平、李伯钊以及党外作家陈学昭、艾青等人,而萧军却是孤身一人。论战从晚上8点到次日凌晨2点,无一人退场。大会主席吴玉章老人见双方僵持不下,便站起来说:"萧军同志是我们共产党的好朋友,我们一定有什么不对头的地方,使得萧军发这么大的火!大家应当以团结为重,我们有什么不对的地方应当检讨检讨!"

听了吴玉章老人这一番公道话,萧军心头的火气顿时消了不少。他当即也深明大义地作出了反应:"吴老的话还使我心平气和,这样吧,我先检讨检讨,百分之九十九都我的错,行不行,那百分之一呢,你们想一想是不是都对呢?"

"这百分之一很重要!我们一点也没错,百分之百全是你的错,共产党的朋友遍天下,你这个朋友等于'九牛一毛',有没有都没关系!"丁玲不顾吴玉章老人团结为重的调解,竟然这样斩钉截铁地表了态。

萧军一听,刚刚压下去的火又一下窜了上来。他愤懑地说道:"百分之九十九我都揽过来了,这百分之一的错你都不承认,既然如此,你尽管朋友遍天下,我这'一毛'也别附在你这'牛'身上,从今以后咱们就拉、蛋、倒!"他用手势狠狠地挥了三下,拂袖而去,与会者也尽皆不欢而散。

有人曾经撰文说,丁玲之所以使劲地同萧军对垒,是因为她在王实味问题上有牵连,急欲摆脱而致。其实,事情并不完全如此。其一,丁玲从来没有鼓动过王实味写什么"反党"的文章,王实味也从来没有就他写的几篇暴露文章事先征询过她的意见。其二,丁玲曾经写过一篇题为《"三八节"有感》的文章(解放日报)(文艺)副刊上)。而偶合的一点是,在其后不久的3月13日、3月26日第102期和第106期(文艺)副刊中,刊登了王实味写的《野百合花》……后来,这两篇文章都被国民党反动派利用来攻击延安。时隔40年,丁玲在复出后所写的《延安文艺座谈会的前前后后》一文中坦率承认:"现在重读它,也还是认为有错误的。"

1942年4月初,在中央召集的高干会上(文艺界仅周扬和丁玲两人出席),丁玲受到了包括贺龙同志在内的一些人的批评。对此,毛泽东加以了区别。就在这次高干会结束时毛泽东作总结指出:《三八节有感》虽然有批评,但还有建议。丁玲同王实味不同,丁玲是同志,王实味是托派。

在一个月后召开的文艺座谈会开幕式上,丁玲在发言中仍然坚持了自己的观点和立场。她强调指出:"文艺到底应该以歌颂为主呢,还是以暴露为主呢?……我想:对于光明的进步的,当然应该给以热情的讴歌,但对黑暗的阻碍进步的现象,我们决不能放下武器,袖手旁观,应该无情地暴露它。"

在这之后学习毛泽东《讲话》的过程中,丁玲还先后写了《文艺立场问题我见》和《文艺界对王实味应有的态度及反省》两篇体会文章,分别刊载于《谷雨》、《解放日报》上。内中的一些观点,依然多多少少地坚持了文艺批评这个武器。

因此,在半年后的大会上对萧军的批驳,并不能说明丁玲的强硬态度是因为同王实味"有牵连"而致,何况同萧军对垒的一共有7人,包括萧军在武汉、临汾时的好友艾青等。

1942年秋延安整风已经全面展开的情况下,萧军为王实味说话,便

萧军与王实味事件

是无形中"同情托派分子王实味"。随着整风运动的逐步深入,特别是反革命两面派康生搞什么"抢救"运动,使得许多同志蒙冤受屈,萧军自然是首当其冲了。一时间,揭发检举萧军的书信材料接踵而至,甚至极为可笑地把他这个已经离开东北十年、因抗日反日屡屡受到日本侵略者和国民党特务迫害而四处逃亡的鲁迅学生,当成了所谓"东北红旗党"潜入延安的"大特务"。不久,康生一伙又指令社会调查部将萧军列入了"清查"名单,并安排专人跟踪调查。

1943年3月,"文抗"撤销后,一部分作家下乡去了,一部分则被分配到其他单位参加整风运动,独独萧军无处可去,仍住在原处,他同毛泽东之间也中断了来往。不久,"文抗"旧址改为中共中央组织部招待所,在未经组织许可的情况下,招待所负责人单方面把萧军看成是审干对象,对他一家极不客气,还时不时地予以刁难。一日三餐,都要他们步行下山到平房食堂。此时萧军妻子王德芬临产在即,每天三下三上十分吃力。为了妻子的身体和胎儿的安全,萧军去找招待所负责人,问可不可以由他将妻子的饭菜带上山去,这位负责人毫不通人性地给予了拒绝。萧军火爆地据理力争,言来语往,这位负责人竟下了逐客令。萧军决不受任何屈辱,便作出了自食其力下乡种地的决定。第二天,1943年12月4日,他带着肚子高隆的妻子和两岁半的儿子离开招待所,来到了陕甘宁边区政府。适巧林伯渠主席外出开会不在,边区政府民政厅厅长刘景范问清原因后,便劝萧军别下乡,有事慢慢商量再说。可萧军决心已定,很快就到了延安县川口区第六乡的念庄,几天后又搬到刘庄,借住在老乡原来存粮的一孔石窑内。

就在这时,路过念庄时结识的一位名叫贺忠俭的老乡向他伸出了友谊之手,他从最初的交往中认准了萧军是好人而不是什么大特务,要和萧军结拜兄弟,两人还约好来年一开春就一同开荒种地。在得知萧军全家被停止供给后,贺忠俭拍着胸脯说道:"有我们吃的,就有你们吃的!"他把放羊挣得的小米,一分为二。正是在他的帮助下,萧军一家才没有挨饿。后来,萧军凭着自己的意志和毅力,到山下小河沟担水,到一、二十里外的荒山上砍柴。时间一长,老乡们也就把他当作自己人了。

1944年1月3日,王德芬生下了第二个孩子女儿。乡下没有医院

249

和助产士,萧军就自己动手接生。为纪念这次下乡务农,他为女儿取名"萧耘"。女儿出生后,妻子一时行动不便,他除去日常的砍柴担水杂务外,还承担了换洗尿布的事。春节前夕,老乡们从他的言谈举止中得出了不是特务的结论,尔后又从村干部那里打听到他原来是写过好多书从大上海来的作家,于是纷纷请他写春联,坐席喝酒,还送来了大量年货。

就在这其乐融融的乡下冬天将要过去时,1944年3月3日,萧军住的石窑里来了两位不速之客:延安县委书记王丕年陪同毛泽东的秘书胡乔木来看望他们了。

胡乔木委婉而又关切地说道:"我是路过这里,顺便来看看你们,日子过得怎么样啊?"王丕年接着说:"老萧哇,这里的卫生条件太差,村里连个医生也没有,万一孩子生病,也买不到药,我看你还是回城里去吧!"

两人的来意十分明显——是受了毛泽东的委托,动员萧军回延安去。这是因为刘庄是一个极为偏僻的小山村,没有王丕年领路,胡乔木是找不到萧军的。如今胡乔木说:"顺便"来看看,虽然没有明说系毛泽东委派——也许是怕长了萧军的傲气,但却带来了毛泽东的关怀和友谊。萧军回答说:"谢谢二位啦,让我好好考虑考虑再回答你们。"

两位客人离去后,王德芬对萧军说,共产党的领导人这样关心你,没有把你当外人,你也应当多为他们着想。他们天天辛辛苦苦地为全国的老百姓和抗日事业操心,你也应该心平气和地对待下面个别人的官僚主义……毛主席和你交情这么深,他听说你下乡种地,一定很记挂你,所以派胡乔木同志和王丕年同志来动员你回去。再则,让国民党反动派知道了,又要造谣了,会对边区整个共产党产生不好的政治影响……

经过考虑,萧军作出了回延安的决定。延安县委书记王丕年派来两头毛驴,将萧军一家送到文艺界人士集中的延安中央党校三部。临别,热情的刘庄老乡将他们送出庄外很远,萧军和贺忠俭更是挥泪告别。

从1942年6月因王实味批判大会引发的一系列矛盾和波折,最终在毛泽东的再一次亲切关怀下,得到了化解。萧军则心情舒畅地投入到了新的一轮火热生活中去……

原载 1998 年 4 月 1 日《解放日报》

萧军与王实味事件

附注与更正：

此文原刊于 1998 年 4 月 1 日《解放日报·朝花》。发表后，即有多位前辈及知情人向我指出，文中涉及 1942 年 10 月 18 日延安各界"鲁迅逝世六周年大会"上萧军独自一人与其他七位作家论战至次日凌晨二时的说法与史实严重不符：一是会议自午后至黄昏止，根本不及深夜；二是吴玉章老人不在会上，更谈不上是什么大会主席了，大会执行主席是丁玲（80 年代初萧军在新疆师大座谈时也谈及那次大会执行主席是丁玲），二是与其论战者主要是大会执行主席丁玲（因萧军"破坏"大会日程而致）等一二人，刘白羽在台下只是提了一个动议，而柯仲平则是帮萧军说话的，散会时胡乔木指责柯仲平"你的话有点右"！三是对话"论战"的内容也颇有出入。为此，笔者曾在 2000—2001 年间多次拜访当年的与会亲历者陈明先生及×××等人，还电话采访了刘白羽同志等人，他们都证实，原来有关此事的描述出入很大，应予更正。另据了解，当时受命布置此次纪念大会会场及绘制主席台上方鲁迅画像的延安"文抗"俱乐部主任张仃先生，也在 2002 年向有关人员澄清了自上个世纪 80 年代中叶流传至今的有关此事的不实描述。2002 年 5 月，笔者应邀赴京出席纪念延安文艺座谈会召开 70 周年系列活动时，有九位 1942 年 10 月 18 日延安各界"鲁迅逝世六周年大会"在场者（均为文艺界前辈），也都实事求是并记忆犹新地向笔者谈了自己的现场观感。内中四位还指出：作为众所周知的鲁迅学生，在纪念鲁迅的大会上转移话题与方向，是不妥当的。个人再有天大的委屈，也不应该干扰纪念鲁迅的氛围。

附件一：必须澄清的史实

2000 年 3 月 30 日，距文艺报为我《萧红与萧军》新著召开研讨会才两天，在木樨地 22 号楼，红军时期投身革命并加入中国共产党的延安文艺老战士、丁玲战友陈明先生，同我作了一次比较深刻的谈话，谈话是在他的寓所进行的。他说,你的书我看了,你能数年如一日地为长期受冤屈的老作家仗义执言并留传,这一点值得赞赏,也应当发扬光大。接着他谈到:也许你是受传主本人留存史料及口述的影响,有一个问题必须向你指出,并希望你能在进一步调查考证后予以纠正。陈明先生说的是1942年10月18日在延安中央党校大礼堂举行的延安各界纪念鲁迅逝世六周年大会上发生的事。为此,他提到了1987年第4期《新文学史料》刊登的王德芬撰写的《萧军在延安》一文,对该文中涉及的部分情况,特别是关于"从晚上八点到深夜两点约六个小时还没有收场"的萧军"舌战群儒"这一情节,以一个目击者的身份提出了强烈的质疑。事后经了解,早在此前10年,也就是王德芬的《萧军在延安》一文刊出不久,《新文学史料》还刊登了陈明先生对此不同的表述文章,除"舌战群儒"这一情节外,还对萧军在大会上宣布的"我一支笔要管两个党"的强硬论调提出了质疑。

在陈明先生向我指出时,我已经多处引用了王德芬先生有关这一问题的相同表述,这其中包括1996年第5期《艺术家》杂志和1997年5月22日上海《文汇报》刊发的《毛泽东与萧军》的长篇纪实等。与此同时,在已经交付作家出版社发排的46万字评传作品《两个倔强的灵魂》一书中,亦有类似的相关表述。

陈明先生向我指出后,我首先翻阅了刊登在1987年第4期《新文学史料》上由王德芬先生撰写的《萧军在延安》一文,接着,我又查阅了由新疆师范大学中文系根据1984年9月26日上午萧军在新疆师范大学座谈会上的谈话录音整理而成的《萧军谈"左联"》的小册子(内部文本,主要整理人为新疆师范大学中文系副主任黄川)。在谈及当年延安这一幕时,萧军这样讲述道:

> 丁玲是批判过我,而且当过两次批判我的大会的主席,第一次当主席是在延安,第二次当主席是在东北。第一次在延安为什么呢?是为了王实味的问题挑起来的,1942年,在纪念鲁迅先生逝世六周年的纪念大会上。因为那时候王实味被算为"托派",今天看来他究竟算不算"托派"呢?我还是个疑问,可是当时有人说他是"托

派"。为了这个问题,我曾经问过一位所谓高级的负责人,我说:"你说说,王实味究竟是托派?还是托派思想?"他说:"托派思想就是托派。"我又说:"这可是你说的啊!而我的理解不是这样子,我认为托派有一定的组织,有一定的活动。在延安,请你把他的材料举出来我们大伙儿看一看。"他当然没有材料可举了,受托派思想的影响……这也可能,但是这也不能算作是托派啊!这是我的看法。为此,"延安马列学院"开会的时候曾"斗争"过我,"斗争"并不是什么难为情的事,参加革命谁还不挨斗争呢!这话说起来就长了,我也不想详细说了。所以,我一直背着一个同情托派王实味的包袱在背上,直到"文化大革命"也如此。今天,王实味已经死了,又听说他不是托派了……不是托派了,也没见到过正式文件。

我和王实味原来并不认识,因为一个朋友他到我这里来唠叨说:"王实味是个好同志哎……"那个时候,我和毛主席比较的算常常接近,不能说是来往吧。过了延河,我就可以到他那里去串门儿,赶上他开会,我挟着棍子就走,(我那时习惯,走山路带棍子)他不开会呢,我就上他的窑洞里聊一聊,不像后来那么森严(众笑)。李又然要我到毛主席那里去讲一讲,"听说王实味要脱党,这样影响不好哎……"他说。我也不是个党员,也不了解这个情况,就说:"王实味要脱党就叫他脱呗!"他说:"这样子不好呀,影响不好哎……"他要我一定去和毛主席讲讲这件事,我说:"好吧"。

记得那天吃过晚饭,李又然送我到延河边,我脱了鞋子,趟过水,过了河,去杨家岭毛主席住的地方。我问毛主席的传达:"主席开会没?"他说:"没有"。我说:"请你传达一下,说我来了。"于是传达告诉我:"主席请你上来坐。"见到主席,我就提出来:"听说王实味要退党这个影响是不是不好?"毛主席说:"这件事你别管——"我说:"我并不想管哪,因为有个朋友叫我来管管,我就来问一问呗。"主席又说:"王实味有托派嫌疑,他并没有参加托派呀,有托派的问题在里头,你别管——"于是,我们就谈些别的事了。

过了大约三、五天吧,我住的"文抗"隔壁就是马列学院,院长是罗迈(李维汉),副院长范文澜,他们那一天斗争王实味,我本来就不想去,后来一位朋友来(于黑丁,当时是文抗秘书长)说:"你去听一听嘛。"我想,听一听就听一听吧,反正很近,一进大礼堂,看见王实味坐在一张躺椅上,病病歪歪苍白细瘦的样子,三角脸,他刚一说话,大家伙就截住他的话,一说话,就又拦住他。我就说:"这样子也太不合乎道理了,他说的什么话也听不清楚,究竟他的观点是什么样子,我们静下来听一听好不好?你叫他把话说完了,再批评也不晚哪,你有理论还怕他,让他讲完话么!"后来在场的人们也同意了我的提议,叫王实味讲,于是他就讲他不是托派等等事情。会开完了,我就犯了点"自由主义"说:"这他妈的开的什么会,简直是狗打架,倒尿盆!"(众笑)这话,就叫一个和我们同行的女同志给我汇报了!(众大笑)临来新疆前在北京我还见到这位女同志了呢,彼此也没什么,彼此握握手。(众笑)这一汇报吗,他们就研究喽,说"萧军反对斗争托派王实味"的这个帽子从此就给我卡上了!在那个革命圣地延安,你同情托派王实味还得了吗?!

这一天,有人告诉我:"要斗争你啦!"我说"好吧,来吧!"(众笑)那么,就来了四位同志,第一位是金灿然,第二位是王天锋,第三位是郭静,第四位是郭小川,他是我们老乡。(众笑)他们拿了一份材料,他们叫作"意见书",我说这是"警告书",大约延安的八大团体和108个个人的签名,据说原来是300多人签名,因为弄丢了一页名单,只剩108人。在这"警告书"里,他们反对我,说我是共产党的朋友,为什么同情托派……等等。我一看,这问题没完哪,于是我说:"你们请吧,今天恕不招待。"他们说"我们来串串门儿还不可以吗"?我说"你们今天是当'特使'来的,我恕不招待!这个问题咱们提到中央去解决好了。"他们说"那咱们走吧。"我说"你们走吧,这个问题咱们完不了,你们想完我还不想完呢!"所以,我后来就写了一份"备忘录"。我那时多么狂妄嘛,(众笑)国与国之间才写"备忘录"呢。有朋友问我:"你为什么叫'备忘录'?"我说:"我怕你忘了,所以叫'备忘录'!"我越想越憋气,觉得怪冤枉的,于是在晚上的跳舞会上,我就通知他们:"明天,我来回答你们的问题!"

第二天上午,在"作家俱乐部",他们都来了,约百十来位吧,我就把我的"备忘录"一掏,从头到尾的念了一通!谈到我,谈到王实味,我说我并不认识王实味……。谈完以后,我就走了。陈学昭说:"他把我们骂完了,就走了,不能叫他走!"可是谁也没敢来拉住我,我也不管他们,走了!(众笑)可是我还是气不过,这时正赶上鲁迅先生六周年逝世纪念会,因为我是鲁研会理事。在会上反正要发言的,于是我谁都没告诉,连我老婆都没告诉,就把这"备忘录"揣在兜里了,该我讲话了,我又拿出来从头到尾念了一通!当然我要为自己的观点、立场来辩解了。那天的大会主席是谁呢?是吴玉章——吴老。丁玲好象是执行主席,记不清了。我这一念,把"马蜂窝"给捅下来了!整个九员大将,也许是七员大将和我一个人论战起来,全场大约一千五、六百群众观战!

这几员大将,今天我也可以提一提,反正都是"光荣"的嘛。(众笑)第一有丁玲,还有刘白羽、周扬、柯仲平、陈学昭、李伯钊,还有诗人艾青,这些都是知名人士。(众笑)革命队伍里就是这么复杂呀。他们批评我一通,我接着就反批评一通。我记得当时我曾写过一篇文章,其中提到:"不要用同志们的血来洗自己的手!……",艾青说:"我只看见过水洗手——,没见过血洗手——。"李伯钊当时也讲:"共产党没有对不起萧军的地方!……"等等。丁玲和刘白羽也讲了一些,具体什么内容我也记不得了,记得丁玲当时说:"我们共产党的朋友很多,萧军这个朋友,是九牛之一毛!"厉害不厉害?!(众笑)最后,吴老讲了几句话,他说:"我们一定有好些个方式方法不对头,才使得我们的朋友萧军同志冒这么大火,我们自己应该检讨检讨……"这话我听着还心平气和嘛。(众大笑)我说:"吴老的讲话,我还心平气和。这样吧,我也检讨检讨,百分之九十九都是我错,行不行?那么那百分之一点你们想一想,是不是都对头呢?"这时,丁玲就起来讲了:"那一点很重要,他百分之九十九都……"我说:"我百分之九十九都承认了,你们一点都不承认?!我这根牛毛啊,也别长在你九牛身上,你尽管有朋友,朋友满天下,我到延安来没有带别的,就是一颗脑袋,一角五分钱就解决了,怎么都行!咱们从此就拉——蛋——倒"!(众笑)我把袖子一甩,就走出了会场。

本来,这场争论已经接近于解决了,因为丁玲这么一句话,就没能解决。是不是因为她当大会主席我们才有矛盾?那倒不是,当主席是她的工作职责,私人关系是私人关系,是无所谓的。陈学昭讲:"我比萧军大几岁,我是他的大姐姐!"她说她是我的大姐姐(众笑),"萧军说他是鲁迅的学生,究竟鲁迅承不承认他是自己的学生,我也不知道!"这句话给我的印象很深,所以我至今记得。陈学昭也是一位女作家。刘白羽说:"咱们今天谁都不要走!"我说:"咱们谁走谁孱头!"(众笑)论争从下午八点钟一直到午夜两点钟,整整六个多小时!

关于论战自"下午八点钟到午夜两点钟"问题,前文已有论证,兹不再述。

关于"文抗"撤销后,萧军"无处可去"的问题,经作者与当年大会的见证者陈明、韦嫈等前辈求证,具体情况是,座谈会之后,所有的人都分配了。中组部是一个人一个人谈的,谈完后一个人一个人安排的,因此,也不可能"无处可去",更不存在不分配,只留下萧军一个人。萧军认为自己不是党员,去中央党校三部(知识分子和文艺界人士集中处)不合适,又是整风时期,他要独立自由,不受人管束,所以不想去……事实就是这样,萧军是一个狂放的人……

附件二:一个现场亲历者的辨正·陈　明

在艾克恩同志编纂、一九八七年一月出版的《延安文艺运动纪盛》第400页上,刊载了一九四二年延安各界纪念鲁迅逝世六周年大会的概况:

十月十八日,"……中央大礼堂外面贴着鲁迅遗言:'我解剖自己并不比解剖别人留情面。''由于事实的教训,明白了唯有新兴的无产阶级,才有将来。'会议主席团为丁玲、周扬、萧三、塞克等组成。丁玲讲完开会意义后,吴玉章以思想革命家、社会革命家、文学革命

萧军与王实味事件

家、文字革命家四点作为正确估价鲁迅先生的言辞。他说:'鲁迅先生是中国文化界的旗帜,我们要完成鲁迅先生的一切事业。'"

一九八七年五一节,王德芬同志发表《萧军在延安》的长文(陕西人民教育出版社一九九二年八月出版的"五·二三丛书"《延安作家》第399至404页),文中也提到鲁迅逝世六周年纪念大会,她写道:

> 十月十八日下午,在近两千人参加的鲁迅逝世六周年纪念大会……坐在台上的五名党内作家丁玲、周扬、柯仲平、李伯钊,刘白羽,还有两位党外作家陈学昭和艾青……萧军在台上"舌战群儒"……从晚上八点直到深夜两点约六个小时还没收场……

深夜两点约六个小时还没收场……

以上两段文字,都记叙一九四二年延安举行的鲁迅逝世六周年的纪念会,会议的日期都是十月十八日,但是会议的主要内容不尽相同。艾文记载着吴(玉章)老为纪念鲁迅所作的报告和徐老(特立)、萧三有关的发言。而且两次会议主席台上的人员不一样,会议进行的时间,长短也不一样。是不是他们说的是两次不同的会,而把日期弄错了?

现在我把亲自经历的一九四二年鲁迅逝世六周年纪念会的有关情况写出来,供史学研究者参考,同时也就正于艾克恩,王德芬两同志。

我参加的一九四二年纪念鲁迅逝世六周年的大会是在中央党校大礼堂举行的。日期是不是十月十八日,我记不准,有待考证。

这个会没有发文字通知,也没有发入场券。那是一天的午后,大约一两点钟光景,吃过午饭,便有很多人从蓝家坪文抗、中央研究院向中央党校礼堂奔去。因为在那段日子里,中央研究院刚开过批判王实味的会,萧军同志对这次会有不同的看法,曾向党中央提交过一份"备忘录"。现在开会纪念鲁迅先生的忌辰,估计萧军会在会上发言。他将说些什么呢?很多人想听个究竟,所以赴会的人很多,真是济济一堂。党校礼堂的坐凳全是长木板钉起固定在地上,面向舞台,分左、中、右三部分,我当时在后面当中,和几个人一起,站在木板上。

吴玉章同志没有在场,大会是丁玲主持的。主席台上有李伯钊、柯仲平,还有几个别的什么人;刘白羽同志参加了这次大会,但没有上主席台。

会议开始不久,萧军发言,是不是念了他的"备忘录",我记不清了,但在发言中他说了一句令人惊愕的话,他说:"我这一支笔要管两个党!"这话我至今难忘。这话当场引起激烈的争论。他发言后,刘白羽站在台下左侧通道,面向主席台,举着右臂喊道:"主席,我有临时动议:今天的会,如果主席没有宣布散会,不准有人退席!"会场上发出一片掌声,同意这个动议。在掌声中,我注意到怀抱孩子坐在右侧第一排木板上的王德芬同志,她的座位离礼堂右侧的出口门很近。

这时,会场上有很多人向主席台递条子,要求发言。

丁玲批评了萧军的发言,她说了这样的话:共产党是千军万马,背后还有全国的老百姓,你萧军只是孤家寡人!鲁迅先生对共产党怎么样?他说过,那切切实实,脚踏实地,为中国人民的生存而流血的战斗者,我得引为同志,是自以为光荣的。鲁迅是俯首甘为孺子牛,你作为鲁迅的弟子,你一支笔要管两个党?

在主席台上的柯仲平、李伯钊同志等先后即席发言。他们的发言,谈王实味问题的不多,更多的也是对"一支笔要管两个党"的言论的批评。

在会议的整个进程中,吴玉章同志始终都不在场。他没有听到萧军的发言,也不可能有王德芬文章中引用吴老的那一段话:"萧军同志是我们共产党的好朋友,我们一定有什么方式、方法不对头的地方,才使得萧军同志发这么大火,大家应当以团结为重,我们有什么不对的地方,应当检讨检讨。"没有吴老的这段话,便不会引起萧军的自我检讨,什么"我先检讨检讨,百分之九十九都是我的错,那百分之一呢?你们想一想是不是都对呢?"我想,在这个会场上,萧军如果真有这样的检讨,或者是百分之一的检讨,就绝不至于在会场上引起激烈的争辩。在延安时期,萧军是不是在别的会议上、别的场合,说过类似检讨的话,或写过这样的文章,我不知道,也没有听说过。

这次会从下午开到傍晚,并不像王德芬的文中所说,"从晚上八点直到深夜两点约六个小时还没收场"。因为那时党校礼堂没有电灯。如果"挑灯夜战",需要借汽灯,点汽灯,没有事先的准备是办不到的。

萧军与王实味事件

散会后,还有一段小插曲:

胡乔木同志参加了这次会,但他没有发言,也没有上主席台。散会时,他和柯仲平、丁玲和我四个人走在最后。柯仲平说了一句:"我觉得今天丁玲的发言是不是有点'左'……"他的话没有说完,乔木就打断了他,说:"丁玲的话一点也不'左',倒是你的话有点右。"事隔五十多年,这话还留在耳边,当年同志之间,这样爽快,明朗,有话说在当面的作风,加深了同志之间的了解,增进了同志之间的团结,实在难能可贵。

在党的十一届三中全以后,我们党纠正了"左"的路线的错误,恢复实事求是的科学作风,萧军同志一生的为人道德文章,都得到党和人民的肯定和赞誉,不论识与不识萧军同志的朋友和读者都为此感到高兴和欣慰,我无意在这篇短文中再去评说个人在历史上的是非功过,我只是对读者,对历史提供一点实情,欢迎指正。

一九九四年四月二十八日

附件三:萧军当年本人日记记载

史实,与上述五位前辈的讲述大致上相似。

好在萧军在延安的日记,已由其家人对外正式发布:2007年萧军百年诞辰前夕出版的20卷《萧军文集》中,就有三卷日记。而且早在这之前一年,即2006年6月由工人出版社出版的《人与人之间—萧军回忆录》一书,就附有《在延安(延安日记)》一章。于该书第390—391页,标注为"1942年10月19日星期一"的日记,萧军如是写道:

……

接到一个署名杨乐如的共产党员的信,他为了(前一日)纪念会上的事,一夜不能睡眠,他担心我真会和共产党决裂,那样诚挚的劝我,这使我很感动,就把它抄在这里吧,算作一点记忆。

萧军同志:

我以一个共产党员的诚挚,对你尽无限希望的忠言:

……

  同志,我从散会归来,直到半夜也不能合眼,今天上午,我还是精神不宁,我终于被我的阶级热情所迫,冒昧的写上了这封信。

杨乐如　十.十九

在同一天的日记中,萧军还记录了如下一件事,萧军这样写道:

  晚饭后青年剧院叫薛晓的那孩子来了,他说他同样一夜没能睡好,

  ……

可见,如萧军当时在延安日记记载,并不存在所谓"从晚上 8 点直到深夜两点约 6 小时还没有收场"的说法。

巴金与萧军

在现代中国文坛,巴金与萧军,是截然不同的两位小说家,无论是个人的性格、志向、信仰,还是创作构思、主题,作品的风格、取向与价值,都存在着很大的差异。这个很大的差异,是由两人不同的人生经历、理想与追求所决定的。巴金先生毕生尊崇的人文理想,与萧军先生几乎是与生俱来不顾一切打打杀杀的那种流寇式理想,构成了各自的创作追求目标与人生坐标。巴金先生尊崇的人文理想之依托是无政府主义,而且是在年轻求学、从文起就逐步确立了的。无政府主义者不是不要政府,也不是只要自己一个人的政府。一个有着自己追求、理想与崇高创作目标的无政府主义者,要的是一个平等、民主、自由、博爱,所有人的人格都能受到充分尊重的平民政府。在这一点上,巴金先生与中国封建王朝的埋葬者、民主革命的伟大先驱者孙中山先生推行的天下大同目标有着相似之处。从巴金先生身上及其一生的实践中,我们体会到,无政府主义者的信仰就是提倡做一个真真实实的人:讲真话,办真事,做一个对国家对人民有所奉献的人。笔者认为,无政府主义者对自己的祖国、民族的热爱,丝毫也不亚于其他阶层的人民。他们同样会对旧世界进行抗争,虽然抗争的程度因人而异。巴金先生的无政府主义思想,是建立在反封建反奴役的基础上的。这可以从其早期的经典作品《家》《春》《秋》中得到印证。正因为无政府主义者追求平等与民主,所以格外的崇尚讲真话与勤于解剖自己。这可以从其晚年撰写的《随想录》与《再思录》中找到最为鲜明、最为具体,也最具说服力的答案。

早在 1936 年 10 月 5 日上海出版的《中流》半月刊第一卷第三期上,巴金先生发表有《答一个北方青年朋友》的文章。在这篇文章中,没有加入任何团体,又不愿意介入"两个口号"论争的巴金先生,面对"国防文学"派中的一些人对自己的诘难,不得已,愤然申明道:无论是西班牙的"安那其"(即无政府主义者——秋石注)或中国的"安那其",都没有破坏反法西斯统一战线,而且,还有人牺牲在反法西斯战场上。与此同时,他披露了"文艺家协会"成立的内幕,表示他不愿意充当"文协"的发起人,并不见得就是反对"文协",更不是破坏文艺界的抗日统一战线。在同一文中,巴金先生还明确表示:"我自己并没有参加最近的文艺论争,但我得说一句公平话,这绝不是无谓的笔战,更不能说是'内争'。这论争对于新文学的发展是有大帮助的。有许多问题,是经过几次的论战后才逐渐地明朗化而终于会得到解决的。"

萧军,就不同了。可以这么说,萧军一生中的大部分时间都处在流离颠沛中,一直无法安身立命。固然,自幼年起,家庭环境的艰辛与不幸——此处指其尚在襁褓中,由于生母忙于给他喂奶,一时怠慢了即将外出的烈性子丈夫,遭到丈夫的凌辱暴打而自杀身亡后,萧军靠喝百家奶与包括狗奶在内的各类动物奶长大(见《萧军纪念集》P697 页。春风文艺出版社 1990 年 10 月版),以及国家遭受连绵不断的战乱,特别是外来入侵是一个主因。但是,萧军本身的性格,特别是那种不顾一切打打杀杀的,反抗压迫的叛逆性格,与他人一言不合便反目,包括后来到了延安,经常事先不及通报,便大大咧咧地要找中央领导同志谈话,遭到警卫战士的嘲弄后所引发的冲突等,则决定了他的这种流寇式的以追求自己认定的所谓顺境的理想目标,是永远也不可能实现的。不断地碰壁,不断地受挫失败,不断地处于"人言可畏"且自己又时时刻刻身心疲惫痛苦的逆境包围中,这在其延安时期的六年生活中处处可见。这是一种类似乌托邦式的幻想。笔者认为,这同他的早期患难伴侣萧红一直追求的所

巴金与萧军

谓的理想爱情,以及理想的天堂般的创作居所的目标,有着惊人的相似之处。

当笔者开始动笔撰写《巴金与萧军》这篇比较文学的时候,适逢《萧军延安日记》在香港的出版发行,孰料,内销转出口,顿时身价百倍。与内销时的一度寂孤相比,此次的香港牛津版,异常迅速地引发了大陆相关读书界与一些"研究人士"的骚动。《南方周末》《文汇读书周报》《粤海风》等名报名刊纷纷发表评论,其中,《南方周末》与《文汇读书周报》均醒目地推出整版评述文章。作为一名当初与萧军先生以不打不相识的方式交往了九年的晚辈,借助巴金研究会为纪念巴金先生诞辰110周年约请撰写特稿的机会,结合目前已发表的《萧军延安日记》,对二者作一些必要的比较、剖析。

"革命"、"理想"、"信仰"与个人作用

"革命"、"理想"、"信仰"对于一个世纪以来人们常挂在嘴边的这几个词,巴金先生生前有很好的注解。巴金先生是怎样说的呢?对此,我们不妨来重温一下距今27年前的1987年12月18日,巴金先生写给人民文学出版社鲁迅编辑室主任王仰晨的信。这封信作为《巴金全集》第六卷代跋》,收入2011年4月作家出版社出版的《再思录》。好在这封体现巴金先生一生讲真话精神的通信不太长,兹将全文辑录于此。

树基:

《爱情三部曲》也不是成功之作,可是在十卷本《选集》里我却保留了它们。关于这三卷书我讲过不少夸张的话,甚至有些装腔作势。我说我喜欢它们,一九三六年我写《总序》的时候,我的感情是真诚的。今天我重读小说中的某些篇章,我的心仍然不平静,不过我不像从前那样地喜欢它们了,我看到了一些编造的东西。

有人批评我写革命"上无领导,下无群众",说这样的革命是空想,永远"革"不起来。说得对!我没有一点革命的经验。也可以

263

绘得红楼铸青史

说,我没有写革命的"本钱"。我只是想为一些熟人画像,他们每个身上都有使我感动的发光的东西。我拿着画笔感到毫无办法时就求助于想象,求助于编造,企图给人物增添光彩,结果却毫无所得,我的画笔给他们增加不了什么。

有一件小事给了我启发。多少年(四五十年吧)过去了,那些熟人还有少数留在原地,虽然退休了,仍在做一点教育工作。去年我女儿女婿到南方出差经过那里,代我去看望了那几位老友,他们回来对我说,很少见到这样真诚、这样纯朴、这样不自私的人。真是"理想主义者"!

对,理想主义者。他们替我解答了问题。我所写的只是有理想的人,不是革命者。他们并不空谈理想,不用理想打扮自己,也不把理想强加给别人。他们忠于理想,不停止地追求理想,不停止地追求理想,忠诚地、不声不响地生活下去。他们身上始终保留着那个发光的东西,它们就是——不为自己。

关于这一卷的《附录》,说实话,我应当把《自白》删去,可是我没有这样做;我应该作一个较详细的说明,但我又缺乏精力和时间。青年时期的热情早已消散,我回想起五十二年前一个冬夜在北平三座门大街十四号宽敞的北屋里写这《自白》的情景,仿佛做了一场大梦,今天的读者大概很难了解我这些梦话了。其实当时就有人怀疑我所说的"我有信仰"是句空话。经过五十几年的风风雨雨,我也不是当初写这《三部曲》的我了,可能这是我最后一次翻看《自白》,那么让我掏出心来,作个明确的解释:

"一直到最后我并没有失去我对生活的信仰,对人民的信仰。"

巴　金
一九八七年十二月十八日

"一直到最后我并没有失去我对生活的信仰,对人民的信仰。"巴金先生说得何等的中肯啊!他为此实践了一生。

萧军也是有理想、有信仰的现代著名作家,而且还是一个处处、事事、时时崇尚革命与造反的人。但他的方式,也就是他的行为,与具有平民思想的巴金先生并不相同:他是以一种导师、先觉者、引路人(甚至试图引导中国共产党及其领袖)的身份去进行实践的。尽管他想说就说,既不欺骗自己,也不欺骗他人,因而,夸大个人作用或失实之处在所难免,不足为奇。

在1941年8月19日写于延安的日记中,萧军在论及"十年来我在中国做了一些什么呢?"时,给自己作了如此气冲斗牛的总结。萧军写道:

1. 哈尔滨时代——我复兴和领导提高那地方的文化运动,给人以勇气,影响了若干朋友(用我生活的意志和胆量)救出了萧红,教育了罗烽,白朗,舒群,黄田以及一些朋友。我在他们群队中是一颗引路的星。

2. 青岛时代——完成《八月的乡村》。影响了刘鲁华,元泰等一些青年学生,而后走向革命的路。

3. 上海时代——以《八月的乡村》给中国文坛和时代开了一个新起点,以我的艺术给了中国文坛的提高。是鲁迅先生见得后继者的欢喜。国际(尤其日本)因我的作品而使中国文艺提高了国际地位。《译文》,《作家》,《海燕》,《中流》等刊物,因我鼓动与援助的力量,得以复刊,出刊和继续。鲁迅逝世时,因我之力而争得了诸事,担任指挥入墓,纪念集底全部编辑。八·一三事变后,支持胡风办《七月》一直到武汉。《八月的乡村》引激了"七七"抗战。

4. 武汉时代——拒捕,支持胡风办《七月》。

5. 临汾时代——帮助学生安全到吉县,安慰、教育、鼓励他们。

6. 第一次到延安——在招待席上,我坦然指出那是共产党人文化教养应该补充(这是正确的)。

7. 兰州——作了启蒙运动,编报纸,讲演(五十天)。

8. 成都二年——编《新民报·新民谈座》,反应诸种事实,训练青年作家,与各报纸战斗,参加各种社会集会讲演,各大学开座谈会,讲演,与无政府主义者斗争,支持文抗,编会报,影响自由主义者、教授、学生等,与青年通信,援助他们来延安。出《侧面》指出山西的腐败。

9. 延安时代——

＊第一次鲁迅先生纪念会上指出延安的缺点,参加各处讲演,发起并完成、参加文艺小组十二次巡回座谈会,解决若干文艺人生问题。

＊发起文艺月会,团结延安作家,提高批评风气。

＊编辑《文艺月报》,第一个打击俄国贩子萧三,以及一些不正的倾向。第二打击何其芳的左倾幼稚病,立波恶劣作品的影响,雪苇的"形式主义",周扬的"官僚主义"。

＊和毛泽东谈话,发动了他们反"主观主义""形式主义"建立"普遍检查制度"。

＊代李又然、高阳、张汀、杜矢甲、冯雪峰、罗烽、舒群、艾青等伸冤。他们又被理解了,陈云亲自和他们谈话。使党整个起了很大的动荡。一些有用的人被理解,被吸收了。

＊攻击了党个别的缺点使他们有校正的机会,改建文抗,建立平等制度,提高数人文化上的地位,使过去被侮辱与损害的全有扬眉吐气和工作的机会,我是他们的保护者。改善他们物质和精神生活,使中间小官僚主义等等不能特殊化与操纵。提倡法治精神,科学方法,……。

＊建立鲁迅研究会,发扬影响,编辑丛书。

＊建立星期文艺学园,造就失学文艺爱好青年。

＊号召"九一八文艺社"。

＊使文艺作者与军政高级人物结合,从此理解,提高他们的地位。

＊募捐建立文抗作家俱乐部,使天才美术家得以工作,解除苦闷。

＊提出人所不敢用的人(陈布文)来工作。

＊扫荡谣言,扶植善良,平抑冤屈,主持正义公理和党方面不正的倾向战斗,不避利害……使延安文艺不独开展,而且一般的风气

和政策全有了新的好的转变——这就是我到延安的工作的结果和影响。这是毫没有夸张的。

引述至此,作一个比较。

读了巴金先生致王仰晨的信,笔者对巴金先生的自知之明,他的关于"革命"、"理想"与"信仰"的概念与内涵,仿如醍醐灌顶,有了一个全新的认识。"《爱情三部曲》也不是成功之作,……讲过不少夸张的话,甚至有些装腔作势。……我看到了一些编造的东西。"毋庸置疑,巴金先生的深刻反思,给我们树立了一个良好的榜样。"不空谈理想,不用理想打扮自己,也不把理想强加于人——不为自己","对生活的信仰,对人民的信仰",这是一个发自于扎根生活在人民群众之中的作家内心的真谛,一个实实在在的巴金,以及他毕生为人为文的诉求。这也就是为什么三十多年来,特别是在他逝世后的十年间,越来越多的人读懂他、深切怀念他的缘故。

而且,在国家、民族的危难关头,以及在其晚年面对日本右翼势力篡改侵略历史的逆流,巴金先生都毫不犹豫地挺身而出,甚至不顾自身性命安危。

在 1982 年 1 月 29 日写下的《怀念马宗融大哥》一文中,巴金先生平静地向我们道出了 56 年前他亲身担当过的险些被"砍脑袋"的事情。

巴金先生这样写道:

> 这样的生活一直持续到一九三六年第四季度他们一家离开上海的时候。这中间发生过一件事情。我有一个朋友,曾经在厦门工会工作,因电灯公司罢工事件坐过牢,后来又到东北参加"义勇军"活动。有时他来上海找不到我,就到开明书店去看索菲,他也是索菲的友人,最近一次经过上海他还放了一口箱子在索菲家中。这件事我并不知道。一九三五年冬季在上海发生了日本水兵中山秀雄给人杀害的事件,接着日本海军陆战队按户搜查一部分虹口区的中国居民。索菲的住处也在日本势力范围内,他们夫妇非常担心,太太忽然想起了朋友存放的箱子,说是上次朋友开箱时好像露出了"义勇军"的什么公文。于是他们开箱查看,果然箱内除公文外还有

绘得红楼铸青史

一支手枪和一百粒子弹。没有别的办法,我马上带着箱子坐上人力车,从日本海军陆战队布岗警戒下的虹口来到当时的"法租界"。马大哥给我开了门。他们夫妇起初感到突然,还以为我出了什么事。但我一开口,他们就明白了一切。箱子在他们楼上一直存放到他们动身去广西的时候。

在这里,巴金先生赞扬的是马宗融夫妇如何不惧自身安危,坦然接下一口随时随地都会"爆炸"的箱子,与此同时,他也将深藏在自己脑海深处半个多世纪的这一壮举,坦露在了广大读者的面前。

也就在巴金先生写下《怀念马宗融大哥》一文的同一年,一九八二年,日本国内的右翼势力掀起了一股逆流,为军国主义招魂,修改历史教科书,将侵略说成"进入"。巴金先生为纪念中日建交10周年而写的文章《答井上靖先生》,于中日两国主流媒体同时刊出,对此谬论予以抨击。他说:"把侵略改为进入,可能还有人想再次'进入'中国。这些年我同日本友人欢聚,常常觉到,保卫子孙后代的幸福,我们责任重大。""人民的力量是无敌的,也是无穷的,问题在于让他们看到真相。作为文学家,我们有责任把真相告诉他们,免得他们再受骗上当。"

巴金先生的文章在日本各界引起了强烈的反响,许许多多有正义感的作家、艺术家,以及一些议员纷纷撰文予以响应。他们说:"日中友好,必须建立在对历史的深刻认识的基础上,否则,不会有真正的友好。"

笔者相信,倘若巴金先生能够健健康康地活到今天,面对极右翼的日本安倍政府掀起的否定侵略与强征慰安妇的法西斯暴行,以及欲图霸占我神圣领土钓鱼岛的行为一定会挺身而出,撰文予以痛斥的。

相比之下,萧军写于73年前的延安,主旨是"十年来我在中国做了一些什么呢?"的日记中罗列的一切,就显得不够自知之明。在进入晚年后,萧军先生也有一些自省,包括深刻的反思。如,以这则日记中提及的1、2两点内容来说,就显得比较过而不太符合史实原貌。其一,关于"救出了萧红"。当时的史实是:营救萧红乃是一整个团队的作用,而且,最早去探望萧红给以温暖、勇气的,也并非萧军(他一开始以自己一无所有加以推脱),是舒群等人,更有在这之前收留萧军并提供食宿,主持策划营救萧红计划的《国际协报》副刊主编的老斐。萧军,以及萧军东北陆军讲武堂战友的方未艾等人,是随后加入到这个营救团队的。萧红脱险后,先是老斐一家热情接待了这个挺着大肚子的落魄女子,尔后,在这之前与萧红已有肌肤之亲的萧军,水到渠成地与之结为夫妇,从而解脱了萧红的窘境。至于萧军称"我复兴和领导提高那些地方的文化运动"、"我在他们群队中是一颗引路的星"、"教育了罗烽、白朗、舒群、黄田……"的说法,也有过头之处。若非地下党,若非披着伪满警署长外衣的地下党员黄田,用自己的住处"牵牛房"作活动的场所,也就难以产生萧军这颗"引路的星"。不错,在这些人中,是萧军萧红最早出版了反满抗日反封建色彩极为鲜明的作品——小说散文合集《跋涉》。但是,我们决不能忘了一个事实,若非担任第三国际联络员的地下党员舒群的慷慨相助,《跋涉》是根本面不了世的。若没有地下党金剑啸、罗烽、黄田等人为他和萧红面临的险恶环境担忧与一再催促,更有黄田的鼎力资助(包括后来初到上海生活无着陷于困境时的资助),以及已在青岛的共产党员舒群为他们作出的妥善安排,他萧军与萧红能够顺利逃离荆天棘地的伪满洲国?一抵达青岛,即有温饱水准生存的落脚之处吗?显然,这一切都是不可能的。

论及《八月的乡村》,笔者以为,它确乎是中国,乃至世界上最早描写共产党领导下的人民革命武装反抗外来法西斯入侵的战争题材的作品。但是,需要指出的是,第一,若非在哈尔滨时不是舒群从全局和左翼创作的立场出发,慷慨地转让腹稿,让萧军萧红他们掌握中国共产党领导下的东北抗日民主联军同日寇英勇斗争实践的第一手资料;第二,在创作才思一度枯竭,狂躁不已的萧军产生"一把火烧掉了它"的绝望念头时,若非一旁的萧红及时出手力阻,不断地给他以抚慰与鼓励,又若非萧红把自己的一件旧毛衣当来的七角钱买来后续复写的稿纸,并为他誊抄,《八月的乡村》能够最终得以完成吗?第三,在《八月的乡村》(还有萧红的《生死场》)因当时的恶劣政治形势遭国民党文化检查官的苛求压制,四处出版无门,若非鲁迅先生亲自为之撰序推荐并在媒体上呼吁,这部稿子能够面世、能够成为萧军的成名作吗?显然不能!准确地说,正是鲁迅先生的大力扶掖与呐喊,三位小奴隶的优秀作品,才给当时的"中国文坛和时

269

代开了一个新起点",更是鲁迅的努力,才"给了中国文坛的提高"。

至于日记中有关"和毛泽东谈话,发动了他们反'主观主义''形式主义'"的说法,笔者认为,这同所谓《八月的乡村》引激了'七七'抗战"的说法,是同样夸大其辞的。

萧军做了一些在常人眼中看来很难做到的事情,或者不敢做的事情。他不畏权势,敢于直言说出自己心底的话,包括在延安文艺座谈会上大声宣布的在旁人眼中根本实现不了的做"中国第一,世界第一作家"的宏愿,等等,这是他在年轻时的一些狂妄言行。这也是他与巴金先生一生低调为人为文的区别。但是,萧军一生的所作所为,同样是为人民、国家、民族的。诚如1980年2月20日中共中央组织部、中共中央宣传部批复的为萧军平反结论中指出:萧军"是一位有民族气节的革命作家,为人民做过不少有益的工作"。又如萧军上海、延安时期的好友、被萧军在上述日记中讥讽为"形式主义"的刘雪苇,在萧军逝世不多日写下的《记萧军》的悼文中(《萧军纪念集》P157~160页)恰如其分指出的:"在延安文艺座谈会上,他以轻率态度对待,说'三风'、'六风'、'九风',我是反感的,但没有对他发言,……我对萧军是这样看的:文学成就上,成绩是有的,他是革命中国的重要作家之一,但没能实现他在延安文艺座谈会上宣布的'不仅要做中国第一,还要做世界第一'宏愿。社会发展有规律,个人的存在只是偶然,……思想方面,萧军并不完全准确,是用不着说的。至于为人,萧军却是个大写的,有不可及的地方。"

"一个人活着要正直、坦诚,不要欺骗别人,也不要欺骗自己。"这是萧军在其逝世的前一年夏天同外孙女的谈话。也许,这是他最后的人生格言,晚年的他,在即将去见自己的恩师鲁迅先生的前夕,他终于悟到了真谛。他一生都在努力地实践讲真话,尽管有时候所讲的真话不太合时宜,也不合群,甚至显得高不可攀,最终无法实现,一度成为人们议论的话题。但,这毕竟是发自他的内心肺腑。

"我们都是他的学生"

第一次和黄源见面是在一九二九年,于今年六十五年矣。想说的话很多,但坐下来握着他的手,六十几年的往事都涌上我的心头,许多话都咽在肚里,我只想着一个人,就是鲁迅先生,我们都是他的学生,过去如此,今天还是如此。

——巴金:1994年10月16日　杭州柳浪闻莺宾馆

萧军是鲁迅的学生,这一点广为人知:有在短短的一年四个月内,鲁迅给他和萧红的53封亲笔信为证。1981年6月,黑龙江人民出版社为"献给鲁迅诞辰100周年"出版的萧军新著《鲁迅给萧军萧红信简注释录》,更是详尽地记录下了他和萧红与鲁迅密切交往的深厚师生情谊,和亲如父子父女一般的真挚伦理情感。他们一次次地去鲁迅家,与鲁迅同桌饮酒、吃饭,鲁迅携夫人许广平、幼子海婴也多次去他们的租屋探望,请两位丧失了家园的东北青年"上馆子",还多次邀请他们一同去电影院观摩外国电影。他和萧红的成名、立足上海文坛与蜚声海内外,都是与鲁迅的竭尽全力的扶持与举荐分不开的。没有鲁迅为萧军的《八月的乡村》和萧红的《生死场》作序,就产生不了20世纪中国文坛这对耀眼的双子星座。而萧军,在日后的延安、在抗战胜利后的东北,也理所当然地以鲁迅的学生自居。甚至自行其道,包括在延安文艺座谈会上狂妄声称做"中国第一,世界第一作家",声称"像今天这样的会,我就可以写出十万字来"! 推行中国式的新英雄主义;敢于挑战他自认为是不共戴天的共产党的"三风""六风""九风"……在延安,他还放出诸如"鲁迅是我父亲,毛泽东是我大哥"这一类不着边际的话。而毛泽东不但毫不在乎,相反一直对他高看一眼。这个中的原因,还不是因为在当时的延安,只有萧军才能够称得上名正言顺的鲁迅学生。故而,当1938年3月21日萧军首次抵达延安,毛泽东闻讯后立即派秘书邀请萧军前去会面谈话遭拒后,竟然也会放下手头的工作,亲自前往边区招待所探望萧军,并设宴款待。数天后,又与李富春、陈云他们一起邀请萧军出席陕北公学的第二届开学典礼,并邀请萧军一起同桌大口饮酒会餐。两年后,当萧军第二次进入延安后,毛泽东又先后两次主动探望萧军,十次致函萧军。期间,多次派人派马邀请萧军到自己的办公居所促膝谈心,还无数次不得不放下手头的工作,接待不请自来的萧军,谈话后又以酒款待,可见毛泽东对萧军之礼遇。这在当时的延安,几乎是没有一个人可以享受到的,……就是在萧军为王实味所遭受的不公仗义执言后,毛泽东也从未当众批评过萧军,更从来没有过将萧军打入另册的想法。在萧军执意要去乡下务农时,先是有边区政府有关部门"刁难",拒开介绍信予以挽留。后来又专门派出秘书前往探视,并让延安县派人派驴将他们一家人接回城里。这一切的一切,还不是因了萧军头顶"鲁迅学生"这顶桂冠的缘故。

有关萧军在延安不顾一切地"野性"频发,屡屡和他人发生冲突,曾有人问及这样一个问题:是不是与当年在上海鲁迅对萧军"宠幸"过度有关。笔者认为,其实不然,这是他的性格使然,是很难改变的。

鲁迅的另一位学生黄源,比萧军大一岁,是南方人(浙江省海盐县),称得上"江南才子"式的文雅人,他很看不惯萧军那种不拘小节、不修边幅、近似粗鲁的作风和神态,觉得萧军很"古怪",不像个"文人",一身的"野气"。为此,萧军曾写信问鲁迅,自己的野气应不应该改一改?鲁迅在3月14日的复信里说:

> 所谓"野气",大约即是指和上海一般人的言动不同之点,黄大约看惯了上海的"作家",所以觉得你有些特别。……普通大抵以和自己不同的人为古怪,这成见,必须跑过许多路,见过许多人,才能够消除。……
>
> 这"野气"要不要故意改它呢?我看不要故意改。但如上海住得久了,受环境的影响,是略略会有些变化的,除非不和社会接触。但是,装假固然不好,处处坦白,也不成,这要看是什么时候。和朋友谈心,不必留心,但和敌人对面,却必须时刻防备。我们和朋友在一起,可以脱掉衣服,但上阵要穿甲。您记得《三国演义》上的许褚赤膊上阵么?中了好几箭。金圣叹批道:谁叫你赤膊!

紧随上述忠告之后,为防萧军错误领会自己所说的"不改"这二字的忠告,仅仅限于"敌人",而忽视其他一些人(包括文人)的存在。于是,鲁迅先生又殷殷叮咛上了:

所谓文坛,其实也如此。(因为文人也是中国人,不见得就和商人之类两样),鬼魅多得很,不过这些人,你还没有遇见,如果遇见,是要提防,不能赤膊的。好在现在已经认识几个人了,以后关于不知道其底细的人,可以问问叶他们,比较的便当。

鲁迅先生在信中所说的"问问叶他们"中的"叶",指的是被鲁迅格外器重,誉为"作者还是一个青年,但他的经历,却抵得太平天下顺民的一世纪经历"的共产党员、"左联"作家叶紫。1934年12月19日,鲁迅先生在梁园豫菜馆设宴为从东北来到上海的二萧接风时,请了包括茅盾、聂绀弩、胡风(因信未送到而缺席)等人在内的"左联"重要成员作陪,其中就有叶紫在座。席后,鲁迅先生特地指定比萧军还小三岁的叶紫,为初到十里洋场的二萧特别是萧军作向导和监护人。在相当一段时间内,富有地下斗争经验和识别能力的叶紫,是忠实地执行了鲁迅先生这一郑重嘱托的。尽管萧军时时管不住自己的嘴巴,但一经叶紫从旁暗示或提醒,萧军也就缄了口,因为这毕竟是鲁迅先生亲自作出的安排。而在延安就不同了……

当然,萧军对鲁迅的炽热情感,也是其他人所无法比拟的。

请看——

1936年11月19日为鲁迅先生逝世周月忌日,这一天,萧军在鲁迅墓前将新出版的《中流》、《作家》、《译文》当作祭奠品焚化了,因为这三个刊物上都刊有鲁迅的照片和纪念文章,而且又都是鲁迅用心血浇灌、扶植过的刊物,萧军是以此来寄托自己对恩师的哀思的。萧军回家后,把此事写信告诉了远在东京的萧红。为此,萧红1936年11月24日的回信中这样说道:

"到墓地去烧刊物,这真是'洋迷信','洋乡愚',说来又伤心,写好的原稿也烧去让他改改回头再发表罢!烧刊物虽愚蠢,但情感是深刻的。"

萧军后来对此的看法是:

"尽管我这种感情是浅薄的、幼稚的,甚而至于迷信的……但由于自己被当时悲痛的心情所激荡,竟是'明知故犯'地这样做了。在今天看起来,我认为也并没有什么'原则'性的'错误',是可以理解的!"

谁知,这一烧,却烧出了一段令人可笑但又令人难以置信的故事。

就在这次烧刊物后不久,有一个叫马吉蜂(即马蜂,但不是山西那个革命作家马烽)的人——他是国民党特务外围组织"华蒂社"的人,正与他的盟友、国民党特务张春桥(即狄克)一起编一张叫《文化新闻》的小报,按捺不住跳将出来,写文章讥讽萧军是"鲁门家将"、鲁迅的"孝子贤孙"等等。萧军读后顿时怒不可遏,认为这是在侮辱他,亵渎他对恩师鲁迅的神圣感情,是在执行着敌人的任务。于是,他很快找到了《文化新闻》编辑部。萧军去的时候,半年前化名狄克攻击过鲁迅和《八月的乡村》的张春桥也在场。

萧军问马吉蜂:

"那篇侮辱鲁迅先生和我的文章,是谁写的?"

"是我写的。"马吉蜂承认道。

"好,我也没工夫写文章来回答你们——我们打架去吧。如果我被打败了,你们此后可以随便侮辱我,我不再找你们;如果你们败了,你们今后再写此类文章,我就来揍你们……"

于是,马吉蜂同张春桥一咬耳,倒也爽快地接受了萧军这个骑士式的建议。接下来,双方约定了地点和时间。

届时——据雪苇和聂绀弩两人的回忆,大约是在1937年的1月间的一天晚间,也就是萧红自日本归来后不多日子,双方都按时来到了约定的地点——当时法租界的拉都路南端,河南面一片已经收割了的菜地上。

马吉蜂的见证人是张春桥。

萧军这边的见证人是聂绀弩和萧红。

晚上八点钟,双方都来到了约定的地点。交手之后,顷刻之间,早年自沈阳陆军讲武堂出身的萧军,两次都将马吉蜂轻而易举地给按倒在地上,并在他的头上敲了几拳。本来,还要摔第三跤的,这时法国巡捕巡夜正好途经此处,见状问他们在干什么?萧军随机应变地回答道:"我们在练习摔跤。""天黑了,"巡捕说,"走吧,别摔了。"

临分手的时候,萧军气昂昂地对他们说道:"你们有小报可以天天写文章骂我,我没有别的办法,只有拳头——揍你们!"

马吉蜂尝到了苦头,自然再也不敢在自己办的小报或者其他上海出的杂报上登骂萧军的文章了,但他心里是很不甘心的,后来又写过一篇《决斗记》之类的东西,投往北京某刊物想发表,但被拒绝了。"没意思!"北京某刊物的编辑说道,"这是'笑话',也很无聊,……当时我没登载它……"

这件事传开后,一时被文坛传为趣闻——萧军是不好惹的!某些别有用心的人讽刺萧军是"才子加流氓",浑身"大兵"气、"土匪"气,而萧军则是这样认为的,"如果这类文章是登载在其他国民党小报上,这是敌人'斗争'的伎俩,应无足怪,我是不会理睬他们的。但是张春桥等类……是以'左翼'自居的,而却和敌人一鼻孔出气,表面装人,背地捣鬼……在执行着敌人的任务!这使我很气愤。"萧军还认为:"对待朋友、同志应当老实、厚道;然而对付流氓就需要用流氓的办法、流氓的手段,丝毫不能心慈手软!这就叫做'以其人之道,还治其人之身'!"

诚然,若是鲁迅还在世的话,是断断不会同意萧军采取这种鲁莽行为的。

1981年8月22日——8月28日,萧军应邀前往美国加州三藩市蒙特利附近的海滨阿西罗玛会议中心参加为纪念鲁迅诞辰一百周年而举行的鲁迅遗产会议。会议进行期间,一位自称是中国通的西方研究学者竟然无视事实,胡说什么鲁迅先生功利性太大,气量狭小等等。其大意是,鲁迅先生无论是提拔青年,还是支持刊物,都是从自私自利的角度出发的。比如说是为了自己的名誉啊,拉起自己的大旗啊等等。萧军一听,顿时怒不可遏地站起来,当场不让步,举手不留情,他双目炯炯环视全场说:

请问,今天在座的诸位,谁没有功利性?自私自利多多少少都有点吧?(全场的人们没有一个出声,谁也无法否认自己没有功利性)如果说鲁迅先生有功利性的话,那也是从我们全无产阶级劳苦大众的利益出发的,从全民族的利益出发的功利性。鲁迅不但是用笔,而且是用自己的鲜血和生命唤起民众的。他所培养的青年中,我就是其中的一个。如果他真像某些人所讲的那样,是从自私自利的个人目的出发的,那么在他去世的时候,会不会有成千上万的人痛哭失声地去悼唁他呢?甚至连国民党警察,连十几岁的小学生,都去为他送葬。送葬示威的队伍长达几十里!落葬的时候,上海民众几十个团体献给鲁迅一面旗,上面写着"民族魂"三个大字。我们,就是这"民族魂"中的一部分!请问:一个自私自利的人,能够得到如此之多的民众这样发自内心的崇敬和热爱吗?!

众目睽睽之下,萧军这一番义正词严的话语,顷刻之间将那位西方学者驳得哑口无言。

在包括同我本人的多次谈话中,萧军不止一次强调说,他交人视友的原则,是以鲁迅为底线与特定基准的,包括他同毛泽东、彭真等老一辈无产阶级革命家的交往与友谊。

诚如他1987年6月20日在海军总医院病房内与家人们所说的话:

我之所以和彭真同志、毛泽东相交,首先,他们不是按一般的作家来看待我的,我也不是按一般的政治领袖来看待他们的……

"共信不立,互信不生;互信不胜,团结不固"。正因为他们二位对鲁迅先生有着深刻的认识,而且十分尊重,鲁迅先生对中国共产党也有着充分的认识的。我们的友情,是建立在"鲁迅关系"上的,才可能有这样的理解和久远。

1988年4月10日,距他去向恩师鲁迅先生汇合还有两个月的时间,萧军在和家人的谈话中,再一次抒发了他内心深处的那个浓烈的鲁迅情结。他掷地有声地向家人交付了他的唯一精神遗产:

鲁迅先生,是我平生唯一钟爱的人,一直到我死的那一天,我都钟爱他。希望你们也能如此。他是中国真正的人……

笔者以为,萧军对鲁迅的情感之炽热,仿如刚出烧锅的高度原浆酒,让人一闻就醉。而巴金先生对鲁迅的情感,表面上看似一汪波澜不惊的湖水,可实际上,却是一坛窖藏搁置了几十年上百年的绍兴花雕酒,越品味,越香醇,越有味……

巴金与黄源晚年在杭州的一次长谈中,谈着,谈着,黄源深情地伸出手去,轻轻地拍着巴金的手说道:"那时我每次从鲁迅家出来,总要顺道到你在虹口海宁路的住处聊天,那时你的精力旺盛,一夜能写出一个短篇来……"

坐在轮椅上的巴金每每听老友谈及此事,眼前就像放电影似地回放出六十多年前发生的一幕幕。那时候,也真如黄源所述,只要黄源到鲁迅家去——多半是送编好的《译文》稿子让鲁迅过目,也有其他事,不管从鲁迅家出来多晚,他总是要弯一弯巴金的住处,向巴金讲述鲁迅的情况,一个动作,一句话,还有鲁迅对时局的看法,对文坛和一些作家、作品的分析,等等。

1996年10月,是鲁迅逝世60周年。8月24日,江南特有的秋老虎还在肆虐逞威,九十岁的黄源偕同夫人巴一熔和儿子黄明明一道来到西子宾馆探望巴金。黄源觉得,巴金这回身体比较弱,讲话声音很小,全靠女儿李小林传话。黄源向巴金讲起了63年前一起与鲁迅、茅盾会面的情形。黄源回忆道:"我们共同与鲁迅见面的是在1933年7月那一次吧!"听黄源提及此事,巴金的眼睛顿时放了亮,记忆犹新地说:"1933年文学社为《文学》创刊请客,我在《文学》第一期上发表了一篇叫《一个女人》的小说,是作为作者代表出席的。那是我第一次看见鲁迅和茅盾。"他们两人还一一列举出了1936年10月22日鲁迅大出殡时为先生抬灵柩的那16个人,除他们两人外,还有鹿地亘(日本进步作家)、胡风、黎烈文(后去台湾大学任教)、孟十还、靳以、张天翼、吴朗西、聂绀弩、萧乾、萧军、欧阳山、周文、曹白、姚克等十四人。而到了1996年回顾六十年前那场声势浩大的鲁迅大出殡时,健在的只有巴金、黄源、萧乾和欧阳山四人了。世事沧桑,往事并不如烟。巴金还回忆道:"鲁迅日记中有我到场的两次吃饭,我记起来了,1935年8月我从日本回来那次请客也有鲁迅先生。"

巴金提及的这次吃饭,不由得勾起了黄源对往事的深沉回忆:这是两人之间的一次成功合作。

1935年8月,正当巴金自日本回到上海,遭受国民党蒋介石通缉在海外流浪多年的邹韬奋先生也回到了上海。这时,受鲁迅委托由黄源主编的《译文》杂志出刊了三卷一期,这是一期特大号,鲁迅这时候正在夜以继日执行他早就拟好的《果戈里选集》的出版计划,并着手翻译果戈里的《死魂灵》,这是《译文丛书》的重中之重。而且,这也是作为编辑的黄源同已去莫干山疗养的生活书店经理徐伯昕谈妥了的,而接替他的经理毕云程却不为所知。这样一来,计划就有搁浅的可能。为此,黄源专门写了一封信给邹韬奋,并附上已排好的《译文丛书》的书目,并且作了专门说明,说明前任经理早已口头允诺由鲁迅来主持这套丛书的出版事宜。不料,现在由邹韬奋亲自主政的生活书店毁了约,说不准备出版这套丛书了。原因很简单——生活书店已经有了二月间自北京南下来沪的郑振铎先生主编的《世界文库》。

生活书店毁了约,作为联系人的黄源感到有必要告知鲁迅。鲁迅听后却显得异常平静,反问黄源道:"你看怎么办?有什么书店可以出版吗?"黄源想了想,说:"我和巴金、吴朗西都很熟,他们现在办文化生活出版社,巴金任总编辑,吴朗西是经理……"鲁迅听后,当即吩咐黄源去联系。次日,黄源找到巴金、吴朗西,征询意向。听说这是鲁迅的意思,尽管他们的经济能力远远不及生活书店,巴金、吴朗西仍然二话没说,当即承担了下来。巴金还慷慨地表示:译文社每交一部稿就立马排版,至于稿酬,按版税计。鲁迅听后,十分高兴。1935年9月13日,鲁迅信致黄源:"十五我没有事,我可以到的……"两天后,黄源作东南京饭店宴请巴金、吴朗西,鲁迅、茅盾、黎烈文出席,许广平偕子海婴,还有鲁迅邀的胡风、黄源邀的傅东华陪席。席间,商谈甚为顺利。合同由双方共同起草,鲁迅签字。鲁迅还兴致勃勃地承诺给巴金一篇小说稿,作为巴金拟出的下一期《文学丛刊》的首篇:"具体篇目,今后告河清转达。"

60年后,巴金所说的"1935年8月我从日本回来那次请客也有鲁迅先生",指的就是这一次。

然而,天有不测风云。就在这次有鲁迅亲自参与的请客不多日,生活书店再次毁约,要挟鲁迅撤换黄源,为保护弱小者,鲁迅断然拒绝了生活书店方面的无理要求。接着,黄源也愤而辞去《文学》的编辑职务,并决定前往日本与妻子许粤华会合。随后黄源把吴朗西介绍给鲁迅,以作今后代表文化生活出版社与鲁迅接洽相关事务。就在他和吴朗西离开鲁迅家时,黄源一想起《译文》停刊事,对方是一大批人马,而鲁迅是孤军奋战……便又一下改变了主意:"我不能离开鲁迅先生,决定不去日本了。"当日晚,作为好友的巴金设宴为黄源饯行,黄源和巴金、靳以、萧乾他们见面时说的第一句话就是:鲁迅先生为反对无理撤销我的《译文》编辑和一大批人马闹翻了,因此我不能离开他,决定不去日本了。听黄源这么一说,东道主巴金当场表态支持黄源的这一决定。继之,为进一步支持黄源,鲁迅停止向《文学》供稿,巴金紧随鲁迅作出了同样的决定。这血浓于水的友情,直到60年后俩人回忆起来仍然激动不已。

1936年春夏,继周扬提出"国防文学"口号后,6月7日,原"左联"成员发起组织成立了文艺家协会,鲁迅先生不予参加,黄源与巴金也不在成立宣言上签名。四个月后,1936年10月1日,也就是距鲁迅先生逝世还有19天,经鲁迅等人提议,21位爱国著名作家联名发表了《文艺界同人为团结御侮与言论自由宣言》,《宣言》由巴金、黎烈文各起草一稿,后经鲁迅修改后发表于《文学》七卷九号,黄源也签了名。

关于《文艺界同人为团结御侮与言论自由宣言》的起草经过,巴金后来这样撰文回忆道:

1936年五六月间,文艺家协会成立,发表了宣言。鲁迅先生拒绝参加文艺家协会,他不参加协会的原因在他的书信中讲得很明白。黎烈文、黄源、靳以和我还有别的一些拥护鲁迅主张的人,也都没有参加协会,更没有在宣言上签名。当时鲁迅先生身体不好,外出活动较少。黎烈文和黄源经常去看鲁迅先生。我向他们谈起,我们也应发表一个宣言,表示我们对当前民族危机的态度,他们同意我的意见。本来这个宣言由鲁迅先生起草,我们大家签名最好。可是先生有病,不便请他执笔。我们考虑之后,决定我们先起个草稿请先生修改后发表。这个宣言,黎烈文要我写,我要他写,推来推去并没有谈好。有一天,我和黎烈文谈起这件事,他答应第二天就去找鲁迅先生,不过,他要我起草宣言稿,我最后同意了。我开了夜车,写了一个稿子。第二天我和黎烈文在北四川路新雅酒楼见面,他也带来一份稿子。我说:"你写了,我的就不用了。"他说,"还是用你的吧。"最后他说,"两个稿子都拿去给鲁迅先生看,由先生决定,请先生第一个签名。"黎烈文当天从鲁迅先生家出来,拿了一份有先生亲笔签名的宣言稿找我和靳以,他已经把两份稿合并成一份宣言了。他在先生家里就抄了同样的几份,出来交给黄源、胡风等人拿去找人签名……

应当说,这是巴金创作生涯中一个新的里程碑。在鲁迅的旗帜下,团结更多的文化人投入到伟大的抗日救亡运动中去,巴金作出了重要的贡献。

为了进步文学的发展,巴金和黄源同鲁迅的关系日益密切,而鲁迅先生也始终对他们充满着信任和支持。1936年8月1日,不明就里不知深浅受人指使的左翼作家徐懋庸,凭着年轻人的一时冲动和鲁莽,给先生写了一封措辞十分激烈的信,无端指责道:"先生最近半年来的言行,是无意地助长着恶劣的倾向的。……集合在先生左右的战友,既然包括巴金和黄源之流……"此时的鲁迅尚在大病中,但他仍委托冯雪峰根据他的意见起草了《答徐懋庸并关于抗日统一战线问题》的长信。初稿拟成后,鲁迅先生抱病作了认真的修改,并亲笔加上了"至于黄源,我以为是一个向上的认真的译述者,有《译文》这切实的杂志和别的几种译书为证。巴金是一个有热情的有进步思想的作家,在屈指可数的好作家之列的作家。"

鲁迅为弱小者仗义执言讨还清白的言行,在过去了半个多世纪以后,在两位老人的脑海里仍是这样的记忆犹新。鲁迅对他们的正确评价,鼓励着他们一次次度过艰难险阻,包括黄源在1957年被打成右派,包括巴金在十年浩劫中被打倒在地再踏上一只脚。共同的信仰,共同的文学爱好,对鲁迅共同的深情,使得两位老人一起并肩携手,一同跨入了新世纪的大门。

1936年10月19日,一颗伟大的心脏停止了跳动。

清早,当内山书店的伙计赶去把鲁迅先生逝世的噩耗告诉黄源后,黄源偕同妻子迅速赶往大陆新村寓所,在先生的遗体前痛哭不已。很快,在胡风的及时告知下,巴金和友人曹禺也一同赶到,他忍着巨大的悲痛,含泪久久地凝视着先生的遗容。黄源和巴金都参加了鲁迅先生治丧办事处的工作,彻夜在万国殡仪馆为先生守灵。三天后,在万国公墓,他们俩人与其他十四位年轻作家一起为先生扶灵下葬。

1986年10月,是鲁迅先生逝世50周年,巴金、萧军与黄源三位当年抬过鲁迅棺材的老友在杭州重逢,同照了一张相,并为在绍兴鲁迅故里矗立鲁迅铜像捐款。

鲁迅精神的传承者

巴金与萧军,我以为,自鲁迅逝世以来,特别是进入晚年之后,在对待后学与晚辈的问题上,他们都是鲁迅精神的传承者。

先说巴金,且不说他经年累月抚养亡友马宗融的子女,直至他们成年走上工作岗位。在这方面,当事人的回忆、怀念早已家喻户晓,深入到每一个读者的心目中,无不为巴金先生的这种感人精神赞佩。在这里,笔者撷取他在年近九旬时,写给故乡成都两所小学学生们的信中的话来加以说明。

在1991年5月15日《致成都东城街小学学生》的信上,巴金先生写道:

> 不要把我当做什么杰出人物,我只是一个普通人。我写作不是我有才华,而是我有感情,对我的祖国和同胞有无限的爱,我用作品表达我的这种感情。……我思索,我追求,我终于明白生命的意义在于奉献,而不在于享受。……有人问我生命开花时什么意思,我说:"……我们活着就要给我们生活在其中的社会添上一点光彩。……一心为自己、一生为自己的人什么也得不到。"

相隔十个月,在1992年3月8日《致成都正通顺街小学的孩子们》的信上,巴金先生饱含激情地写道:

> 亲爱的家乡的孩子们,接受你们送来的这一切,我不能不想:你们为什么对我这样关心?对人民我究竟有过什么成就?有过什么贡献?我从来不曾忘记生命的意义在于奉献,而不在于接受。我只是一个普通的作家,勤奋写作是我的职责,我不曾有效地使用我

手中的笔,也谈不上奉献,我平平常常地度过了这一生。经过六七十年的风风雨雨,争取说真话,争取做好人,我仍然是一个普通的人。我不是你们学习的榜样,你们都应当远远地超过我。祖国和人民在你们身上寄托着无限美好的希望,你们的前途宽广、光明!因此我认为,你们没有改变学校名称的必要,就这样让我永远做你们的邻居不好吗(巴金故居与该小学在同一条街上——秋石注)?不管你们怎么想,我的心永远和你们在一起。我虽然无法给你们每个人写信,但是你们都在我的心中,我的眼睛注视着你们前进的脚步。

对孩子们如此,对好学上进的年轻人,巴金先生更是有求必应。不单是有求必应,而且巴金先生还会"察言观色":从对方的衣着上洞察他的家境,然后主动援手。今年4月18日的《文汇读书周报》刊登了署名躲斋写的题为《1950年代拜访巴金》的回忆文章,他回忆的是发生在1951年他亲历过的一件事情。躲斋这样回忆道:

> 那是1951年前后,赵华锦来找我,兴冲冲地给我看一张明信片,上面只有寥寥的二三行字,署名是"巴金",内容是约他到霞飞坊晤面。我不知道赵华锦的用意,问他:"什么意思?"他很兴奋,但又犹豫,胆怯地说:"我给巴金先生写了信,想去请教关于安那其主义的问题,还有克鲁泡特金……没想到巴金先生同意了,来了回信,可我有点紧张,有点'怕',一个人去,不知道该怎样讲,你能陪我去吗?"我明白了。
>
> ……
>
> 记不起是哪一天了,依稀是个春寒料峭而又风和日丽的日子,赵先到我家,然后一起往访先生。我们一到门口,按铃,巴金先生早在客厅里等候了。之后,是我先开口,向巴金先生介绍赵华锦,同时催促赵提出他要请教的问题。这样,就谈了起来。先生先是倾听,不很讲话,后来略略回答了一些,都是关于哲学方面的问题和克鲁泡特金的主张之类。我只是旁听,不插话。最后,我直率地提了个不像问题的问题。我说:"李先生,我很喜欢你的《短简》,清丽、流畅,特别感到坦荡而亲切。读《家》的感觉是震撼,是悲愤。可是读

《春》、读《秋》,感觉和《家》不一样,好像没有《家》那样的力量?"李先生听了以后,没有立即回答,滞疑了一会,然后缓缓地说:"你的感觉是正确的,不要怀疑自己。我写《家》的时候,生活积累较厚,饱满,来不及写。写《春》的时候,就不如以前饱满,有时有疑虑,但还是很从容。写《秋》,就更不如《春》了,但思考得多些,感情激动,但有时不免用想象来填补生活的不足。所以,还是'生活',生活一定要丰富,才能写好。"这就是我当年与巴老所谈的全部内容,至今记忆犹新,没有褪色。

而在告辞之前,赵上洗手间,先生忽然问我:"你的同学家庭情况怎样?"这使我感到意外,大概是赵的衣着让先生敏感到了他的贫困。既然如此,我就直率地告诉了先生,说赵父母双亡,非常困难,毕业以后不打算考大学。先生说了句:"大学还得去考,现在要人才啊……"话音未了,赵出来了,我们向先生道了谢,告辞。

隔不多久,赵华锦又来我家,告诉我,他决定考大学,考北大,说是巴金先生汇了一笔钱给他,鼓励他升学。他激动的不得了,我也激动万分。李先生在我心中的形象从此高大起来。

读着躲斋的上述回忆文字,令我不禁想起了鲁迅先生生前说过的一句话:我吃的是草,挤出来的是牛奶和血……

巴金先生并不是鲁迅先生的嫡传弟子,鲁迅先生生前,他也没有去过鲁迅家中作过客,与鲁迅的交往仅仅是那么几次,且都在公众场合下,但他是深得鲁迅先生真传的,是将鲁迅精神进一步传承、发扬光大的人。

行文至此,还应当书上一笔,且与本文主题有关的内容,受鲁迅先生扶掖新人的传统的熏陶,由巴金先生任总编辑的上海文化生活出版社,在 1936 年间先后为萧军出版了四本著述。这四本著述分别是:

短篇小说集《羊》,约 6 万字;
短篇小说集《江上》,约 8 万字;
诗、散文合集《绿叶的故事》,约 6 万字;
散文集《十月十五日》,约 6 万字。
同萧红出版的散文集《商市街》(1936 年 8 月出版,一月后售罄即告再版)、散文小说合集《桥》(1936年11月出版,自1948年先后印行了四版)、散文小说合集《牛车上》(1937年5月出版,自1948年共印行了三版)等三部当红著作相比,显然,前者要略逊一筹,篇幅单薄不说,而且,仅印行了一版即告止步。

巴金先生是这样,萧军先生——这位常常令鲁迅头疼、哭笑不得却又器重的东北弟子,不仅对鲁迅的感情炽热如火,而且也秉承了鲁迅先生一以贯之的对青年的关爱与扶持的优良传统。在这些受益的人中,有在1940年代后半叶遭受国民党特务迫害,流落在吉、黑两省生活无着的秋萤先生。当他复遭"自己人"白眼陷于困境时,不得已,提笔给素不相识远在哈尔滨主持鲁迅文化出版社与文化报的萧军写信,请求帮助。当秋萤写出这封求助信的时候,萧军与《文化报》已经备受责难与围攻。在这样的情况下,萧军仍然满腔热忱地尽最大可能,从经济上、工作上、生活上给予他各个方面的帮助。甚至,在自己被错误地打成"三反分子",被迫离去前夕,依然为秋萤未来的工作作着安排。有关在非常岁月发生的这个十分感人的故事,萧军逝世后,已经离休的秋萤写了一篇《故人故情悼萧军》的文章,将这件埋藏在自己心底深处整整40年的往事公诸于众,以志纪念。

虽说在这之前秋萤先生从无和萧军会过面,但秋萤先生曾在1937年7月出版的《明明》杂志第一卷第六期上,以《满洲新文学的踪迹》为题,对四年前出版,复又遭日伪满当局封杀的二萧散文小说合集《跋涉》有着恰到好处的评价。秋萤先生这样写道:

"我们先以国际都市的哈尔滨做中心来观察,在这个都市里是很可能的找出几个优秀的作家来,如果以奉天与哈尔滨的文学比较,那么哈尔滨的文学确实是高出于奉天。这北地的作家们,都能刻实的,不夸诞的,去忠实的写作。……在当时最杰出的作家当首推三郎夫妇,自从他们的小说集《跋涉》出版了以后,不但在北满,而且轰动了整个满洲的文坛,受到读者们潮水般的好评,这册书一直保持到现在,还为一些人称颂不绝的。作者的每篇创作绝不是一些想象出来的故事,我们看出作者是在现实的油锅里熬炼过的青年,自有他生活的经验,所以从作者笔尖滑下来的,是人生奋斗血汗的点滴。……悄吟的小说,在某一点来说,似乎有比三郎高出之处,《王阿嫂的死》、《广告副手》,都是很好的作品,至于作者描写的洁净细致,也有相当的独到之处。"

然而,要说对萧军这位"鲁门小弟子"传承鲁迅精神的动人事迹,体会最深、受益最大的后生,则非我秋石莫属。

那是发生在35年前我亲身经历的一件事——

1979年8月17日下午二时,哈尔滨南岗文昌街省图书馆三楼小会议室,黑龙江省暨哈尔滨市文艺界为当年因背负"三反分子"罪名离别31载后萧军的首次重返,举行了一次别开生面的座谈会。时为文学青年的我,得益于一位知青女作家的帮助,有幸出席了这个小型座谈会。而且,还是以一种不打不相识的方式,直面发问并结成忘年交,直至九年后萧军因病去世,我赴八宝山为其送行。

萧军是鲁迅的学生,有幸与鲁迅的学生会面,自然而然的,我心底里的那个"鲁迅式"的作家梦顿时复活了起来。

我的这个开门见山、不打不相识的发问,恰恰是有关鲁迅的话题,不仅同我们青年人有关,而且,也同萧军他们那一代人极其刻骨铭心的亲身经历有关。

座谈会上,见萧军举止言谈格外地平易近人,一点也没有我想象中的"大作家"的架子。于是,萌藏在我心底深处达三年之久的愿望(自1976年金秋十月在粉碎"四人帮"的欢笑声中,我读了由鲁迅先生作序的《八月的乡村》之后产生的)顿时脱颖而出。提问一开始,我这个初生牛犊不怕虎的无名小卒不甘落后,斗胆向先生递上了一个条子,内容是富有挑战性。其大意是:你萧军刚才口口声声谈论当年鲁迅先生怎样关怀、扶植你们,可惜,现在的文艺界情况相差甚远,不知你萧军……

条子刚一递出,我又产生了些许后悔:一是环顾左右上百人,全是省、市文艺界的精华,其中几近一半是白发苍苍的老前辈;二是凭他声望这么大的作家,能回答我这个虽不可笑但颇为天真的问题么?我想,萧军如若见到此条,即令不予申斥,也将是嗤之以鼻,搁置一旁。我忐忑不安地期待着……殊不知,刚解答完第二个问题,主持座谈会的省作协负责人关沫南微笑着,将一张三寸条子递到了先生的手上。先生呢,迅速地浏览了一下,便将我写的条子给当众念开了。念毕,先生双目炯炯,环顾全场,扬扬手中的条子说道:"请递条子的那位同志站起来同我见个面!"

我一听,猛地傻了!才刚初生牛犊不怕虎的勇气也不知跑哪儿去了,心想,糟了,非挨申斥不可:我虽有写条请教的勇气,可我并没有站起来面答的胆量啊!

静场片刻,见没有人应声,先生不急不恼,微微一笑说:"如果那位青年同志不肯站起来,那么,我也只好这样站着等他了!"这时,全场鸦雀无声,没有人表示异议或什么。而且,我发现,不少人还饶有兴趣地在静静地等候着哩!少顷,主持会议的关沫南同志也慢声细气的说开了:"依我看,还是请递条子的那位同志站起来吧!不然的话,萧军会一直站到底的!"

为了不致影响大家,我只得涨红着脸,嗫嚅地承认了自己就是写条的"那位",敬请先生原谅我的冒昧……岂知,萧军一听,顿时和颜悦色地呵呵地笑开了:

"不,不,不是冒昧,提得好,提得好!我萧军就是喜欢你这样的性格,不畏名人,要得!不过……"他略略俯下身子,用一种商量的口气同我说道:

"我得同你商量一下,今天这个会,是我离别三十一年后同老朋友们的第一次会面。要回答你这个问题并不困难,但是需要时间。这样好不好,明天我请你参加另一个会,或者另约一个时间细谈,怎么样?"

我,默默地点了点头,在这样的老前辈面前,我还能说些什么呢?!

萧军逝世后,从老夫人王德芬同志口中得知,萧军生前所喜欢和遵循的格言中有以下两条:

——对青年人要严格要求,不能客气,虚假客气是心地不正的表现。要公平正直,实事求是,这才是科学精神。

——我的道德观:积极地讲是给人以愉快;消极地讲就是不妨碍他人的愉快。人给旁人愉快,自己也愉快。

也许是我自幼失去父亲的缘故,通过这次奇特的会面,我觉得,萧军并不是一个很严厉的人,倒像是一个处处体贴入微的慈父。如同鲁迅当年对待他和萧红一样。

可是,事与愿违。由于我有紧急公务,次日一早,我便离开哈尔滨回佳木斯工作单位去了。我给他写了一个简条,向他致意,祝他健康长寿。

一年后,我骤地成了孤儿,心境十分恶劣又无处诉说。于是,冥冥中,我试探着给在北京的萧军写了一封长长的信,并附去了一个正在创作中的长篇小说中的第一部分,盼请指正。兴许是他繁忙的缘故(事实正是如此),我没能马上收到他的复信。以后,时间一长,便渐渐地淡忘了。

时隔两年,1982年10月,我突然收到了一封发自北京后海鸦儿胡同的来信。据着信。我很是惊讶,因为在我所有的朋友中,并没有住在后海的呀!直到拆开一看,方知是敬爱的萧军先生委托他的夫人王德芬给写来的。原来,两年前,收到我的信,正值中央有关部门为他平反,接着又是赴美访问……尽管如此,他还是逐字逐句地看完了万余字的稿件和那封长信,并在扉页上写道:

"此信由我亲复!"

这封迟复的信,在表示歉意的同时,对我失去母亲表示慰问,并询问我的现状、工作和创作情况。末了,嘱我经常与他们保持联系。统览全信,情切切,意真真,字里行间体现了一位老前辈对年轻人的深切关怀。自那时起,我们信来信往,成了忘年交。

一年多后,我在一次南下途中到了北京,去后海鸦儿胡同那个煤尘飞扬的危楼上探望了他。他和夫人王德芬热情地接待了我。就在这次会面三个月后,中共黑龙江省委、黑龙江省人民政府召开了全省文艺工作座谈会,会上,讨论制定了一系列繁荣社会主义文艺的可行性措施。不久,萧军刚一闻讯,便亲自提笔,给黑龙江作协的关沫南、黑龙江大学中文系的陈隰教授等老友写信,嘱托他们进一步关怀和帮助我。信的大意是:我萧军年事已高,别无所求,只为贺金祥一事,求助于黑龙江的老朋友们……我对这个年轻人有过较长时期接触,了解他的为人,也曾看过他的稿。但是我现在老了,力不从心了,因此请求你们在可能的范围内,给予这个年轻人以文学上的指导和扶持……

不仅是我的文学创作事业,就是我后来回南方工作的调动事宜,早在多年前宣布封笔不求人的萧军,也都有求必应地给予了帮助。在历经一场惊心动魄生死搏击的人生之旅后,我萌发了返回江南水乡定居的愿望。在这次南返调动的过程中,许许多多德高望重的老前辈(多为有着四五十年党龄的左翼作家和延安文艺老战士)向我伸出了援助之手。1987年12月10日夜晚,萧军在1948年时的哈尔滨老友、黑龙江省作协负责人关沫南致居住在苏州的中国作协副主席陆文夫同志的信上(有关我南返回苏州工作的事宜),欣然提笔写下了如下一段话:

文夫同志:
  我也求一份"人情",希望您在可能的范围内,给贺金祥同志以大力协助,果所至盼者。   祝
   好!
               萧军 1987.12.10日

萧军将鲁迅善待、帮助年青人的热忱,言行一致地发挥到了极致,这也是我誓言献身于以鲁迅为代表的三十年代左翼文学研究事业的初衷,及信心、决心、动力之所在。

从萧军身上,从与他的九年交往实践中,我亲身体会到了什么是鲁迅的风范,什么是鲁迅的精神,什么叫做鲁迅的传人。

回顾他为我向陆文夫先生"我也求一份'人情'"的深情嘱托,我同样将他1988年4月10日向家人作的这个"钟爱"鲁迅的嘱托,视作是对我这个晚辈,接受过他一次又一次鲁迅式热忱关爱的晚辈的郑重嘱托!包括他晚年对中国共产党、毛泽东的无限热爱与深情。

1988年6月16日下午,我赴海军总医院第15病区5022病室探望了他,然而他已经不能说话了,6天后他告别了人世。7月8日我为他在八宝山送别。

毋庸置疑,是萧军真正开启了我的作家梦,开启了我的鲁迅研究及左翼文学研究的学术之路。

生死一场凄绝中
——萧红风雨香江行

萧红偕她的最后一任夫君端木蕻良秘而不宣地飞离重庆,抵达当时由左翼文人和自由派文化人士聚居的战时文化中心香港。

萧红在香港生活了整整两年之久,最终因贫病交加,不幸逝世于业已遭日寇铁蹄践踏的香港。

从铁蹄践踏下的伪满洲国都市哈尔滨逃脱出来,却又惨殁于遭日寇铁蹄践踏下的昔日殖民地乐园的香港,难不成,这是她的命中注定?

1935年,萧红在鲁迅家门口台阶上

这是为什么?为什么??为什么???

老天爷为什么如此不公地对待这么一个才华横溢的红颜薄命女子……

她的香港之行的目的,既是为谋得心中渴望已久的一片世外桃源,更是为了躲避由婚变导致的无处不在挥之不去的那些"流言蜚语"。但她的此次香港之行,却是踏上了一条不归之路:年仅31岁就离开了人世。她短暂的一生,无时无刻不在追求自由、幸福,还有自己心中编织的那个理想的爱情。但现实中的一切,似乎又离得太远太远,而且,随着时间的推移,变得越来越虚无缥缈而无法实现……

她再也无法回到生前梦牵魂萦漫天飘白雪的白山黑水的原野了。

嗟乎!

悲夫!

好在她为我们留下了中华民族文学宝库中堪称一流瑰宝的120万字的传世著述。

因而,她也就永远地留了我们的心中。

"如今我只感到寂寞"

> 如今我只感到寂寞!在这里我没有交往,因为没有推心置腹的朋友。……
>
> 萧红:1940年春,香港,《致白朗》

1940年1月19日,端木和萧红从重庆飞抵香港(一说为1940年1月17日)。

端木与萧红抵达香港后,他们并没有去孙寒冰已为他们安排好了的时代书店楼上居住,而是在九龙金巴利道纳士佛台找到了一间相当大的楼房。房东是一位能说几句普通话的年轻小姐,其家人都在西沙群岛作买卖,室内家具是现成的。更重要的是楼房南面前厅有一个很大的阳台,空气很好,两人都很喜欢。然而,住下没有几天,主持《星岛日报》副刊《星座》的戴望舒先生偕夫人穆丽娟竟然鬼使神差般地出现在他们的面前,要知道他们还是第一次见面哩!热情好客的戴望舒夫妇请他们出去吃了一顿饭,次日一早,戴望舒又驾车来接他们到自己的寓所去。戴望舒在薄扶林道香港大学网球场对面的山坡上的寓所,是一座背山临海的三层楼房,四周树木环绕,屋旁溪水淙淙。戴望舒告诉他们,他的寓所名叫"林泉居",而且他的邻居们多为作家诗人教授,英美人也有。戴望舒住处颇为宽敞,夫妇俩热情欢迎他们能来同住。萧红与端木蕻良来港的目的就是要寻找一个安宁的环境,"林泉居"自然是符合他们的口味了。但是不巧的是端木双腿的风湿病又犯了,上上下下走山坡路十分不方便,加上刚刚租了房子又要搬走也不太合适,于是,此事就延搁了下来。他们最终也没有去住。从此事的处理来看,可见萧红是个可以牺牲自己而顾全别人的一个善良女性,而端木蕻良却一直以"大孩子"自居,很少替萧红着想,要知道萧红的身体素质比他还要差啊!

此事过去没几天,适逢孙寒冰来香港办事。孙寒冰力劝他们搬往大时代书店住,而且离现在的租住处又很近,同在金巴利道纳士佛台。孙寒冰还强调说这是编"大时代丛书"的需要。于是,盛情难却,在1940年春天的一个日子里,端木和萧红搬到了金巴利道纳士佛台三号二楼一间不到二十平方米的房间,房对面是《经济杂志》主编许幸初的办公室,由于他不常来上班,既可以有电话使用,还可以借用其办公室接待客人,两人自然都很满意。

初到香港,朋友不多,生活费用又高,为此,萧红写信给留在重庆的好友白朗,倾诉自己苦闷的心境:

> 不知为什么,莉,我的心情永久是如此的忧郁,这里的一切景物是多么恬静和优美,有山,有树,有漫山漫野的鲜花和婉声的鸟语,更有澎湃泛白的浪潮,面对着碧澄的海水,常会使人神醉的。这一切不都正是我往日所梦想的写作的佳境吗?然而呵,因此,常常使我想到你。莉,我将尽可能在冬天回去……

"如今我只看到寂寞!""因为没有推心置腹的朋友",读着萧红信中这些话,未免令人深感诧异:朝夕相处同眠一床的丈夫,竟然会被妻子排斥在"推心置腹的朋友"之外?这,岂非咄咄怪事!她的这封信,是写给无话不谈的女性挚友的,当然也是她出自心中的真实想法。由此,我们可以想象得到,每当萧红想起兵荒马乱中,拿着并非丈夫给予而是友人设法筹到的川资,独自一人挺着大肚子从武汉坐船到重庆投奔丈夫,而到了重庆却又是一个人孤零零地为觅方寸窝身之处东奔西走;特别是在大腹便便待产时,正是白朗和其婆母收留了她,并协助将她送入医院生产,端汤端饭伺候,这个中是一种什么滋味呀?相比之下,作为丈夫的端木蕻良为她做了些什么呢?这与六年前同样是怀着他人孩子的她生产时,身无分文,条件也远逊此时,萧军却给了她莫大的安慰和力量呀!想想这些,难怪萧红不把新夫君当作"推心置腹的朋友"了。这也是她写信给远在数千里外的挚友,排遣心头寂寞的纠结所在。

有一段时期,萧红甚至萌发了想回内地的打算,她在1940年7月7日给华岗的信中写道:

> 正如兄所说,香江也非安居之地。近几天正打算走路,昆明不好走,广州湾不好走,大概要去沪转宁波回内地。不知沪上风云如何,正在考虑。离港时必专函奉告。

与此同时,萧红又写信给梅林,请他在重庆先帮她找好房子,一旦回来后就不必为找房子而四处奔波。

梅林后来回忆道:

> 她的飞港颇引起一些熟人的谈论,后来她来信说明飞港的原因,不外想安静的写点比较长的作品。抗战以后她只是写了点散文之类的。其次,也是为了避开讨厌的警报吧。但在1940年下半年,正是国际问题专家拼命讨论:"日本南进乎?北进乎?"的时候,因之香港的空气是疟疾式的。每次空气紧张,萧红即来信说正在购飞机票回重庆,希望能给先找便房子。但紧张空气一过,她又延宕下来,以长篇《马伯乐》未完成和有病为理由。

在香港住的时间长了后,萧红虽然时时在脑际中浮想:"不知何时可回重庆,在外久居,未免的就要思念家园。"但是有时她还会产生请朋友们到香港来旅游的念头。1941年2月14日她在给华岗的信上说:"香江,并不似重庆那么大雾,所以气候很好,又加住此渐久,一切熟习,若兄亦能来此,旅行,畅谈,甚有趣也。"

萧红是在武汉文艺界人士的聚会上与华岗相识的,1938年1月,受中共南方局委托,华岗参与创办并负责《新华日报》。由于在工作中抵制王明的错误路线,华岗被撤职后,在重庆乡下"养病"。华岗早在青年求学时就献身革命,为此还坐过敌人七载监狱,因而身体较差。华岗是我党较早的一代马克思主义理论家和历史学家,对研究中国近代史和"五四"以来的现代革命史有着卓著的贡献。早在1931年他写就的《一九二五——一九二七年中国大革命史》,影响了一批又一批的热血青年投身革命的洪流。全国解放后,华岗出任山东大学校长。华岗对萧红的印象甚佳,无论是人品还是才华。在汉口,在重庆,乃至萧红去香港后,华岗时时刻刻关心着萧红的创作和身体情况。萧红抵达香港后,由于特别地信赖华岗,频频给华岗去信,至今留存于世的有六封。在1940年7月28日致华岗的第三封信中,萧红谈了下一步的创作计划,萧红写道:

> ……再说这八月份的工作计划,在这一月中我打算写完一长篇小说,内容是写我的一个同学,因为追求革命,而把恋爱牺牲了。那对方的男子,本也是革命者,就因为彼此都对革命起着过高的热情的高潮,而彼此又都把握不了那革命,所以那悲剧在一开头就已经注定的了。但是一看起来他们在精神上是无时不在幸福之中。但是那样幸福就像薄纱一样,轻轻的就被风吹走了。结果是一个东,一个西,不通音信,男婚女嫁。在那默默的一年一月的时间中,有的时候,某一方面听到了传闻那哀感是仍会升起来的,不过不总具体吧了,就像听到了海上的难船的呼救似的,遥远、空阔、似有似无。同时那种惊惧的感情,我要把他写出来。假若人的心上可以放一块砖头的话,那么这块砖头再过十年去翻动他,那滋味就绝不相同于去翻动一块放在墙角的砖头。

萧红在信中所描绘的这部长篇小说的工作计划,后来却意外地演绎成了《马伯乐》,与原来的创意相差十万八千里。

萧红,以及端木,同华岗之间三人的友谊,集中反映在他们所关注的华岗两部理论专著的出版上。

1940年7月7日,萧红在致"园兄"(华岗字"西园"——秋石注)的第二封信上写道:"民族史至今尚未印出,听说上海纸贵,出版商都在观望……"两天后,萧红再致"园兄"告之:"该书尚未排出,出版商意存观望,也只好由之。"

两信所指"民族史",乃指华岗所编写的《中国民族解放运动史》。据端木蕻良声称:此书系华岗委托萧红、端木联系上海生活书店出版的。在7月9日萧红致华岗的信上,也有"皆给生活出版去了"的说法。

同年8月28日,萧红致"华兄",信首即兴奋写道:

"民族史出版了,为你道贺。"

由于香港邮政当局不收寄往重庆的包裹和书籍,在同一信上,萧红颇为细致周到的写道:

"现在又得那书出版的广告,一并寄上,因为背面有鲁迅纪念生辰的文章,所以,不剪下来,一并寄上看看,在乡间大概甚为寂寞的。"

此处所云"民族史出版了",是指该书第一卷1940年8月在上海出版。关于这第一卷,华岗于10个月前,也即1939年10月于重庆乡下脱稿。华岗后来说明道:"当时正值抗日战争紧张期间,读者十分需要有关民族解放运动的读物,本书即应此种需要产生。"也正是基于此种"需要",民族史第一卷"主要任务是在提供中国近代史民族解放运动的史实与经验教训,藉以鼓舞抗日战争情绪,加强抗日民族统一战线,坚持民主抗战方针,反对中途妥协,避免重蹈过去民族抗战失败覆辙,所以在取材与写作观点方面都以上述原则为准绳。"

"民族史"第一卷的内容,自十九世纪鸦片战争写到二十世纪"开始新民主主义革命的'五四'",因而,此书一经出版即大受欢迎,先后再版达七八次之多。

1941年1月29日萧红致信华岗说:"民族史,第二部正在读,想重庆未必有也。"2月1日,相隔仅半月,萧红再度致信"园兄",大加赞扬:"第二部我在读,写的实在好。中国无有第二人也,专此祝好。"

萧红自制诗抄封面

这第二部,也即"民族史"第二卷,其内容自"五四"到1927年大革命失败止。

1940年12月6日,端木致信"岗兄":"第三部写出没有呢?念念。"

遗憾的是,正如华岗在1950年第一卷增订本的序中所说:"第三卷未完成稿及所集史料,均因历经沧桑,不幸丧失……"

萧红还不止一次地与端木商量,计划在《时代文学》上"专设一部门"刊登华岗政治理论的文章,可见她俩对华岗本人及其著作推崇备至。

在给华岗的这六封信中,有两封信提及到了她的老友胡风,但萧红措辞十分严厉,情绪也十分激愤,她把胡风当成了"害人"的小人。

在1940年7月7日的信中,萧红这样写道:

"胡风有信给上海迅夫人,说我秘密赴港,行止诡秘。他倒很老实,当我离渝时,我并未通知他,我欲去港,既离渝之后,也未通知他,说我已来港,这倒也难怪他说我怎样怎样。我想他大概不是存心侮陷。但是这话说出来,对人家是否有好处呢?绝对的没有,而且有害的。中国人就是这样随便说话,不管这话轻重,说出来是否有害于人。假若因此害了人,他不负责任,他说他是随便说说呀!中国人这种随便,这种自由自有的随便,是损人而不利己的。我以为是不大好的。"

相隔21天后——1940年7月28日,萧红在给华岗的第三封信中又"坐立不安"地愤愤写道:

"关于胡之乱语,他自己不去撤消,似乎别人去谏一点意,他也要不以为然的,那就是他不是糊涂人,不是糊涂人说出来的话,还会不正确的吗?他自己一定是以为很正确。假若有人去解释,我怕连那去解释的人也要受到他心灵上的反感。那还是随他去吧!

"想当年胡兄也受到过人家的侮陷,那时是还活着的周先生把那侮陷者给击退了。现在事情也不过三五年,他就出来用同样的手法对待他的同伙了,鸣乎哀哉!

"世界是可怕的,但是以前还没有自身经历过,也不过从周先生的文章上看过,现在却不了,是实实在在来到自己的身上了,当我晓得了这事时,我坐立不安的度过了两个钟头,那心情是很痛苦的。过后一想,才觉得可笑,未免太小孩子气了。开初而是因为我不能相信,纳闷,奇怪,想不明白。这样说似乎是后来想明白了的样子,可也并没有想明白,因为我也不想这些了。若是越想越不可解,岂不想出毛病来了吗?你想要替我解释,我是衷心的感激,但话不要了。

"今天我是发了一大套牢骚……"

然而,牢骚也好,指责也罢,后来,当胡风抵达香港后去探望刚从玛丽医院回家养病的萧红时,萧红表现出了少有的欣喜,如同见到了远行归来的亲兄长一样。她对胡风欣喜地说道:"我们一起来办一个大杂志吧!把我们的老朋友都找来写稿子,把萧军也找来。如果萧军知道我病着,我去信要他来,只要他能来,他一定会来看我、帮助我的!"

而胡风对于这次会面的印象是:"我去看了一次萧红,无论她的生活情况还是精神状态,都给了我一种了无生气的苍白形象。只在谈到将来到桂林或别的什么地方租个大房子,把萧军接出来住在一起,共同办一个大刊物时,她的脸上才露出一丝生气,我不得不在心里叹息,某种陈腐势力的代表者把写出过'北方人民对于生的坚强,对于死的挣扎'、'会给你们以坚强和挣扎的力气'的这个作者毁坏到了这个地步,使她精神气质的'健全'——'明丽和新鲜'都暗淡了和发霉了。"

萧红为什么会如此频频以刻薄的语言对胡风大加指责呢?

原因就在于端木蕻良抵达香港后告诉过萧红一件"十分气愤而又十分不人道"的事情。

端木夫人钟耀群在其《端木与萧红》一书(中国文联出版公司1998年1月初版)中援引端木的话写道:

"没有几天,曹靖华坐周恩来的汽车从武汉来重庆了,端木以为萧红也会来的,谁知曹靖华说,在武汉的时候曾问胡风,和鲁迅关系近的人,还有谁没走,可以坐这车一起走。胡风明知萧红没走,却说都走了,没人了。"

孔海立先生在其《忧郁的东北人——端木蕻良》一书(上海书店出版

社1999年12月初版)中引用1981年端木蕻良同美籍汉学家、海外著名萧红研究专家学者葛浩文谈话的原始录音写道:

"倒是另一件事是端木蕻良至今提起还很生气的,那就是在那一个多月的中间(指端木抛下萧红独自前往重庆,身无分文的萧红被迫流落在武汉的那一段时间——秋石注),周恩来曾途经武汉并向胡风询问:还有没有与鲁迅有关的文化人滞留在武汉的?因为他们有一辆空汽车,可以帮助他们转移到重庆。和萧红深有交往的胡风竟然没有提到萧红。这也就是端木蕻良和萧红最初与胡风产生隔阂的原由。"

事实果真如此吗?

笔者为此查证了一些作家和有关人士的回忆文章,结论恰恰相反,而且连最基本的原始当事人曹靖华先生的日记及回忆录中也无一字记载。既然曹靖华先生可以将此件不通人情的事情告诉与之有着相当利害关系的端木蕻良,那么为什么不见他向其他人特别是许广平先生提起呢?其次,曹靖华先生是鲁迅生前好友,治学、处世、为人皆为上乘,他也断断不会做出这等事来,或曰制造隔阂,挑起矛盾。

一个不容置疑的事实是,在接到萧红关于去香港的电话通报时,曹靖华先生的态度是:"对此事颇生疑问,但同时又劝说萧红不要到那里去。"

那么,胡风到底有没有"明知萧红没走,却说都走了",从而让挺着大肚子的萧红冒险乘坐拥挤不堪的轮船呢?也就是说,由于胡风出于"险恶用心"的蓄意隐匿,使萧红失去了与曹靖华一起"坐周恩来汽车"撤离武汉的"福分"。

事实是:曹靖华先生当时不曾在武汉,自然也就没有了坐周恩来汽车赴重庆这一节。何况武汉八路军办事处大撤退时能余下一辆"空车",也许只有端木蕻良一人相信。此外,就在此期间,李何林曾致信胡风,托胡风替曹靖华先生谋一个适当的差事。胡风想了想,认为只有找周副主席才会有办法。后来,周副主席的秘书吴奚如转告胡风,经周副主席的努力,已将精通俄文的曹靖华介绍给国民政府军事委员会充任苏联援华抗战军事人员的翻译。可是,也是本案最为关键的一点是,曹靖华先生

297

绘得红楼铸青史

并没有来武汉。由于久候数日不见曹来,周副主席还专门问起此事,弄得胡风无法作答。

事实胜于雄辩,有关胡风隐瞒"萧红没走"的说法,是一个彻头彻尾子虚乌有式的杜撰!这是因为,不光是萧红乘船离开武汉去重庆的1938年9月中旬,还是由武汉"八办"和《新华日报》大撤退时的1938年10月中旬,曹靖华先生压根不在武汉!而且,曹靖华先生由他任教的"西北联大"所在地汉中举家搬迁至重庆的日期,已是在一年多后。

请读者们仔细读一读曹靖华先生当年亲笔写下的"自叙经历"(见河南人民出版社1997年1月出版的《曹靖华》一书第45—47页)。曹靖华先生这样写道:

> 同年7月(1938年7月)国民党教育部下令改组西北联大校委会,先后增派CC分子胡庶华、张北海为校委,校内掀起反对教育CC化、法西斯化的声势浩大的运动,全校师生与胡庶华等展开面对面的斗争,要求民主自由,一致对外,一致抗日。
>
> 正在这时,我突然接到武汉电报,便赶往武汉见周恩来同志,周恩来同志要我到武汉工作,我当即表示服从调派,但需回汉中作些安排。不料回到汉中适逢陈立夫亲临联大处理"学潮",勒令校内禁止宣讲马列及开设俄语课程,引起师生公愤,推举我与彭迪先、韩幽桐等几位教授与当局展开面对面斗争,一时无法脱身赴武汉。最后当局宣布解聘13位教授。并通令全国院校不得聘用,我也在被解聘之列。这引起全校师生更大的义愤。国民党教育部次长顾毓秀来校整饬弹压,逮捕了地下党支部书记及一些党员,经过斗争,<u>历时三个月,他们才重获自由。这时武汉已经失守</u>……(文内着重点为引者所加,下同)

曹靖华先生还写道——:

> <u>1939年底举家乘敞逢卡车沿"难于上青天"的蜀道日夜兼程</u>,……历经一周颠簸到达广元,之后经成都抵达重庆。到重庆后的<u>第一件事就是去曾家岩50号,周恩来同志一见到我,没等我汇报就笑着说</u>……

298

生死一场凄绝中

而据中央文献出版社出版的《周恩来年谱》P437页明确记载:周恩来副主席是在1938年"12月中旬到重庆"的。

从上述,我们清晰地看到,待到周恩来副主席冒着步步紧逼的侵略者战火,为国为民日夜操劳不息辗转抵达重庆时,一生苦命疲于流浪的萧红,已在重庆辗转多个地方艰难度日近三个月了。而且正是由于夫君端木蕻良的不负责任,挺着大肚子的萧红不得不自行设法,直至投靠居住在重庆郊县江津乡下的哈尔滨时期挚友白朗一家租住的陋室中待产。

值得指出的是,早在1989年,中共中央文献出版社和人民出版社就联手出版了由中央文献研究室精心编排的《周恩来年谱》一书。而由中国文联出版社出版的端木夫人所撰的《端木与萧红》一书,以及2005年1月由长春时代文艺出版社出版的《我的婶婶萧红》一书,分别是在《周恩来年谱》书出版九年之后及十六年之后,再如此引述、渲染这则谎言,这就令天下人百思不得其解了。

对于端木蕻良的这一说法,看来当初(1981年)与之谈话的葛浩文先生,在处理此事时采取了极其慎重的态度:由于得不到其他任何人的佐证,葛浩文先生一直没有采用端木蕻良的这个说法,直到此次谈话过去了15个年头后,于美国某大学在其博士论文基础上拓展成新著的孔海立先生才借用了这个录音谈话中的说法。孔海立先生在其"后记"的结尾部分指出:

"……能够第一个从这些的录音带里记录下宝贵的资料,是我的荣幸。"

至于端木为什么要这么做,已经很难搞清楚了。但可以肯定的是,关于他所说胡风拒绝让萧红搭乘周副主席的"空车"自武汉去重庆的说法,纯属杜撰!

胡风并没有说错,萧红确实是"秘密"或者说是"秘而不宣"去的香港,很多人与之有同感。连当时在上海的许广平先生听闻"萧红旅居香港,心情一直很寂寞"的消息后,"也奇怪她为什么离开重庆,离开有那么多朋友的重庆?"无独有偶,茅盾先生对此也表示出莫大的不理解:

"在1940年前后这样的大时代中,像萧红这样对于人生有理想,对于黑暗势力做过斗争的人,而会悄然'蛰居'多少有点不可解。她的女友曾经分析她的'消极'和苦闷的根由,以为'感情'上的一再受伤,使这位感情富于理智的女诗人,被自己的狭小的生活的圈子所束缚(而这圈子尽管是她所咒诅的,却又拘于惰性,不能毅然决然自拔)……完全隔绝了。这结果是,一方面陈义太高……另一方面却又不能投身到农工劳苦大众的群中,把生活彻底改变一下。这又如何能不感到苦闷而寂寞。"(茅盾:《呼兰河传·序》)

然而,苦闷也好,寂寞也好,萧红毕竟还有很多事情要做。

抵达香港后不久,她和端木一起参加了2月5日中华全国文艺界抗敌协会香港分会举行的欢迎会,席间,萧红即兴讲话,她向大家通报了有关"重庆文化粮食恐慌情况",并"希望留港文化人能加紧供应工作"。

长期以来,在众多的萧红研究中,人们忽视了一个史实的存在,这就是1940年5月11日,应迁址香港的岭南大学艺文社之邀,抵港不久的萧红和端木蕻良与学生们举行了一次战时文艺座谈。有关这次座谈会的经过及其内容,萧红和端木蕻良事后并无片言只字的提及。幸而,那天的座谈会情况,被当时任艺文社常务干事的郑树成先生记录了下来,并发表于18天后出刊的《艺文专刊》上。

萧红在发言中呼吁作家们在战时应加倍努力,互相批判地写作,用文学纠正抗战的缺点,改进现实。至于取材,则不限于前线。萧红认为,"后方的现实,我们只要能深入地反映,也同样有价值";"作家本人熟悉的生活题材,自然也可以写。"萧红还认为写作应尽量避免采用方言,但在对话中也可以运用,"假若作家有意向某地区的读者进行宣传,应用方言也是无妨的。"

萧红的发言,同两年前(1938年1月16日)在武汉由胡风主持的《七月》第一次座谈会的发言是完全一致的,这也是萧红对待战时文艺创作的一贯思想和创作方式。

3月3日晚,在坚道养中女子中学由香港多所女校联合举行的纪念"三八"妇女节的座谈会上,萧红与著名爱国人士廖梦醒应邀出席,这次座谈会的主题是"女学生与'三八'妇女节"。

生死一场凄绝中

  1940年,全国许多大城市不同程度地举行了鲁迅六十诞辰的纪念活动(鲁迅诞生于1881年9月25日,农历八月初三,当时的习惯是以虚岁论断,故而称之六十诞辰——秋石注),聚集了大量文化人的香港也不例外。为此,香港文协、中华全国漫画作家协会香港分会、青年记者协会香港分会、华人政府文员协会、香港业余联谊社、中华全国木刻协会香港分会等救亡团体联合发起纪念集会。是日下午3时许,纪念集会在戴望舒先生的主持下于加路连山的孔圣堂隆重举行。会上,与鲁迅先生有过密切往来并且深得先生扶掖的萧红向与会者报告了鲁迅生平事项,内容:"大部系根据先生自传,并参证先生对人所讲述者,加以个人之批评。"

  这一天晚上,孔圣堂里举行了内容相当丰富的纪念晚会,戏剧有三出:有田汉编的《阿Q正传》、《过客》,以及根据萧红原著改编的哑剧《民族魂鲁迅》。

  《民族魂鲁迅》是一个四幕哑剧,人物众多,全剧人物多达三十余人,仅第一幕就有鲁迅、孔乙己、阿Q、祥林嫂等十数人。剧本描绘了少年鲁迅在日本弃医从文、踢鬼、痛打落水狗、到德国领事馆送抗议书等一系列行为,悲壮激昂地歌颂了民族魂鲁迅。由于采用了哑剧这一形式,全剧没有中心事件,也没有明显的矛盾和冲突、跌宕起伏,但是,它向人们展示了鲁迅一生的战斗风貌。此剧演出后,当时的香港文协负责人冯亦代在1940年8月11日出版的《大公报》上发表的《哑剧的试演——〈民族魂鲁迅〉》一文中强调指出:"它以沉默、严肃、表情动作的直接简单取胜,最适宜表现伟大端庄、垂为模范的人物。以它来再现鲁迅先生,似乎能于传达先生的崇高以外,更予观众一种膜拜性的吸力,使先生生活史的楷模性,更能凝定在我们后辈人的生活样式里面。因此,便决定把它实现了。"

  据徐迟1982年12月30日称:"为纪念鲁迅先生的诞生,我们在一九三九年(此处记忆有误,应为1940年——秋石注)在香港孔圣堂里办了一个纪念会。萧红写了一个哑剧台本《民族魂》。因为有些部分不很适合于舞台演出,丁聪、冯亦代和我几个人约她在阁仔的咖啡座内研究台本的修改。修改后演出了。演出成功,我还记得萧红闪着满意的泪花向我们表示高兴。我们得到了安慰。"

301

绘得红楼铸青史

1940年10月20日—31日,香港《大公报》连续12天在其副刊栏目上对哑剧《民族魂鲁迅》进行了连载。连载结束时,萧红作了一个极为形象而又恰到好处的说明:

> 鲁迅先生的一生,所涉之广,想用一个戏剧的形式来描写是很困难的一件事,尤其用不能讲话的哑剧。
>
> 所以,这里我取的处理的态度,是用鲁迅先生的冷静、沉淀,来和他周遭的鬼祟跳嚣作个对比。

与此同时,正当萧红撰写的哑剧《民族魂鲁迅》上演之际,端木蕻良写的《略论民族魂鲁迅》一文发表于1940年8月3日出版的《星岛日报·星座》上。不过,端木的《略论民族魂鲁迅》一文,并不是评论哑剧《民族魂鲁迅》的,但它同哑剧一样,都是"为鲁迅先生六十诞辰而作"。端木蕻良在这篇文章的开头便强调:

> 鲁迅在中国民族革命的过程中,不仅仅是尽了一面镜子的作用,而是一杆倔强的大旗。因为他不止是明澈的反映,而是正确的领导,概括鲁迅的一生,没有一次放纵了敌人,没有一次误掷的投枪,没有一次背叛了时代。

端木蕻良还语带双关地说:

> 鲁迅与托尔斯泰的分别是在于——托尔斯泰本身是一个病人,而鲁迅本身则是一位医生。

在《略论民族魂鲁迅》一文发表前一个多月,端木蕻良写的长达13 000多字的《论鲁迅》一文,发表在6月8日上海出版的《文艺阵地丛刊》上。

这一年的10月19日,萧红参加了仍在孔圣堂举行的鲁迅逝世四周年纪念会。在这次纪念活动中,身着黑色丝绒旗袍的萧红饱含深情地朗诵了鲁迅的一篇杂文,据当时参加会议的翁灵文二十多年后回忆说:那天,站在台上的萧红"瘦却却的,发音不高但朗诵得疾徐顿挫有致"。

可是,到了第二年的10月19日,在福建商会举行的鲁迅先生逝世五周年纪念活动,萧红却心有余而力不足了,那时的她已经在医院里疗

302

病好长一段时间了。

在香港,萧红以其特有的优美的散文笔调,结束了中篇小说《呼兰河传》的创作,这也是萧红生前的最后一部中篇小说。它,起笔于1939年的重庆,终稿于1940年的12月20日。在这部由作者历时一年多潜心创作的中篇小说里,在外颠簸流离十多年的萧红通过对自己魂萦梦牵的故乡——位于黑龙江省哈尔滨近郊呼兰河畔一座古老小县城的童年生活的回忆,以其凄婉、细腻的笔调,生动、真实而感人地再现了她的童年时代所经历的一切,以及东北农村那愚昧、黑暗、贫困、麻木的社会缩影,表达了作者对灾难深重的家乡人民的遭遇的深切同情,和对两千多年来毒害人民的封建势力和习俗,包括对自己地主家庭剥削、压迫劳苦农民的控诉,对由于人们精神上沉重负累所造成的麻木不仁和可怕的惰性进行了无情而又有力的鞭笞。

统览《呼兰河传》,字里行间处处洋溢着作者对故乡的无限深情和儿女般的眷恋。

《呼兰河传》原名为《呼兰河的女儿》。其实,《呼兰河的女儿》题名也不错,它体现了作为在呼兰河畔出生、长大的萧红的本性,以及创作的原意。据说是此稿终了时,端木蕻良受外国一部名叫《尼罗河传》的小说启发,而建议萧红改《呼兰河的女儿》为《呼兰河传》的。

《呼兰河传》一经终稿,就迅速送往了当时出版业比较活跃的广西桂林,1941年即由搬迁至那里的上海杂志图书公司出版,1942年由田林松竹社再版。由于销路甚佳,1943年6月桂林山河出版社再次出版。日寇

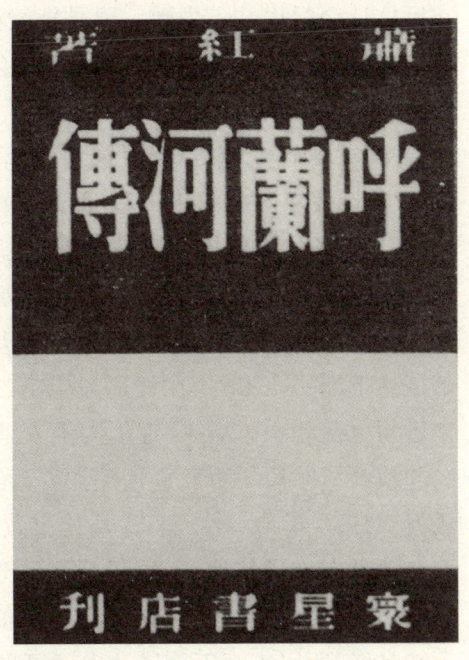

1947年6月由上海环星书店出版的《呼兰河传》封面

投降后，后来主编《文艺春秋》杂志的范泉先生，于1946年底开始策划主编一套名为《环星文学丛书》的丛书。萧红临终时一直陪伴在侧的骆宾基先生将1942年桂林田林松竹社出版的土纸本《呼兰河传》，以及骆宾基根据萧红口述撰写而成的《萧红小传》，还有茅盾先生1946年8月为《呼兰河传》写的序言，一并交给了范泉先生。范泉接稿后即将《呼兰河传》列为《环星文学丛书》的第一集。1947年6月在上海环星书店出版时，不但收录了茅盾为之作的《序》和骆宾基的《萧红小传》，而且还刊有萧红的遗像。

《环星文学丛书》第一集，除萧红的《呼兰河传》外，还收入了臧克家的短篇小说集《拥抱》，范泉本人的散文集《创世纪》，以及李健吾的剧本《云彩霞》等。

在《呼兰河传》出版前，主编范泉先生特地与序作者茅盾先生进行了一次对话。范泉在阅读完《呼兰河传》后深有感触地对茅盾先生说道："我一直认为，萧红不是一个弱者。她不仅在反抗家庭时取得胜利，而且在反抗社会时也并不失败。要是她能活到今天，她一定会勇气百倍地战斗，坚定不移地跨过这个'男子的社会'。"据说，茅盾同意范泉的这一观点。

茅盾为《呼兰河传》撰写的序，乃系其发表于1946年12月上海出版的《文艺生活》上的评论——《论萧红的〈呼兰河传〉》衍化而来。这则评论始写于1946年8月。几十年来，在所有对《呼兰河传》的评介文章中，惟茅盾先生之评价，是那样的恰到好处、切中肯綮。

萧红与茅盾相识、相交整七个年头。1934年12月19日，也就是二萧抵达上海一个多月，在鲁迅先生为二萧举行的宴会上，鲁迅亲自介绍茅盾与二萧相识。后来，在上海俩人虽时有联络，但由于忙，极少能聚在一起叙谈。茅盾一直欣喜地关注着萧红、萧军的成长和所取得的每一个成就。1936年10月4日，茅盾修书致鲁迅，代《文学》向萧红约稿，由于不知萧红东京通信地址，故问上了鲁迅。次日——10月5日，鲁迅抱病复信曰："萧红一去之后，并未给我一信，通知地址；近闻已将回沪，然亦不知其详，所以来意不能转达也。"可见萧红赴日之时，鲁迅、茅盾均很牵挂。1938年底，茅盾自香港远赴迪化任新疆大学文学院院长。此时，刚

生死一场凄绝中

到重庆不久的萧红闻知这个消息后,曾企盼追随而去。在萧红的心目中,作为鲁迅挚友的茅盾,一定会像鲁迅当年扶持她一样倾尽全力保护她,在她的生活中不时地注入活力,从而,最终摆脱"自己一个人走路"的窘境。茅盾第二次抵达香港的时间是在1941年的3月,较之萧红要晚一些。在香港,茅盾开始创作长篇小说《腐蚀》,并主编半月刊《笔谈》。在萧红患病入院后,茅盾不止一次前往探视,给了萧红莫大的安慰。后来,当途经香港回国的史沫特莱说出"星加坡坚不可摧"一类话时,萧红也曾鼓动茅盾夫妇一同前往。茅盾在为《呼兰河传》作评时,其心情是悲痛的,一是因为她的年仅24岁的爱女沈霞于1945年9月难产死于延安,二乃萧红的不幸早逝触动了他的极其沉重的心弦。

萧红生前虽然没有能够实现与茅盾同去新疆或新加坡的愿望,然而,茅盾这篇充满着真情实感而又入木三分理解的序,与一代才女的作品永存!

在香港,继完成中篇小说《呼兰河传》之后,萧红又着手进行她早已计拟中的第一部也是她生前唯一一部长篇小说《马伯乐》的创作。这也是萧红生前唯一一部以描写男性主人公为题材的小说。

《马伯乐》所描写的历史背景是在"九一八"事变后,中华大地山河沦陷之际,亿万人民为拯救民族危亡而奋起抗战、浴血牺牲,在潜藏着丧权辱国以出卖国家、民族利益而行"先安内"的反动丑恶的同时,还夹杂着一些整日醉生梦死、浑浑噩噩度日的社会蠹虫。在这部充满着讽刺、幽默笔调,让人想笑又笑不起来的作品中,萧红以其特有的敏锐的洞察力,极其辛辣的笔调,浓墨重彩地刻画了马伯乐这样一个绝对利己主义者的社会渣滓的典型。

早在重庆时,耳濡目染自"九一八"事变特别是"七七"事变爆发以来的社会众生相,萧红已经在心中酝酿起后来这部名叫《马伯乐》的小说腹稿了。及至一抵达香港,萧红于《呼兰河传》完稿后即行投入了这部小说的写作,其上部或曰前半部,于1941年1月由重庆大时代书局出版了单行本,列为《文艺丛书》。初版为小32开本,由萧红自己设计封面,端木蕻良题写书名。同年6月再版,1943年3月三版,1944年四版……

305

《马伯乐》初版封面

关于《马伯乐》的下半部,自 1941 年 2 月 1 日起在周鲸文主编的香港《时代批评》杂志第三卷第六十四期始连载,中间,有四期因出纪念专号停载外,一直连载到 1941 年 11 月 1 日第四卷第八十二期,历时九个月,正好是九个章节。但《马伯乐》并没有结束,然而,萧红已经病重,也就无法续写了,这不能不说是一个莫大的缺憾。

当时的《时代批评》编辑、《马伯乐》发稿的责任编辑袁大顿先生六年后在《星岛日报》上撰文作了说明——

萧红开始为《时代批评》写文章,那是一个长篇《马伯乐》的后半部,故事正发展至马伯乐一家流亡到沪滨,笔调是那么的细腻,柔和,而又哀伤的。我很喜爱。当时我还特地找了一个精致的标题头花,去编排这个长篇。然而发刊了不够半年,她便病倒了。

不久,她就进入玛丽医院去疗养。

……

在 11 月中,有一次,因为她早先健康时写就的《马伯乐》的一部分积稿,发表到第九章(这时马伯乐已流涉到华中了)时,已发表完了,看来这故事的发展还很长邈,我于是又到玛丽医院去探候她,并告诉她《马伯乐》的积稿已刊完了,续稿怎么办,这一问,她怔住了,说:"大顿,这我可不能写了,你就在刊物上说我有病,算完了吧。我很可惜,还没有把那忧伤的马伯乐,提出一个光明的交待。"我看出她当时神情很愁沉的,这时我也难过极了。跟着她又说,语气却变了:"年青人要多用功……年青人有着生命的欢欣,身体壮实的爱好,美的欣慕,打扮的留恋,知识的吸取;我们要使他们能发掘生命的幽微隐秘,寻出被拘囚被搔楚得体无完肤了的人类的真理。"这番话,到今天还记得很清楚,是的,那时我还不过是一个 20 岁的少年人,萧红在那时正是我的一个好老师。

然而,《马伯乐》就有如她的《红楼》一样,又成为一件未竟的著作了。

有关《马伯乐》的全本,即上半部和下半部未及结尾的九章之合集,直至过了整四十年后,——1981年9月,方才由萧红故乡的黑龙江人民出版社出版。

在香港,萧红还创作了《小城三月》,发表于1941年8月1日出版的《时代文学》第一卷第二期上。萧红逝世后,出过小32开本计46页的单行本。1948年11月香港海洋书屋再版,为《万人丛书》之一。

《小城三月》仍然取材于萧红少女时代的乡间生活,仍然采用第一人称,但是换了主角——"我"的翠姨。不满二十岁的翠姨"生得并不是十分漂亮,但是她长得窈窕,走起路来沉静而且漂亮"。翠姨在内心里热恋着"我"的堂哥,但在封建社会中,她不得不顺从父母的意思,和一个比她年龄还要小且"长得又矮小,穿一身蓝布棉袍子,黑马褂,头上戴一顶赶大车的人所戴的五耳帽子"的陌生人订了婚。对待新鲜的事,翠姨也是颇为积极,她要求读书,也穿起了高跟鞋,连"走路的姿态更加可爱了",然而,在对待自己的终身大事的处理上,她不能也无力去抵抗。她向往幸福与自由,但又无法去实现,一直生活在痛苦中。后来,她终于病倒了。临死之前,哥哥去看她,"刚一伸出手去,翠姨就突然地拉了他的手,而且大声地哭起来了,好像一颗心也哭出来了似的"。翠姨用一个弱女子的哭声控诉了封建伦理对妇女的残杀。不久,在郁郁寡欢中翠姨离开了这个没有妇女幸福和自由的人世间。等"我"放春假回到家里,"城里的街巷,又装满了春天",然而,翠姨不在了,见到的是"翠姨坟头的草籽已经发芽了,一掀一掀地和土粘成了一片,坟头显出淡淡的青色……"

《小城三月》所描写的,正是萧红幼时耳闻目睹的,因而创作起来也是那样的颇为顺手,据说一经构思完毕,萧红伏在枕头上,仅用了两个晚上的时间就完成了这篇作品。

在《时代文学》所刊的《小城三月》当中,还有两幅栩栩如生的插图,一幅署名"金永霓",一幅署名"京平",都是端木蕻良的笔名。署名"金永霓"的一幅,画的是在漫天大雪中飞快奔跑的哈尔滨马车夫;署名"京平"的另一幅则画的是翠姨,在她侧身影的右侧,近景是一排当时哈尔滨常见的啤酒桶,远景是松花江对岸的景色。由于端木蕻良没有去过哈尔滨，对哈尔滨不熟悉，于是，萧红就按自己的要求对他作了提示。端木蕻良的插图令专门学过画画的萧红甚感满意，她高高兴兴地在画上题名《小城三月》，并签署了自己的名字。

关于《时代文学》，香港学者刘以鬯先生指出，该杂志之所以能够成为香港文学发展过程中的一份重要文艺刊物，当推端木蕻良的功劳最大。但刘以鬯先生还指出，如果"没有朋友们给他的帮助，《时代文学》就不会编得这么好。"如《时代文学》第4期的《苏联文学专号》，因为当时的香港不容易找到有关苏联文学的资料，不少材料特别是相关的图片，都是由戈宝权提供的。而所刊延安文艺界的稿件，则是端木与丁玲取得联系后，委托丁玲代约，刘白羽的短篇小说《太阳》即是一例。同样的情况，《时代文学》所刊上海"孤岛"的稿件，则是由巴人（王任叔）代约，如章泯（谢韵心）所写的独幕剧《抚恤金》等。此外，周钢鸣（建国后任中国作家协会广州分会副主席，他还是1957年8月5日萧红骨灰迁葬广州银河公墓的主持人之一——秋石注）也是《时代文学》的得力支持者。在所出版的六期（实际上为五期，第五、六两期合刊，之后，由于日寇侵占香港停刊）中，端木蕻良还约请了西谛、王统照、楼适夷、曹靖华、台静农等一大批文坛名流为之撰稿，从而实践了当初立下的"荟萃全国作家心血反映大时代的全貌，并介绍欧美文学的动向"这一办刊宗旨。

《时代文学》虽然只出了六期，在发表众多名流作品、优秀作品及贴近抗战主题的精品的同时，还做了不少有益的事情。为了扩大文学队伍，《时代文学》两次举办征文活动。第一次征文的主题是《南国的一天》和《香江风景》；第二次征文的主题是《鲁迅和青年》。第一次征文入选作品于第三期、第四期上辟专辑刊出，栏名为《南国的一天》。第二次征文即为青年提供向鲁迅学习的园地，其征文启事于最后一期刊出，由于战争的猝然爆发，自然夭折了。此外，据了解，在最后一期的《时代文学》上，还刊出了征求"时代文学之友"的广告，希望借此"使文学的园地更能丰富活泼起来。"这在战时的文艺刊物中，实为难能可贵。虽然它远不及胡风主编的《七月》和《希望》影响大，但从中也可以看出端木蕻良所花费的心血，显示出他的非凡才华，以及在战时香港所产生的深远影响。

后来,当柳亚子先生前去探望病中的萧红时,一度赞誉他们是"文坛驰骋联双璧"。

在香港,除创作并发表了《呼兰河传》、《马伯乐》、《小城三月》,萧红还满腔义愤地发表了《给流亡异地的东北同胞书》(载1941年9月1日《时代文学》1卷4期)和"九一八"致弟弟书》(载1941年9月26日《大公报·文艺专栏》)。此外,还创作了短篇小说《北中国》(载1941年4月13日—29日香港《星岛日报·星座》)、散文《骨架与灵魂》(载1941年5月5日《华商报·灯塔》),以及小说《红玻璃的故事》(萧红口述,骆宾基撰稿,载1943年1月10日《人世间》1卷3期)。

"我将与蓝天碧水永处"

"女性的天空是低的,羽翼是稀薄的……,女性有着过多的自我牺牲精神。这不是勇敢,倒是怯懦。……不错,我要飞,但同时觉得……我会掉下来。"

> 萧红:1938年3月于西安八路军西北战地服务团,对四年前刚进入上海时由鲁迅先生介绍的老友聂绀弩说的话。见聂绀弩著《在西安》,原载1946年1月22日重庆《新华日报》。

"我吗?我会幸福吗?莉,未来的远景已经摆在我的面前了,我将孤寂忧悒以终生!"

"我总是一个人走路,我好像命定要一个人走路似的……"

> 萧红:1938年冬于重庆郊外江津白朗家租屋,与五年前的哈尔滨"牵牛房"时期的女友白朗之间的沉痛谈话。见白朗著《遥祭——纪念知友萧红》,1942年4月10日写于延安蓝家坪"文抗"。原载1942年6月15日第15期延安《文艺月报》。

"我将与蓝天碧水永处,留得那半部《红楼》给别人写了。"

"半生尽遭白眼冷遇,……身先死,不甘,不甘!"

萧红:1941年1月18～19日午夜凌晨交替时分,于已遭日本侵略者铁蹄践踏下的香港玛丽医院,临终前夕有感而发,挣扎着,亲笔写给一直陪伴在病榻旁侠义心肠东北作家骆宾基。

1941年四五月间,中国人民的好朋友、美国著名作家艾格尼丝·史沫特莱在回国途中经停香港。同埃德加·斯诺一样,对中国人民、中国人民的抗战事业充满着理解、同情和不遗余力支持的史沫特莱,同样不畏艰险前往陕北红军根据地考察,并同中国共产党、中国工农红军的缔造者毛泽东、周恩来、朱德等领导人进行了会谈,撰写了很多反映红军和中国人民抗战事业的报道,介绍给美国和其他西方世界的人民。在这之前,在上海时,她不止一次会见中国现代文学之父鲁迅先生,并把中国左翼作家的作品译介至西方。她与萧红算是"老相识"了。忆当年,正是鲁迅介绍她与萧红、萧军相识的。知道史沫特莱在港,萧红煞是兴奋,立刻与端木蕻良一起约见了她。史沫特莱在香港小住一个月,香港文化界的朋友们特地在思豪大酒店设茶话会予以欢迎,当日就是萧红做的主席。

在香港,史沫特莱住在当时的香港会督(即大主教)英国人 Bishop Hall(其中国名字为何鸣华)的家里。后来,她到九龙尖沙嘴乐道萧红和端木蕻良的家里作过一次探访,见他们的居住条件不尽如人意,何况此时萧红的肺结核病情日趋严重了。于是,史沫特莱立刻把萧红接到空气清新、环境较为优雅的她的临时住处——玫瑰园,与她同住。这位可钦可敬的美国友人,不是不知道萧红所患的肺结核由来已久,以及由此可能引发的传染构成的威胁,还是毫不犹豫地这么做了。

由于其鲜明的亲中共立场和反日寇侵略中国、反国民党打内战的激烈言行,香港警方禁止史沫特莱公开演讲、发表文章及参加社会活动。但萧红、端木他们还是给了史沫特莱舆论阵地。后来,在日寇日趋明显欲图进攻香港的战争气氛下,美国驻香港总领事将史沫特莱的名字开列在一旦遭到进攻时以应急飞机送往中国大后方的一批人员的名单上。

史沫特莱实在无法理解她所接触的中国人(主要是左翼作家——秋石注)如此这般不看重自身的健康。早在1936年的早些时候,她就直言不讳地对鲁迅的健康提出过警告。而鲁迅则不以为然地委婉回答说:"外国人看生命又比中国人看得重。"鲁迅说完这句话不及半年便去世了。因之,面对萧红、端木他们的简陋居住条件和不良健康状况,史沫特莱自然而然地会想到贫困和死亡。正是基于此,史沫特莱果断地作出决定,把萧红接到玫瑰园与她同住,藉此改善一下她的生活和工作环境,哪怕是暂时的也好。其实,此时的史沫特莱本身也忍受着巨大的伤痛带来的折磨——多年来介入中国人民的抗战生活,四处奔波、跋山涉水的紧张工作和不尽如人意的生活环境,给她的健康带来了前所未有的压力,特别是1937年8月以后,她一直忍受着背部的严重伤痛。抵港后,她多次前往医院就医疗治。但是这位可敬的国际友人,首先关注的不是她自己的健康与安危,而是中国的左翼作家们。

史沫特莱曾经在延安作过为期七个多月的实地采访。之后,在张学良、杨虎城两将军发动的西安事变中,还亲临事变第一线进行采访,并同那些歪曲事变真相、反对中共和平解决西安事变的外国媒体进行了针锋相对的斗争。西安事变结束后,史沫特莱又深入到中共领导的八路军、新四军第一线部队体验生活,用大量的亲历事实驳斥了皖南事变后国民党反动当局对中共军队尤其是新四军的诬蔑和攻击,从而再一次遭到国民党当局令其离境的制裁。史沫特莱还怀着满腔的热忱在新四军的救护机构工作过,因而,对于新四军的救护工作,她比任何外国人要知道得多。

在同茅盾,还有萧红、端木等人晤面时,史沫特莱怀着异常钦敬的心情向他们谈到了有关新四军的种种情况。她还以崇敬的口吻告诉他们:新四军的许多药物是经由孙中山夫人宋庆龄募集的。

为此,史沫特莱与端木之间进行了一次饶有意思的对话(萧红在哈尔滨上初中期间读过几天英文,与史沫特莱对话很是困难,但这并不妨碍她们之间的沟通,因为两位异国女性的心灵是相融的,且又互相敬崇。

而曾在天津南开中学和北平清华大学这两所第二语种以英语表达著称的学校就读过的端木蕻良,与之对话则要熟练得多——秋石注)。

史沫特莱:"我很习惯那儿的生活,我几乎是不会生病的!"

端木蕻良:"万一生病呢?"

史沫特莱笑着说:"我也不吃药!我要把药留给战士们吃!"

端木蕻良:"你也是战士呀!"

史沫特莱耸耸肩,依旧微笑着作答:"有比我更需要药品的战士呢!"

自从在鲁迅家里认识史沫特莱以来,萧红一直保持着同她的浓浓友情。后来在武汉,在去临汾"民大"任教的前夕——1938年1月3日,萧红还为史沫特莱的自传体小说《大地的女儿》和德国女作家丽洛琳克的自传体小说《动乱时代》写过一篇读后记呢,题目就叫做《〈大地的女儿〉与〈动乱时代〉》。这篇读后记后来发表在半个月后出版的《七月》第二集第二期上。萧红在读后记中提及书作者史沫特莱时作了一个形象的描述:

> 史沫特莱我是见过的,是前年,在上海。她穿一件小皮上衣,有点胖,其实不是胖,只是很大的一个人,笑声很响亮,笑得过分的时候会流着眼泪的。她是美国人。

谈及《大地的女儿》,萧红给予了热烈的推介:

> 《大地的女儿》的全书是晴朗的,艺术的,有的地方会使人发抖那么真切。

史沫特莱给予萧红以很高的评价,称她是"在炽热的铁砧上锻炼成型","在许多方面远比美国女性先进的中国新女性"。

后来,英国女作家苏姗娜·浩在其《史沫特莱与萧红》一文中写道:"那时,史沫特莱尽管读不懂萧红的作品,却明显被她的人打动了。在《中国的战歌》中她评论了宋氏姐妹同时指出,把她们视为代表是个错误,依照美国妇女成熟的观点,一个'中国新女性'很大程度上应当在战争的险恶铁砧上锻造而成,她举的例子是萧红。"

史沫特莱在其《中国的战歌》一书中这样写道——

居住在香港的艾米莉·哈恩刚完成她有关宋氏三姊妹的一本书。她们三姊妹确实值得写一本书,但是和许多外国人的想法正好相反,她们并不是中国仅有的有才干的女性,我总认为单单宣传她们是可悲的。我常想,如果整个宋氏家庭也像大多数在各个战区报效国家的中国人那样出身寒微,情况会怎样的呢?我想起那些在军队里,在民间担任医生、护士、政治组织者和教育工作者的妇女,那些工作条件虽然艰苦而力量和才干都在逐年增长的妇女。我也想到了另外一类,已往在斗争中失去了青春年华、已经在卑微的岗位上死去的妇女。

一种在许多方面远比美国女性先进的中国新女性正在炽热的战争铁砧上锻炼成型。一个这样的女人曾和我在霍尔主教乡间住宅共同生活过一段时间。她的名字叫萧红,她的命运有典型意义。当日本人在一九三一年刚开始对满洲的进攻,她就逃出来了。她逃避的不仅是日本人,她也逃避富有的父母替她选择而且要她接受的婚姻。她正好跑在日本人进军部队的前面,最初居住在北平,后来,相继迁往上海、汉口和重庆。把她的第一部著作《生死场》介绍给中国大众的不是别人,正是鲁迅。他谈到这本书时认为,这是中国女作家所写的最有力的现代小说之一。此后,这位姑娘又出版了三本书,其中包括她住在我家里写成的一本战争小说。像大多数中国现代作家一样,她的生活永远摆脱不了贫困。这样的作家所挣得的稿费收入,使他们置身于苦力阶级的同一经济水平。于是萧红,也象她的许多同行一样,染上了肺结核病。我设法让她住进了玛丽皇后医院,并且不断以余钱接济她,直到香港沦陷。她死在日本人占领这座小岛不过几天之后,当时她二十八岁(应为三十一岁——秋石注)。

正是在史沫特莱为之提供的优雅环境中,萧红一鼓作气完成了她的《马伯乐》的后半部第九章。

耳濡目染萧红不顾病体的"拼命",端木蕻良常跟人说:萧红创作的态度带有一种神圣的使命感。

其实,那段时间端木蕻良的身体也不太好,他的风湿病又发作了(这个病整整困扰了他一生,包括由此而产生的几次欲夺他生命的心脏病),但他也同样分秒必争地创作他的另一部长篇小说《大时代》。可惜的是,这部后来被人称之为《科尔沁旗草原》续篇的作品,由于种种原因,仅仅完成了三个章节就搁了浅。

萧红与萧军,1934年6月哈尔滨

就在萧红端木他们埋头于创作之际,随着中国战场上日寇的大举推进,和欧洲希特勒法西斯强盗任意侵占、吞并邻国的嚣张气焰,史沫特莱注意到了时事的险恶。这不仅仅是她刚自中国内地的抗战第一线而来,更为重要的是,作为一名专栏记者,她一直与香港官方、美国及欧洲保持着联系,因之她对中国战局有着比较清醒的认识。考虑到萧红的病体,她建议萧红与端木蕻良及早离开香港为上。萧红问她:太平洋局势将如何发展?史沫特莱回答:日本人必然要进攻香港及南洋,香港至多能守一个月,而新加坡则坚不可破,即使破了,在新加坡也比在香港办法多些。于是,萧红萌发了想去新加坡小住一个月的愿望,同时她也鼓动茅盾夫妇一起去。

然而,不及把离开香港的计划付之实施,萧红的病情便发生了一系列急剧的变化,咳嗽、头痛、发烧、四肢无力、失眠……越来越频繁。史沫特莱见状,就劝说萧红去医院疗病。史沫特莱知道萧红的经济状况比较拮据,便利用自己的关系为萧红联系了一家由英国人开的玛丽医院,住院费打折扣。史沫特莱还表示,回到美国之后,将设法再为她筹款养病。作为一个坚定的反对法西斯扩张侵略及同情、支持中国共产党和中国革命的西方新闻记者和左翼作家,史沫特莱冒着有可能遭受德、日法西斯

生死一场凄绝中

历史是不能忘记的:没有萧军带领张乃莹一悄吟逃离荆天棘地的"满洲国",直至带到上海鲁迅身边;没有鲁迅给予的扶持和"祖父一般"的抚爱,是产生不了这位二十世纪"中国最有前途的女作家"萧红的。

该书虽有瑕疵:"叙事与写景,胜于人物的描写",但它仍不愧为一部划时代的高举民族御侮大旗"力透纸背"的悲壮史诗:"给你们以坚强和挣扎的勇气。"(鲁迅语)

图为由鲁迅作序,由萧红本人设计封面的1935年12月上海容光书局的初版《生死场》。原书封面用纸为紫红色,书名周边黑色及拦腰黑线系萧红信手涂就。

战机拦截及轰炸的危险,搭乘一艘挪威海轮横渡太平洋回到美国。

尽管史沫特莱临行前千叮咛万嘱咐,又是为她联系合适的医院,又是从自己有限的旅费中为她拨出治疗费用,回到美国还继续为她筹集医资,可萧红并没有把治疗已入膏肓的肺结核放在首位。忧国忧民,驱除鞑虏,关注沦陷区人民的水深火热,依然是这位来自黑土地优秀才女压倒一切的心结所在。公元一千九百四十一年的九月,距死神的最终光临,不过三四个月的时间,萧红全然不惧海上大量集结的侵略者军队合围香港的威慑,以及自己完全有可能被纳入黑名单带来的不测,接连写下了《给流亡异地的东北同胞书》和《"九一八"致弟弟》等檄文。

发表在1941年9月1日《时代文学》第1卷第4期上的《给流亡异地的东北同胞书》,展示了这位中国女性身上凸显出的泰山压顶不弯腰的大无畏气概——这,也印证了史沫特莱对萧红的独特的恰如其分的评价:"在炽热的战争铁砧上锻炼成型。"

《同胞书》写道:

沦亡在异地的东北同胞们:

当每个中秋的月亮快圆的时候,我们的心总被悲哀装满。想起高粱油绿的叶子,想起白发的母亲或幼年的亲眷。

他们的希望曾随着秋天的满月,在幻想中赊欠了十次。每次都

315

是月亮如期地圆了,而你们的希望却随着高粱的叶子而萎落。但是,自从"八一三"之后,上海的炮火响了,中国政府的积极抗战揭开,成了习惯的愁惨的日子,却在炮火的交响里,换成了鼓动,兴奋和感激。这时,你们一定也流泪了,这是鼓舞的泪,兴奋的泪,感激的泪。

记得抗战以后,第一个可欢笑的"九一八"是怎样纪念的呢?

中国飞行员在这天做了突击的工作。他们对于出云舰的袭击作了出色的成绩。

那夜里,江面上的日本神经质的高射炮手,浪费地惊恐地射着炮弹,用红色的、绿色的、淡蓝色的炮弹把天空染红了。但是我们的飞行员,仍然以精确的技术和沉毅的态度(他们有好多是东北的飞行员)来攻击这摧毁文化、摧毁和平的法西斯魔手。几百万的市民都仰起头来寻觅——其实他们什么也看不见的,但他们一定要看,在黑黝黝的天空里,他们看见了我们民族的自信和人类应有的光辉。

第一个煽起东北同胞的思想是:

"我们就要回老家了!"

家乡多么好呀,土地是宽阔的,粮食是充足的,有顶黄的金子,有顶亮的煤,鸽子在门楼上飞,鸡在柳树下啼着,马群越着原野而来,黄豆像潮水似的在铁道上翻涌。

人类对家乡是何等的怀恋呀,黑人对着"迪斯"痛苦地向往;爱尔兰诗人夏芝一定要回到那"蜂房一窠,菜畦九畴"的"茵尼斯"去不可;水手约翰·曼珠斐尔(英国桂冠诗人)狂热地要回到海上去。

但是等待了十年的东北同胞,十年如一日,我们的心火越着越亮,而且路子显得越来越清楚。我们知道我们的路,我们知道我们的作战位置——我们的位置,就是站在别人的前边的那个位置。我们应该是第一个打开门而是最末走进去的人。

抗战到现在已经遭遇到最艰苦的阶段,而且也是最后胜利接近的阶段。在杰克·伦敦所写的一篇短篇小说上,描写两个拳师在冲击的斗争里,只系于最后的一拳。而那个可怜老拳师,所以失败了

生死一场凄绝中

的原因,也只在少吃了一块"牛扒"。假如事先他能吃得饱一点,胜利一定是他。中国的胜利已经到了这个最后阶段,而东北人民在这里是决定的一环。

东北流亡的同胞们,我们的地大物博,决定了我们的沉着毅勇,正如敌人的家当使他们急功切进一样。在最后的斗争里,谁打得最沉着,谁就会得胜。

我们应该献身给祖国做前卫工作,就如我们应该把失地收复一样,这是我们的命运。

东北流亡的同胞们,为了失去的土地上的大豆、高粱,努力吧!为了失去的土地上的年老的母亲,努力吧!为了失去的土地上的痛心的一切记忆,努力吧!

相隔不过25天,9月26日出版的《大公报》又刊登了深怀一腔民族大义的萧红写就的《"九一八"致弟弟书》一文。在这封信上,萧红将人世间的手足骨肉情感,深深地融入到了爱祖国爱家乡,坚决打击入侵者的浓烈战时氛围中。

于信的一开始,萧红用异常亲切、喜悦的口吻写道:

可弟:小战士,你已做了战士了,这是我想不到的。

进而,萧红以一种无比自豪的心情写道:

……现在我们已经抗战四年了。在世界上还有谁不知道我们中国的英勇,自然而今你们都是战士了。

在回顾战争爆发以来姐弟俩的几次交往情感后,萧红的"心里充满了微笑"。而这"微笑",则充满着必胜的信念,同时,又升华为对所有献身于中华民族解放事业的"小战士"的神圣而又深厚的情感:

恰巧在抗战不久,我到山西去,有人告诉我你在洪洞的前线(时为八路军总部所在地——秋石注),离着我很近,我转给你一封信,我想没有两天就可看到你了。那时我心里可开心极了,因为我看到不少和你那样年轻的孩子们,他们快乐而活泼,他们跑着跑着,当工作的时候嘴里唱着歌。这一群快乐的小战士,胜利一定属于你们

317

的,你们也拿枪,你们也担水,中国有你们,中国是不会亡的。因为我的心里充满了微笑。虽然我给你的信,你没有收到,我也没能看见你,但我不知为什么竟很放心,就像见到了你的一样。因为你也是他们之中的一个,于是我就把你忘了。

……

说明一下：1937年,"七七"卢沟桥事变甫一爆发,正在上海的萧红胞弟张秀珂热血沸腾地向萧红萧军告别,奔赴大西北参加了中国共产党领导的八路军。几年后,张秀珂自八路军某部调新四军某师工作。抗战一胜利,张秀珂随同新四军一部挺进东北,从而回到了阔别达十年之久的黑土地故乡。1946年9月间,于当时的嫩江省省会齐齐哈尔市,张秀珂意外地遇到了自华北张家口经长途跋涉抵达、已被中共东北局任命为东北大学鲁迅艺术文学院院长的昔日姐夫萧军。此时,距萧红不幸逝世已经四年多了。

下面是张秀珂1955年临终前夕,于北京和平医院卧床治病时的部分口述内容,供读者参考。

1934年,我在齐齐哈尔高中念书。该校孤处城外,冬天冷得令人不敢挨床板,春天大风掠过,砂石使你睁不开眼,而令人尤其枯燥烦闷的是精神上的寂寞与空虚。我偶然从报纸上看到悄吟与三郎的名字,后得知悄吟就是萧红。我便写信向报社探询,不久萧红回了信来,对我表示热烈的欢迎,并要我转学到哈尔滨去,当时给我以极大的鼓舞。

从这时起,我和萧红不但恢复了姐弟关系,而且在思想上也达到了姐弟的亲密。我们此后便音讯不断了,等到秋天我转学到哈尔滨时,萧红和萧军已匆匆离哈去青岛了。在我读高中这期间,得到他们二人很大的教益,萧红经常写信来,我除了经她指点读了一些进步小说外,还收到了萧红偷偷寄来的他们的作品：《生死场》、《八月的乡村》、《丰收》(叶紫著)等书,对我的启发很大。当时伪满逮捕思想犯很严,往往株连到无辜者,我直觉到这种压迫,竟有些神经过敏,谁也不敢相信,但又走投无路。高中毕业后,我于1936年到日本留学半年多,听说萧红当时也在日本,但我竟未敢去找她,怕特务发觉。在日本又受不了被当做"亡国奴"的轻视,就于是年冬转道东北跑到上海了。先见到萧军,以后萧红也从日本回来了,我靠他们的帮助在上海逗留了半年多。

这期间,我对萧红又有了新的误解。她经常和萧军闹意见,一次我刚进屋,萧红就告诉我:方才他们争吵,萧军把电灯泡都打坏了。萧军就马上抢过来说:"是碰坏的。"并分辩说,他是如何有理等等。而我问萧红到底为什么,她反支吾不答。所以我当时是拥护萧军的,不赞成萧红的。从此,有些事情我就不大听她的话了,她准备上北京访友,问我去不去?我说不去。我觉得北京乌烟瘴气,汉奸日寇横行,有什么去头呢?"七七"事变爆发后,我决定去陕北参加革命实践。萧红曾问我:"在陕北净吃黑馍,你受得了吗?"我说那又算得啥,你顾虑的太多了。以后,我就离开了他们,带着一封萧军写给红军里熟人的信去了西安。谁知这一去竟成了永别。直到十年以后,我才知道他们那时闹意见,并不是完全怨萧红的。

我到西安后,还常与他们通信。一个月后,当我随着新改名的八路军渡河东下以后,就和他们断了音信。五台、广阳战后,部队绕到汾阳、孝义。整军时,我竟不知他们正在附近的民族革命大学任教,以致失之交臂,未见一面。

半年以后,我随游击支队活动,抽时间写了几篇通讯、报告之类,给在延安的他们寄去(我当时以为萧红也在延安)。光复后听萧军说,他当时并没有收到。又过四年,我在苏北新四军某师工作,偶然看到当时军部出版的文艺副刊载有萧红困居在香港的消息。我写了一封信去,请她到根据地来,但据端木君后来说,他们也未收到那封信、

最后,噩耗传来,1942年夏,同样在该副刊上看到了悼念萧红的启事。我当时悲痛的很,写了一首极尽哀思、怀念的长诗,先想发表,后觉不好,便毁掉了。

光复回东北后,从诸友人处陆续打听到一些关于萧红和我分别后在西安、武汉、重庆和香港等地的生活情形。直到最近来京卧病

后,才了解到较为详细一点。听友人说,萧红直到最后还经常说怀念我这个弟弟,而我除了幼稚、浅薄的误解和怀疑外,竟对她丝毫也没有帮助。每当我想到这里,常引起我的自恨与自责。

不久,萧红前往玛丽医院去接受一种所谓治疗肺结核的新疗法空气针——即用注射进去的氧气把肺部已结的疤吹开,然后在静养中来个根治,但是这需要时间和安静的环境,以及良好的营养。她是独自一个人去的,走在半路上,萧红想起端木蕻良还在《时代批评》杂志社等候她,于是就给他打了个电话,说自己从九龙过海来了,现在去到玛丽医院打针,一小时后即回到他那里去。去的时候,她的心情是愉快的,走路也健捷得很。然而一进入玛丽医院,她就倒了下来,两腿发软,咳嗽加剧,这时,已经是1941年的11月了,到了萧红不想住院也得住院的境地。

若是在平时,萧红与端木两人的写作收入,还可以过得去。但是一旦有病,住院、医药等开销,却不是他们能够负担得起的。尽管史沫特莱临行前已经作了些安排,但这毕竟是很大一笔的额外开销呀!

关心萧红病体的人很多,眼见得萧红一天天病情加重,大家都很着急,但很多人是干着急而无能为力,因为他们自己也是困难得很。经济状况稍好一些的有柳亚子老先生夫妇、于毅夫先生夫妇和周鲸文先生夫妇等几家,而这几家中又数周鲸文夫妇要好些。有一天,柳亚子先生专门约请周鲸文先生喝茶。喝茶间,柳亚子先生一再提到了萧红治病的开销,希望周鲸文多资助一些,对此,周鲸文慨然允诺,并说他早已考虑了。过后,周鲸文先生特地找到萧红、端木,经商量,一致认为史沫特莱推荐的玛丽医院为佳。周鲸文先生表示,有关萧红疗病的一切开销,均由他一人承担。

萧红的病房被安排在玛丽医院四楼的前方走廊上,紧靠花园,光线充足,正面环围大海,能够呼吸到新鲜的空气,是一个肺结核病人疗病的好去处。但萧红极不满意,一是愤慨于住骑楼——这是她自己不明白,肺结核病人需要旷野的新鲜空气;二是不满意医院的护士不听她指挥,不让她看书报。而更主要的是,她又感到寂寞了。为此,她一再嚷嚷着要出院回家去。直到有一天于毅夫先生前去探望她时,便不顾医生护士的阻拦,说服于毅夫把她接回到了九龙的家中,在医院不过住了十天左右的时间。

接到萧红出院的消息,周鲸文夫妇即于次日前往九龙探视。临走时,萧红终于答应了他的关于重返医院接受治疗的要求,周鲸文给他们留下了一些钱。而且,还是在第一次入院时,周鲸文先生就明确表示,可以承担她半年的治疗费用。尽管玛丽医院的治疗、住院费用十分昂贵。

据说,史沫特莱返回美国后,曾把萧红在香港的窘境告诉了一些有关人士,并汇寄过200元港元,那是斯诺夫人海伦·福斯特翻译萧红短篇小说《马房之夜》的稿酬(登载在1941年9月的《亚细亚》杂志上)。萧红收到香港大通银行的领款通知单是1941年的12月7日,然而,第二天日寇发动的太平洋战争就爆发了,因此,这笔自美国汇来的200元港币稿酬他们始终没有收到。

海伦·福斯特了解并尊重萧红,虽然从来没有见过萧红(1934.11—1936.7,亦即萧红在上海并成为鲁迅生前最为钟爱的女弟子这一时期,海伦一直居住在北平)。虽说她的丈夫、战友埃德加·斯诺曾于1936年5月同鲁迅秘密会面并长时间谈话,但同样不曾见过萧红。说起来,海伦是从鲁迅与斯诺关于中国新文学运动的谈话录中,知道萧红是当时中国文坛尤其是左翼文坛上涌现的最有才华的青年女作家的。据说,海伦在翻译发表萧红的《马房之夜》后,还特地写了一封致萧红、端木的长信,向他们组稿,同时请端木蕻良在他主编的香港《时代文学》上撰文介绍她的《亚细亚》杂志。可惜由于太平洋战争的猝然爆发,一切都沉没在侵略者的战火之中了。

尽管周鲸文先生一再力劝萧红重返玛丽医院接受治疗,但是萧红依然一天一天地捱着,仍旧住在九龙那个阴沉狭小的"家"中。由于在家里医疗的诸多不便,萧红的病情一天比一天恶化。白天,她睡得十分不安宁,卧床常常一会儿南移,一会儿又北转,朋友们和端木就像给幼儿摆动摇篮一般摆东又摆西。萧红喉头的痰越来越多了,她的与病魔作斗争的精力也日趋耗尽,可她依旧保持着一份自信,并且顽强地想要掌握自己病势的变化。一次,她请袁大顿到有名的屈臣氏大药房买一支能够测量体温的摄氏水银温度计,不料,因为袁大顿不在行,给错买了一支华氏的回来,于是,萧红笑了——是近年来难得一见的笑靥。笑过之后,她还温和地给袁大顿解释了一番体温计的正确使用方法。袁大顿还替她买过痰盂和其他药品,"一天有时跑上几趟"。

萧红病后,来探望她的友人还真不少呢,除于毅夫、周鲸文等东北老乡外,还有一些名人如茅盾、巴人(王任叔)、杨刚等。此外,她还结识了一些很不错的新朋友,其中,当数感情笃厚的柳亚子老先生了。柳亚子初识萧红时,她刚从玛丽医院回到家中。萧红一见柳亚子先生前来探视,显得异常的兴奋,她想坐起来,无奈身体过于虚弱,难以支撑,见此状,柳亚子忙要她躺下说话。萧红躺下后,与柳亚子"握手殷勤,有如夙昔相稔者"。从此,柳亚子"暇辄往谐,每娓娓清谈,不以为累"。在短短一个月的时间里,两人之间建立起了非同凡响的感人友谊。

初次探访,在柳亚子脑中留下了难忘的一幕,为此,他即兴挥毫赋诗一首赞道:

> 谔谔曹郎莫万哗!温馨更爱女郎花。
> 文坛驰骋联双璧,病榻殷勤伺一茶。
> 长白山头期杀贼,黑龙江畔漫思家。
> 云扬风起非无日,玉体还应惜鬓华。

十多天后,柳亚子带着一朵盛开的菊花来到萧红病榻前,小屋里顿时弥漫起沁人肺腑的清香。萧红见了,兴奋地倚枕坐起,就手将桌上花瓶中已插的花悉数取出,尔后,接过柳亚子手中的菊花,珍重地插入瓶中。随之,两人又开始了不知疲倦的"娓娓清谈"。柳亚子一高兴,便要萧红为他题诗。面对这位相识最晚可敬可爱的长者,萧红感慨万分,挥笔题了"天涯孤女有人怜"。题完后,萧红感慨又企盼地对柳亚子说道:"安得病愈,偕观电影,更就酒楼小饮,则其乐靡穷矣。"

见状,柳亚子一股怜爱之情自心中油然而生,"怆然挥泪",和诗一首——

> 轻飏炉烟静不哗,胆瓶为我斥群花。
> 誓求良药三千艾,依旧清淡一饼茶。

风雪龙城愁失地，江湖鸥梦尚宜家。

天涯孤女休垂涕，珍重春韶鬓未华。

然而，"病愈"尚在企盼中，一场对于萧红来说不啻是灭顶之灾的大难临头了。

1941年12月8日，日寇发动珍珠港偷袭成功，次日，美英被迫正式宣布对日作战，太平洋战争爆发，九龙一下子陷入了日寇疯狂的炮击之中。一向喜图清静的萧红心中充满了恐惧。她让端木打电话请柳亚子先生来，似乎有一位值得信赖的长者在她身旁，她安心了许多。"召之即来"的柳亚子一踏进门，就关切地问道：

"你好一些吗？"

萧红一把抓住他的手，瞪着惊恐的双眼说道："我害怕！"

"你怕什么呢？"柳亚子安慰道，"不要怕。"

萧红断断续续地说道："我怕……我就要死。"

既是安慰，又是表明心迹，柳亚子正色道：

"这时候谁敢说能活下去呢？这正是发扬民族正气的时候，谁都要死，人总是要死的，为了要发扬我们民族的浩然正气，这时候就要把死看得很平常……"

柳亚子离开萧红家后，心中一直忐忑不安，直到他得知萧红已迁往较为安全的住所，一颗悬着的心才又慢慢地放了下来。此后，只要有便利的机会，萧红常常在电话中与柳亚子长谈。

1942年1月，中共地下组织弄到一艘木船，将柳亚子、何香凝等一干爱国民主人士送离已遭日寇铁蹄践踏的香港。这年4月，柳亚子在广东曲江，获知萧红去世的不幸消息后"犹弗忍置信"，极为沉痛地写下了《记萧红女士》一文，追忆与"萧红女弟"的交往，痛心地向世人疾呼道："以女士之掀天之意气，盖世之才华，而疾病困之，忧患中之，致令奄然长往，一瞑不视，宁非人世之大哀欤！"

同年6月初，柳亚子先生抵达广西桂林。在这里，他遇到了端木蕻良，详细地询问了萧红病逝的经过，为她的不幸早逝唏嘘不已。6月27日，柳亚子夫人枪伤愈合，自香港脱险归来，柳亚子欣喜之余心中又隐隐

作痛,因为此时此刻他又想到了萧红,遂又作七绝以悼:

>杜陵兄妹缘何浅,香岛云山梦已空;
>公爱私情两憝绝,剩挥热泪哭萧红。

在桂林,为思念萧红,端木将其事迹写成梨花大鼓词,交由当时名艺人董莲枝传唱。柳亚子闻讯后,勾起了他在香港时同端木、萧红之间的那段忘年友情,遂又以"端木蕻良谱萧红事为梨花大鼓鼓词以授歌女董莲枝索题赋此"——

>魏武人豪子桓劣,子建风流推第一。
>江山文藻三千年,又见红楼一枝笔。
>红楼血脉谁贯通,科尔草原生悲风。
>黄沙大漠无穷际,善感缘情旷代逢。
>承平非复康乾世,钗黛才华等儿戏。
>黑龙王气黯然消,钟灵独数婵娟子。
>婵娟自昔多坎坷,飘零异代宁殊科。
>慷慨抛家入汉阙,当年意气倾山河。
>山河可惜非完好,胡骑凭陵渡江早。
>裙屐联翩访太行,雄冠剑佩称同调。
>羽书前敌烽烟急,突围夜踏咸阳月。
>遗憾桥陵拜未遑,鼎湖长念攀髯烈。
>双栖从此又巴渝,滟滪江流入画图。
>拥翠山城晨点笔,盘龙镜槛夜施朱。
>点笔施朱都不俗,风波亭外风波恶。
>海山飘渺岛扶余,柔乡避地差安乐。
>辛苦柔乡避地来,无端疾病竟成灾。
>娇喘支床羸病骨,明眸忍泪识仙才。
>仙才病骨逢君暮,渔阳鼙鼓动惊怖。
>鹑首钧天痛畀泰,升旗山上降幡竖。
>芦中亡士正艰危,风雨潇湘死别哀。
>一代红颜怜下葬,皓躯成骨骨成灰。

生死一场凄绝中

> 成灰成骨恩情重,山阳邻笛桓伊弄。
> 浅水湾头堕泪碑,七星岩畔相思重。
> 梨园弟子董娇娆,宛转歌喉唱六朝。
> 谱就新声传恨事,有人珠泪湿红潮。

柳亚子先生一生赋诗万千,却难得写就这般通俗易懂的长诗,借诗词,他将自己对萧红的深切怀念吟唱得格外的淋漓尽致,令人读后无不动容流泪。

1943年5月30日,传统的一年一度端午节即将来临,想起已经长眠在香港浅水湾的"萧红女弟"之生日也恰在农历五月初五,刚刚度过五十七岁华诞的柳亚子老先生情不自禁悲自心生,遂又提笔写下了《浅水一首·为萧红女弟赋》的短诗,以悼念才倾世界然却命比纸薄的"萧红女弟"之第32个生辰。

诗云:

> 九龙穷岛惨难春,浅水湾头火葬辰。
> 倘抵成灰贞德惨,宁输流血竞雄频。
> 文章辽海终名世,衣钵稽山老胆薪。
> 一诀无缘惭负汝,凯旋应许奠江鱹。

1945年8月,日本天皇宣布无条件投降,东北全境光复,兴奋之余,柳亚子先生想起了长眠在香港浅水湾畔的萧红,遂又赋诗一首曰:

> 赵璧真归十五城,伤心难遣夜台明。
> 河山还我天应泣,生死怜渠志未成。
> 紫玉化烟无寸骨,红军覆土有殊荣。
> 虬髯一妹荒唐梦,挥泪题诗诉九京。

此后,每去香港,柳亚子总要前往浅水湾凭吊萧红墓,表达他对一代才女萧红"女弟"的无限思念之情。

萧红在香港结识的另一位朋友是骆宾基。据骆宾基强调,正是他,冒着日寇的炮火和刺刀胁迫的危险,自始至终地陪伴着萧红度过了人生旅程的最后44天。

绘得红楼铸青史

祖籍山东的骆宾基原名张璞君,较之萧红晚六年出生于吉林省珲春县。他于1935年到哈尔滨学俄语,计划去苏联留学。就在哈尔滨,他结识了二萧好友金剑啸,从金剑啸那儿他知道了二萧在上海的一些情况。1936年金剑啸被捕后骆宾基逃亡到了上海,并在上海参加了青年救亡运动。1937年10月,骆宾基的成名作《大上海一日》发表在《呐喊》上。在上海,骆宾基与茅盾接上了关系,与巴人多次叙谈,还与二萧在"牵牛房"时的好友林珏(唐达秋),以及萧红胞弟张秀珂交上了朋友。日寇侵占上海后,骆宾基去了皖南新四军,1939年9月他又由皖南去了大后方的桂林。皖南事变后,他从桂林出发,经广州抵澳门,于1941年9月下旬抵达香港。

骆宾基第一次到萧红家里探访,适遇萧红刚从玛丽医院出来不久。他告诉萧红,到香港后极想看一看萧红,并希望她能介绍一个工作。骆宾基走后,萧红把他的情况告诉了端木。端木听后表示理解,在征得周鲸文的同意后,由张慕辛前往骆宾基住的旅馆,为他付清了拖欠的旅馆费,取出行李,搬到时代书店的职工宿舍安顿了下来。

关于工作,是不好找的,因为萧红本身也没有工作,当她得知骆宾基手头有一个已完成的长篇小说稿时,经与端木商量,便在《时代文学》的第五、六期合刊上,撤下了端木自己的长篇连载《大时代》,换上了骆宾基的《人与土地》。这样一来,骆宾基便有了正常糊口所需的收入,骆宾基自然对萧红、端木二人的这一义举感激得很。

有关骆宾基辗转抵港及初到香港时的有关情况,韩文敏先生在其所著《现代作家骆宾基》中,根据骆宾基本人的叙述作了如下描述:

  1941年,皖南事变发生,桂林政治空气紧张,一些具有进步倾向的书店、出版社接连遭到查封,文化人纷纷离去。一二月间,茅盾自重庆赴香港经桂林,对骆宾基说:"这里不好住,不如也去香港吧!我准备一到那边就筹办刊物,你来好了!"

  ……(骆宾基)先去桂南乡间,不久,又去广东博白县,在一所中学里教书,到暑假,攒下几十块大洋的川资,这才经澳门赴香港。

  茅盾得知骆宾基抵达香港,立刻委派叶以群去旅店看望,身上已不名一文的骆宾基很快便在《时代批评》杂志社楼上安顿下来,大约半个月后,又迁至九龙太子道底森马实道住宅,与旅港剧人凤子等文艺界战友为邻。此时,长篇《人与土地》开始在东北同乡周鲸文主编的《时代文学》上连载。

这是骆宾基的回忆,而端木蕻良1980年在同美国汉学家葛浩文教授的谈话中这样回忆道:

> 在战争前,我和萧红都不认识骆宾基,一天,忽然一个电话,说他是骆宾基。我看过他的《边陲线上》,知道这个名字,就到旅馆看他。他说他在香港没着落,要我安排他,我就安排他到周鲸文的《时代批评》社里,有了吃住的地方,我又问他有无稿子,我给他发表,好拿稿费维持生活,他拿了一个《人与土地》,这样他的生活解决了。

两位当事人,各执一词,究竟谁的回忆比较贴近史实?对此,时任《时代批评》杂志助理编辑、又与骆宾基同居一室达两月之久的张慕辛先生,在上世纪80年代初写给端木的一封信中,详细地描述了他们当初安置骆宾基的经过。

张慕辛写道——

> 我们在当时都不认识他(骆宾基),因为他是东北作家,因而闻名。他当时是因皖南事变后,紧急情况下,从国内逃出来的。到澳门时,已无旅费去港,当掉行李买的船票。他到港的情形我不知道。当时是你(指端木,下同——秋石注)写信给林泉和我,要我们照顾他。他先去时代书店,找到林泉,林当时是时代书店的经理,我在《时代批评》作助理编辑,住在《时代批评》社的宿舍,有两间房,只住林泉、董秋水和我三个人,请了一个女工给我们做饭,老骆便住在我们宿舍里。大家都是同乡,我们很热情接待他。在一起食住,每晚请他到安乐茶园去喝茶。为了便于写作,我们给他安置安静的写作环境。白天我去上班,他在家中写文章,当时《时代批评》特意给他留出版面,他的第一篇小说《生活的意义》,描写南方部队战士的生活,是我送去付排,并做了初校。

当时你和萧红编《时代文学》,你为了照顾他的生活,在《时代文学》中间,撤下你的长篇空出版面,发表老骆的一个长篇。你撤下的长篇和发表老骆的长篇,篇名现在记不得了。当时我家住在澳门,在我回家时,老骆给了我一张当票,他的行李是我用钱赎出来的。两个月后,老骆搬去九龙,我和林泉去看过他一次,和几个作家住在一起,记得当中有凤子。

张慕辛的上述表述比较符合当时事实,而且与周鲸文先生的回忆及后来刘以鬯先生的考证基本一致。

关于《时代文学》,出资者周鲸文多次强调:"1941年6月,《时代文学》第一期出刊,名义上是我和端木主编,实际是由他负责。"

刘以鬯先生1983年8月11日在香港第五届"中文文学周"专题讲座上的发言也指出:"《时代文学》的封面虽印着'主编周鲸文、端木蕻良',周鲸文只是挂一个名义,实际编辑工作是由端木蕻良一个人做的。这本杂志一共出了六期,第七期因太平洋战争爆发而没有出版。"

刘以鬯先生还指出:

端木蕻良自己写的长篇《大时代》,与萧红的《小城三月》同时发表在《时代文学》第二号上。《大时代》的副题是:"人间传奇第五部",显然是端木的重要作品之一,可惜只发表了三期,就没有继续写下去。《时代文学》第五、六号有一个小启,说"端木蕻良先生的长篇《大时代》,因病未能续写,暂停刊载,谨向读者致歉!"

《大时代》未能续刊,第五、六号的《时代文学》却刊出了骆宾基的《人与土地》第一章。

据骆宾基后来回忆说,当他又一次去探望萧红时,萧红因病情稍有好转,情绪也好了一些。萧红告诉骆宾基说,她为他的《人与土地》所作的报头式标题画,高粱叶子是那么的肥大,就像八九月间长成的高粱林子。萧红还关切地询问了他的创作情况,让他讲讲正在创作中的短篇小说《生活的意义》的故事梗概。萧红听完,被骆宾基笔下的人物所感染,不时发出愉快的笑声,同时还发挥只有她特有的丰富想像力,为之添枝加叶。也许,这一天与骆宾基之间亲若姐弟般的谈话,是她生命最后关头最愉快的时刻。

有关《人与土地》题图画的绘制者及其所绘内容,刘以鬯先生在其所作的题为《端木蕻良在香港的文学运动》的讲演中指出,是端木蕻良为之绘制,作题图画的目的是为醒目,其画面决非高粱叶子和高粱林子,而是"云和云中掉落下来的炸弹。一座塔和一个山区,山上有屋有树"。

在1941年12月8日太平洋战争爆发之前,骆宾基与萧红之间的见面仅这两次。然而,一俟战争爆发,直至萧红离开这个纷杂乱离的人世的44天中,据骆宾基讲,他几乎是一直守护在她的身边。

骆宾基在1980年6月4日为《萧红小传》修订版所作的自序中回顾道:

> 从一九四一年十二月八日太平洋战争开始爆发的次日夜晚,由作者护送萧红先生进入香港思豪大酒店五楼以后,原属萧红同居者对我来说是不告而别。从此之后,直到逝世为止,萧红再也没有什么所谓可称"终身伴侣"的人在身旁了。而与病者同生同死共患难的护理责任就转移到作为友人的作者的肩上再也不得脱身了。

1941年12月8日太平洋战争爆发这一天,冒着日军的炮火,柳亚子先生一接到萧红要求见他的电话,旋即来到九龙乐道探视,时骆宾基也在场。柳亚子在抚慰萧红后即匆匆告辞,他也有很多事情要做。就在这一刻,作为萧红丈夫的端木蕻良竟也跟着柳亚子先生走了。临走时,他对骆宾基这样说道:"你不要走,陪陪萧红,我一会儿就回来。"

战争的猝然爆发,震耳欲聋的连绵炮火,柳亚子和端木的离去,越发使重病中的萧红需要人间的温情,她担心骆宾基也会离她而去,内心的恐惧明白无误地写在了她的脸上。但骆宾基坚定地向她表示道:"不会的,我们也不让呵!"

关于萧红被送到思豪大酒店的经过,有好几种说法。

时代书店的张慕辛在其《记萧红》一文中写道:

> 后来太平洋战起,大家认为日军进攻香港,要先占九龙,都为他们担心。在大家的劝说下,萧红和端木终于搬到香港,先到周鲸文家中。周家当时已有几家亲属搬去避难,住得十分拥挤,萧红无法

绘得红楼铸青史

养病。我们便把她接到思豪酒店来住。

萧红到香港后一直给予她资助的周鲸文先生在 1975 年 12 月撰文说：

> ……一天下午两三点钟，端木、于毅夫两人抬着萧红来到我家，后边还跟着于太太和两个孩子。
>
> 稍休息一会，我们谈如何住法的问题。于说，他可到另一个朋友家挤着住。祇剩下萧红住的问题。住楼上，不安全，炮火已把三楼房东住的那层打了两三炮。我住的二层尚未着炮火，随时有着炮轰的可能。所以警报一响或炮火一攻，大家都得挤进车房避难。一天不知要跑多少次。萧红是病人，不能行走，每次得有人抬，这就不胜其麻烦，而且她弱到这样的程度也经不起颠簸。车房是安全的，已经住满了杨家的老少，而且潮湿，不开车门就没有足够的空气。这个安全地方也不适于萧红。加上，我家和杨家都有七八岁的孩子，萧红是严重的肺病，我们也不能不给孩子们想一想。
>
> 讨论的结果，大家决定暂把萧红送往雪厂街思豪酒店，由端木照顾她，临行时，我交给端木 500 港币。

此外，端木夫人钟耀群在其《端木与萧红》一书第 97 页的描述中认为，在将萧红转移到香港的过程中还有骆宾基先生。钟耀群写道：

> 1941 年 12 月 8 日，太平洋战争爆发，文化界进步人士纷纷逃往内地。端木住的九龙乐道楼上，就能看到铁丝网和炮火。端木立即过海将萧红接回。
>
> 萧红非常害怕，要端木打电话，请柳亚子先生来，商量怎么办。
>
> 这时，端木接到骆宾基电话，说香港眼看要打起来了，他准备回内地去，特向端木辞行。并致谢。端木心想，骆宾基光杆一人，不如请他留下来，帮助自己照顾一下萧红，以后可以一起走。因此，就把这个想法向骆宾基说了。
>
> 骆宾基说当然可以，能够协助端木照顾萧红女士，对自己是莫大的荣幸。当天，便从香港过海来到九龙乐道 8 号。……

生死一场凄绝中

......

　　柳亚子接到端木电话也来了。......见萧红特别害怕,便安慰她,和她聊天,互相作诗。

......

　　这时,于毅夫急匆匆地赶来告诉端木,今晚得过海到香港那边去。九龙保不住,很快会沦陷。他已经预定了小划子,等天黑下来就走,要大家准备一些吃的、用的。

　　端木随即收拾东西,送柳亚子回去,同时买一些食品回来。

　　天黑以后,枪炮声更紧,端木和于毅夫、骆宾基雇了两辆三轮车,扶着萧红上车到海边,乘上雇好的小划子过海......

钟耀群的上述说法比较可信,经多方考证后的实际情况是:12月8日深夜时分,由骆宾基、端木蕻良将萧红自九龙乐道护送至海边,于毅夫找的人和船在渡口接应,于9日凌晨安抵香港。一行人在周鲸文家稍作停留后再将萧红送至思豪大酒店,住进了由张学良将军胞弟张学铭先生包住的五楼一个设施较全的大房间里。后来该酒店也遭到日寇炮击,此时端木蕻良已经不辞而别,由骆宾基将萧红迁到皇后道后面的一所两层楼民宅内暂栖。十天后,骆宾基找到周鲸文,才将萧红转到时代书店的职工宿舍居住。骆宾基所做的这一切,深深地感动了萧红,因而,萧红于临终前作出了将《呼兰河传》所得版税赠予骆宾基的决定。

萧红入住思豪大酒店之后,《大公报》女记者杨刚去探望了她,并和她作了一番长谈。骆宾基说:

　　从她们谈话结束后,我始知那个"T君"从此不告而别溜掉了,而我在柳亚子先生于九龙探望她之后,曾以那个"T"若是"丢掉你竟自不管了,还有我们呢"豪言相慰,至此,就不能不感到意外,而也不能不实践自己的诺言了!但,还想回九龙去取稿子。

那一天,就在杨刚离去不久,骆宾基也起身与萧红话别,说他要回九龙去抢救他的小说稿《人与土地》(已发表10余万字,全书共30万字)。萧红躺在床上问道:

"英国兵都在码头上戒严,你为什么冒险呢?"

骆宾基答:"我要偷渡。"

"那么你就不管你的朋友了么?"萧红忧愁地说。

"还有什么呢? 我已经帮你安排好了。"

"你朋友的生命要紧还是你的稿子要紧?"萧红气恼地追问了一句。

"那——我的朋友和我一样,可是我的稿子比我的生命还要紧。"

"那——你就去!"

说完,萧红一下转过了头,把脸深深埋在了被子里。

骆宾基手足无措地站立在那儿,他没有挪步,面对一个处在重危之中的病人,一个为他崇敬的女作家,一个手足之情的自己同胞,一个在"高粱林子"里长大的东北老乡,他怎么能扔下她一个人而开步走呢? 一句话,他不能够这样做!

许久没有听到脚步挪动的声音,萧红慢慢地从被子里探出了头,当她发现骆宾基一如往常地站立在她床前的时候,她的眼睛湿润了。她对骆宾基说道:"对现在的灾难,我所需要的就是友情的慷慨! 你不要以为我会在这个时候死了,我会好起来,我有自信。"

不等骆宾基说话,萧红急急地自顾自地滔滔不绝地往下说了起来:

"你的眼光表示你是把我怎么来看的,这是我从前那一回见到你的时候,就感觉到了。你也曾经把我当作一个私生活是浪漫式的作家来看的吧! 你是不是在没有和我见面以前就站在萧军那方面不同情我? 我知道,和萧军的离开是一个问题的结束,和端木又是另一个问题的开始。你不清楚真相,为什么就先以为是他对,是我不对呢? 做人是不该这样对人粗莽。

"我早就该和端木分开了,可是那时候我还不想回到家里去,现在我要在我父亲面前投降了,惨败了,丢盔弃甲的了,因为我的身体倒下来了,想不到我会有今天!

"端木是准备和他们突围的。他从今天起,就不来了,他已经和我说了告别的话。我不是已经说得很清楚么? 我要回到家乡去。你的责任是送我到上海。你不是要去青岛么? 送我到许广平先生那里,你就算是给了我很大的恩惠。我不会忘记。有一天,我还会健健康康地出来。我还有《呼兰河传》的第二部要写……

"他么？各人有各人的打算，谁知道这样的人在世界上是想追求些什么？我们不能共患难。

"我为什么要向别人诉苦呢？有苦，你就自己用手掩盖起来，一个人不能生活得太可怜了。要生活得美，但对自己的人就例外。"

萧红一口气说了很多话，但她终于说出了压抑在心底里的真实想法和看法，也许是说累了的缘故，她情不自禁地长长地舒出了一口气，仿佛要把心中的一切忧愁和不满全部排放出来。于是，骆宾基也就有了说话的机会，他极率直地问道，——也是憋在心中好长时间想问的问题：

"我不理解，怎么和这样的人能在一块共同生活三四年呢？这不太痛苦了么？"

萧红茫然地答道：

"筋骨若是疼得厉害了，皮肤流点血也就麻木不觉了。"

就在这当口，多日不露面的端木蕻良走了进来，他还为萧红带来了两个外面市场上已经难得一见的苹果。骆宾基后来对人说，这出乎他的意料，因为自太平洋战争爆发的次日（12月9日），端木就一直没有露面，也不知道他躲到哪里去了。骆宾基问他：

"你不是准备突围吗？"

"小包都打起来了，等着消息呢！"端木一边说着话，一边为萧红涮洗痰盂。但过了不一会，他又不辞而别地走了。

后来，周鲸文也证实了这一点，他在接受刘以鬯先生的提问时这样说道："端木初时，有突围的打算。后来因萧红的病日渐加重，改变了主意。"

可见，太平洋战争爆发后，端木蕻良确有置病中妻子于一边独自突围逃生的打算，也许最终是良心发现并制止了他的这个打算。然而，确切的事实是，许多人，特别是欲突围去内地的文化界人士所批评指出的那样：大难临头，有谁能抛妻独自一人逃生去的?!

由于有三年前端木蕻良分文不留，置挺着大肚子的萧红于战事已经逼近的武汉于不顾，独自一人先行赴重庆一事在先，所以，对于香港沦陷初时端木一度欲先行突围去内地的举动,更多的文化人表示了不理解与愤慨(这同九年前萧军冒严寒四出打工养活产后在家休养的萧红之举,形成了一个极为鲜明的反差——秋石注)。自然,这也是几十年来人们谴责、孤立他的口实所在。好在他最终还是留了下来,并为保存萧红骨灰做了一件值得后人称颂的善事。

关于端木和萧红之间的情感问题,由于端木离群孤索的秉性和时时袒露在人们面前的一些不负责任的表现,几十年来,一直是人们议论的中心,而又多为人们所不容。论及这个问题,有三位曾与之有过交往的当事人作了较为中肯的评说。

一个是散文家秦牧。秦牧在《漫记端木蕻良》一文中认为:关于"端木和萧红的婚姻,外界曾经有过一些传闻,我个人,相信他们两位的思想、感情有很契合的一面,但在生活习气上也有不大调和的地方。端木生于那么一个家庭,感情很细腻;萧红却是抽烟喝酒,带有流浪者烙印的比较奔放的妇女。如果说一切方面都很一致,又未免讲得理想一点,但如果说没有共同基础,只是一种轻率的结合,却又讲得过分了。端木曾经告诉过我,他们未曾结婚的时候,对萧红表示好感的作家有好几个。萧红有一次买了一件用品(好像是手杖吧)回来,大家都争着要。萧红告诉大家,要把这件东西藏起来,让大家去找,谁找到就归谁。一面,又悄悄告诉端木藏物之处。结果,就给端木'找'到了。从这么一件小故事,足可以见到萧红很早就对他有真挚感情"。

一是他们在香港时期的老朋友、萧红治病的主要资助人周鲸文先生。早在上个世纪70年代,刘以鬯先生专就这个问题请教过周鲸文先生(刘以鬯:《端木蕻良论·周鲸文先生谈端木蕻良》)。

> 问:H先生从美国寄来一封信,要我回答两个问题;我无法回答,只好请教周先生。第一个问题是:很多纪念萧红的文章都骂端木无情,不知端木给你的印象怎样?
>
> 答:(寻思片刻)这……这很难讲。
>
> 问:他的为人怎样?
>
> 答:端木有些大孩子气,偶尔会撒一下娇。

问：他是不是不大合群？

答：有些人总是嘻嘻哈哈的，喜欢在别人面前表现自己。端木蕻良不是那种人。他给我的印象是：性情不太随俗，落落寡欢。

问：恃才傲物？

答：像他这样有才气的人，成名之后无意中露些傲态，是免不了的。

……

问：留港期间端木蕻良与萧红的感情好不好？

答：我总觉得两人心里有些隔阂。

问：骆宾基在《萧红小传》中，说日军攻陷香港后，正在病中的萧红曾经对友人说过这样的话："端木是预备和他们突围的，他从今天起，就不来了，他已经和我说了告别的话……"此外，萧红还表示不能跟他共患难。依你看来，端木蕻良这种打算有充分理由支持吗？

答：端木初时，有突围的打算。后来因萧红的病日渐加重，改变了主意。

问：萧红病重，端木蕻良站在床侧哀哭；而且对萧红说："一定要挽救你。"从这一点来看，端木付给萧红的感情不虚假。你的看法怎样？

答：两人的感情基本不虚假。端木是文人气质，身体又弱，小时是母亲最小的儿子，养成了"娇"的习性，先天有懦弱的成分。而萧红小时候没有得到母爱，很年轻就跑出了家，她是具有坚强的性格，而处处又需求支持和爱。这两性格凑在一起，都在有所需求，而彼此在动荡的时代，都得不到对方给予的满足。

而方蒙的解释，更是入木三分地说明了问题的症结所在（见1993年3月14日香港《文汇报》所刊《萧红与端木蕻良》一文）。方蒙写道："萧红倔强的性格，反抗的精神，使她的生活道路，创作风格和处理事物的态度，都有独立的思考和判断。而且一旦认定，决不改变。但萧红毕竟是女性，这时精神上、情绪上需要温存、安慰和怜爱。萧红这种心态，端木却不能理解，更不能使她满意，悲剧由此而生。端木蕻良是在优裕的环境中出生成长的。他是家庭中的幼子，小时体弱，母亲和两个哥哥对他溺爱迁就，娇生惯养，从小时候读书到清华大学，步步如意，一帆风顺……。端木易暴躁，有时又细致、柔和，倘一旦与他意见相左，或他不能接受时，三言两语不合，一碰就炸，拂袖而去。内向、孤傲、不善表白，与友人相处常易引起误解。"

那么，端木对萧红的情感又怎样呢？

对此，老舍秘书葛翠琳在其所撰写的《沉默》一文中回顾道，50年代反胡风运动初期，北京市文联一位新来的领导多次找端木谈话，要他交待问题。但端木一直保持沉默。到了实在捱不过去的时候，他也只是无可奈何地自责了一番。不料他被当场告知："这是过不了关的！"接着，那位领导又说："很清楚，萧红就是胡风分子，你还能逃脱吗？"一听这句话，平时胆小谨慎著称的端木神态骤变，被突如其来痛苦扭曲的脸庞涨得通红，他嘴唇颤抖着，讲话像陶瓷碎裂的声音刺耳惊人：

"鞭尸是封建帝王的作法！我自己，无论是坐牢、枪毙，由你处置，但我决不许污蔑萧红！"

说完，端木猛地站起身来，全身嗦嗦发抖，不顾那位领导怎样恫吓吼叫，头也不回地径直走出了办公室……

萧红逝世一年后，1943年1月15日在桂林出版的《人世间》1卷3期上，登载了一篇题为《红玻璃的故事》的小说，上面署名为：萧红遗述，骆宾基撰。

小说有骆宾基亲笔撰写的"附记"：

一九四二年冬，为一九四三年一月二十二日萧红逝世一周年忌日追撰。是稿，乃萧红逝前避居香港思豪酒店之某夜，为余口述者，适英日隔海炮战极激烈，然口述者如独处一境。听者亦如身在炮火之外，惜未毕，而六楼中弹焉，轰然之声如声碎骨裂，触鼻皆硫磺气，起避底楼，口述者因而中断，故余追怀止此而已。

此后,骆宾基先生于1980年4月回答丁言昭女士的提问时,再次回忆了40年前萧红向他口述《红玻璃的故事》的一些情景:

> 至于《红玻璃的故事》,是香港发生太平洋战争之后,萧红在思豪酒店五楼避难期间,在炮声隆隆之夜为我作为未及写出的短篇素材讲的,而战争的炮火虽然时时震得楼窗玻璃作响,但我们却如置身于现实的局外,虽然有时讲述者突然睁大两只眼睛凝视空间,意在侦听炮弹落处,但也为我的如处世外的听者之入迷神色所宽慰,继续讲下去,以后她曾称我"也是在观念里生活的人"。……

《红玻璃的故事》,虽为"萧红遗述",然而,经骆宾基写成后,在读者眼里酷似萧红惯有的文笔,可见确系萧红口授而致,骆宾基忠实地将其付之了文字并予以发表。

在思豪酒店以及随后搬迁的民宅里,萧红除了口授《红玻璃的故事》外,还和骆宾基谈了各自走过的艰辛历程。萧红谈的最多的乃是她与鲁迅先生的相识、相交,和对鲁迅的无限敬仰、爱戴之心情。与鲁迅无缘交往的骆宾基则向萧红谈了他与冯雪峰相识的过程,谈他三次前往冯雪峰写作《卢代之死》的浙江义乌的经历和感受,夸张地形容冯雪峰居住的乡间带阁楼的农舍,"是金碧辉煌的皇宫,光辉灿烂的智慧世界的天堂"。骆宾基以其崇敬的口吻告诉萧红:冯雪峰尚未创作完的《卢代之死》是一部以红军长征为题材的长篇小说……骆宾基的话,深深地触动了萧红似乎已经松弛下来的那根心弦。此时此刻的她,也许使她想起了在鲁迅深思熟虑下提示易名的"萧红"、"田军(萧军)"——暗合"红军"的本意……沉吟片刻,萧红表示,一俟她病好,并在打败入侵者后,会同丁玲、绀弩、萧军等人,以及骆宾基一起来完成这部小说。这就是萧红临终前念念不忘的"那半部《红楼》"。

说到萧红的这个"红楼"情结,笔者认为,决非系她一时心血来潮,即在听了骆宾基向她讲述他去义乌乡间与冯雪峰会面晤谈后的有感而发,实为源远流长。

其一,早在骆宾基告诉她作为亲历者的冯雪峰创作长征题材的《卢代之死》五年前,亦即鲁迅在世的1936年四五月间,冯雪峰肩负重大使

337

命自陕北瓦窑堡来到上海,于鲁迅家中秘密居住的那一段时间,为了方便与鲁迅联系,二萧已经搬迁至鲁迅家附近的北四川路底西侧的永乐里,自然,他们进出鲁迅家的时间也就多了起来。不仅如此,他们还多次在鲁迅家里进餐,有时甚至反客为主,萧红亲下厨房,做她最拿手,也受到鲁迅全家喜欢的食品——葱油饼和韭菜盒子。于是,有了与冯雪峰在一个餐桌上进餐的机会,而且,还不止一次。在餐桌上,听冯雪峰讲述红军长征途经各处的故事,对于他们来说,是一件十分新鲜而又好奇的事情。冯雪峰在鲁迅家中谈红军二万五千里长征,至今,尚不见其他人有只言片字留存于世(包括许广平及周建人夫妇),似乎只有萧红一个人为我们留下了一些珍贵的片断。鲁迅逝世三年后,1939年10月(此为萧红文尾自注,实际完成于该年9月。这是因为,同年10月1日出版的《中苏文化》第4卷第3期即刊登了其中的一部分。其前半部分三次发表于10月14日、16日至20日新加坡出版的《星洲日报》副刊《晨钟》上,题为《鲁迅先生生活散记》,另有部分则发表于11月1日出版的《文艺阵地》第4期第1卷。最后冠题为《回忆鲁迅先生》,1941年1月重庆生活书店出版。在所有回忆、纪念鲁迅的文字中,萧红的这篇回忆,是最为生动、隽永、富于人性的一篇,也是一篇较为全面记叙鲁迅日常生活、工作、休息、娱乐,及对生活琐事发表日常见解的生动文字——秋石注)完稿的《回忆鲁迅先生》一文中,就有她记述冯雪峰谈及红军长征的片断。下面是有关这方面的内容。

  鲁迅先生家里生客很少,几乎没有,尤其是住在他家里的人更没有。一个礼拜六的晚上,在二楼上鲁迅先生的卧室里摆好了晚饭,围着桌子坐满了人。每逢礼拜六晚上都是这样的,周建人先生带着全家来拜访的。在桌子边坐着一个很瘦的很高的穿着中国小背心的人,鲁迅先生介绍说:"这是一位同乡,是商人。"

  初看似乎是对的,穿着中国裤子,头发剃得很短。当吃饭时,他还让别人酒,也给我倒一盅,态度很活泼,不大像个商人;等吃完了饭,又谈到《伪自由书》及《二心集》。这个商人,开明得很,在中国不常见。没有见过的,就总不大放心。

下一次是在楼下客厅后的方桌上吃晚饭,那天很晴,一阵阵的刮着热风,虽然黄昏了,客厅后还不昏黑。鲁迅先生是新剪的头发。还能记得桌上有一碗黄花鱼,大概是顺着鲁迅先生的口味,是用油煎的。鲁迅先生前面摆着一碗酒,酒碗是扁扁的,好像用做吃饭的饭碗。那位商人先生也能喝酒,酒瓶子就站在他的旁边。他说蒙古人什么样,苗人什么样,从西藏经过时,那西藏女子见了男人追她,她就如何如何。

这商人可真怪,怎么专门走地方,而不做买卖?并且鲁迅先生的书他也全读过,一开口这个,一开口那个。并且海婴叫他×先生,我一听那×字就明白他是谁了。×先生常常回来得很迟,从鲁迅先生家里出来,在弄堂里遇到了几次。

有一天晚上×先生从三楼下来,手里提着小箱子,身上穿着长袍子,站在鲁迅先生的面前,他说他要搬了。他告了辞,许先生送他下楼去了。这时候周先生在地板上绕了两个圈子,问我说:

"你看他到底是商人吗?"

"是的。"我说。

鲁迅先生很有意思的在地板上

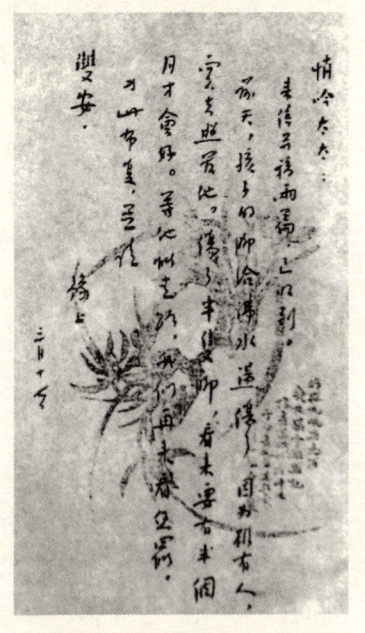

这是少有的鲁迅单独写给萧红的一封短信。

走几步,而后向我说:"他是贩卖私货的商人,是贩卖精神上的……"

×先生走过二万五千里回来的。

不光是冯雪峰本人对长征亲历的讲述,还有鲁迅对毛泽东朱德、中国共产党及其领导下的红军的那种独特的情感,无不给萧红留下了极为深刻的影响。

其二,在三年前的山西,离开临汾"民大"跟随丁玲领导的西北战地服务团经停八路军集结地的云阳、风陵渡,直至抵达西安后的那一个来月的时间里,更是由于与八路军驻西安办事处同驻一个大院,使萧红有了更多机会,遇见了不少参加过长征的红军将士,包括中共和八路军的高级领导干部,例如曾为中共中央和红军主要领导人的博古,以及凯丰等人,使她对红军二万五千里长征的印象更为深刻了。尽管崇尚个性解放和个人自由,不喜过清教徒式准军事生活,但从内心里,从骨子里,萧红对红军(八路军),对毛泽东,对中国共产党正在进行着的伟大事业,是情有独钟的。这,正是纠结在她心中,至死也挥之不去的"红楼"情结所在!

还有,萧红对冯雪峰,对瞿秋白(她没有见过瞿秋白,但瞿秋白于1935年6月在福建长汀英勇就义后,鲁迅对亡友的真挚悲痛的情感,尤其是拖着每况愈下的病体,为亡友编《海上述林》的忘我情景,萧红是历历在目的——秋石注)——凡是鲁迅引以为荣为傲的战友,都是从内心深处敬佩万分的。

我们可以这么认为,萧红念念不忘的这个"红楼"情结,是继1932年秋冬鲁迅与从鄂豫皖苏区抵沪养伤的红军将领陈赓会面,并进行了极富意义的长时间谈话,萌生写一部不亚于苏联《铁流》那样的,反映中国共产党领导的红军英勇斗争史诗作品的想法后,又一个宏大的心愿。仅从这一点上来讲,在政治信仰上,萧红与其恩师鲁迅之间是有着相同之处的。

在追述半年前于玛丽医院因打空气针及受凉后病情突然加剧的恐惧心理时,萧红动了感情。她对骆宾基说道:

当时我想到萧军,若是萧军在四川,我打一个电报给他,请他接我出去,他一定会来接我的!

其实,何止是"萧军在四川",萧红对萧军的殷殷思念又何止是在临终前的重病中!就在三年前,当她在西安突然与"第三者"结合时,她心中最记挂不下的还是萧军!

1938年3月30日,萧红自西安发出了给胡风的一封信,此信是最好不过说明萧红心中那种极为矛盾的心理的。

生死一场凄绝中

萧红写这封信的时候,萧军正在延安。

距今十年前,胡风女儿张晓风从当年公安部发回的故纸堆中捡出了这封相隔六十多年十分珍贵的萧红佚信。

萧红这样写道——

> 胡兄:
>
> 我一向没有写稿,同时也没有写信给你。这一道的北方的出行,在别人都是好的,在我就坏了。前些天萧军没有消息的时候,又加上我大概是有了孩子。那时候端木说:"不愿意丢掉的那一点,现在丢了;不愿意多的那一点,现在多了。"
>
> 现在萧军到延安了。聂也去了,我和端木尚留在西安,因为车子问题。
>
> 为西北战地服务团,我和端木和老聂、塞克共同创作了一个三幕剧,并且上演过,现在要想发表,我觉得《七月》最合适,不知道你看《七月》担负得了不?并且关于稿费请先电汇来,等急用,是因为不知什么时候要到别处去。
>
> 屠小姐好!
>
> 小朋友好!
>
> 萧红　端木　三月卅日
>
> 塞克附笔问候
> 电汇到西安七贤庄八路(军)驻陕办事处萧红收

尽管信尾是她和端木二人的联名,但是笔迹却是萧红那特有的男子式遒劲的笔体,自然啰,语气也完完全全是萧红一个人的。

诚如张晓风女士所言:"从这封信里我们可以看到,就在'前些天'萧军没有消息,萧红又因怀孕而心情极坏,她与端木结合了。端木说的那句话表示的正是她内心的矛盾,而这封信也正是他们俩已经同居的信号。"

信中有关"不愿意丢掉的那一点,现在丢了",指的是萧红对萧军的殷殷眷恋和企盼,而"不愿意多的那一点,现在多了",则说的是她怀上了

341

萧军的亲骨肉。在这里,既是旁观者又是"第三者"的端木一针见血地表明了萧红此时此刻的无奈心理。

信中所言剧本《突击》,指的是萧红一行由运城去西安途中根据丁玲提议写的。参与剧本写作的除萧红与端木外,还有塞克、王洛宾、聂绀弩等。而且,其写作过程也是行军式的——边走边构思,写一幕排一幕,最终取名为《突击》。全剧表现的是中国人民万众一心坚韧不拔的抗战精神,后来由"西战团"在西安演出,获得了空前的成功。

《突击》发表在1938年4月1日出版的《七月》第12期上。

就像初入玛丽医院只住了十天一样,萧红在思豪酒店也只住了十天左右——由于酒店六楼中了日本人的炮弹,骆宾基和萧红又搬迁至酒店后面一座楼房里。这里的主人早已逃亡,屋子里四壁空空,在他们迁入前,已经有好多避难者在此安营扎寨了。没有眠床,骆宾基从酒店里拖来一块地毯,萧红就此躺卧在地毯上。不日,日寇炮弹又轰击到了这座楼里。在炮火连天的轰鸣中,两人继续倾心而谈,亲如姐弟,谈话内容后来演绎成了《萧红小传》。日军占领香港后,他们又从黑屋子搬到了光线较为明亮的时代书店宿舍里。

据端木蕻良后来追述,就在日寇侵占香港的前夜,地下党安排了他们的东北老乡于毅夫先生具体负责他和萧红,随同包括邹韬奋、柳亚子、何香凝、茅盾、胡风等在内的三百余名知名人士一起撤回内地。只是因为萧红病重体弱,无法长距离行走及通过日军封锁线,才滞留了下来。后经请示地下党,于毅夫留下王福时等候他们,一俟萧红病情有所好转,即陪同他们离港。作为来港两年且又抗日立场鲜明的左翼作家,端木、萧红他们早已上了日寇特务机关的抗日分子名单。1942年1月22日萧红病逝后,端木、骆宾基撤离香港安抵澳门,正是这位王福时领的路。

1941年12月8日,日本偷袭珍珠港成功,即行进攻九龙。当日深夜,八路军驻香港办事处负责人廖承志接到了中共中央书记处关于太平洋战争爆发后与英美建立统一战线问题的电报。其中第4点指出:"香港文化人、党的人员、交通情报人员应向南洋及东江撤退,此事应酌办。"迅即又接到周恩来的电报,具体安排了将滞港人士从澳门或广州湾撤离到桂林的方案。其中专有一条是:"孙、廖的夫人及柳亚子、邹韬奋、梁漱溟等,望派人帮助她(他)们离港。"一场营救在香港的文化界和民主人士的艰巨工作,由廖承志负主要责任秘密地展开了。

12月9日,周恩来再次急电廖承志:迅速转移在港人士。根据南方局命令,我东江纵队担负起了这个特别艰巨而又特别复杂的任务。12月12日,日军一举占领九龙并向香港发起进攻。18日下午,廖承志在香港哥罗士打大酒店分批会见了文化界和爱国民主人士,进行分组并确定行动负责人,分发了经费。由于萧红身边离不开人,是于毅夫先生替他们领回了经费,并向他们传达了有关精神。据端木蕻良说,有关上述,按规定是保密的。由于骆宾基来港时间短,也无同香港地下党发生过联系,因此,萧红、端木没有把上级关于撤离的安排告诉骆宾基。1942年1月9日下午,茅盾夫妇、叶以群、戈宝权和邹韬奋、胡绳夫妇、廖沫沙及于伶夫妇等分成两批,由东江游击队的交通员安排离港。在这之前,1月8日,端木在转移萧红路过茅盾住地时,还委托骆宾基进去探望了一下,茅盾甚为关切地询问了萧红的现状。12日,胡风夫妇、宋之的夫妇和沙蒙等在张友渔的接应下,经过一整天的步行,进入了东江纵队的游击区。15日,何香凝携廖承志夫人经普椿及两个孙子,柳亚子携女柳无垢及外甥徐文烈等,由铜锣湾避风塘上船到张洲岛,在那里与周鲸文夫妇会合后复又上船,船行半天后抵海丰(柳亚子夫人因受枪伤未能同时撤离,5个月后由地下党交通员护送前往桂林),后辗转到达桂林。独萧红因病情不断加剧滞留孤岛,并在柳亚子先生等撤离一周后病逝于无医无药的兵荒马乱之中。

在这里附带一笔的是:香港沦陷的具体时间是1941年12月25日。据周鲸文先生回忆:"忽然25日下午三四点钟,香港总督宣布投降。"

1942年1月12日,骆宾基,还有再度露面的端木蕻良,一起将萧红送进了当时尚未被占领军"征用"的跑马地养和医院。费用,有周鲸文、于毅夫送来的,还有柳亚子慷慨捐出的400元美金。

为了寻找一家能尽快接收萧红治病的医院,端木蕻良独自一人在遍布日军岗哨的香港马路上四处奔波。兵荒马乱中,端木蕻良身穿一套笔挺的西装,脚着一双新皮鞋,几里、十几里地在敌人岗哨下来回穿梭,他

绘得红楼铸青史

在打听哪家医院开门营业。联系医院为什么要穿戴这么整齐？走长路又怎能穿皮鞋？原来，内中自有一番酸辛：在陷落后的香港，"最初大家都要装扮成烂仔的样子，以免引起敌军注意，后来看见敌军对服装穿着整齐的人特别客气，于是大家又改为要穿上最好的衣服才肯上街"（萨空了：《香港沦陷日记》）。这天，端木蕻良走到跑马地，发现战前最大的私人医院——养和医院开业收治病人了，惊喜的他一下子忘记了全身的疲乏，兴冲冲地进去找到院长李树培的弟弟。对方一口答应接收萧红，只是一笔高昂的费用是需要先付清的。端木蕻良顾不得多想，满口答应，急急忙忙赶回来告诉了萧红。

这时的跑马地一带是怎样一个情景呢？据萨空了当时的日记记载：

九时出发，走坚道下山。这是战后我第一次赴跑马地，街上来往的人并不少，但都挤在路的一边走，那些人在街上形成了一股洪流。大家都有惊弓之鸟的样子，经过每一个敌人的岗位，没有一个人正眼去看他，但也没有一个的眼光不在他的身上溜过。

我们没有选择自己的路，只捡人多的地方随着他们走。走到湾仔，人流分成了两股，一股走湾仔大马路，一股走皇后大道东，我和炳海决定了走一条路，这里的道旁骑楼下和中环一样，无数的小贩，还有无数赌摊。走到快到坚尼地道的市场前，很少人向东走，那里站了一个敌兵，我们仍然走过去，哪知人过来了，他阻着我们两个人，用他的枪，同时遍摸了我们的全身，然后挥手叫我们走。我们一点不懂得这是什么意思。走一条斜路穿到英京酒家的门前，英京酒家上已挂了一白布，上面写着"富士酒家"，一个敌军守在门口。

由这里再向东的道路，一律有了障碍物，把路阻断，只有一条大马路可以通过，但每一个通过的人，除了汽车阶级而外，一律要受敌人的搜查。马路的左右用铁筋和铁丝各作了一条狭长的巷，来去的行人要分别由这二条窄巷通过，在二巷的尽端，站有印警或华警数人，专任搜身工作，旁边站着一个敌人监视。如果有箱笼一定要打开给敌军看，坐人力车到这里，也一定要下车受搜查。

端木蕻良就是在这样的严密搜查下，一次次往返于皇后大道和跑马地,以至于新皮鞋将两只脚后跟磨出了血。

此时的医院开门不单纯是为治病而是收钱。1月5日,日本占领军在渣打银行设立军票交换所,电费等已强行规定收军票。由于币钞使用量过大,一时还允许港币流通,甚至时而允许大币使用,但市场自有它本身的价值规律。到1月13日,大票港币仍按7折兑换10元以下小钞,而且100元的按"七折找换的市面也不旺盛,必须熟识方才肯收"或是"购物超过半数"才肯找换,至于500元大票只能按四五折兑换。关于萧红入住跑马地养和医院的经过,端木蕻良有如下的回忆:

> 等到25号圣诞节,(与)日本签字和约,我就上街找医院,但都不营业。当时香港美金不能用了,只有日本的叫军票,我们哪有军票?当时大街上到处都是兑军票的,一块钱最通用,10块钱就不行,香港叫税值。我找到养和医院,这是私营最好的医院,玛丽是公家最好的医院,医院最好的大夫叫李树培,只有他还在开业,我接触的是他弟弟,现在大概不在了。这个人,后来我估计他就是要骗钱。因为当时最需要军票,因此他说:我可以介绍一个房间,但不要美金、港币,只要军票,当时我哪有军票?即使找朋友能借到金子,但银行金库已冻结。我连威尔斯金(斯诺前夫人)的稿费(即发表萧红《马房之夜》邮来的港币)都取不出来。另外,骆宾基写文章连点常识都没有,他不知道在香港,你得先付医院手续费和一星期住院费,还需要付一星期的特别护士费,骆说一百块钱就怎么了,他一点常识都不知道,造谣也该有点常识。我得把这些钱都准备好,人家才允许住院,特别是护士费,是一天,昼夜一个夜班要加25块钱(《与美国学者葛浩文谈话》)。

有关这一天的情况,骆宾基后来则是作了这样的说明:

> 一九四二年一月十二日,萧红入院的当天,那个"T君"突然来了,并且带来了行李,表示愿意住院护理萧红,这个"T君"原来在十二月八日太平洋战争爆发之次日就丢开了萧红,这是在武汉之后的第二次的遗弃了!把护理萧红的责任就这样不和我作商量,硬加到我肩上了,总之,战争已过,平安无事了,这个胆小鬼又回来了!当

然，我是喜出望外的，除了欢迎之外，我告以实在这两夜疲惫不堪，因之，我要回到书店宿舍去住一晚上，安安静静的睡一觉，条件是（萧红提出）不能回九龙，因为明天医生要会诊，我答应了，就这样，我在傍晚离开医院，由那个"T君"去护理了，次日一早就回来，就送萧红进手术室……

然而，这次会诊，却大大加速了萧红走向死亡的进程，她被不负责任的医生李树培误诊为喉瘤，当切开喉管一看，却根本没有什么瘤！于是，萧红的情绪一下子低落了下来。由于喉头上给安了一个铜嘴呼吸管，说话时会发出嘶嘶的杂音。

有关萧红喉头手术的情况，端木蕻良后来作了追述。

1月13日上午，也就是萧红被送入养和医院的次日上午，院长李树培亲自来给萧红做检查。当他得知这对年轻夫妇是香港文化界知名人士时，态度也就稍稍好了一些。稍顷，他宣布了诊断结果：萧红的喉头有肿瘤，需要进行手术切除。若不这样，则有封喉的危险。这也就是萧红时时气憋不过来的原因所在。

端木一听，顿时发了急。这是因为他知道有结核病的人是万万不能开刀的，一旦开刀就无法封口。他的二哥曹汉奇就是因为患有结核病，在北平协和医院腰部开刀后长时间封不了口，在床上一躺就是八年。因此，他坚决不同意院方为萧红开刀。他一边拒绝，一边将二哥曹汉奇至今还躺在北平西山疗养院病床上的惨痛教训讲给李树培听。

李树培笑了笑，傲慢地问道："是听你的，还是听我的?!"

端木一时无语，半响才说道："当然听大夫的。"

"那么签字吧！"

端木仍然迟疑着，不愿签这个字。

倒是萧红治病心切："开刀有什么了不起的！签吧！"

一想到即将会发生的可怕后果，端木顿时变得坚决了起来："我不签！"

萧红一发急，倔脾气也顿时上来了："你不签，我签！"说罢，一把抓过笔，自个儿就在手术单上签了字。

一会儿，护士推来了手术床，将萧红抬上去就推进了手术室。临进手术室时，萧红还回过头来看了端木一眼。随即，手术室的门关上了。

萧红手术的时间并不长。当萧红躺在手术床上被推出来往病房去的时候，多了一个心眼儿的端木蕻良乘机溜进了手术室，他想询问大夫开刀的情况与结果，同时也想看看切出的瘤子是个什么模样，但是他什么也没看见，非但大夫不在，手术盘子里也只是一堆带血的药棉。当端木回到病房的时候，护士们已将萧红抬到了床上。萧红的脖子上缠满了纱布，一根橡皮管从纱布中露了出来，插在旁边的一个瓶子里，萧红脸色尚可，只是眉宇间透出焦虑。

端木俯下身子问她感觉怎么样，萧红压低了声音对端木说："我觉得胸痛。"尔后又艰难地告诉端木："我听大夫说，没有肿瘤……"

嗨……！犹如吃了一记重重的闷棍，端木一下子惊呆了：怪不得，手术一结束，这混账院长李树培就来了个溜之大吉！

这天黄昏时分，从痛苦中暂时安宁下来的萧红，倚靠在活动病床上，同骆宾基和端木蕻良说着心里话。萧红说道："人类的精神只有两种，一种是向上的发展，追求他的最高峰；一种是向下的，卑劣和自私……作家在世界上追求什么呢？若是没有大的善良，大的慷慨，譬如说，端木，我说这话你听着，若是你在街上碰见一个孤苦无告的讨饭的，袋里若是还有多余的铜板，就掷给他两个，不要想给他又有什么用呢？他向你伸手了，就给他。你不要管有用没有用，你管他有用没有用做什么？凡事对自己并不受多大损失，对人若有些好处的就该去做。我们的生活不是这世界上的获得者，我们要给予。"

不等端木表白些什么，萧红以一种平静得体的口吻继续说了下去："我本来还想写些东西，可是我知道我就要离开你们了，留着那半部《红楼》给别人写去了……你们难过什么呢？人，谁有不死的呢？总要有死的那一天，你们能活到八十岁么？生活得这样，身体又这样虚，死，算什么呢！我很坦然的。"

听着这话，骆宾基哭了，端木蕻良哭了。

萧红强装笑颜地对骆宾基说道："不要哭，你要好好地生活，我也是舍不得离开你们呀！"

绘得红楼铸青史

说着,萧红的眼睛也湿润了,心酸极了:"这样死,我不甘心……"

这时,端木忍不住哀哀地哭出了声,并对萧红说道:"我们一定挽救你。"接着,他把骆宾基招呼到病房外边,商量如何来挽救萧红。

就在这时,传来了香港医疗条件最好的玛丽医院开始收治病人的消息,萧红一听,顿时来了精神,她向端木要求转往玛丽医院继续治疗。她说:"这里不能住,咱们还是到玛丽医院去吧。那里是专治肺病的。我是老病号,他们会接纳的。"

然而,玛丽医院离养和医院有40里路,怎么去?要知道,当时全香港的车辆都让日本占领当局给占用了。端木无奈地在街上走着,正当他一筹莫展间,忽然听到行人稀少的路边有人用英语谈话的声音。端木循声望去,见其中的一个青年人胳膊上还套着印有"朝日新闻"的红臂章,端木想,日本也有反战分子。于是,他硬着头皮走上前去,在用英语通报自己的名字和萧红的名字后,端木向对方提出了请求:"我需要车子将我的妻子萧红送往玛丽医院,她病得很重,不知道你们能不能提供帮助?"

两位日本青年点点头,表示知道他们的名字,随后便领着端木来到了他们的办公室,说明他俩是朝日新闻社的记者,其中一个人告诉端木他的名字叫"小椋"。他一边说着,一边设法为端木找来了一辆车,偕同端木、骆宾基连夜将萧红送进了玛丽医院。在玛丽医院期间,小椋还到病房探望过萧红,以后还为保护浅水湾畔的萧红墓作过努力。这位可敬的有良知的日本记者小椋,萧红若九泉之下有灵的话,也会感激不尽的。

1月18日下午2时许,在玛丽医院手术室里,萧红在更换了喉口的呼吸管之后,被推入六楼的一个病室,盖上了院方的白色羊毛毯。这是萧红第二次住进玛丽医院,距上次住院恰好两个月。想当初,要不出院该有多好哇!既不会产生如此荒唐的喉管切开术,而且,经过这一段时间的治疗和调养,她的肺结核也该好转了,可现在……

18日与19日更迭时分,见陪伴在床边的骆宾基从似睡非睡中抬起头来,萧红的眼睛里露出了"你睡得好么?"的关切神情。继而,她微笑着,向骆宾基作了一个要笔写字的手势。

萧红在拍纸簿上写道:"我将与蓝天碧水永驻,留得那半部《红楼》给别人写了。"

348

继而,她又写道:"半生尽遭白眼冷遇,……身先死,不甘,不甘!"写毕,她扔下笔,脸上现出一股冷峻的微笑。

萧红一生都在追求光明追求温暖追求她自少女时代就为之确立的理想之爱的目标,又是一个在同自身命运不断抗争和在反封建反外来侵略斗争中成长起来的斗士。诚如她自己在 1936 年 12 月 12 日(刊 1937 年 1 月 10 日《报告》第 1 卷第 1 期)所写题为《永久的憧憬和追求》的自传中所说的那样:

"长大"是"长大"了,而没有"好"。

可是从祖父那里,知道了人生除掉了冰冷和憎恶之外,还有温暖和爱。

所以我就自这"温暖"和"爱"的方面,怀着永久的憧憬与追求。

然而,客观规律是不以一个人的意志为转移的。由于战乱,由于周边各式各样的人事和外在环境的局限性,最终使得萧红的这个"永久的憧憬与追求"没能够实现。于是,便出现了她在临终前写下的这一段怨愤而遗恨的痛楚文字。

19 日凌晨 3 时,萧红服完药后又吃下了半个苹果,并在纸上写道:"这是你最后和我吃的一个苹果了!"

读着这句话,骆宾基禁不住又一阵热泪夺眶而出……

1 月 21 日早晨,萧红在和骆宾基、端木蕻良说话的时候,脸色显得红润,状态尚好,而且还吃了半个牛肉罐头。她说:"我完全好了,从来没有吃得这么多。骆宾基,坐下来抽支烟吧!没有火吧?"

骆宾基回答她说不想抽烟,而实际上三人中谁也没有火。萧红又说:"我给你想法。"

端木蕻良慌忙阻拦说:"这些事你就不要操心了,你养你的病好啦!"

萧红说:"等一会儿,塞斯特儿(护士)就来了。"说着话,她下意识地按了按床头上方的电铃。这自然是不会有任何人来的,由于日军向院方发了战时征用令,全医院的人早就全部撤走了。而且在这之前,为了抽烟,骆宾基早已楼上楼下连同厨房遍觅过了。

最终还是想抽烟的骆宾基为抽烟找火柴来到街上,想找一个马路小贩买盒火柴。走着,走着,骆宾基忽然想起,从战争开始以来,四十多天了,他还没有回过九龙的寓所呢!现在,他见萧红病情已经好转,况且端木蕻良又回到了她的身边。于是,他自作主张地过了江。待他到了寓所,才发觉寓所已被人占了去。好不容易进了屋,他在清点当初遗留的物品时,发现不仅挂在墙上的两套新西装没有了,而且更为重要的是,那部被他视作为命根子的《人与土地》的长篇小说原稿也没了踪影!次日黎明,当骆宾基过江来到玛丽医院门前时,却意外地发现门口已经换上了"大日本陆军战地医院"的牌子。经过与门口守卫的日本士兵再三打手势,方被允准入门。然而,六楼的病人已经不在了。出得医院,抱着最后一丝希望的骆宾基来到过去常来的时代书店宿舍,在那里他终于见到了张皇失措的端木蕻良。六神不安的端木告诉他,早晨6时,萧红就已经昏迷了过去。

就在萧红进入弥留状态前的清晨时分,她要刚为她倒完便盆回到病房的端木拿来纸和笔,萧红用颤抖的手写道:"我活不长了,我死后要葬在鲁迅先生墓旁。现在办不到,将来要为我办。现在我死了,你要把我埋在大海边,我要面向大海,要用白毯子包着我……"

端木强忍着盈眶的泪水安慰道:

"你不会死的,等你病好了,我们一起回内地去,我们还有好多东西要写呢……"

端木蕻良后来追述道,由于玛丽医院很快被日军占领征用,他又将萧红送到了附近的法国医院。法国医院的大夫待人非常热忱,这在端木蕻良头脑中留下了极深的印象,因之,在相当长的年头内,端木一直没有忘记他的名字。

但没过几个小时,法国医院也被军管,法国大夫便在圣士提反教会女校内设立了临时救护站。当时,端木蕻良问他:萧红还有希望吗?大夫说:在这个情况下,我很难说这个话,如果在正常的情况下,她是有希望的,我可以保证这一点,但现在这个情况,我一点办法也没有,只能维持这个现状。继而他又说,我尽量把现有的好药都拿出来,尽我最大的本事……

端木蕻良还回忆道,在探望萧红的时候,日本记者小椋也说,看萧红这样,希望不大了。端木认为这都是养和医院误诊开刀缩短了萧红的寿命。小椋则说，不是开刀，也活不很长，我想至多能维持几年罢了！端木认为，小椋这么说，无非是想减少日本发动侵略战争的罪恶。虽然小椋帮了一些忙，但在萧红殓葬后，为避免不必要的麻烦，端木蕻良再也没有与他会过面，发生过任何联系。尽管在以后的几十年内，在心底深处他一直对这位战争状态下结识的日本朋友怀着深深的感激之情。

1月22日上午9时许，骆宾基跟着端木蕻良来到香港红十字会设在圣士提反的临时救护站。骆宾基手捧为萧红买的面包和罐头，快步冲进了萧红的病室，却又猛地一下愣住了：只见萧红身上盖着毛毯，仰脸躺着，脸色异常之惨白，双眼紧紧合着，一头花白相间的头发凌乱披散着垂在枕后，但她的牙齿还有光泽，嘴唇还红，后来逐渐转黄，脸色灰暗了下来，喉管开刀处有泡沫慢慢地溢出……

11时，从萧红的口中嘘出了最后一口气，她走了，走向了很远很远的地方……

萧红走后，如何按照萧红遗愿进行火化与埋葬，端木蕻良颇是动了一番心血的。1月23日一早，端木就守候在了停尸房的门口，他要单独运送萧红遗体去火葬场。对此，一位名叫马超棫的香港人以一个亲历者的身份，曾写过一篇《殓萧红》的文章，发表在1949年的一份《周末报》上。1942年1月，马超棫先生任日本占领当局的香港政府卫生督察，专司负责处理港岛区的尸体收集和埋殓等事务。日军占领香港初期，被杀死饿死的市民很多。1942年1月23日上午，马超棫率工人和车辆到位于圣士提反女校校址的柏道医院，搬运存放在那儿的尸体准备埋葬。就在那里，他遇到了早已等候在那里操一口北方口音的端木蕻良。端木向马超棫先生说明了自己和萧红的关系，要求马超棫先生协助单独安葬亡妻。端木还告诉马先生，本来他身上携有200元现款，但在来院途中被人劫走，因此求助于马先生。当时因为使用墓地有限制，如尸体无人认领或者无钱办手续，日本占领当局即遣人将尸体倾倒在陶淑运动场的一个大坑里埋掉。这回，端木又碰上了好人，因为马超棫是喜爱萧红著作的读者，所以予以破格优待，没有将萧红遗体放入乱尸堆里。为了表示对萧红的尊重，马先生还专门取来一床白毯子覆盖在萧红的遗体上，并将其放置车中的特别厢子里，与其他尸体分开。最后，在倾倒完其他尸体后,马先生把萧红遗体送到东区日本火殓场火化。与此同时,马先生又详细地向端木告知去有关部门办理死亡证、火葬证和认领尸体允许单独安葬的手续。据端木自述,在护送萧红遗体去火化的途中,端木还从露在毯子外的萧红头发中剪下了一绺,以示永久纪念。

两天后,再次通过朝日新闻社小椋记者的帮忙,端木来到占领军政府的有关部门,向主管此事的日本官员说明妻子是一位作家,其遗言是要将她葬在海边,面向大海……

由于端木说的是英语,日本官员的态度显得比较友好。他问道:准备葬在哪里?

端木告诉他:

妻子生前喜欢在浅水湾散步,希望能葬在那里。

由于萧红是作家,又有热心肠的小椋记者的疏通,那位日本官员当场就签署了准予在浅水湾安葬萧红骨灰的许葬证交给端木。

岂应无隙住萧红

浅水湾头思祖国,年年香岛掩诗魂。
归来此日居新卜,文苑谁人不识君。
长天渺渺忆征鸿,生死一场凄绝中。
此日桥头迎归骨,故园花放待萧红。

著名诗人、中国作家协会广州分会驻会作家陈芦荻:1957年8月3日吟于深圳。

人赏奇文,证才气纵横,亦遭天妒;
魂归乐土,看山河壮丽,待与君同。

香港文艺界"迁送萧红骨灰返穗委员会"挽联:1957年8月5日悬挂于广州别有天殡仪馆萧红遗像侧。

1942年1月25日,萧红逝世后的第三天,也就是火化后的次日,遵照其临终前"与蓝天碧水永驻"的嘱托,萧红的骨灰被安葬在了香港浅水湾,地处丽都花园海边。

这是一处众所周知的萧红骨灰安葬处。

其实,萧红的骨灰是分葬在两处地方的。

一处是在浅水湾的丽都花园海边,另一处则是在位于临时医院所在的圣士提反女校的校园内。

对此,端木蕻良曾于1977年3月13日回复友人的信上作了如下说明。

......

> 萧红逝世后,当时交通仍在断绝,是在日军军管期间。因想选择风景优胜的地方安葬,也可便于凭吊,所以选择了浅水湾。但我坚决认为日本法西斯军队不会长久统治香港,同时,也相信英当局不了解情况,也不会加意保护的,所以便想到可以分葬两地。当时,大地上硝烟味还很浓,我都是步行,爬过山路,加拿大前几天参战的一团人全部战死处,仍血腥扑鼻。预先写了"萧红之墓"的木牌,捧着骨灰瓶走到浅水湾,用手和石块挖地。当时有一个花池,四周有水泥的围栏,我即选定此地,面向大海。用十指挖地安葬了骨灰。这就是葬在浅水湾的墓地。因为有木牌上写"萧红之墓",是人人皆知的。
>
> 但有一墓地,是很少人知道的,就是我记忆所及,除方蒙外,还有克家,还有丰村,我曾告诉过他们。
>
> 这地方就是圣士提反女校校园。当时,为了便于后来寻找,我曾选了一个土坡处安葬。土坡上有一不太大的树。当时,想以此树为记。这里准备浅水湾的墓葬,万一被毁,仍可保存。同时,认为香港迟早会收回。
>
> 骨灰瓶,所以都是瓶的缘故,是当时不可能得到骨灰匣。都是敲开骨董店的门高价得到的。圣士提反葬的瓶,比浅水湾的色泽浅,也稍小。当时选的都是素色的。在圣士提反入葬时,有一个香

港大学的学生,帮我挖土,他的名字我忘记了。我应该感谢他,因此,比浅水湾埋得深些。这位同学是我在马鉴家中认识的。马鉴即马季明,香港大学中文系主任。

于端木蕻良写此信相隔仅8天,1977年3月21日,另一个当事人骆宾基也作了相关说明:

您所知道的主要两点,是对的:
(1) 葬在浅水湾的为衣冠墓。
(2) 骨灰另装一大瓶。但衣冠墓所装的瓶虽较小,却也在一尺以上,肚圆如缸。大于五磅装暖水瓶。

不对的是:

浅水湾萧的衣冠墓,并非手挖,用手是挖不出这个灰瓶的深坑的,何况那里的土并不松软,而是相反,坚硬如石。

工具是两把铁锹,是去浅水湾路上,从一家中学借来的;回去时就顺路还给原主,天也黄昏了。

至于骨灰瓶究竟埋在哪里,现在很难说。当时,我并不在场。等当天下午或第二天上午我去看的时候,地面上已经不见什么痕迹,经我再三询问,带我去的人才指着一棵横出树干上两个铁环(拴秋千用的)告诉我,顺着铁环的垂直线往下,就是埋葬骨灰的瓶的地方。我在次日就离开香港了。

骆宾基还向人证实:那个埋在女校的骨灰瓶,当时端木想带回国的,又怕被当局检查扣押。一天早上,端木拿着骨灰瓶往外走,骆宾基立即起身追赶(那时两人住在一起),没有追到。待端木回来,骆宾基问骨灰哪里去了,端木说葬在女校内。但骆第二天去,看不见地面上有任何痕迹。

两位当事人的回忆,基本上一致。但骆宾基说浅水湾葬的是衣冠,显然是有出入的,因为15年后,港、穗两地文化艺术界在迁葬时,证实了浅水湾墓地内葬的是地地道道的萧红骨灰!

据端木蕻良在保持了相当长时间的沉默后透露,骆宾基之所以认为浅水湾葬的是萧红衣冠,一是骆宾基压根没去火葬场,所以无从知道内葬什么。二是骆宾基认为,坚硬如石的浅水湾墓地系用铁锹掘的墓坑,其原因也在于"骆宾基当时并不在场,他跑去看周围环境和加拿大军人登陆现场了,等他回来,骨灰瓶已经埋好,正往上堆石头呢!"至于说到"坚硬如石"的墓地如何挖掘,端木蕻良解释说,他"先是用石块将其抠松,然后再用手指将松土一点点拂去。"因而,萧红的这个骨灰墓穴并不深。这一点,也为十五年后重见天日验证了的——1957年迁葬时,工人一锹下去就碰到骨灰瓶,而那个"萧红之墓"的木牌,则是用许多石块紧紧压住的。

1980年6月25日,端木蕻良在同美国学者葛浩文教授谈话时再度作了详细说明。他说——

> 萧红临死有这样的一个遗言:要葬在鲁迅墓旁。但当时情况做不到,我说只有将来办到了。她说:那你把我埋在一个风景区,要面向大海。这样我选下了香港风景最好的浅水湾。骆宾基根本不了解这情形。当时日本人军管,死人很多,都是乱七八糟地埋在一个公墓,我当然不能让萧红埋在那里将来根本无法辨认,成了万人坑了,日本人就搞这种万人坑么,我去找管理的人,他也是高级知识分子,懂英文,我用英文跟他说,他很高兴,他问葬在哪儿,我说葬在浅水湾,他也不知道浅水湾是在哪里,因为那里根本不能葬人,但他批准了。我当时没有用他的车子,要甩开他们,我是抱着骨灰瓶走去的。
>
> 我想立墓碑在当时没有条件,就找了一块木板,写了"萧红之墓"。当时连锹都没有,是用手或拿石块挖的,那是人家的一个花坛,面向大海,路上一个人也没有。埋她,我心里很不放心,我知道香港是一定要收回的,但这个墓会不会保存呢?将来英国人是不会保存这个墓的,因为这不是埋人的地方。因此处理骨灰时,装了两个骨灰瓶。那时候,买不到骨灰盒,是敲开古玩店的门,买的古玩瓶,一个埋在浅水湾,一个后来埋在圣士提反女校中。
>
> 浅水湾埋了萧红后,我住到香港大学文学院马季明教授家里,他对我很好,劝我在他那儿住,恢复一下,他家住半山,我把另一只

骨灰瓶也带去了,在中国来讲,这是犯忌讳的。我想这个骨灰瓶要找一个不同于浅水湾的地方,这样毁了一个,还能保存一个,因此把它埋在圣士提反女校。

1995年住在香港的英籍女作家苏珊娜·浩(中文名何书心),复印了一份30年代女校平面图邮给端木蕻良,希望他能辨认出当年埋葬萧红骨灰的地点。端木蕻良由此详细地回忆了当年的情景:

> 记不得我和那位香港大学的学生从哪个门走进去的。我只记得在校园后面,特意找了东北方向的山坡一株不太大的树下,由那位大学生找来铁锹挖的坑。当我将骨灰瓶放到坑里时,觉得不够深,又将瓶子放在旁边挖了一会,用手进去将松土掏出来,这才正正地放了进去。当时我是很痛苦的。因为我本意是想将她这一半骨灰带回上海,遵照她的原意,葬在鲁迅墓旁。但我想到这是敌占区,什么事情都有可能发生,还是先找个地方埋下再说。浅水湾那里已经埋了一半萧红骨灰,谁也不会想到这里还有她一半骨灰,这肯定是能保住的,以能遂了她的心愿的。再说,圣士提反女校改成的医院,正是她去世的地方,埋在这儿也正是合适的。当我精疲力尽坐在山坡上看着这位大学生往里填土,后来用脚上去把土踩紧时,我却叫了起来,把这位大学生吓了一跳。我轻声说:不能踩,用手拍。那位大学生似乎明白了我的意思,用手拍打了一阵。我又将上面的浮土摸摸平,将原先挖下的草皮又盖在上面,似乎不会被人发觉了,这才看了看四周,记住了那株不太大的树,四周是寂静的,什么人和声音都没有,默祷了一会儿,在那位大学生的提醒下,和他一起走了出来,也不记得走了多久,只记得走到马鉴先生为我准备的住房门前,那位大学生才向我告别。

萧红骨灰安葬不日,也就是在1942年1月底的一天,从香港逃离抵达澳门暂住在木刻家黄新波处的端木蕻良怀着极其沉痛的心情,给在上海的许广平先生写去了一封信,向她通报了萧红不幸逝世及其骨灰埋葬在浅水湾的消息。在这封信中,他请求许广平先生写信给内山完造先生,请他通过有关部门设法对萧红骨灰进行保护。

但是，端木蕻良有所不知，陷在孤岛中的许广平先生也历经了一场生死劫难，太平洋战争爆发后的第七天，她即被侵入法租界的日本宪兵捉将进牢中去，在狱中备受欺凌、磨难，76天后于1942年3月1日才被保释放回家，担保人正是内山完造先生。这时，距萧红告别人世已经月余，而她入狱之初，也正是萧红病危之日。

抗战胜利后，许广平先生在发表于1945年11月28日上海出版的《大公报》上的《忆萧红》一文中作了说明和自责。许广平写道：

> 战争的火焰烧蚀了无数有作为的人，萧红女士也是其中之一个。当我刚刚跳出监狱的虎口，相信活下来的时候，到家里不几天意外地收到端木蕻良先生的简单噩耗，大意说，萧红女士于某月日死了，葬于香港某花园的某处，并且叫我托内山完造先生设法保护。末了又说，他预备离去，但到什么地方还不大能够决定。
>
> 鲁迅先生逝世后，萧红女士想到叫人设法安慰我，但是她死了，我向什么地方去安慰呢？不但没法子安慰，连这一封值得纪念的信也毁了，因为不敢存留任何人的信。而且连她死的月日地点都在我脑中毁了，这不能推说"不敢存留"，只可承认我的脑子确不行了，是我的无可挽救的过失。更其对不住端木蕻良先生的是，我并没有把他的意思转向内山先生请求。因为我觉得萧红女士和上海人初次见面的礼物是：《生死场》，她是东北作家，而又是抗日分子，想来内山先生不会不清楚的。请他"保护"，也许非其权力所及。或者能设法了，也与他不便。在我这方面，也不甘于为此乞求他援助，我把这句话吞没了，直到现在才公开出来，算是自承不忠于友。

萧红病逝后，引起了广大读者和文艺界人士的深深哀悼，但因当时华夏国土大部沦陷于日本侵略者之手，作家们也都处于战乱的四处颠沛流离之中，一时还无暇顾及。但是人们无法忘记这位有着远大抱负的一代才女！

1942年4月8日，延安《解放日报》刊登了一则题为《萧红病逝》的消息。消息指出：

许广平与二萧，1937年在上海鲁迅墓前

据《广西日报》专访，女作家萧红于香港沦陷后，未几即病逝！萧氏原患肺病，港战时奔走避难，病势转剧，且贫病交加，竟尔不治，按萧氏著有《生死场》、《回忆鲁迅先生》、《马伯乐》等书。

1942年5月1日下午，延安文艺界人士假延安文抗作家俱乐部为萧红举行了隆重的追悼会，参加者有边区文协、文抗、文艺月报社、草叶社、《谷雨》杂志社、解放日报社、部队文艺社、诗刊社、鲁艺等文艺团体，文艺工作者有丁玲、萧军、舒群、罗烽、白朗、刘白羽、艾思奇、周立波、塞克、艾青、周文、何其芳、柯仲平、公木、陈企霞，以及萧红早年好友高原等，共约50人。会场布置庄严肃穆，正中墙壁上悬挂着萧红的遗像。追悼会由丁玲主持并致开幕词，萧军介绍了萧红的生平及著作，说到动容处，萧军哽咽着说道："现在，疼我（鲁迅）爱我（萧红）的两个人都离我而去了……"萧军还高度评价萧红是"一个给予她的民族、国家及人类带过一些光和热的作家"。萧军介绍完毕，舒群、周文、何其芳三人致了悼词。舒群在悼词中不无惋惜地说道：萧红今年只有32岁，正当年少力壮，发展事业的时期，然而她却离开了我们长逝了。最后，刘白羽则以朗读《悼萧红》一文，以代讲话。

在萧红逝世四周年的时候，1946年1月22日下午2时，东北文化协会在重庆举行了女作家萧红逝世四周年纪念会。到会的有郭沫若、茅盾、冯雪峰、聂绀弩、骆宾基等近百人。会上郭沫若说,对旧社会不妥协的萧红女士是人民的作家,他希望作家能走人民作家的道路,反对什么"法统"等等。茅盾说:萧红女士的死与其说是死于疾病,不如说是死于所有在现社会的作家共同遭遇到的穷困和不自由。

萧红逝世以后,她的生前友好发表了大量的怀念和追忆的文章,寄托他们对这位不屈的反封建战士、一代才女的深切哀思。

就在萧红逝世的这一年深秋,又到了菊花盛开的季节,1942年11月20日,滞港作家叶灵凤和戴望舒,在一位日本朋友(即帮助过端木的朝日新闻社记者小椋——秋石注)的协助下进入属于日军禁区的浅水湾,向萧红墓献上了他们带去的花圈。墓葬周围用乱石堆成了小圈,外边又有一道水泥筑成圆圈。两个月后,回顾这一次祭扫,戴望舒作了一首怀念萧红的拜墓诗:

> 走六小时寂寞的路,
> 到你头边放一束红山茶。
> 我等待着,长夜漫漫,
> 你却卧听着海涛闲话。

在日本宣布投降之前,这次扫墓也是唯一的一次,因为许多左翼人士和著名作家都无法进入这一禁区。

抗战胜利后,才有人络绎不绝地前往浅水湾墓地探视长眠在那儿的一代才女萧红。

1946年春天,茅盾先生到了香港,他很想去浅水湾凭吊一下萧红墓,但因摆脱不开过度的忧伤而中止了这一次探视——这可以从他为《呼兰河传》所作的序中窥出一二来。

1946年10月10日,恰逢国民党的双十节,耳畔响着不绝的锣鼓和龙灯舞狮子声,在先期到达的香港地下党负责人潘汉年的带领下,夏衍专程来到浅水湾为萧红扫墓。12天后,夏衍在新民晚报上以《访萧红墓》为题撰文道:

> 从黄泥埇峡道转了一个急弯,浅水湾已经在望了,海水依旧平

得像一面镜子,沙滩上还有人在喝茶,闲眺,开留声机,丽都俱乐部除出屋顶上的英文名字被改成日本字体的"东亚"二字之外,一点也没有毁伤,依旧是耀眼的彩色遮阳,依旧是白衣服的西崽,依旧是"热狗"和冰咖啡,铁丝网拆除之后,似乎比战前更没有战争的气味了,我们在丽都门口下车,(即潘汉年——秋石注)依旧是一路怀疑,几次三番说可能已经被英国人拆掉,可是很快的他就喊了:"在这里,在这里,没有动。"

萧红的遗骨埋在从丽都的大门边正北行约一百七十步的地方,西向面海,算得上是风景绝佳之地。没有隆起的坟堆,在一丛开着花的野草之间,露出一块半尺阔的木板,排开有刺的草,才看出"萧红之墓"这四个大字,看笔迹就知这是端木写的,木牌后面有棵我叫不出名字的大树,很奇怪这棵树的躯干是对分为二的,以墓为中心,有一圈直径一丈多的矮墙,其实,这不能说墙而只是高不及尺的"石围"而已,从墓西前面是一棵婆娑的大果树,两三棵棕榈和凤尾树,再前面,就是一片沙滩和点缀着帆影和小岛的大海了。

我们很感谢英国人整理海滩的时候没有毁坏掉这个坟墓。整个浅水湾现在找不出另一个坟墓,萧红能够有这么一个埋骨之地倒似乎是一种异数了。很明白,管理海滩的人不铲平这个坟,外围的石围起了很大的作用,这是一位仗义的日本人拿出钱来修的,这个人是东京《朝日新闻》社的香港特派员,小椋广,他认识望舒也认识端木,除他之外,参加这善举和在战争中着意保存了这墓地的,还有《读卖新闻》社的记者和他的夫人。

我们采集了一些花,结成一个花圈,挂在端木手书的木板上,站在墓前,望着平静的海,我们都有些羡慕萧红的平静了,受难,吃苦,呼号,倒下来,就这么永远的安息了,要是她今天还知道她的故乡在胜利之后还要打仗,她的祖国在和平之后,还不能得到民主,那么她也许就不能平静地睡在这异乡的地下了吧。

1947年11月4日,年已六旬又一的柳亚子先生偕朱蕴山、翦伯赞、

刘遐荦等人来到了浅水湾,但"觅萧红女弟埋骨灰处不获,怅然有作"(六首,选一),诗云:

> 浅水湾头吊落红,余生无分更相从。
> 最怜句好诗成谶,难忘愁多病转慵。
> 玉骨成灰龙汉劫,虬髯卷土大王风。
> 怒涛砰訇殷雷震,后种前胥倘尔雄。

距此行相隔18天后——11月22日,柳亚子复又"偕佩妹暨(朱)蕴山、(周)鲸文、舒翎重游浅水湾。鲸文言萧红埋骨灰处在石栏中大树下,拟为题名之举,诗以纪之——"(二首选一)

> 直向萧红墓上来,参天大木异松槐。
> 埋香抔土磁瓶好,劫火卢鸦玉骨灰。
> 橡笔题名怜后死,女权新史几人才。
> 汉皋解佩年时事,倘遣曹生有怨哀。

1948年,蒋家王朝分崩离析前夜,郭沫若先生率香港青年学院学生来到浅水湾萧红墓前,举行悼念萧红的活动,并发表了讲演。

在萧红墓前短短的5分钟讲演中,郭沫若向青年们提出学习萧红的年轻精神,郭沫若说:

"第一,是真理的追求者。他肯向一切学习,以养成他的智慧……

"第二,是博爱的实践者。大公无私,好打抱不平,决不或很少为自己打算,切实地有着人饥己饥,人溺己溺的怀抱,而为他人服务。……

"第三,是勇敢的战士。不怕任何艰难困苦,倒下去立刻跳起来,碰伤了舔干血迹,若无其事,以牺牲自己的意志彻底一切。……"

郭沫若认为,萧红精神就是追求真理、博爱无私、勇敢坚毅的品格。这些特征"保持着并扩大着,那便永远年轻,就死了还年轻。"萧红正是这样超过短暂的生理年龄,走向了精神生命的永恒。

不日，护花使者聂绀弩亦抵临浅水湾。作为当年在鲁迅教诲下并肩作战又一同自武汉、临汾、运城直至西安为抗战大业效力的战友，站在荒草丛生的萧红墓前，昔日"小妹"音容笑貌栩栩如生，而今却是人间地下不得相见。百感交集，绀弩洒泪词祭一阕——

　　浣溪沙
　　浅水湾头浪未平，秃柯树上鸟嘤鸣。海涯时有缕云生。
　　欲织繁花为锦绣，已伤冻雨过清明。琴台曲老不堪听。

后来，萧红骨灰迁葬广州银河，聂公绀弩却不得前往凭吊，因其已沦为"反党反社会主义右派骨干"矣！七载后，得周婆奔走呼吁，方才"自由"的绀弩悄然南行广州，凭吊萧红墓后赋诗七首。现呈其一。

　　再扫萧红墓
　　葡萄灵山玉女峰，暮春微雨吊萧红。
　　遗容不似坟疑错，碑字大书墨尚浓。
　　生死场訑起时儒，英雄树挺有君风。
　　西京旧影翩翩在，侧帽单衫鬓小蓬。

1949年初春，萧红生命最后时刻的陪伴者之、刚从国民党囚牢中释放出来的骆宾基再度抵达香港，前往七年前萧红骨灰的浅水湾埋葬地凭吊，并和蒋天佐、陈敬容一起于墓园中的独柯红影树下留影。

继潘汉年、夏衍、柳亚子、郭沫若及聂绀弩等之后，又有很多香港知名人士和内地文人纷纷前往浅水湾凭吊萧红，这其中还有萧红的小朋友海婴。谈及当年他和李湄（廖梦醒之女）等10余位香港培侨中学的学生浅水湾之行，海婴先生迄今记忆犹新，当年所拍摄的照片仍然保存完好。

1948年10月底，端木蕻良又一次来到了香港，与黄永玉、方成、单复、杨晦、楼适夷、臧克家、余心清等作家、艺术家同住九华径，住处是黄永玉找的。

那一次和端木结伴离开上海同赴香港的方蒙后来回忆说："当火车开出深圳前往香港时，端木的心情沉重，两眼望着窗外，一路寡言。我知道他在怀念萧红。不久，我们去浅水湾吊萧红墓。墓围犹存，墓园中的小树,树叶迎着海风,沙沙作响。萧红躺在这里整整七年。端木含泪凭吊,拍照留念……"

然而方蒙有所不知,在他们一起去浅水湾墓地凭吊之后,端木还独自一人悄悄来到圣士提反女校,也就是萧红骨灰的另一处安身之地。在圣士提反女校的一个土坡旁,端木蕻良久久地坐在萧红骨灰的安葬处,寄托了他心中无尽的思念。

在萧红逝世 55 年后,也是距端木最后一次在圣士提反女校凭吊萧红过去了约 50 年后,1997 年 5 月 13 日上午,为完成端木蕻良生前立下的夙愿,端木蕻良的遗孀钟耀群手捧 7 个月前去世的端木骨灰,步入了香港圣士提反女校。在该校园内一处面向东北方向的土坡上,即端木蕻良当年掩埋萧红骨灰的地方,钟耀群撒下了端木的另一半骨灰,此时,距香港回归祖国仅剩下 48 天了。

1956 年 12 月 5 日出版的《人民日报》,发表了在香港《大公报》任职的诗人陈凡先生 11 月 21 日寄自香港的一则诗文,诗文介绍了萧红墓的近况,并呼吁将萧红墓迁回内地。

这篇题为《萧红墓近况》的诗文以诗行首:

年年海畔看春浓,每过孤坟息旅筇。
黑水白山乡梦渺,独柯芳草旧情空。
沧波不送归帆去,慧骨长堪积垢封?
生死场成安乐地,岂应无隙住萧红。

接着,陈凡先生写道:

"女作家萧红在太平洋战争爆发后病逝香港,在兵荒马乱之中,被人草草埋葬在浅水湾头。那地方面临大海,种满了红影树,浓春红花霞发,如火如荼,绿叶浓荫,可说是一条'花巷'。我每次到浅水湾去,总要到萧红墓那里去看看。那里自然环境虽不坏,但因当时草草埋葬,既无石碑,又乏冢埠,只有一个用水泥围筑的圆圈。过往行人,恐怕根本不知道这里长眠着我国的著名女作家。

"战后初期,在那个圆圈中有一株独柯的树,高一丈许,虽然孤单,但亦有清傲之意,看着它,每每令人想起瘦弱的萧红。但三年前我去看时,连这株独柯树也已被人斩去,只剩野草芊芊了。今夏去看,景况更令人不快,那坟地竟被人填平,上面搭了帆布棚,作为卖汽水食物的摊子,天天任人践踏,杂垢遍地。因为浅水湾是香港游泳海滩之一,这一带每年都搭了许多'游水棚',因而汽水食物摊也就到处都是了。

"我觉得,让这位我国著名的女作家的坟墓在这里受到糟蹋,总不是我们表示尊重之道吧?所以写了这首诗,希望至少能引起文艺界,设法迁葬。当年的生死场,而今成为祖国建设繁荣之地,也应该接萧红回去看看了吧?"

一石激起千层浪,陈凡的呼吁,在大陆引发了强烈反响。

继陈凡之后,在港著名作家叶灵凤于1957年也写了一篇《寂寞滩头十五年》的文章。文章指出,就在这年春天,朋友们发现"萧红墓已经被糟踏得令人难以忍受的地步",大家相互商议办法,有人怂恿他出来作一报告,以便引起社会注意。就在同年3月,叶灵凤在香港中英学会作了一次讲演,题为《关于萧红女士的事情》。

1957年春天,浅水湾土地承租者香港大酒店决定在浅水湾兴建儿童水上游乐场,萧红墓面临着被毁的危险。为此,香港中英学会和文艺界与中国作家协会联系迁葬事宜,中国作家协会便责成与香港毗邻的广州作家分会具体负责。

萧红要回国了!

一时间,在香港和大陆之间,多少人为之热心奔波。

香港文艺界很快组成了迁送萧红骨灰返穗委员会,委员会的主委由马鉴、叶灵凤、陈君葆三人担任,委员有谭宝莲、曹聚仁、陈凡等近30人。

广州的文艺界也相应地成立了"萧红同志迁葬委员会",由欧阳山、杜埃、周钢鸣、端木蕻良、陈君葆、华嘉、黄新波、陈残云、黄谷柳、韩北屏、陈芦荻等十一人组成,专司负责办理迁葬事宜(据钟耀群解释:端木蕻良当时正在北京接受审查,无法前往,但写了一封致广州作家分会的委托信。——秋石注)。

1957年7月22日,叶灵凤先生等亲临浅水湾指导现场的墓地挖掘

生死一场凄绝中

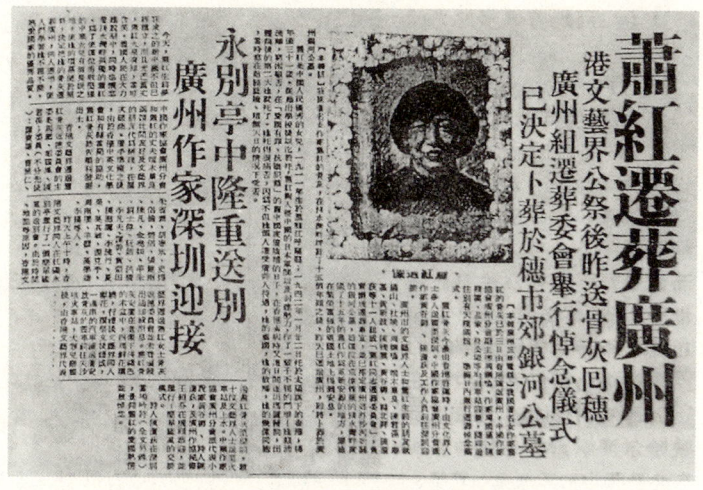

1957年8月4日香港《大公报》

广州银河公墓中的萧红墓

工作,当时的香港市政当局也给予了充分的关注,并捐赠了一个造型精致的雕花小木箱安放盛有萧红骨灰的陶罐。8月3日上午10时,香港文艺界在红磡永别亭举行了一个简单而隆重的送别会,然后由叶灵凤、曹聚仁等香港文艺界代表护送萧红骨灰至深圳,数十位文艺界人士送到火车站及上水。中国作家协会广州分会委派黄谷柳、陈芦荻、及广州作协秘书王绍芬在桥头恭迎,并举行了交接仪式。看到这感人肺腑的场面,回想萧红凄凉的一生,诗人陈芦荻在深圳禁不住吟诗一首:

> 浅水湾头思祖国,年年香岛掩诗魂。
> 归来此日居新卜,文苑谁人不识君。
> 长天渺渺忆征鸿,生死一场凄绝中。
> 此日桥头迎归骨,故园花放待萧红。

1957年8月5日下午,萧红骨灰安葬于广州郊区的银河公墓。

萧红,曲高和寡的萧红,享誉海内外、中国20世纪耀眼夺目的一代才女、30年代著名左翼女作家萧红,被鲁迅、茅盾同时评价为**"中国最有前途的女作家"**,在客逝香江一十五年后,终于回到了祖国大陆的怀抱,与南国壮丽秀逸的"蓝天碧水"永驻!

20世纪80年代后,在萧红的故乡——北国呼兰,故乡人民不仅为她修复了梦萦魂牵的后花园,还在县城另一侧绿荫蔽天的西岗公园内,修建了一座朴实无华的坟墓(墓穴中安放的是端木蕻良精心保存了近半

故乡呼兰西岗公园萧红衣冠冢

个世纪的一绺萧红秀发——秋石注),以及镌有才女遗像的纪念碑。至此,在历经半个多世纪的流离颠簸之后,这个曾被一代诗圣、南社创始人柳亚子先生赞誉为"有掀天之意气,盖世之才华"的旷世才女,终于魂归故里安息。

在20世纪的中国文坛上,很少有人能够像萧红那样孜孜不倦地在贫穷、战乱及疲于奔命的环境中痴迷于自己的事业,那样坚定不移地献身于祖国、民族的解放事业,以及执着地追求温暖、光明与爱。

萧红的生命是火热的,灵魂却是孤独的。火热的是她对文学事业的追求以及所取得的令世人惊羡的成就,孤独的却是她对生活对温暖对爱的过于理想主义。因而,活生生的现实,特别是由连绵不断战乱导致的过度冷酷的现实,将她的理想与追求撕扯得粉碎。最终,她带着永远也无法解脱的怅惘与失望离开了这个世界。

萧红的不幸早逝,不能不说是20世纪中国文坛、中国社会的一大悲剧!

在《萧红的第一个恋人》的背后

2014 年第 2 期《世纪》杂志,刊登了曹革成先生花费大气力撰写的题为《萧红的第一个恋人》的文章。这篇文章的立意甚是独特,似要推翻所有历史见证人,包括萧红本人在内不曾认可的一个说法:那个给萧红造成了一生都难以治愈的伤痛的第一个男人,抽大烟成瘾、终日游手好闲的纨绔子弟汪恩甲,与萧红之间有所谓的"爱恋"……本来么,父母之命,媒妁之言,是鲜有花前月下卿卿我我的真实恋情的,可《萧红的第一个恋人》的作者,却偏偏要在这上面大做特做文章,而且一做便是十来年,更何况,竟然别出心裁,浓墨重彩地给做成了"温馨的二人世界"!

其实,曹革成先生撰写的这篇题为《萧红的第一个恋人》所反映的"主题"与"史实",自萧红逝世以来的 70 余年间,无有一人认真关注过,史学界更是无有学者拿这一类毫无学术价值与积极意义,且给萧红造成莫大伤害的男人的无聊身世,枉作什么"考证"与"研究"。而且,还要指出的是,类似这个话题,也并非是曹革成先生的新发现、新观点、新著述。早在 2001 年 9 月哈尔滨举行的纪念萧红诞辰 90 周年研讨会上,曹革成先生就以所谓"萧红与她的第一个男人之间存在着真情(恋情)"为题,作了发现新大陆式的重点发言。4年后,曹革成先生又在他的那本"本书有着许多鲜为人知的史料"(平面媒体广告语)的《我的姐姐萧红》一书中重复了这一说法。该书甫一出版,针对书中存在的大量有悖史实,如经不起任何推敲,所谓武汉大撤退时胡风谎骗压根儿不在武汉的曹靖华先生,"拒让萧红乘坐周恩来小汽车撤往重庆","瞿秋白送给鲁迅,鲁迅穿过、萧红穿过、胡风穿过、端木蕻良穿过"(不经胡风梅志夫妇允许,被胡风先生好心留宿的端木蕻良私自带出据为己有),实为人造革厚纸为底涂漆的"皮拖鞋"的神话"缘分"故事等类似莫须有的"史实",遭到了史学界众多人士的公开质疑与批评。

萧红拒不承认汪恩甲是她的"丈夫"或"恋人"

在萧红短暂的31年生命中,先后经历了三位与其有过肌肤之亲的男人。他们分别是汪恩甲(王恩甲)、萧军、端木蕻良。

众所周知,萧军是救萧红出火海的人。萧军不但在萧红挺着大肚子(怀着汪恩甲的孩子)即将生育的当口,不避众嫌地与之结为夫妇,而且还在其生产住院、产后在家休养急需补充营养体能的困难时期,冒严寒四出打工养活了萧红。更为重要的是,由于二萧反满抗日倾向明显的散文小说合集《跋涉》的出版,遭到日伪满当局"黑名单"的通缉,又是萧军及时领着她逃离"荆天棘地"的伪满洲国,最终抵达鲁迅身边。倘若没有萧军的这一系列义举,没有鲁迅的扶持,萧红是决没有后来的辉煌的。尽管在上海时萧军有过对她的不忠,也粗暴过,导致了后来二人的分手,但萧红心底里从来不曾丢弃过对萧军的那一份挚恋。例如1941年5月,因国民党反动当局发动"皖南事变",遵周恩来嘱自重庆疏散到香港后的胡风,探望病重的萧红时,萧红欣喜地说道:"我们一起来办个大杂志吧!把我们的老朋友都找来写稿子,把萧军也找来。如果萧军知道我病着,我去信要他来,只要他能来,他一定会来看我的,帮助我的!"又如萧红临终前夕,同陪伴在侧的东北青年作家骆宾基提及她自1936年5月在鲁迅家中见过经过两万五千里长征的冯雪峰后,心中念念不忘要创作的长篇小说《红楼》时,又一次提到了萧军:俟她病愈并在日寇投降后,会同丁玲、聂绀弩、萧军诸人,以及骆宾基一道,完成这部反映二万五千里长征的史诗作品。而在追述半年前玛丽医院因打空气针及受凉后病情突然加剧的恐惧心理时,萧红再一次动了感情,对骆宾基说道:"当时我想到萧军,若是萧军在四川,我打一个电报给他,请他接我出去,他一定会来接我的!"

但对于汪恩甲(王恩甲),对于这位抽大烟成瘾,并给予她莫大伤害,险致沦为娼妓的纨绔子弟,萧红一直是讳莫如深的。只是后来在上海同胡风夫人梅志,以及临终前夕陪伴她时间最长的骆宾基简略谈及,但也仅限于对方的家世背景而已(下文当提及)。这是有史为证的,有史为证的是一位国际友人留存的著述。

1939年11月7日,萧红与她的生命中的第三个男人端木蕻良一起应邀参加了苏联驻重庆大使馆举行的十月革命胜利22周年的庆祝活动。期间,萧红得以与正在研究鲁迅的塔斯社驻重庆分社记者罗果夫相识。应罗果夫之邀,萧红与罗果夫之间先后进行了两次谈话,回答了罗果夫提出的一些问题。其中,最重要的一次谈话,即第一次谈话,是在1939年12月22日,地点:重庆塔斯社分社。这次谈话,除萧红外,还有端木蕻良在座,罗果夫后来著有《回忆我收集鲁迅材料的时候》一书。在这本书中,罗果夫异常忠实地记录下了萧红对他说过的一些话,包括对现在被曹革成先生津津乐道地描绘成"萧红的第一个恋人"汪恩甲的刻意否定。这是因为汪恩甲对她造成的伤害是无与伦比的,尤其是她被险些卖入圈儿楼做妓女。何况他与她之间,从来不曾产生过爱情(恋情)。从初始当她获悉对方是一名沾染了吸食大烟恶习的纨绔子弟后,就持抗婚的立场。这也就是为什么萧红会瞒着父亲遁去北平上高中的根本缘由。及至后来,也是在饥寒交迫走投无路时,才被迫与这个并不爱的男人同居了一段时间。据罗果夫在其书中回忆道:因为中心话题是鲁迅,而萧红和萧军的成名作《生死场》与《八月的乡村》,又是在鲁迅呕心沥血下一手扶持出版的。这是二萧分手后,萧红第一次在他人面前,而且是在外国人面前,面对这个基本事实。萧红在回答罗果夫有关鲁迅先生扶持青年作家的问题时,当着她的第三任夫君端木蕻良的面,称萧军为"我

在《萧红的第一个恋人》的背后

的第一个丈夫",而不是把汪(王)家少爷称为"夫"(且整个谈话中一个字也未言及)。这说明她十分看重与萧军这段长达6年的夫妻生活,这是她一生中最长的一次家庭生活。自然,这也就是她后来贫病交加,客逝香港时发出的要萧军"来救救我吧"的强烈呼声的原因所在。一直到死,她都无法忘怀。毋庸置疑,正是"第一个丈夫"萧军救她出水深火热之中,才有了后来如日中天辉煌存在的萧红、萧红作品。就在这次同罗果夫的谈话中,萧红满含深情地回忆了自己与萧军当年如何逃离虎口,从沦陷区脱逃最终流亡到上海,与鲁迅先生相识、相交,以及备受鲁迅关怀、扶持的一系列经过。

萧红之所以看重萧军,直到临终时还对萧军念念不忘,是因为愈是在困难危急关头,萧军从来不会推卸自己肩上应当承担的担子。这可以从萧红早期的回忆录,由巴金先生主政的上海文化生活出版社1936年8月出版的《商市街》一书中,得到最具历史现场的见证。

《商市街》,是纯粹的纪实散文集,内中描写了萧红被萧军等人被解救获得新生,直至最终遭受日、伪满当局迫害南下逃亡,离开哈尔滨前这一年多时期的生活。这一段时期的生活,虽然清贫,有时甚至是有了上顿没了下顿,有了米面没有了柴禾和酱醋油盐,但却是萧红31年短暂人生中比较幸福充实,且又时不时溅起爱情浪漫水花的生活时期。她不仅获得了新生,恢复了作为一个人、一个女性的尊严与体面,更重要的是,她的才华得到了有效的发挥,从而一举迈上了梦寐以求的文学之路,一颗文学新星,就这样悄然跃上了被日伪统治整治成死气沉沉、奄奄一息的北满文坛。她真真切切地感受到了萧军对她的呵护,对她的爱恋。自然也是长达四年多的两人世界最为和谐的一段时间。

试问,连萧红自己也大加排斥,讳莫如深,拒不承认为自己"丈夫"或"恋人"的汪恩甲,怎么在口口声声尊萧红为"我的婶婶"的后辈曹革成先生那里就成了与萧红之间有"真情"了呢?曹先生又何以非要违拗萧红直到临终也无法驱散的心头伤痛,花费10多年时间,在没有任何真实资料史实作依托的前提下,为对萧红始弄终弃的纨绔子弟汪恩甲树碑立传,大翻其案呢?这是为什么?!

371

萧红为抗婚去北平继续读书

在《萧红的第一个恋人》一文中,曹革成先生的逻辑十分混乱。他先是写道:

> 1930年夏,初中毕业之际,萧红面临抉择,她想继续上高中,但汪张两家主张她和汪恩甲结婚。萧红由于族中兄弟和相识的男同学中,不少人在北京上高中或大学,因此她也萌发去北京读书的想法,这就更引起父亲的反对,于是"完婚"提到了日程。

又写道:

> 1930年暑期,女中初三同学毕业。……只有萧红背着父母,与陆振舜搭伴不计后果地南下北京城,那年她19周岁。她这个决定显然得到了汪恩甲的支持。

先替长期工作、居住在北京,并在出版社任职的曹革成先生证一个伪:1930年的北京不叫北京,应称作是北平。

其二,也是十分重要的一点是:在萧红哈尔滨东省特别行政区区立第一女子中学校初中毕业之际,汪、张两家主张并催促萧红与汪恩甲完婚,此时的萧红也已20虚岁,到了该结婚的年龄了。既是双方家庭主张及催促,显然也有汪恩甲的因素在内,这是毫无疑问的,而且,还有汪恩甲追至北平的后续故事可作佐证。至于说萧红南下"北京"继续求学的"决定显然是得到了汪恩甲的支持"的说法,根本不能成立:因为在这之前,萧红已经"萌生退婚之念"!

有关这个证据来源于为纪念萧红百年诞辰出版的《萧红全集》。

《萧红全集》编辑委员会名单;于"顾问"一栏中,撰写《萧红的第一个恋人》一文的曹革成先生,赫然在列。

既然是《萧红全集》的编委会"顾问",想必在编委会运作《全集》收集、筛选,及至最终出版的这么多年中,曹革成先生是清楚每一篇文章的来历的,包括萧红年谱的探究与制定。且《萧红全集》出版也已3年,曹

在《萧红的第一个恋人》的背后

革成先生又出席了2011年6月萧红百年的所有纪念活动,他应当是熟知萧红当年去北平读书的真正原因的。下面,尽管不少学者、专家在读完"年谱"后,发现有不少错讹存在,但是,经与萧红生前十多位好友、历史现场见证者访谈印证过的笔者细读之下逐一比对,发现:虽有"订婚"时间等差错,然有关萧红抗婚去北平上学的真实原因的记载,还是比较符合事实的:

1929年(19岁)

下半年,了解到汪恩甲的庸俗和吸鸦片的恶习,萌生退婚之念(新版《萧红全集》第四卷第469页记载)。

1930年(20岁)

上半年,向父亲表达初中毕业后到北平继续上高中的愿望,遭到拒绝。

夏,初中毕业,父亲和继母主张萧红与汪恩甲完婚,在同学徐淑娟等的鼓动下,萧红准备抗婚求学。

初秋,假意同意与汪恩甲结婚从家里骗出一笔钱,出走北平,入北平大学女子师范学院附属女子中学读高中一年级。与(表兄)陆哲舜(住)二龙坑西巷一小院,分室而居。家里震怒,给陆家施加压力,陆家劝说无果,断绝陆哲舜的经济来源。

……

支持上述年谱这种说法的,有当年萧红在哈尔滨上东省特别行政区区立第一女中的两位同班同学,两位均小她4岁。一位名叫沈玉贤,一位名叫徐淑娟(后改名为徐微)。沈玉贤66岁那年,亦即萧红70诞辰那一年的1981年8月16日,在《哈尔滨日报》上发表了题为《回忆萧红》的怀念文章。文章写道:临近毕业时,萧红"她常常在夜里暗暗哭泣,星期天偷偷地喝酒……原来是……她发现未婚夫吸食鸦片……""一九三〇年暑假,萧红从家里逃婚到北平,跟她的表哥陆××住在一起……"

另一位名叫徐淑娟,江南常熟才女(笔者与她有过两次长谈,并获赠她1961年暮春与萧红"长兄"高原时隔30年后再次重逢时写下的名为《高原来访》的诗词)。1981年萧红70华诞时,时年66岁的徐淑娟在距

373

哈尔滨6 000余里开外的杭州接受了他人的访谈。在这篇(刊于《东北现代文学史料》第五辑)题为《萧红知友忆萧红——初访徐微同志》的访谈中,徐淑娟这样介绍道:"……她家早把她许给一个姓汪的,正是因为攀这门高亲,才让她来哈女中读书的。……姓汪的……是个纨绔子弟,我们对他非常讨厌。在毕业之际,乃莹告诉我们,汪家提出了结婚的要求,问我们怎么办?当时我们不知天高地厚,说'可以写稿子'。这样,我提出的逃婚出走的方案终于被采纳了。毕业之后,张乃莹到了北京……我回到了江南……"又说:"……大家所知,乃莹的未婚夫姓汪的追到了北平,乃莹受了这个人的眼泪的软化同他同居,后来又被姓汪的骗到哈尔滨,被汪安置在一个什么旅馆,汪自己却逃之夭夭了……"

上述是徐微(徐淑娟)1981年接受杭州高校学者访谈时的回忆。相隔25年后,2006年2月24日、26日,已届九旬高龄的徐微老人接受了笔者的访谈。其时她的记忆一点儿也没变,一是萧红与汪恩甲"订婚"是在哈尔滨上初中入学前;二是明确指出:萧红与汪恩甲两人不般配,萧红是喜读书求上进的爱国青年,而汪恩甲是一个吸食鸦片的游手好闲的"纨绔子弟",早在初中时期萧红已萌生退婚之念;三是抗婚去北平上学,正是徐微出的主意而成行的。

不仅徐微、沈玉贤两位与萧红朝夕相处的小姐妹这样认为,许多历史当事人、萧红好友同样是这么认定的。他们中有:

1. 年长萧红1岁的黑龙江老乡、"大哥"、延安老革命高原先生。

1997年10月8日、9日,已经87岁高龄的高原老人与夫人,在南京草场门外虎踞路寓所二楼一间从未装修过的陋室内,回答笔者有关萧红的多个问题时,就是这么认定的。较之小妹徐淑娟有所区别,见过汪恩甲其人的高原先生着重指出,汪恩甲的吸食大烟,与终日无所事事游手好闲,是导致有理想有追求心气甚高的萧红最终萌生抗婚之念,及去北平上学的根本原因。

2. 与萧军亲如手足,并颇得萧红信赖的地下党联络员、民族英雄赵一曼的亲密战友方未艾先生,在萧军逝世时的1988年6月下旬的多天中,京西木樨地萧军灵堂的一隅,向笔者讲述了当年他的所见所闻;尤其是萧红向他和萧军倾诉当年她如何抗婚去北平上学,后于饥寒交迫走投无路中被迫妥协,最终如何遭吸食鸦片的汪恩甲抛弃后身陷东兴顺旅馆当人质不堪回首的一幕幕……

3. 2000年3月29日上午,《文艺报》社为拙著《萧红与萧军》举行研讨会的次日,萧红上海、武汉、重庆时期的好友、胡风夫人、著名儿童文学作家梅志先生,在其京西复外大街24号楼寓所内,于严肃指出本书存在的"扬军抑红"的严重错误倾向的同时,以65年前萧红在上海向她所作的点滴亲述所涉内容,向笔者做了印证。

4. 2006年2月26日上午,杭州城西庆丰新村老公房四楼的一个简洁房间内,说话如同放机关枪一般的萧红小妹、年届92岁高龄的徐淑娟老人,步履健捷地下到楼底一家复印店,将其在45年前的"1961年暮春"时节,于苏浙交界处的"嘉兴市郊禾水",与分别整整30年后的延安老革命高原喜重逢后,写下的《高原来访》一诗复印后赠予笔者。在这首题为《高原来访》的诗词中,就有"乃莹(萧红本名)决抗婚,北平作'赠坐'"的词句。"赠坐"者,乃萧红大哥高原先生是也!

5. 与二萧同为伪满洲国叛逆,1933年冬在哈尔滨道里一家朝鲜人开设的照相馆里,与萧红、萧军、罗烽四人同照一张像,1934年6月11日送萧军萧红登上南逃大连的票车的沦陷区左翼作家、原辽宁省作家协会顾问梁山丁,自1988年6月~1989年9月间,或当面与笔者叙谈回忆,或通信,或电话交流,也是这般向我谈及的。

行文至此,笔者不禁要向《萧红的第一个恋人》的作者曹革成先生讨教几个问题:

其一,请问:你文中的那个有关萧红去"北京"(应为北平)上学"她这个决定显然得到了汪恩甲的支持"的结论,是怎么得出来的?其事实依据出自哪位当事人之口?又发表在何处?现在是否仍然坚持这个不着边际的结论?

其二,请问:你为什么要将与萧红结识前汪恩甲染上大烟瘾的恶习,挪至日伪满统治的后期?其出处依据何在?所谓汪恩甲"拒绝为日伪工作。由于苦闷,开始抽上大烟"的说法,又出自何处何人之口?试想,"九一八"事变发生前后,这个浑身上下毫无一滴热血可言的汪恩甲,丝毫也不为面临的山河破碎、民族危亡的亡国奴境地担惊受怕,而只想着自己个人的寻欢作乐,整日沉迷在"两人温馨的小世界里",又怎么会有数年后的所谓"留洋"归来"拒绝为日伪工作。由于苦闷,开始抽上大烟"的事情发生呢?

其三,你既然在你亲笔所撰写的《萧红的第一个恋人》的"考证"中,引用了《萧红知己忆萧红——初访徐微同志》访谈中,有关徐淑娟当年在哈尔滨东省特别行政区区立女一中时帮助同学写情书"润色""审稿"的相关文字,又为什么对紧随其后有关徐淑娟出主意,帮助萧红抗婚去北平上学的一大节文字,避而不提一个字呢?这是为什么?!

其四,在你这么多年来的所谓"萧红研究"中,以及撰写这篇假象丛生,毫无任何意义与学术价值的《萧红的第一个恋人》的所谓"考证"文章时,请问你查阅过多少史料?又向哪些真正堪称历史见证的人士、萧红生前好友讨教、印证过?能否向我们提供那么一二个确切的考证时间,确切的考证地点,以及所考证的对象姓名、职业、现居何处,以及相互印证的内容文字?你连你担任顾问审定出版的书稿之考证内容,尚且可以按照自己所需之目的,随心所欲地加以否定、篡改,那么,你所撰写的同一题材的那些作品,还会有令人心服之处呢?

其五,当你在《我的婶婶萧红》一书中,将萧红与你的叔叔端木蕻良结合的4年,褒之为"萧红最重要的时期,是她代表作产生的时期,是她走向文学之路的顶峰时期"顶峰论时,为什么你会"忘记"萧红在鲁迅身边的那两年多的岁月,尤其是忘记鲁迅先生几近手把手地教她与萧军如何为文如何做人如何确立信仰……请问你读过鲁迅致萧军萧红的53封信吗?你从中又悟出了哪些真谛呢?须知,研究萧红,离不开萧军,更离不开鲁迅;没有萧军,便没有新生后的萧红,文学家的萧红;没有鲁迅,便不会产生中国20世纪文坛上熠熠生辉的双子星座萧军与萧红,尤其是与冰心、丁玲等20世纪中国女性文学大师齐名的萧红!

日寇为什么"没有急于武装占领"哈尔滨?

《萧红的第一个恋人》是一篇凭藉"想当然"和众多让人听了之后一头雾水,没有任何可信度的"据说""听说""传闻"一类不得要领的文字堆

在《萧红的第一个恋人》的背后

积起来的奇文。不仅仅是汪恩甲与萧红之间发生的那些事和所谓的"恋情",而且,在众所周知的事关民族、国土保卫的问题上,作者也全凭头脑中的那些小说虚构的艺术细胞的恣意发挥,来加以杜撰和诠释。请看下面作者杜撰的文字——

……"九一八"后,东北的山河相继落入日军手中,只有哈尔滨,由于它特殊的国际都市背景,又是中苏共管的中东铁路总枢纽,日方当时对苏联和英美等国采取和平策略,因此没有急于武装占领,成为一个临时安全岛。……

史实,真实的历史现场,如曹革成先生笔下杜撰的这样吗?

否也!史实是:

"九一八"事变发生不多日,面对全国亿万人民的一片愤怒的声讨声,时在北平行营,替蒋介石背负"卖国""不抵抗将军"等一系列恶名的东北最高行政长官兼东北边防军总司令张学良将军,采取了一个又一个有力有效举措,并给予大量财力物力支持一线的东北军抗战部队,才使得马占山、冯占海、李杜等抗日名将率领的东北军各部队,得以持久地挫败了日寇一次又一次的大举侵犯。请看以下史实:

1931年10月10日,距"九一八"事变发生才22天,张学良下达命令:任命马占山为黑龙江省政府代主席兼东北边防军驻黑龙江省副司令长官(东北各省边防军司令长官由张学良兼任)。与此同时,张学良还秘派在北平自己身边的东北边防军司令秘书杨成基急赴齐齐哈尔(秋石注:时齐齐哈尔为黑龙江省省会所在地,哈尔滨则为东北特别行政区中心)。与马占山联系,全面部署抗击日寇进犯事宜。

仅仅过去了一周,1931年10月17日,张学良再次下达命令,这是一个进一步扩大马占山军事指挥权限的特别电报:除原驻黑龙江省军队统归马占山指挥外,所有驻哈尔滨之吉林省军队及洮索路各军、东北屯垦军及由邹作华统率之炮兵,均归其统一指挥。

在这里作一个特别说明:此时的吉林各地已基本沦陷于日寇铁蹄下。包括此后不久指挥打响哈尔滨保卫战的冯占海部队在内的吉林东北军各部队已退驻到哈尔滨一线。1931年9月末,时任吉林省副司令长官公署卫队团团长的冯占海把队伍拉到官马山后,打电报给张作相并报北平张学良:"坚决与寇逆抗战到底,克尽保卫祖国的神圣职责。"张学良接报后当即下达命令:从黑龙江省库中拨予冯占海 5 万元和一批枪支弹药。一年后的 1932 年 10 月,在冯占海率部撤离哈尔滨后仍然顽强地连续作战,在其处境日见危难之时,张学良又及时地给冯占海部队拨发了一批弹药。就这样,张学良把驻扎在黑龙江省的三万多人驻军中的大部分,给调到前线抗御日寇进攻。

又过去了七天,1931 年 10 月 24 日,张学良第三次下达命令:指示哈尔滨中国银行拨款 50 万元接济马占山:"作整军,建军费用。"

另据曾任张学良贴身参谋的惠德安后来回忆道:"在此期间,张学良曾经多次派遣救国会的常务委员车向忱、联络员黄宇宙携带他的亲笔手谕,化装秘密进入东北。其中,车向忱远到哈尔滨、珠河、齐齐哈尔,并越过大兴安岭进而抵达最北端的边陲黑河,向抗日将领马占山、李杜等部,进行慰问并传达张学良的进一步抗日指示。"

毋庸置疑,正是由于哈尔滨一线(含中东铁路哈尔滨~长春沿线城镇)中国军队箍桶一般的严防死守,迫使侵略者不得不暂时放弃北上直接进攻哈尔滨这个现代化大都市的军事计划。关东军本部决策者则选择了一条远离中东铁路,由西北方向进犯的这一别出心裁的路线,即绕越中国军队严密防守的中东铁路,沿着四平、洮南、白城子等偏西北方向,直逼黑龙江省省会、西部重镇齐齐哈尔市,以期在不久的将来,夹击东北特别行政区中心城市哈尔滨。

需要指出的是:当时的黑龙江省驻军与警察保安部队仅三万人左右。由于省长兼东北边防军副司令万福麟在北平,省城齐齐哈尔防卫力量又比较薄弱,1931 年 10 月 10 日,张学良任命时任黑河警备司令兼第三旅旅长马占山为黑龙江省代主席、兼军事总指挥,赴齐齐哈尔一线迎敌。13 天后,在日军飞机的掩护下,由大汉奸张海鹏率领的三个团伪军由洮南向北进犯,妄图打通攻入黑龙江的通道。于是,在齐齐哈尔的南大门,位于泰来县境内的嫩江江桥处,双方进行了一场长达 20 余日的殊死激战。首战以来犯的敌军旅长徐景隆触雷身亡,全军溃败回归出发地洮南县而告终。当日,马占山将军于省城齐齐哈尔发表抗战宣言,决意

378

抵抗到底。11月4日，日伪军开始向江桥发起大规模进攻，马占山部依托炸毁的江桥奋起还击。当天日军的数次进攻均被马占山部守军击退。11月5日，日伪军集结八千余兵力，百余大炮，再度发起强攻，又遭我守军顽强抗击而告败。日军亡167人，伤千余，伪军则死伤达700余人。6日，面对重新集结的日军的大规模进攻，我守军英勇杀敌，又使敌军蒙受重大伤亡，而我守军也伤亡600余人。为保存实力，我军退守至三间房一线。11月12日，在政治上的攻势失败后，日军集结起天野、长谷、铃木等三个旅团和满铁守备队计7 000余兵力，兵分三路，展开新的大规模攻势，马占山将军亲临一线指挥我守军英勇抗击，连日击退日军的进攻。至11月17日，日军又新增两个混成旅的兵力投入总攻。在敌众我寡无坚强后援的情况下，马占山率部于次日撤出三间房阵地，并向齐齐哈尔退却，后又退至克山、海伦一线。

就在身处冰天雪地中走投无路的萧红与汪恩甲在东兴顺旅馆开始同居生活期间，黑龙江的形势发生了根本的逆转与恶化。继年前由马占山将军率领黑龙江驻军顽强抵御日本关东军进犯的嫩江江桥抗战失败，西部重镇齐齐哈尔沦陷后，大量集结的日本军队形成了夹击哈尔滨的强劲态势。

1932年2月3～5日，驻守哈尔滨的中国军队，在黑龙江行政长官张景惠（后任傀儡政权伪满洲国国防大臣）公开叛国投敌后，奋起反抗，打响了东北境内最后一座大城市的保卫战。最终，在经过一番浴血奋战后，由于敌众我寡而告败。亡国奴的阴影，笼罩在了每一个哈尔滨人的头上，萧红也不例外。

在这一年的晚些时候，将与萧红发生密切关联的三位热血爱国青年，其中两位是共产党员，他们是第三国际情报人员舒群；接受后来成为威震敌胆抗日女英雄赵一曼领导的地下党员方未艾；以及后来成为萧红爱侣的萧军，都曾参加过保卫哈尔滨的前沿战争。

有关汪恩甲的身世、"代弟休妻"官司及其他

本来，这些问题不成问题，谈论也无多大意义。但有人偏偏要在这

个问题上做足文章,一意孤行地,一而再,再而三地违拗萧红本人的认定。一个颇为现实的问题是:与萧红订婚的汪家,真的就是哈尔滨顾乡屯的一个普通地主吗?另一个现实问题是:兵荒马乱,在日寇铁蹄践踏下经济大萧条的哈尔滨,一个颇具现代化规模又有些背景的旅馆老板,肯买一个普通地主的面子,让其儿子白吃白住(赊账)半年之久?

由于某种原因的缘故,特别是由于长期误传,其实,汪家应为王家,汪恩甲应为王恩甲。

对于这个问题,我们不妨先来听一听萧红本人生前是怎样认定的。

在1941年12月,日本法西斯发动其欲吞并整个亚洲的太平洋战争的半个月后,香港尚未被日寇占领,但已陷入炮火之中。萧红于临时避难的香港思豪大酒店五楼的一个房间里,向一直陪护在身边的骆宾基先生讲述自己的身世时,简略地谈到了王恩甲的父亲。在这期间,作为萧红的第三任丈夫的端木蕻良,三年前在武汉抛下挺着大肚子的萧红,打着"去当战地记者"的旗号,独自一人坐船先行去了大后方重庆的自私、不负责任的秉性再度重现:一度离开危病中的萧红,试图和其他人一起突围回内地。后来,大约是由于良心发现,同时,也是由于其他人的非议,指责与规劝,才又回到了临终前极需男人照料的萧红身边。当然,这是后话。在炮弹纷飞,随时可以落到他们头上,空旷无人的思豪大酒店里,当身心疲惫、重病卧床的萧红,向东北小老乡骆宾基讲述导致自己险些沦为娼妓的这段辛酸往事时,此时的端木蕻良已经不知去向。……四年后,在杭州,依托萧红本人讲述,骆宾基撰写而成的《萧红小传》第三章《憧憬与渺茫》中,列有以下这么一段文字:

> 实际上,她的父亲,这时候(此处指萧红在哈市东省区立女一中初中毕业前——秋石注)早已经在布置她的未来命运了,那就是说给她订了婚。男方的家长过去是东省特别区有名的一个"统领",而日后是一个支持伪满的汉奸……

骆宾基先生在写下上述这段话后,还于该章结束时专门作了一个注,注是这样写的:以上并非作者根据传闻加之想象渲染之笔,而是根据萧红先生于太平洋战争期间,在香港思豪酒店寓居时所作的漫谈。

在《萧红的第一个恋人》的背后

"东省特别区有名的一个'统领'",即指的是王廷兰。萧红与王恩甲订婚时,王廷兰为省防军第一路(驻呼兰)统带、骑兵团上校团长,与骆宾基文中的说法相吻合。至于说其"日后是一个支持伪满的汉奸",系由不明就里带着愤激情绪的萧红不明真相的误读:受了日寇关东军和伪满洲国媒体虚假宣传的欺骗而致。早在上世纪50年代末,铁峰先生就已经考证出了王廷兰为国捐躯的壮烈情节,从而纠正了此前的讹传。

有关萧红临终前夕同骆宾基所说的"男方的家长……日后是一个支持伪满的汉奸"的说法,或者叫做猜想也罢,是被一种假象蒙蔽的缘故。这其中的典故,外人,尤其是当今年轻一些的读者是不知道的,萧红当时也不是很清楚。史实是,继江桥抗战失败、齐齐哈尔沦陷之后,马占山率余部退至海伦、克山一线,不久,即陷入了天寒地冻及弹尽粮绝的境地。面对吃尽了他们顽强抗击苦头誓要复仇的日寇大军步步紧逼,层层合围,若再坚持下去,极有可能被日本关东军赶尽杀绝。恰在此时,适逢日本关东军大本营又一次遣人来诱降。经再三斟酌,为保存实力,以图东山再起,马占山心生一计,假意同意接受收编"归顺"。但马占山提出要求,保留独立建制,以及要求补充粮草、弹药、衣被等必需品。实际上,日寇也被马占山拖得精疲力竭,一旦收编了马占山,就能证明自己大获全胜,无论是国内国际舆论,还是出于政治、外交的考虑,都是利大于弊。于是,关东军总司令本庄繁便批准了马占山"归顺"的要求,并将其纳入伪满洲国军的序列。然而,在经过40天的休整以后,羽翼已复的马占山突然反水,在捷速歼灭驻地附近监视他们的日寇和伪满军队的有生力量后,重又高高祭起了武装抗日的大旗,给了日寇一个更加沉重的打击。无论在国内,还是在国际上,都狠狠地羞辱了侵略者一番。

印证萧红临终前这个说法的,还有可以算得上是萧红至爱亲朋的亲侄子,即萧红一母同胞弟弟张秀珂的儿子张抗先生。张抗先生在其所撰《萧红家庭情况及其出走前后》一文中(收入《萧红研究》第一辑,哈尔滨出版社1993年9月出版)写道:"萧红同家里矛盾的激化,是萧红要到外地继续读书引起的。本来萧红1928年在哈尔滨女一中读书时,曾经参加过反对日寇修筑吉敦铁路的爱国学生运动,已经引起了整个地主家庭的不满。现在又要到外地去读书,父亲是坚决不同意的,继母积极支持父亲的主张,要给萧红'完婚'。父亲早在萧红在呼兰县北关第一小学念高小学时,就已经把她许配给一个封建官吏的儿子汪恩甲。据族人讲,萧红为此曾大吵大闹……"

支撑萧红临终前这个说法的,莫过于"自1958年我就开始收集萧红的资料和作品,走访了萧红的一些家人和族人,也写信给萧红生前的好友许广平、骆宾基、萧军、端木蕻良、白朗、罗烽、舒群等人"的铁峰先生。铁峰先生在其经过数十年持续调查考证的基础上写就的《萧红生平事迹考》(见哈尔滨出版社1998年出版的《萧红全集》下卷第1396页所载)中这样写道:"1960年秋,我寻访到张廷举的老朋友于兴阁(萧红称他为二姨夫),他是萧红与王恩甲订婚的证婚人,又与王恩甲的父亲王廷兰同在呼兰警备队和马占山帐下为将,了解萧红很多事……"

无论是1998年哈尔滨出版的《萧红全集》下卷中的铁峰先生所著《萧红生平事迹考》,还是2011年5月黑龙江大学出版社出版的《萧红全集》第四卷文尾附设的《萧红年谱》,都记载了发生在萧红家中的一件光宗耀祖的大事:轰动全呼兰的萧红的祖父八十诞辰。想必担任本书编委会"顾问"的曹革成先生不会过目即忘吧!

《萧红年谱》中有关萧红祖父八十豪华寿诞的记载如下:

1928年(十八岁)
3月15日 (农历二月初五)祖父张维祯八十寿诞,黑龙江省"剿匪"总司令、东北陆军十二旅中将旅长马占山和上校骑兵团团长王廷兰,呼兰县长廖飞鹏等人前来祝寿,马占山赠送题为"康疆逢吉"的牌匾一块,并由他提议,将张家大院所在的英顺胡同更名为"长寿胡同"。

萧红临终前回顾一生时对这个问题有过认定,而真实地记述萧红临终前谈话内容的骆宾基先生,于1946年在杭州将其成书出版为《萧红小传》。应当说,萧红有关家中"给她"订了婚,男方的家长过去是东省特别区有名的一个"统领"的说法,是不会错的;而且还有相隔半个世纪后其亲侄子张抗对这个问题考证后得出的"父亲早在萧红在呼兰县北关第一小学念高小时,就已经把她许配给一个封建官吏的儿子汪恩甲"的结论。

在《萧红的第一个恋人》的背后

再加上铁峰先生在上世纪50年代末同萧红大部分家人、族人在世时的访谈印证,包括"萧红与汪恩甲的证婚人,又与汪恩甲的父亲王廷兰同在呼兰警备队和马占山帐下为将"的萧红二姨夫于兴阁老人的亲口证实,构成了一个能够相互印证的强有力的证据链。2001年9月,笔者于哈尔滨出席纪念萧红90周年华诞学术研讨会时,就此不止一次地向铁峰先生当面请教过。故而,此次,笔者仍然依托铁峰先生的《萧红生平事迹考》进行辩诬、澄清。这是因为,第一,早在上世纪50年代下半叶,铁峰先生就进行了一系列严谨的考证。而且在当时,除去萧红、张秀珂姐弟俩去世外,其他有关的当事人均健在,包括萧红的生身父亲张廷举。向这些人访谈、印证,可以说是最原始也是最可信、最有力的,自然也是最能说明问题的。第二,笔者于前文引述了《萧红生平事迹考》中的两处颇具说服力的文字,一处是1928年萧红祖父张维桢过八十大寿时,除王廷兰本人到场外,竟然连赫赫有名的马占山将军也亲为前往祝寿。如果是一个普通地主,一个基层的地方教育小官吏,他能请得动这些达官贵人吗?即或他同王廷兰系友好,也不可能请出赫赫有名的马占山将军啊!只有王廷兰的儿子与张廷举的女儿联姻,才有可能出现这个热闹场面。另一处是铁峰先生辗转考证萧红出生年月时述说的一件事——"1960年秋,我寻访到张廷举的老朋友于兴阁(萧红称他为二姨夫),他是萧红与王恩甲订婚的证婚人,又与王恩甲的父亲王廷兰同在呼兰警备队和马占山帐下为将,了解萧红很多事……"难道此处向原始当事人求证的文字,还不够令人信服吗?第三,王恩甲前后两度领着萧红住入东兴顺旅馆,一住就是大半年。王恩甲还向萧红夸口说:他经常在这里过夜(意即不付钱就可以住宿)。试问,如果王家仅仅是哈尔滨郊区一个普通地主,旅馆老板是断不会让其长期住宿而赊账的。在哈尔滨农村,地主有的是,一个旅馆老板是不会因索债而惧怕开罪一个地主的。何况是一家如此规模的旅馆老板,他能没有自己的社会背景吗?只有王廷兰这种握有兵权的官僚地主家庭,旅馆老板才有可能买其少公子的账,才有可能在这么长的时间里不去王家催要这么一大笔欠款。

还有一个更为荒诞至极的故事,即萧红与汪恩甲之兄汪恩厚对簿公堂,打起了一场萧红"告汪恩厚代弟休妻"的所谓诉讼官司。曹革成先生在《萧红的第一个恋人》一文中如此写道——

> 谁知,好事多磨,正当萧红的婚礼顺利进行时(此处指1931年之初——秋石注),汪恩甲的哥哥汪恩厚突然出面,责骂汪恩甲"懦弱",逼迫弟弟与萧红分手,对他也采取了断绝资助的手段,显然是萧红与陆××的余波还未消停。为此,萧红告到法庭,告汪恩厚代弟休妻,由此可证萧红对汪恩甲的感情。开庭那天,张廷举夫妇和同学刘俊民等出席了。结果又是戏剧性的,汪恩甲为保全哥哥在教育界的名声,提出是自己要求解除婚约的,萧红自然败诉,她一怒之下回到呼兰,两个人暂时分了手。呼兰小城此时哪里还能容下萧红?流言蜚语如火烧焦了张家大院,无奈之下,1931年3月,继母梁氏带着萧红和她的几个异母弟妹,躲到了阿城福昌号的本家。

此处,且不提这个"代弟休妻"的诉讼官司是否有过,也不论继母梁氏去向,只是"她的几个异母弟妹"是否也要为此受株连,从而"躲到了阿城福昌号的本家"?而且还要中断各自的学业,这现实吗?

不过,笔者要指出的是,《萧红的第一个恋人》的作者曹革成先生,不仅撰文说事随意性处处可见,又似乎忘性太大了,而且还常常后述有悖于前言!

以下,引述曹革成先生任"顾问"的2011年版《萧红全集》第四卷所辑《萧红年谱》同一内容的文字:

> 1932年(二十二岁)
>
> ……
>
> 5月中　汪恩甲离开东兴顺旅馆,被家庭扣下,萧红不满汪恩甲之兄汪大澄代弟解除婚约,状告其"代弟休妻",因汪恩甲在法庭上为其兄开脱,官司败诉。

萧红告大伯子"代弟休妻"的这场诉讼官司,曹革成先生杜撰的时间是在1931年初,他任"顾问"审定的《萧红年谱》,指的是1932年5月中,究竟哪一个说的是真的呢?而且,汪恩甲之兄的名字,一会儿被说成是"汪厚恩",一会儿又被写成"汪大澄"……

在《萧红的第一个恋人》的背后

不仅曹革成先生在其文中所讲的这场荒诞离奇的官司,与《萧红全集·萧红年谱》中记载的时间不尽相同,倘若历史上真有这场荒诞官司发生的话,也只能是如《萧红年谱》中所说的那样。遗憾的是,这样的官司发生的几率近似于零。也就是说,历史上从来不曾发生过。但在一些喜欢猎奇的人看来,他们是宁肯信其有的。曹革成先生是这样,还有一些人,同样在不遗余力地口口相传着,乃至变成笔下的文字,以示"永存"。为此,笔者不得不在这里澄清一下这个本不该成为历史迷雾的事件,即关于萧红走上法庭状告王家长兄代弟休妻的诉讼官司一说。此说为包括曹革成先生所著的《我的婶婶萧红》在内的多个传记版本的作者所引述。其中的一本传记这样写道:

> 这次(指萧红二次出走北京,王恩甲将其领回哈尔滨一事——秋石注),他们在东兴顺旅馆一住就是几个月,转眼到了夏天。由于拖欠了几百元的食宿费,他们被安排在一间小窗上有铁栏的小仓库内居住,遭受着让人难忍的歧视。眼看着生活越来越艰难,背信弃义的王恩甲终于暴露了他的本性。他欺骗萧红,说他回家去要钱,结果扔下了怀孕的萧红,一去不返。单纯的萧红最初信以为真,不久,她发现王恩甲始终不见踪影,这才知道他是不会再回来的。
>
> 为了争个是非,萧红曾赶到王家去评理,被王恩甲的家人骂了出来。难忍此辱的萧红被迫来到法院,状告王恩甲的哥哥代弟休妻。当时萧红的家人(另有文本干脆就指明是其生父张廷举陪同上的法庭)和同学曾陪她上了法庭。在法庭上,无情无义的王恩甲为了保全哥哥的名声,竟然声称是自己要离婚的,法院只能判决离婚。出了法庭,虽说王恩甲百般解释,说这个婚不算离,但倔强的萧红咽不下这口气,从此再也不理汪恩甲。

上述说法,过于离奇与荒诞,令人无法理解。

其一,在迄今为止能读到的所有的萧红本人有关这段不堪回首的往事的文字及叙述中,包括其在香港临终前夕同骆宾基先生讲述的,都是说王恩甲以回家拿钱还账为由一去不复还。她本人也从没和任何人谈及她如何上王家"论理"和上法院提起诉讼一说,更不存在"从此再也不理王恩甲了"的说法。历史上真实发生过的一幕是,自王恩甲走后(即被如今的一些人挂在嘴边津津乐道述说的那个"汪恩甲"或"汪殿甲",下同),萧红一直是眼巴巴地等待着他拿钱回来归还欠款,然后离开这囚笼般的东兴顺旅馆,尤其是在她知晓旅馆老板将要把她卖往圈儿楼(妓院)的恶毒阴谋之后。纵观其一生作为,萧红是一个向往自由、不甘作奴才、奴隶的激进女子,她能让人把她卖作妓女吗?她能任人当做牲畜宰割吗?当然不能!

其二,王恩甲的哥哥能代弟休妻吗?他又怎么个代弟休妻法?休妻是要有文字为凭证的。一个受过高等教育的人会作出如此愚蠢的举止吗?代弟休妻,古今中外,法律上也不承认哇!法律不承认的行为,法院当然不会受理的:因为婚姻是当事者两个人的事。何况萧红从来也不曾在夫家居住过一天,自然也不存在被"逐出家门"这等事情发生。

其三,王恩甲溜走后,萧红一直是处于旅馆方面的严密监管之下。她怎么上王家"论理"?她又怎么上法院递讼状?——假若这一切有可能发生的话,那么,法院的先期调查和开庭文书送达,都必须派遣专人来东兴顺旅馆。这是因为,萧红与王恩甲的同居生活亦即事实婚姻,就是发生在东兴顺旅馆内。只有旅馆老板及其雇员,还有常住旅客,才是最有说服力的证人。为什么法庭开庭审理这起离奇的"代弟休妻"案,最具说服力的证人却不用出庭(或叫做传唤到庭)作证,岂非咄咄怪事?

如果萧红有这个"自由",——假设旅馆老板允准的话,老板还不会派出精干的贴身雇员,乃至自己亲自出马,一同前往,乘机讨还欠款!抑或,在萧红向法院提起确认她与王恩甲之间这桩事实婚姻官司的同时,旅馆老板自然也会乘机启动以讨还债务的另一起民事诉讼官司的程序。可惜,上述这一切都不曾存在!

其四,萧红与王恩甲在东兴顺旅馆同居生活期间,旅馆方面从来不曾将他和萧红一起"安排在一间小窗上有铁栏的小仓库内居住"。只是在王恩甲溜走并确认他既不会还债也不会回来后,旅馆方面才将萧红赶进那间小储藏室的。这,也是萧红亲口所述。

其五,萧红生父张廷举,于萧红抗婚且两次出逃北京后,业已公开宣布开除女儿的张氏族谱,这是千真万确的。试想连在零下二三十度寒风刺骨的哈尔滨大街上俩人相遇,张廷举都不拿正眼瞧一下身穿单衣脚蹬漏空夏日凉鞋耸肩抱臂冻成一团的女儿一眼,又怎么会可能陪同女儿(或允诺家人陪同)上法庭打这场以女儿两次逃婚引发的丢大脸的官司呢?再问,萧红又怎么能够离开被人严密监管着的旅馆?这在后来老斐、舒群、萧军、方未艾等人前去探视时,萧红不是一再向他们说明:她是一步也不许离开旅馆的。即使能够离开,身无半文的她,又怎么回得了哈尔滨江北四十里地外的呼兰家中?她又怎么才能够和早已不认她这个女儿的生父诉说、谈判,直至最后说服父亲和家人陪她去法庭和王家论理及打官司?

如果说,历史上确实存在过萧红为这桩不尽人意的婚姻诉诸"官司"的话,那么,可以肯定的一点是,决非是萧红与之同居后所谓状告夫兄"代弟休妻案"的荒唐官司,而是与之大相径庭的"官司"——要去法院判令她与王恩甲的"订婚"为无效!而且,这"官司"应当发生在早期,也就是为萧红"逃婚"首度去北京上学因断绝了经济来源被迫回到呼兰家中后。这是因为,彼时的萧红经过一段时间的往来及观察后,从中发现这位未婚夫身上存在的种种恶习,她尤其不能容忍的是对方抽大烟。为从根本上解除并非自己相中的这桩婚姻,萧红走进了法院。其结果可想而知(倘若此事属实的话):法院不予受理。笔者此说是有一定出处的,其依据,正是萧红胞弟张秀珂1955年在北京治病时的口述内容(见张秀珂《回忆我的姐姐——萧红》一文,载黑龙江人民出版社1983年出版的《黑龙江文史资料》第8辑)。有关张秀珂的这部分口述内容是:"又如不愿意同家庭订的王姓人(即王恩甲——秋石注)结婚,那就'离婚'好了,何必要打官司告状?再如因家庭封建意识太深,在众口一词的逼迫下,令人无法出气,那就慢慢避开好了,何必在死冷寒天,孤身一人跑到哈尔滨去呢?"

八十多年来众所周知的一个事实,自王恩甲以回家取钱还债为由离开东兴顺旅馆后,无论是他本人,还是王家其他成员,从此一个个全都没有了下落。若是说跟王廷兰有过来往,他们需要躲避或者远走他乡,可是,与王廷兰有密切往来的,也并非他们一家哇!连关系更为密切,同在马占山将军帐下供职的于兴阁,不也是一直活到了新中国成立后的上世纪六七十年代吗?! 而且,作为当初王恩甲和萧红证婚人的这一特定历史身份,于兴阁老人十分清晰地向铁峰先生证实了当年发生过的一些情况,包括王恩甲就是王廷兰的少公子这一基本事实。

所谓萧红与汪恩甲之兄汪恩厚对簿公堂的"代弟休妻"的诉讼官司的故事,如此荒诞离奇,但类似此等不着边际信手杜撰的描写,在《萧红的第一个恋人》中比比皆是。例如,在杜撰完萧红状告大伯子"代弟休妻"这场中外法律史上前所未有的荒唐官司告败,并"躲到了阿城福昌号的本家"后之后,曹革成先生又向我们捧出了极为诗意浪漫的"温馨的两人世界"这道大餐。而且,由曹革成先生导演的这道精神大餐,居然将萧红给神奇般地锻冶成了积极追求上进、抗日爱国的一代新女性!于否定几十年来人所共知的,当年萧红流落在冰天雪地的哈尔滨街头的这一基本事实的同时,曹革成先生向读者们作了这样的描述:

> 从初中毕业,一晃已是一年多时间,为了继续求学,仅仅这么一个单纯的追求,竟让她付出了那么多惨痛的代价。然而,她没有屈服,柔嫩的双肩反而经磨练坚强了。在与汪恩甲建造的两人温馨的小世界里,她没有沉迷,在堂妹张秀琴张秀珉帮助下,她又进入"东特第二女中",做了一名高一的插班生。
>
> 学校让她恢复了朝气。"九一八"事变后,据说她曾撒过反日传单。……

这段时间的萧红究竟处于一个什么状态呢?是否真的如同曹革成先生手中那支神来之笔精心描绘的那种浪漫诗话的"温馨的两人世界"?

真实的历史是:此时此刻的萧红完全处于饥寒交迫之中,整日整夜在滴水成冰清冷至极的哈尔滨街头四处漂泊着。这,有她后来所作的回忆性散文《过夜》与《初冬》为证。她到处投亲靠友,却又屡屡碰壁。虽然她在哈尔滨有那么多的亲戚朋友,但却没有一个人敢出来收留她。在萧红方面,即使陷落到如此一个极端的窘境,她也绝不向父亲低头。而对于父亲来说,萧红的逃婚和一次次出走,使他丢尽了颜面,饱受了外界的非议,自然也就不再认这个女儿了,以至于向张家所有的亲朋好友放出狠话……

在《萧红的第一个恋人》的背后

萧红自阿城逃到哈尔滨后,成了一个名副其实的流浪者。甚至有一日,几近冻僵了的她,无奈之中还跟着一个操皮肉生意的老太婆,在其肮脏不堪的家中窝了一宿,代价是一双套鞋和身上的一件单布衫。对此,四年后她在鲁迅身边写就的《过夜》一文中,如怨如泣地回顾了四年前的哈尔滨所遭遇的世态炎凉,以及蜗居在操皮肉生意的老太婆家中的一夜情景。

寒风逼得她眼泪直流,积雪在脚下呼叫,脚底像针扎一样。她羡慕临街那些耸立的高楼,想象着里面一定有很好的眠床。她想到家乡的那些马房,住在马房里不也很安逸吗?!甚至想到狗睡觉的地方,那一定有茅草,坐在茅草上也可使脚暖和。她路过那些下等妓院,觉得那些平日里很可怜的妓女,也比自己幸福。她去敲当初爱过她,并给予她最初的北平幸福学习生涯的表哥陆振舜家的门,抹过眼泪的手套几乎结了冰。她连声呼唤着,却没有人理睬她,只有狗在院子里叫唤了几声。可她忘了,此时的表哥陆振舜是个已经结了婚有家室的人了,他怎么可能为她开门呢?她到一个熟人家,门扇用铁丝绞了起来,过道里只有搬家剩下来的碎纸,她听到自己口中艰难地发出的一声叹息。她感到自己的力量完全用尽了,再多走几步路似乎已不可能的了。在一条长街拐角的地方,还张着卖豆浆豆腐脑的白色的布棚。"浆汁还热乎吗?"她艰难地吸了一口气问道,坐在了小凳子上,从肮脏破败的口袋里摸出仅有的几个铜板,热热地喝了一碗豆浆,暖了暖被冻僵的身子。

就在这个豆浆摊上,她遇见了一个操皮肉生意的老太婆。她也来买豆浆,误把萧红当做了单飞的"野鸡",于是,把麻木的萧红带到自己家里住了一夜。无论怎么说,萧红总算没有被冻死在冰天雪地里。那个老太婆还带着一个十三四岁的瘦弱女孩,准备养大以后当妓女。半夜里,萧红被女孩子的带着哭音的尖叫声惊醒,看见她赤裸着身子站在角落里,凶狠的老太婆正把一团团冰冷的雪掷向可怜的孩子身上。第二天,萧红要走的时候,老太婆问她:"你有衣裳吗,留给我一件。""我要去当铺,实在没有什么好当的了!""套鞋可以吗?"萧红打量起自己上下:一件棉外套、一件夹袍、一件单布衫、一套短的绒衣绒裤,外加一双皮鞋、一双单袜。"不用进当铺,把它卖掉,三块钱买的,五角钱总可以卖出。"她弯下腰去寻找套鞋，但她的套鞋已经被那个叫金铃子的小女孩偷走卖掉了。半夜里，老太婆打她就是为了这件事。萧红把贴身的单布衫脱下来说道："去当，去卖，都是不值钱的。"这样一来，她只能用夏日里穿的带孔的凉鞋去踩踏雪地了。此时此刻的萧红，终于明白老太婆收留她的用心了。她并不感谢她，反而像对她所憎恶的所有人一样憎恶她。而论及萧红去"东特女二中"当插班生，也根本不是如曹革成先生将其描绘成"温馨的两人世界"生活产生的推进力的结果，而是处在饥寒交迫走投无路中的萧红，为寻找庇寒的一张床、一床被，外加可以勉强果腹的无奈之举。

后来，实在挺不过去了，她来到了两位堂妹张秀珉、张秀琴就读的东特女二中。萧红敲开她们的宿舍时，两位堂妹还没有起床。此时此刻，在这滴水成冰的凛冽寒风中，披着一头蓬乱的头发，面带饥色的萧红，好似已有多日没有洗脸了。而她的身上，只穿着一件夹袍，一条绒裤，脚上是一双漏孔的夏日凉鞋……模样狼狈极了。两位堂妹见了她这副模样，心酸极了。经短暂商议了，她俩决定将其留下，她们把各自的被褥匀了一些给她使用。尔后，征得校方（学监）允许，让萧红插入高一年级学习。然而，也许是同学们的诸多异样目光，使她的自尊心受到了伤害吧，在那里只住了十来天，便不辞而别了。这可能也是她与两位心地善良的堂妹最后的会面吧！

试问，如此一个连御寒衣服也不周全还常常腹中空空寄人屋檐下的落魄女子，居然还能够上街"撒过反日传单"？支撑曹革成先生这个杜撰说法的，竟然又是一个没有任何证人与史实依据的"据说"！

萧红堂妹张秀珉的这个回忆，系上世纪七八十年代铁峰先生向其求证而得。至于萧红只在两位堂妹那里住了十来天，就不辞而别，其真实的缘由，系她发现自己已经有了身孕而致。她不得已，复又去找肚子里孩子的父亲汪恩甲了。

离开两位堂妹之后，萧红又在寒冬中的哈尔滨街上流浪了一些日子。在一个清冷的早晨，她遇见了在哈尔滨法政大学念书的堂弟张秀璇。堂弟请她到咖啡屋喝咖啡，并且再三劝她回家。而她的回答还是那样的坚决："那样的家，我是不能回去的，我不愿意受和我站在两极端的

在《萧红的第一个恋人》的背后

父亲的豢养……"

在这里,萧红与家庭的决裂已是不可挽回。她在去意已决的情况下,其刻薄的语言再一次严重地伤害了自己的生身父亲。但与堂弟在哈尔滨清冷的早晨的不期而遇,以及堂弟的请吃咖啡,和极富人情味的话语,给了连日来深陷于孤立无援饥寒交迫境地中的萧红"微温了一个时刻"。

《萧红的第一个恋人》的作者曹革成,不仅将天寒地冻中走投无路、孤立无援,最终上当受骗并委身于浪荡公子汪恩甲的萧红凄苦生活,无来由地给描绘成乌托邦式的"两人温馨世界",而且,还将包括产妇萧红本人在内的所有当事人见证人都不曾说过、写过的有关萧红与汪恩甲的这个孩子,想当然地给出了个"长女像父"的断语!除此之外,作者还断言萧红生下的女婴"送给了道里公园看门的老头"……

事实是,萧红在哈尔滨市立第一医院的产科住了相当长一段时间,始终交不出一文钱的医疗费。面对院方一次又一次的追讨,同样一文不名的萧军蛮横地以武力相胁迫,最终赖掉了所有的医疗接生住院费用。女婴是萧红自作主张请看护妇送人的,至于送给谁,谁也不清楚,这也是符合千百年来婴儿"送人"习惯做法的。自然,更遑论什么"送给了道里公园看门的老头"。有关此事,我们可以从萧红创作于1933年4月18日的散文《弃儿》之十六节的描述文字中得到印证。《弃儿》刊于1933年5月6～17日长春《大同报》副刊。在这第十六节文字中,萧红写有一段形象生动的实景描述:

> ……看护妇说:"看小脸多么冷清,真是个生下来就遭人可怜的孩子。"小孩子被她们摸索醒了,她的面贴到别人的手掌,以为是妈妈的手掌,她撒怨地哭了起来。
>
> 过了半个钟头,小孩将来的妈妈,夹着红包袱满脸欢喜的踏上医院的石阶。
>
> 包袱里的小被褥给孩子包好,经过穿道,经过产妇室的门前,经过产妇室的妈妈,小孩跟着生人走了,走下石阶了。
>
> ……

读了萧红本人的上述留存文字,那么,曹革成先生文中信誓旦旦向

391

我们告知的"送给了道里公园看门的老头"的说法,又自何而来呢?

大家都知道,说到婴儿送人,被接纳的一方是要付出一定报酬的。这个报酬自然由院方收取,以顶掉萧红住院期间的相关费用。而且,医院也不会向婴儿的生母告知接受婴儿的养父母的任何信息。

曹文还有很多不值一驳的有关汪恩甲某人的呓语,本文不再多言。只是由几近荒诞的《萧红的第一个恋人》一文引发我们思考这样一个问题:我们应该怎样研究萧红?

不去探索女作家萧红身上彰显的民族气节与爱憎分明体恤劳苦大众的平民精神,不去探索女作家萧红特有的价值取向,及与反封建反蒋介石独裁统治反外来入侵的大时代结合的鲜明特色,非要在个人的隐私包括那些并不存在的"隐私"及所谓的爱恋与"两人的温馨世界"上下什么功夫,本身就是对女作家的严重亵渎。

还是在萧红固有的民族气节与作品价值上下点功夫吧!

追寻任正真

除 狂飙社老将高长虹外,延安文艺座谈会还有没有领了请柬而没有出席的呢?

《杨家岭夜话》一共写了两个人,一个是当年延安人所尽知的毛泽东,一个是颇有个性的知识分子任正真。

在经过长达三年并非徒劳无益的努力之后,我才明白:追寻任正真的踪迹,莫过于追寻那个催生《杨家岭夜话》一文的作者。

追踪那个历史上一向沉稳低调的舒群,本身要比追踪任正真更具故事情节和历史意义。至少,使昔日东北作家群的领头雁悄悄地浮上了水面……

——题记

屈指数来,延安文艺座谈会召开已经73个春秋了。

延安文艺座谈会的召开,为我们留下了一段千秋史话,也留下了些许难以言表的缺憾。

提及73年前召开的延安文艺座谈会,我们不能不提及一个人的名字,他叫舒群。正是他,在毛泽东的亲自指导下,协助毛泽东起草了延安文艺座谈会出席者的名单。

73年来,在众多有关延安文艺座谈会的回忆和研究的文章中,人们熟谙的一个史实是:在所有领到出席延安文艺座谈会用粉红色油光纸印就的请柬的作家艺术家中,似乎只有一个人没有出席——当年狂飙社的老将高长虹。据说,这位当年一度和鲁迅对垒的狂飙社老将,以自己"是研究经济的,文艺只是我的业余活动"为由拒绝出席。与此同时,他还胆大妄为上书党中央,口吐狂言,要与斯大林辩论一番……

1937年"七七"卢沟桥全民抗战爆发的时候,正在法国的高长虹,与王礼锡、胡秋原、程思远等一干中华赤子一起,全身心投入海外的抗日宣传救亡工作。

四年后的1941年4月,因愤于蒋介石消极抗战积极剿共的反动立场,43岁的高长虹只身一人从重庆出发,他一手拄着文明棍,一手拎着装有书籍文稿的皮箱,历时半年有余,以非凡的毅力徒步抵达延安。

1945年"八一五"日本投降后,山西籍的高长虹随同舒群率领的"鲁艺"东北文艺工作团奔赴东北解放区。而在此之前,在反革命两面派康生一伙掀起的殃及无数革命者和热血青年的"抢救运动"中,由于张闻天等中央领导同志的鼎力保护,他得以不受任何"抢救",而毫发无损地生存了下来。

在东北,高长虹被周遭的人们视作异类和"疯子"……

东北解放后,高长虹默默地栖身于沈阳中共东北局招待所的一个房间里,一字一句地撰写着那部永远也出版不了的古典文学文字语法辞典。他似乎无缘于建国初期那如火如荼的欢腾场景。1954年的一天,高长虹心脏病猝发,于深夜上卫生间时骤然倒地,从而结束了他的动荡、狂放而又孤独的一生。他的冰冷僵硬的尸体直到次日上午,才被感觉异常破门而入的招待所服务员发现并抬走。

高长虹是一个悲剧,其自身原因,尤其是离群孤索的诡异性格占了相当大的比重。

那么,除去高长虹,还有没有人在领取了请柬后而没有出席延安文艺座谈会的呢?

要知道,在当年的延安,能够出席由毛泽东亲自策划、主持召开的延安文艺座谈会,对于文人们来说,是一种荣耀,一种无上的荣耀。

于是,便有了笔者笔下这么一个不得不说的故事:追寻任正真!

追寻任正真

这个故事起源于著名老作家舒群生前留存下来的一个纪实文本《杨家岭夜话》。

《杨家岭夜话》以其引人入胜的故事情节,极富个性而又栩栩如生的人物形象,精彩干练的生动语言,向我们描述了一代伟人毛泽东和一个怀有一腔热忱但又缺乏现实生活锻炼的年轻大学生之间的珍贵友谊,以及在毛泽东既循循善诱又严格要求下,任正真经过前线战火千锤百炼最终成长为新中国建设事业栋梁的故事。

《杨家岭夜话》一共只有两个人物:毛泽东与任正真。

任正真在哪里?

一

自新世纪的第一年起,在进一步加大对上一世纪30年代左翼作家、左翼文学研究力度的同时,我开始涉猎延安作家和延安文艺运动的研究。在随后的几年里,我阅读了大量的有关延安作家、延安文艺运动的书籍和资料。

我注意到了舒群的存在。

令我最感兴趣的是他协助毛泽东起草延安文艺座谈会出席者名单的事情。

当时,舒群刚刚接替丁玲担任延安《解放日报》四版亦即文艺栏的主编。

也许是一种缘分,当时空跃过40个春秋后,劫后余生的舒群再度协助同样劫后余生的丁玲,担纲大型文学期刊《中国》的主编工作。

舒群的名字,早已在我的耳畔轰鸣。

三十多年来,在我倾心从事的萧红萧军这对文坛双子星座的研究中,无时无刻不有舒群的名字出现。

可以这么认为,舒群是真正意义上的东北作家群的领头雁。

舒群是地地道道的白山黑水籍,正儿八经的黑龙江人。他于1913年9月20日出生在哈尔滨近郊阿城县。舒群的真实姓名叫李书堂,由于从事第三国际情报工作和左翼抗日文学事业的缘故,曾用名李春阳、

395

李旭东、李村哲。文学笔名为黑人和舒群。

舒群有着传奇般的经历。1932年3月他参加党的地下工作,而且一加入便在第三国际中国组工作,同年8月被吸收为中国共产党党员,年仅19岁。入党不几天,便被任命为洮南情报站站长。"九一八"事变爆发三天后,舒群即在哈尔滨参加了抗日义勇军,奔赴抗日前线。1933年,舒群一边秘密从事着第三国际的情报工作,一边拿起笔,在《国际协报》《哈尔滨商报》,以及长春《大同报》的副刊上发表了大量有进步思想内容的诗歌、散文等作品。这些作品,有的揭露了日伪统治者的残暴与黑暗,有的则反映了下层劳动人民的苦难,还有的是展现进步知识青年的爱国热情和对祖国沦丧的苦闷心情,充分表达了舒群特有的敏锐和热诚。

在1933年铁幕下的哈尔滨,舒群在以笔作投枪撰写爱国主义作品的同时,结识了早他三年加入中国共产党的罗烽,以及罗烽的革命伴侣白朗等一大批热血抗日青年。

在后来于文坛大放异彩的著名女作家萧红困顿于囚狱般的旅社时,舒群先于萧军,和他人一起给予了应有的同情和帮助,直至其最终获得自由,并为其星光灿烂般地跃上文坛特别是左翼文坛铺平了道路。

从某种意义上来说,舒群还是萧军萧红真正走上革命道路乃至成长为著名左翼作家的引路人呢!据舒群于上世纪80年代初所写的《早年的影——忆天飞,念抗联烈士》的纪实长文中谈到:大约是在1933年春夏之间的某一天,早年间曾和他一起在东北船校同过学的地下党员、"九一八"后与杨靖宇将军一起创建磐石抗日游击队的傅天飞,突然来到了他暂栖的哈尔滨商报馆,向他提供了一份极为珍贵的抗御日寇侵略我三省的史料——磐石游击队从小扩展到大的进程。傅天飞生动而又艺术地向舒群描摹了这支最早由我党领导的抗日游击队进行的惊天动地的一系列战斗,以及可歌可泣的英雄人物身上展现出来的大无畏精神和民族气节。傅天飞淋漓酣畅地讲述了一天一夜。傅天飞还对舒群说明道,他之所以这么做,是想留下两部"腹稿",万一将来当中的一个人牺牲了,剩下的那一个人就可以完成这部壮丽的民族史诗。

舒群听后,首先考虑到当时身处环境的异常险恶——他作为第三国际的情报人员,随时随地都有被日寇和伪满特务逮捕和杀头的危险。再三思忖之下,舒群作出了决定,决定将这部"腹稿"转赠给当时在哈尔滨文坛上已崭露头角的辽东汉子萧军,并亲邀傅天飞向萧军讲述。

在1980年夏秋间写就的《早年的影——忆天飞念抗联烈士》的回忆文章中,舒群写道:

> 九一八事变的消息,传到哈尔滨的时候,全市人民抗日的气势、情绪,高涨、沸腾起来;紧跟着,党领导的、自发的抗日活动爆发:集会、结队、游行、示威、演讲、宣传、号召团结,鼓吹武装,誓死保卫哈尔滨,大大显示了人民的民族气节和爱国思想;并且,大骂"攘外必先安内"的蒋介石,"不抵抗"的张学良,尤其是那个阴谋诡计多端的日本军事大特务土肥原——八一五后尾随东条英机被纽伦堡国际法庭判决绞刑(秋石注:舒群这个说法有误。东条英机等不是被纽伦堡国际法庭而是被设在东京的远东国际军事法庭判处绞刑的。两者不能混为一谈。),上绞刑架了吧?!
>
> 这之间,我已经辞退航务局的翻译职务,准备参加义勇军去了。我忙,天飞更忙,屡屡见面,每每匆匆告别,彼此都再没有从前那么从容不迫了。
>
> 有一次,他找到我,是道里警察街还是南岗八乍市,记不得了,只记得他携带一个包袱。
>
> "……我找你,是要你帮我个忙……"
>
> "……什么忙……"
>
> 他打开包袱,从中拿出一捆纸张给了我。
>
> "……你看看就知道了……"
>
> "……我已经知道了……"
>
> "……行吗……?"
>
> "……行……"
>
> "……最好撒在秋林、同发隆、大罗新、同记市场哪个地方……随便你吧……"

我记不得撒在哪个地方,则记得当时引起的一个想头:我在阅览室看的标语传单,一定是他搁的;那么,那时候他就有了组织关系和革命活动……可是,我没有问过他。后来,我参加革命参加党,也没有问过他。后来,我们两人、双方都在遵守党的纪律,互相从未打通过组织关系。我从开始认识他起,从猜测到确信他是团员或党员,但我不知道他什么时候入团入党、在团内党内担任过一些什么工作职务。直到最近,我才得读到关沫南《忆作家林珏》(《长春》1980.5)说他曾任"共青团满洲省委巡视员";顾名思义地揣测起来,就该正是这一年、或包括这一年之前的若干时间在内了。

在松花江临近封江停航的一日下午,我们在道里江边突然碰见。他握着我的手,跟我说话,比往日更亲些,我觉得他的话里有一股甘甜的味道似的。

"……你在做啥?"

"我参加了义勇军……"

"啥义勇军?谁组织的?"

"学生义勇军,车凌云组织的……"

"他是干啥的?"

"九一八后,一中增加军训,新聘的军事教官。""你了解他吗?"

"我只知道他是一面坡人、家是大地主。他本人当过东北军军官,是连长还是营长……"

"他是日本人进沈阳溃散的,还是早期退伍的?"

"不知道。"

"义勇军的领导人,是最重要的……可能,成败的关键就在他……"

他站的高、望的远;过后事实证明他的高见、远见的正确。的确,我是比不得他的。

……

"……我也打算去弄武装……咱们有一天,有一天抗日胜利会师,胜利会师……"

我们这次碰面到分手,我是记得比较清楚的;恍惚之间,仿佛过去不几天似的。假如按小说的写法,我还能把他描写几页稿纸;被冷冷的江风吹着的他,手心的温热,笑脸的情深,红晕的鲜艳……而这一切并无女性感。

我带着一身热血,满脑子幻想参加了义勇军,而义勇军的"个人领导无方",使我失望。一九三二春,我从山林退伍回到哈尔滨,参加"第三国际",埋头于情报工作。这种工作,要我经常往外跑,在到处日本旗和伪满旗(一面黄的左上角是红蓝白黑)的旗下,在一片铁蹄和木屐的声中,面迎着敌人明晃的刀丛和暗藏的军火库,独自化装、蒙混、诡谲、日夜长途潜行,跑遍北满,哈市停留的时间,亦即有限;并要我保持高度警惕、高度机密,以致我出头露面少了,与人来往少了,甚至个人兴趣也少了,连国联调查团的莅临、马占山的反正也引不起什么幻觉了。但是,我念念不忘天飞,而且,我知道天飞跟杨靖宇到磐石游击队去了。(在这里注一笔:我一贯认为抗联前期的磐石游击队是杨靖宇、傅天飞等同志创建的。但去年从一位同志手边看到当初"第三国际"的领导者之一,解放后哈尔滨公安局外事处处长杨佐清同志遗稿《风起磐石》,我才得悉他曾经是最初按满洲省委的指示而组织磐石游击队的创始人,而杨靖宇等同志是在他负伤之后接替他的工作的。)这是他亲自告诉我的,还是经别人透露我的,弄不清了。左右这一年我与他见面少,究竟见过面没有?我也不敢说定,横竖似有似无,若真若假……松花江决堤,哈尔滨涨大水的时候,他似乎给我留过一点儿音容笑貌的印象,而细细追究一下,又来无踪去无影了……暂且存下空白,待我一旦记忆复明,另外再补这个缺。

一九三三年春夏之间的一天,天飞忽然闯进我暂住的商报馆。这个报馆是民办的,社长兼经理再兼跑腿的是个疤瘌眼儿,总编辑是个大烟鬼,他们同心协力靠在市面活动,招揽(哀求)商家广告度日。每日每人分享广告费,有多多分,有少少分,三五角、块儿八角。不管分多分少,他俩总在和睦相处,从未闹过争吵;看来,他俩的心眼儿好使,是能一秉大公的。社长分得的钱都吃喝了,脸儿红彤彤的。总编辑捞着的钱都喷云吐雾了;饭呢?他向经理讨着吃,因为经理吃的饭还是要靠他的笔杆的。我同他们闹笑话,叫他们是讨饭的,办得是讨饭报馆。话虽这么说着玩,但我要感谢他们对我的厚道、同情和帮助。这期间,我从外地回来,临时住在这花子店。天飞这位不速之客的现身,真使我喜出望外。看的出,他刚洗过澡,剪过头,换过存放已久的长衣,褶褶棱棱那么显眼。他一见到我,就把我搂抱起来。

"……哎呀……哎呀……老弟、老同学……咱们多久不见了,多久不见了……你可把我找坏了。多少次找你,一次又一次找你,都找不见你呵……这一次,我找遍工大、法大、温家、肖家……找'美男子'也找不到,幸而找到了一只'虎',今天总算找到了你,找到了你……"

"美男子"——申云龙,我的朋友,九一八前哈尔滨许公工业学校学生,当时学生界多以此称之。'虎'者,即'五虎将'之一——萧淑芩。在一九二九年中国第一次全国运动会上,除萧外,尚有孙桂云、刘静贞、吴梅先、王渊,全包短跑冠亚军,被称为哈尔滨"五虎将"而驰名全国。因她们与我们同系当代学生,故闻之倍感亲切,而沿用其美称。特别是淑芩,其兄梦田和我同属一中同班同学,而与我极为友善,几经近半百年头,前年她病逝于北京。

"……我想你……你也把我想坏了……我怎么也想不到你今天会来,万万想不到……"

我让他坐在晃晃悠悠的凳上,跟大烟鬼讨了一捏茶,泡了一壶,搁在晃晃悠悠的桌上,算是我对老兄老同学的招待。他喝着茶品着茶,赞美着茶;显然,他长久没有尝过茶的滋味了。

"听说你工作忙得很,紧张得很,是那样吗?"

"忙也忙些,倒是紧张,老实说,紧张得很,紧张得很……"

"你没有功夫弄文学了吧?"

"没有了,有也不多了。你呢? 你比我更糟了吧?"

"咱们俩的处境,有所不同,又有所同,同是处在这个残酷的时代,这个严厉的环境,干革命就弄不了文学,弄文学就干不了革命,二者不可兼得,是这样吧?!"

"是这样,完全是这样……"

"不过,这是暂时的,暂时的……咱们还是要想到将来,将来……所以我特意给你带来一份礼物——一份宝贵材料……"

我伸出手去,等着接他的"宝贵材料";而他以腼腆的笑脸,指了指自己的腹部。

"腹稿……"

"腹稿"?触动我的激情,加重我的压力。我原来就装着一肚子"腹稿"——口供,是准备随时随地被捕,对付敌伪法庭用的。这类东西,日积月累,早把我的脑筋搅烂糊了。而他的"腹稿",却是磐石游击队的史诗。我劝他保留着,以便将来他自己从事创作之用;因为他喜爱文学,他的文学修养比我好,还给我修改过诗文呢。可是,我看到他神色骤变,表示不以为然。

"我说错了吗?"

"错了、错了……你想想,咱们两个人,两份腹稿,要保险得多……注意,我说的是'保险'……万一……万一你我一个……将来总能剩下一个人,一份腹稿……"

"噢,我明白了……"

于是,他讲起他的"腹稿":磐石游击队从小到扩大到大发展的过程,生动地艺术地描摹了惊天动地的激烈战斗,可歌可泣的英雄人物和大无畏精神,凡此种种,他讲得淋漓尽致,讲了一天又一夜。

然而,我没有按他说的办,把他的"腹稿"转给了萧军,并邀他亲自前去重新讲了一遍。以后,萧军写了《八月的乡村》。萧红《生死场》所写的"革命军在磐石",亦是沾其余光的。

我与他再一次见面,说不定就是最后的诀别。一切都象有雾罩着,有纱裹着。记不得是秋是冬还是春,是雨纷纷、是雪飘飘、还是雨雪交加的混淆不清;终归是个黄昏,眼前象似隔着层层的廉幕;而矫健的脚步,强有力的脚步、无所恐惧的脚步,不断地发出雪地的嘎吱吱或雨路的哗喇喇的强烈响音,有如哈市不愿做奴隶的人们以抗联为榜样,要把市区变为抗日的战场似的。我从外地回哈,在正阳街口北侧或别的一条胡同,有一溜小饭馆——狗不理、独一处、坛肉

401

王的旁边,与天飞巧遇。最初是他先看见我的,把我喊住。开头我没看出他,以为是自己的错觉,或陌生人的误认。他,仿佛是个农民打扮。我印象的天飞,总是穿的军衣、毕叽服、西装、长衫……哪时看过他这一身穿戴,一见就懵住了。他把帽子往头顶一推,露出本来面目,这是天飞,但他的额头是有了皱纹,他的红晕被尘土和灰烟涂住;而他的笑脸依旧,依旧是他那闪着智慧光辉、机警神采的大眼睛盯着我,犹如带有芒刺似地刺着我。不过,他的动作沉着了,庄重了;由于他经历了艰苦的生活和纷飞的战火的锻炼,显出他更老练、更成熟,从前偶而所见的轻浮之气不见了。我双手拉住他的手,紧紧地拉住。我们的谈话大致是这样开始的。

我问:你从哪儿来?

他答:山里……刚下火车……

我说:走,跟我走……

他说:不行,不行……他指着身前等他的同伴。(我机灵地闪过一个念头,疑惑等他的这个人是杨靖宇。)

我说:不,我不放你走。

他说:……

没办法,他跟同伴嘀咕几句什么话之后,随我进了一家饭馆。屋里灯光明亮、高朋满座,酒味烟气熏人。我们挤到旮旯小几一边,找凳子坐下。他一坐便从怀里掏出来他的宝贝——小烟口袋,从兜里摸出一张破报纸,舒展舒展,折起一边,出个棱棱,经舌尖抿湿过,撕下那片皱巴的纸条,用从前白净的柔嫩的而今疤过皱过的红肿的粗劣的污秽的手,手掌遍是疙里疙瘩硬皮老茧的手,手背尽是风裂或冻开而布满血纹儿的手,卷成一支蹩脚的烟,再用右手食、中二指夹着吸起来,深呼吸似地一口口地吸到只剩个小烟屁股,又改为大、食二指捏着吸着;其实,这已经不是"吸"而是"燎"了;这样久而久之的连熏带燎,把大、食、中三个指头都弄的焦黄焦黄的,指头尖儿竟是漆黑的了。我隔着小几坐在他对面,几乎脸对脸,挨着他那股近乎灶口燎的、炕缝冒的炊烟一般的呛,呛得我喘不过气来;并且,我注意他的吸烟,勾起我无限的感慨:从"大白杆儿"吸到粉包、蓝刀、

追寻任正真

耕种、从烟卷吸到卷烟,从烟丝、黄烟吸到树叶、蒿草,从标准卷烟纸到这样破报纸……唉,天飞呵,可怜而又可敬的天飞呵……他自觉地情愿地视之敝履地丢弃自己那二副的高薪金、那优裕的舒适的生活,而投身穷乡僻壤、刀山火海;他不贪生、不怕死,是生是死早已置之度外……唉,天飞呵,可怜而又可敬的天飞呵……

我悄悄出去用我外出工作节省下来的生活补助费,从街上烟棚子里给他买回来十盒"大白杆儿"。他一见到、禁不住一阵狂喜,连着吸了好几支,才算过了一场满足的惬意的瘾。然而,酒来了,他只喝了一盅酒,连猪蹄子都没来得及啃一口,便起身而辞。

辞,辞,表现绝决,不容丝毫和缓。这时,只有这时,我才破例第一次真正认识了天飞,领教了天飞那么一条血肉之躯装的是,这么一副铁打的心肠。

相逢近乎萍水,而相别的确过于突兀——人世多舛,奈之何。

年头久了,久了,有多多少少可留念的言语,都在混沌而迷离的梦般的记忆中含混了,消逝了,当初多么精美的耀眼的动撼心魄的刺绣品,而今仅见它背面的"丝线的毛头"(摹泰纳《梅里美论》语)。我只有从梦中求真,从沙里淘金;毕竟,毕竟求到淘到他的一块真金他的早年的影化成声,胜过录音机的录音。

"我的老弟、老同学、老同志,咱们的幸会,胜利告终……我的老弟、老同学、老同志,咱们风雨同舟,生死同心,将与人民同庆黎明……"

这是我第一次听他称我"老同志",可惜声音过于低微,可惜是我一把没有把他拉住……怎么没有让他多饮一盅酒,再多照一张合影的相片呢?……他走了,望不见了,找不到了。天那么黑……

天飞,你往哪里去了?

一九四二年在延安,我向你甲班的老任同学打听过你的去向。一九四六年解放长春,我藉接收"满映"和"大陆科学院"之机,向抗联领导人之一、苏联红军长春卫戍司令员周保中访问过你的情况。一九五一年在沈阳,我向以抗联为内容的《星星之火》歌剧寻觅过你的形象。一九七〇年到七五年间,被打到桓仁县蔡我堡(此处系指

403

"文革"中舒群遭受迫害,被下放农村——秋石注),我向抗联老战士老五保默祷过你和抗联烈士们的忠魂;我向抗联根据地之一老秃顶山凭吊过你和抗联烈士们的英灵。

天飞,你往哪里去了?

哈尔滨解放之初,初在敌伪的档案里发现大批抗联的照片,我查到杨靖宇烈士的面型和他的手枪,陈翰章烈士的头影和他的作战的路线图;但我查不到有关你的遗迹。现在,我也不知道哈尔滨烈士馆里有没有你的牌位。你的所在,谁能告诉我呢?难道我只有问天吗?问天问地,问天问飞。问你自己吗?

天多么高高,空阔,高高,空阔……鹏鸟飞着,鹏鸟飞着……天是飞的,天是飞的……天飞,天飞,飞吧,飞吧……

为此,傅天飞数度前往萧军萧红居住的商市街25号,向萧军讲述了抗日游击队的种种情况,从而使萧军进一步了解了中国共产党领导的人民革命武装队伍与日寇浴血奋战的事实,给了萧军以极大的创作热情和素材。不仅仅是萧军本人内心感受到的强烈震撼,而且,连一旁为他们准备晚饭的女主人萧红也"旁听"得忘了东西南北。

后来在上海,萧红在创作纪实体作品《商市街·生人》一节中这样传神地描述道:

来了一个稀奇的客人,我照样在厨房里煎着饼,因为正是预备晚饭的时候,饼煎得糊烂了半块,有的竟烧着起来,冒着烟,一边煎着饼一边跑到屋里去听他们的谈话。

我忘记是在预备饭,所以在晚饭桌上那些饼不好吃,我去买面包来吃。

他们的谈话还没有谈完,于是碗筷我也不能去洗,就呆站在门边不动。

……

这全是些很沉重的谈话!有时也夹着笑话,那个人是从磐石革命军里来的……

我记住他是很红的脸。

萧红上述描绘是入木三分地形象化。当年在东北商船学校,傅天飞确确实实因常常红脸,而被同学们戏称为"小苹果"。那时的傅天飞,得益于进步校长王时泽的保护,已经死里逃生了一回。傅天飞讲述完"腹稿"不久,萧军就开始了构思。他以磐石抗日游击队——杨靖宇将军领导的红三十二军,以及在这之前掌握的黑龙江汤原县抗日民主联军第六军的事迹为主要线索,加上自己当年在东北军的军旅生活和在吉林舒兰图谋发动抗日武装兵变的未遂事件,经过艺术加工,要写出一部处在水深火热之中的东北人民组成的人民革命军,在中国共产党领导下英勇奋战的抗日救亡的小说。就萧军的初衷而言,是把它当作一件"政治宣传品"来写的,其目的在于唤起三千万沦陷区人民的一份良知,一份民族自尊心,从而为现实的政治斗争、军事斗争起到相应的作用。但无论是作为创作者的萧军,还是当时讲述腹稿的傅天飞,以及转赠"腹稿"的共产党员舒群,还有默默地在一旁尽些微末之劳和"旁听"的女主人萧红,谁也不曾想到萧军日后完成的这部小说,会在四年后开始的全民族救亡运动中,成为一部被鲁迅赞誉为"抵抗日本侵略的文学上的一面旗帜"!

1979年8月17日下午2时,在哈尔滨南岗文昌街省图书馆三楼小会议室,黑龙江省及哈尔滨市文艺界为当年背负"三反"罪名,离别三十一载后的萧军重返举行的座谈会上,年届七旬又二高龄的萧军较为详细地向与会者介绍了长篇小说《八月的乡村》的构思、创作经过,他说:

> 这部书开始创作时,是在1932年的哈尔滨。吉林盘石人民革命游击队的同志到哈尔滨,以我的住处作为联络点。我因曾在吉林舒兰县筹谋组织抗日义勇军,与他们认识。当时的著名共产党员、北满省委巡视员傅天飞同志和我接触最多。傅天飞多次同我谈游击队开展抗日武装斗争的情况。我因是当兵出身,对军事情况比较熟悉。于是,我以已经掌握的黑龙江汤原县抗日民主联军第六军和吉林盘石的红三十二军的活动为主要线索,加上一定的艺术构思,三结合形成了《八月的乡村》的整个内容。小说是歌颂东北人民抗日武装的。……(秋石注:根据本人当时现场记录稿)

萧军的这个成就是令人瞩目的。其之所以瞩目,是因为《八月的乡村》是中国乃至世界上最早一部反法西斯战争题材的文学作品。

而舒群转赠"腹稿"的举动,同样有着非凡的历史意义。在这个问题上,舒群同样功不可没!

二

舒群将傅天飞推荐给萧军,傅天飞讲述的中国共产党领导下的抗日人民革命军的英勇业迹,造就了萧军笔下"抵抗日本侵略的文学上的一面旗帜"。

舒群的功绩还远远不止此。

他的另一个功绩,是将日后在左翼文坛和中国现代文学史上异彩绽放的双子星座带离了被日伪当局捕杀的险境。继产生萧军笔下"抵抗日本侵略的文学上的一面旗帜"的长篇小说《八月的乡村》之后不久,又诞生了出自于萧红笔下、被鲁迅赞誉为"北方人民的对于生的坚强,对于死的挣扎,却往往已经力透纸背;女性作者的细致的观察和越轨的笔致,又增加了不少明丽和新鲜"、"给你们以坚强和挣扎的力气",同样反映沦陷区人民拿起武器英勇抗击日本侵略者斗争的中篇小说《生死场》。

就在傅天飞向他们讲述磐石抗日游击队的英勇业迹一年后,令舒群担心的事儿终于发生了:第三国际情报站被日伪当局破坏了。1934年初,舒群被迫南下逃亡,先行到了各种势力并存的青岛。选择青岛作为流亡栖身地,是由于舒群就读过的原东北商船学校校长王时泽先生此时正担任着青岛市公安局局长。而王时泽先生的顶头上司,与张学良将军情同手足的原东北海军司令沈鸿烈则担任着青岛特别市的市长,因而在青岛形成了一个势力强大的"东北帮"。舒群当年东北商船学校的许多同学也都来到了青岛。舒群抵达青岛后,经先期来此的船校同学的牵线,很快与一位19岁的山东姑娘倪青华相识成婚并安了家。倪家是一个沸腾着爱国激情和民族热血的革命家庭,舒群妻兄、妻弟都为抗日热血青年,倪家也曾一度作为地下党和爱国热血青年的联络点。就在这时,活跃在哈尔滨的萧军、萧红这对文坛双子星座,联袂出版了具有鲜明反满抗日倾向内容的散文小说合集《跋涉》。《跋涉》是自费印刷出版的,费用中最大的一笔 40 元,正是舒群将母亲留给他的一枚金戒指卖掉后资助二萧的。应当说,二萧以反封建反满的鲜明立场引起整个北满文坛的注意,舒群所起的作用同样不可估量。《跋涉》出版不久,即遭到了伪满当局的查禁。与此同时,生性好动的萧军的名字也上了日伪特务的黑名单。舒群闻讯后,迅速给萧军萧红写了信,敦促他们立即南下逃亡青岛与他会合,以免遭遇不测。

舒群还给地下党员罗烽也写了信,要他们想尽一切办法敦促萧军带着萧红迅速逃离哈尔滨去青岛。

在舒群和哈尔滨朋友们的反复劝说下,萧军萧红于 1934 年 6 月 11 日离开了哈尔滨。五天后历尽艰难险阻,自大连通过海上抵达青岛——一块尚没有被日寇铁蹄践踏的祖国大地。

舒群偕新婚妻子倪青华在码头上迎候着他们的到来。当天晚上,二萧随同舒群夫妇一起住在了舒群的岳父家。几天后,他们又一起搬至位于观象山北麓的观象一路一号一所砖砌的小楼上定居了下来。

萧军萧红离开哈尔滨才一周,与他们一起从事地下抗日宣传活动的共产党员罗烽就被日伪特务机关逮捕了。但罗烽坚贞不屈,经受住了日伪侦缉队的百般折磨,没有透露一点有关中国共产党所领导的北满地区人民反满抗日的情况,也没有交代他作为中共北满省委候补委员与其上级领导、战友杨靖宇将军的任何情况。后经党组织和朋友们营救,罗烽带着遍体伤痕出了狱。一年后,在日趋疯狂的日伪当局迫害中,罗烽与妻子白朗经大连、青岛流浪到上海,与二萧会合。另一位朋友、地下党员金剑啸,于 1936 年 6 月 13 日被日驻哈总领事馆特高课抓捕,后被押往齐齐哈尔。两个月后,虽经严刑拷打而拒不向敌人透露片言只字,敌人残酷地杀害了他。

然而,虽然脱却了日伪特务的魔爪,青岛却同样存在着白色恐怖,你要从事抗日救亡宣传,"攘外必先安内"的蒋介石国民党卵翼下的特务,同样要对共产党人和热血爱国青年置于死地而后快。

在舒群一家人的关注和爱护下,萧红率先完成了她的成名作《生死场》,萧军也日以继夜地撰写早在哈尔滨时就开始的《八月的乡村》。

1934 年 10 月,二萧抵达青岛不足半年,就在他们喜庆鲁迅先生给他们复信的时候,短暂的平静生活被打碎了,白色恐怖降临到了他们的头上。包括青岛、济南等地在内的众多山东境内中共地下组织遭到了国民党反动派的严重破坏,许多共产党员、热血青年相继被捕。舒群、倪青华夫妇及妻兄倪鲁平等人于中秋佳节岳父家团聚时被捕,中共地下市委书记高崧(来青岛任职不到半年,其公开身份为青岛市公安局督导员)也被捕。由于地下党员、《青岛晨报》负责人孙乐文的及时告知,已在敌人视线内的萧红萧军得以逃往上海。在上海,他们有幸在鲁迅先生的扶掖下蜚声文坛。

三

中共青岛地下党遭受毁灭性破坏,系一国民党特务潜入充任内奸所致。而且这次搜捕非常之彻底、迅速,以市委书记高崧为首的地下党员悉数被捕。舒群在青岛并没有接上组织关系,第三国际的人员与地下党是两条线。他之所以被抓捕,乃系倪家已成地下党联络站,倪鲁平是地下党员所致。这一干人被抓捕的消息传到南京,据说,蒋介石钦定将为首三个"要犯"——高崧、倪鲁平及倪青华三人一齐押解南京,交由陆军监狱审判定罪。但最终的结果却是:仅倪家兄妹被解往山东省济南监狱,而高崧及舒群等人被留在了青岛监狱。之所以有这个结局,完全系由高崧、舒群他们的老校长王时泽(时任青岛市公安局长)及王时泽的上司、时任青岛市长的沈鸿烈运用手中掌握的那部分权力干预的结果。高崧与舒群同囚一室。由于王时泽先生任公安局长,因而狱方对高、舒二人的审讯也是象征性的,只是走走场而已,何况二人谁也不承认自己是什么"共党分子"。在狱中,舒群向高崧谈及自己正在构思的《没有祖国的孩子》这一爱国抗日的主旋律作品时,高崧热情地鼓励他,要他出狱后尽快完稿。正是在沈鸿烈、王时泽等人的东北乡情的保护下,没过多少日子,舒群就被释放了。抵达上海后,他不仅很快找到了已在上海文坛崭露头角并深得鲁迅呵护的萧军、萧红,还意外地与后来逃离日伪魔爪抵达上海的罗烽、白朗相遇。也正是在上海,他不仅在周扬的帮助下恢复了党的组织关系,而且还在周扬、苏灵扬夫妇的一手提携下,凭着《没

408

有祖国的孩子》这个短篇小说问鼎上海文坛,从而一举成名,完成了从当初一名第三国际情报人员到一名左翼作家角色的转换。

同样,在沈鸿烈、王时泽等人的庇护下,青岛中共地下市委书记高嵩不久也获得释放,并迅速献身于如火如荼的抗日救国事业,直至最后为民族解放事业壮烈牺牲。

但倪鲁平、倪青华兄妹俩全然没有舒群、高嵩那么幸运,他们被押往济南监狱后一关便是近四年。1938年初,由于全面抗战,根据国共两党达成的协议而被释放。释放后,兄妹俩先是回到胶东黄县老家,继而又双双参加了八路军。倪青华出狱后一直不懈地在寻找夫君舒群,但几十年间一直未果。殊不知,在青岛一直用本名李书堂和笔名黑人的那个人,逃亡上海后为免遭国民党特务的再次捕获,已改名舒群,一直到1989年2月去世,故而倪青华无法寻到。投入八路军后,倪青华加入了中国共产党,先后于胶东八路军和第三野战军政治部作妇联宣传工作。在长时间寻觅舒群未果的情况下她组建了自己的新家庭。华东野战军攻克中原重镇郑州后,倪青华留在了郑州工作,于1983年6月30日于河南省郑州市十四中校长的岗位上离休,后去深圳女儿家安享晚年,并撰写回忆录。据说,舒群于1980年感怀往事时,曾怀着悲凉的情感写下了"青华而今安在"的感伤诗句。并据了解,就在书写此诗句后不久,或许是因了媒体推动的缘故,年近七旬的舒群曾前往河南探访倪青华。

四

舒群逃脱囚笼抵达上海后,不但与先期抵达上海鲁迅身边的萧红萧军会了面,而且也见到了从东北沦陷区辗转来到上海的罗烽白朗夫妇,以及翻译家金人等。在上海,通过地下文委负责人周扬,他终于接上了中断一年多的党员关系。与此同时,经过周扬夫人苏灵扬的审读和推荐,周扬亲自将他的成名作短篇小说《没有祖国的孩子》,安排发表在1936年5月号的左联刊物《文学》上。《没有祖国的孩子》的得以发表,在舒群的文学生涯中占有极其重要的位置,这也是"五四"以后优秀的文学作品之一。这部具有强烈爱国主义和国际主义精神作品的发表,引起

绘得红楼铸青史

了当时上海文坛的震惊与共鸣,对当时的抗日救亡运动起到了积极的推动作用。关于舒群的这篇成名作《没有祖国的孩子》的最终得以发表,内中还有一段曲折的故事。1979年6月12日上午,平反回到北京居住在东单北大街北方饭店的舒群,向人民日报文艺部的资深编辑、文史学者姜德明先生谈了其中的经过。

舒群回忆道:

> 不久,我们都从青岛到了上海。我被捕入狱,在狱中写了小说《没有祖国的孩子》。出狱后,我租住在一家二楼的亭子间。房东是个犯案的匪贼,被关在马思南路的法国监狱里。我找到萧军,把《没有祖国的孩子》的书稿交他转给鲁迅先生,他没有答应。我很失望。幸好女房东同情我,告诉我三楼住着女作家白薇,我同她相识了,由她把我的书稿交给了周扬,最后才在1936年9月由生活书店出版了。

在上海,正是在周扬的介绍和提携下,舒群加入了"左联",并与罗烽、白朗、萧红等人一起支持了周扬提出的"国防文学"口号。然而,也正是由于上述原因,后来,当舒群、罗烽、白朗他们试图通过萧军晋见鲁迅时,却遭到了鲁迅先生的婉拒——这同鲁迅先生坚决反对萧军加入"左联"的初衷是完全一致的。晚年的鲁迅于这方面同样存在着以人划线的问题,即将与被他斥之为"奴隶总管"的"左联"负责人周扬之间的界线划得一清二楚。鲁迅于1935年7月27日回复萧军的信上有"你的朋友南来了,非常之好,不过我们再等几天吧,因为现在天气热,而且我也真的忙一点"的推托词。后来,在1948年的哈尔滨,萧军在为鲁迅此信作注释时这样懊丧地写道:"可是一直到鲁迅先生逝世,他们竟未能会过面。"

两年后的1937年,继"七七"北平卢沟桥事变,上海爆发了"八一三"战火,不久,上海部分地区落入日寇手中。继之,党组织安排左翼作家们撤退。9月5日,罗烽白朗夫妇及罗烽生母,舒群及丽尼杜潭夫妇,还有任白戈夫妇和沙汀夫妇等,以及当年哈尔滨"牵牛房"的主人黄田父女等结伴西行。还在临离开上海前夕,罗烽与舒群一起商议去山西八路军总部申请上前线抗日,为此,罗烽母亲还特地为他们两人赶缝了行军袋。

待到他们来到南京时,舒群遇到了正在接受党中央负责人博古和中共上海办事处主任潘汉年等人安排的周扬,随后他就跟随周扬、艾思奇、何干之等一行人北上西进,而罗烽与白朗一家人则坐船去了武汉。

不日,周扬一行人抵达西安,住进了八贤庄八路军办事处。在这里,经党中央安排,周扬等人坐车去了延安。周立波随同刚自延安访问归来的艾格尼丝·史沫特莱去了前方,并为美国情报官卡尔逊上校担任翻译。舒群也一同去了山西八路军总部,任八路军总部随军记者并担任朱德总司令的秘书工作。期间,还参与报道了由林彪指挥的平型关战役。在八路军前线部队半年多的工作中,他写下了大量有关前方战况和沿途见闻的特写。在行军途中,于日本空军狂轰滥炸的废墟里,酷爱文学的舒群竟然拾得了莎士比亚的名著《汉姆莱脱》、《奥瑟罗》、《李尔王》、《仲夏夜之梦》等四本书,另有《石索》、《三希堂》残帖各两卷,这令舒群喜出望外,如获至宝。后来,他终于将上述名著和残帖带到了延安,为此,他不得不扔掉了伴随他多年的身边的一些物品。

1938年初春的一天,舒群终于来到了向往已久的革命圣地延安,在呈上任弼时同志介绍信的同时,他向时为中共中央宣传部副部长的凯丰同志汇报了自己在八路军工作的情况,史沫特莱与卡尔逊等外国友人的情况,还有丁玲率领的西北战地服务团的情况等。在凯丰同志处,舒群认识了气宇轩昂的朱光(解放战争时期任中共齐齐哈尔市委书记和长春市委书记,1949年建国前夕经毛泽东亲自提议,调任中共广州市委书记)。凯丰在介绍他们二人相识的同时,委托朱光代他招待一下前方来客。然而,令凯丰大为惊讶的是,舒群与朱光刚一相识,便热络得一见如故。原来,素有苏区和长征才子之称的朱光,早年曾参与过上海南国社的活动,而舒群又曾于哈尔滨《晨报》工作过,两人均为陈凝秋(塞克)的老朋友,自然是一见如故了。更令舒群大喜的是朱光同毛泽东的特殊友谊。

原名黄华光的朱光,是老一代革命者中罕见的个性鲜明、多才多艺,且经历传奇而又丰富的一位佼佼者。他曾在上海艺术大学读书,1926年加入共青团,加入过创造社,和郭沫若、成仿吾在一起;同年参加我党组织的广州起义,起义失败后潜回上海,于南国社一展才华。朱光于这

绘得红楼铸青史

一年晚些时候入党,还参加创立戏剧美术界左翼作家联盟。他于1932年入徐向前领导下的鄂豫皖苏维埃。1934年随红四方面军长征,是四方面军的政治部宣传部主任。途中曾遭受张国焘迫害,一代才子由此戴着脚镣手铐走完余程,历经九死一生抵达陕北。这,也正是毛泽东看重他的一个重要原因。在延安他曾一度担任中宣部秘书长,及苏维埃政府中央局民众宣传部主任。继赴八路军一二九师任政治部宣传部长。1960年自广州任上调任京城对外文委副主任,1966年1月赴安徽省任副省长。文革中受到严重迫害不幸早逝。

说起朱光与舒群俩人之间的友谊,可以用四个字来形容,叫做:血浓于水。说来,也算是一个定数吧:解放战争时期舒群在东北担任的显赫职务,恰与十年前朱光在延安的任职来了个不谋而合——中共东北局宣传部副秘书长、文委副主任。而朱光则被东北局一纸调令从烽火连天的前线召至东北局所在地哈尔滨,准备赴任齐齐哈尔市委书记。在哈尔滨东北局组织部待命期间,在舒群协助下,朱光为不幸遭遇车祸身亡的王大化书写碑文。在延安,王大化是誉满陕甘宁边区的话剧《兄妹开荒》的主演。噩耗传出,引起了各个解放区的震动与悲悼。东北局宣传部决定在齐齐哈尔龙沙公园为其立碑。当时的松江省政府主席阎宝航亲拟碑文,尚在延安的毛泽东闻讯后特地作出批示,授予王大化以首位"人民艺术家"的最高荣誉称号。已知朱光即将赴齐齐哈尔任市委书记的毛泽东,又亲自指示由朱光代他书写(包括碑文),镌刻于碑石。这是朱光与舒群两人之间通宵达旦卓有成效的一次合作。望着朱光笔下遒劲的魏碑郑道昭体,深感其神笔天姿的舒群不由得连声称好,并向朱光索要专为他书写的书法条幅。朱光爽快地答应了小友的要求。但令舒群意想不到的欣喜是,未来朱光为其书写的条幅,不仅出自朱光本人之口,而且还嵌有一代伟人毛泽东的心血。

1949年建国前夕,经毛泽东亲自点将,朱光从长春市委书记任上奉调进京,尔后随同我人民解放大军南下,任新中国的首任广州市委书记、市长。在北京中南海伟人家做客时,应朱光恳求,先是朱德总司令为他书写了一幅《赠友人诗》,落款为"送别存念,朱德"。继之,毛泽东偕同爱将、文友朱光返回自己的书房,草书一帧《长征》诗,附款"书赠征人"……

412

也许就在此时此刻,伟人与爱将不约而同地想起了12年前从前线风尘仆仆归来的舒群,慷慨相赠外国名著和书法碑帖的事。于是,朱光不忘三年前小友之求,借即将成为开国领袖的书房一隅,摊开宣纸,以其特有的狂劲书体,感慨非凡地口占一诗,继而笔下生辉,赠予尚在东北的小友舒群。其诗,其魏碑书法条幅曰:

　　　　四载风云塞北行,

　　　　肩钜跋涉愧才成。

　　　　如今身是南归客,

　　　　回首山川觉有情。

其上款为"舒群同志教正",下款则署道:"朱光一九四九年建国前夕古都中南海"。

书写完毕,朱光不忘请毛泽东审视。毛泽东读后,微微一笑,提请将其下款改成:"朱光一九四九年秋于南下之日"。不久,这帧书法便送到了沈阳舒群手中。极为幸运的是,在历经1958年"舒罗白反党小集团"事件后谪配东北,以及后来十年浩劫后,朱光当年在中南海毛泽东新居书房内亲笔写下的这帧条幅,得以奇迹般地保存了下来。尽管在这期间还遭受了一场突兀之火,这帧堪称无价之宝的条幅因烟熏火燎而一度破碎不堪,视之为生命一部分的舒群则不惜花费重金,请高手予以精心裱糊,镶进镜框。直到晚年,直到临终,这帧具有特殊意义的条幅,一直挂在舒群撰写《毛泽东故事》的书房里。

附带说明几句。文革中,同许多开国元勋一样,受尽摧残迫害的朱光,最终在合肥郊外的一间旷无一人的乡野草园茅屋中告别了人世。

让我们回到1938年初春的延安,这一天,乘着饭后的酒兴,年长舒群七岁的朱光竟然大大咧咧地领着他一步跨入了延安城内西北角凤凰山麓的毛泽东住处。听着朱光一回生两回熟寥寥数语的介绍,毛泽东竟然也会放下案头的忙碌,故人邂逅般地殷殷款待头一次见面的舒群。面对心仪已久的伟人,以及与伟人无拘无束的天南海北式的叙谈,舒群则倾尽挎包中珍藏了数月的外国名著和法帖,献给毛泽东。毛泽东一见,自然喜不胜喜。却不料,一旁作壁上观的引见人朱光也是一位文人坯子,他当即"强横"地向毛泽东提出了"见面分一半"的要求。毛泽东听了,脸上则作怂激状,口中连连斥曰:"岂有此理!岂有此理!"接下去,年轻的一个则以"南国社元老"为名强索,而年长的一个则以"马克思信徒"自居,声称"拥有莎士比亚的所有权"……朱光与毛泽东,就这样面红耳赤地你争我论,各不相让,把在一旁的舒群直看了个目瞪口呆:原来,伟人也罢,领袖也好,同样是一个热爱文学名著热爱书法的性情中人!最终,争论的结果是来了个平分秋色:朱光索取了《奥瑟罗》和《李尔王》,以及《石索》碑帖,而毛泽东则一边无奈地摇着头,苦笑着留下了《汉姆莱脱》和《仲夏夜之梦》,以及《三希堂》的残帖……

当年经历的活生生一幕,为晚年复出的舒群创作出脍炙人口的《毛泽东故事》的系列经典作品奠定了一个基础石。

在延安没能呆上多久,受任弼时同志的委派,舒群来到了战时中心武汉,与正带领"西战团"在前线服务的丁玲一道创办了《战地》杂志。在武汉,舒群既作记者,又当编辑和教员,还与其他同志一起集体创作了话剧《台儿庄》、《总动员》,以及报告文学集《西线随征记》等一系列优秀作品。他还在《战地》、《抗战文艺》、《国民公论》、《广西日报》副刊等发表了大量漫溢着抗战气息的散文和小说。

在武汉,在与哈尔滨"牵牛房"的老朋友罗烽白朗重逢的同时,舒群又意外地同已经与萧军离了婚的一代才女萧红相遇。海上文坛熠熠闪光的双子星座现在成了单飞的寒秋孤雁。这次武汉重逢,俩人全然没了一年前在北平结伴爬长城时的那种兴头。当时,舒群住在武汉读书出版社的书库里。新夫君端木蕻良独自一人离开武汉去重庆后,萧红经常腆着大肚子来到舒群处歇息。此时此刻的萧红心情十分忧闷,往往是一进入舒群这间既作书库又作办公室、寝室的住处,便百无顾忌地将脚上的皮鞋使劲地一甩,躺倒在舒群夜间休眠的窄小床上,两眼无神,直愣愣地瞅着头顶上的天花板发呆。每一次去,比萧红小两岁的舒群都要苦口婆心地劝说她去延安。有一次,为争论这个问题,两个老朋友之间整整争吵了一夜。从来不听人劝告的萧红以一种不容置疑的口吻反驳道:我的态度一向只愿意做一个无党无派的民主人士。还说她对政治斗争十分外行,在党派斗争的问题上,她总是同情失败的弱者。而她一生始终不渝地为之崇拜的政治家只有一个人,那就是孙中山先生。因此,她不想去延安。萧红的这番话,令舒群听了十分伤心。作为当年在哈尔滨一同从事地下反满抗日活动的亲密战友,作为萧红最早进行文学创作的目击者和欣赏者,作为二萧哈尔滨亲密生活和文学事业比翼双飞的历史见证人、重金资助者,他为萧红的任性反拨扼腕叹惜。同时,更为萧红未来命运的扑朔迷离和危机四伏,深为担忧。四年后,在延安,当舒群闻讯萧红在香港贫病交加年仅31岁惨殁于战火之中时,同许多关切并深爱着萧红的左翼作家朋友们一道,流下了异常痛楚伤感的热泪……

五

　　武汉失守前夕,遵照党的指示,舒群来到了文化人云集的大后方广西桂林。在桂林,他继续负责着《读书》杂志的工作。后来,由于桂林没日没夜地遭受日寇空军的狂轰滥炸,舒群又奉命撤往了国民政府的陪都重庆。实际上,自武汉开始,至桂林、至重庆,《战地》杂志的整个负责工作一直由舒群一个人承担着。丁玲从没到位,她先是率领西北战地服务团活跃在抗日第一线,后又至西安,直至最终返回延安。

　　在山城重庆,舒群与失散了三年多的罗烽白朗重逢,并与新婚两年的萧军王德芬夫妇相遇。1940年6月,经八路军重庆办事处决定,在东北救亡总会负责人于毅夫的安排下,舒群、萧军夫妇,以及其他20多人,乘坐宝鸡酒精厂的卡车自重庆抵达宝鸡,随后又坐火车抵达西安八路军办事处。不日,萧军扮成八路军军医,王德芬作护士,舒群为战士,乘坐八路军西安办事处的军用卡车,于1940年6月14日安抵延安。无论是对于萧军来说,还是对舒群而言,两人都是二进延安。在陕甘宁边区政府稍事休息后,舒群被周扬接到鲁迅艺术学院文学系任教去了,而萧军一家则被安排到边区文协(后为"文抗")工作。萧军到延安不久,通过中央文委和中宣部部长张闻天的批准,办了一个《文艺月报》,由丁玲、萧军、舒群轮流作主编。但实际上,丁玲从来没有参加,她的轮值主编后来由刘雪苇替代。

　　由于在上海"左联"的关系,周扬是视舒群为"自己人"的。这也正是舒群萧军到达延安后,舒群很快去了"鲁艺"从教而萧军不能去的缘故。

415

但舒群生性是一个正派人,他并不认为非要唯周扬是从不可。到延安的第二年间,发生了一件针对周扬一篇长文论辩的事情,即很好地说明了舒群的这个生性。1941年的7月17日、18日、19日,延安《解放日报》连续刊登了周扬撰写的题为《文学与生活漫谈》的长文。周扬在文中公开宣称:"在美学上,我是车尔尼雪夫斯基的忠实信奉者。"周扬认为,"美即生活"一语包含着深刻的真理。文学在生活中产生,但生活只是作家的材料,还有认识和表现的问题。这就需要思想,需要技巧,需要"苦苦地去学"。……作家必须更广泛地,多方面地去和人接触,和他们做朋友。

周扬还写道:

"我不赞成作家把自己看得比别人特殊,那实在是很要不得的心理。"

周扬还不点名地批评了一些在延安没有写出作品的作家:"他们写不出东西却把原因归之于没有肉吃……"

就是因为这句话,一个阶段来深陷于烦躁不安中的萧军首先被大大激怒,他早就对延安的食分等级表示异议,而周扬本人恰恰是列于"中灶"享受有肉吃有马骑的高级干部。周扬的这篇文章刊出后,"民愤"纷纷,作家们尤其是"文抗"的作家们更是怨言四起。1941年7月20日,由萧军发起,众多作家聚集在一起漫谈了一次,丁玲也参加了,但她没有发表任何意见,她只是听。最后由萧军执笔写成了一篇题为《〈文学与生活漫谈〉读后漫谈集录并商榷于周扬同志》的文章,除执笔者萧军外,舒群,还有艾青、罗烽、白朗等也都依次署了名。据萧军后来回忆道,一开始丁玲也是签了名的,但由于与他们五人意见不尽相同,于是,最后抹去了她的名字。

由萧军执笔而成的《〈文学与生活漫谈〉读后漫谈集录并商榷于周扬同志》的文章,首先针对周扬文章中"之三"那一节埋伏的主题提出了强烈的不同意见。周扬的这个主题的表述是:"一些延安作家不能写出东西所根据的诸种理由是不能算为理由的。主要是写什么?""自己写不出东西来,应该怨自己(无能或不会适应新的环境,不懂呼吸新鲜空气……)"。

对于周扬的上述这个论点,五位作家表示了他们的愤慨。为此,他们作出了针锋相对的回应。他们写道:

人要吃肉,是生理需要,和吃饭、睡觉、结婚是一样正常的。只有三种人不想吃肉:一是发下了宏愿决心不吃肉……,二是生理上有不吃肉的毛病,三是象周扬同志那样有自己的小厨房可以经常吃到肉……

五位作家的文章还指出:

凡是到延安来的都不是为了来吃肉或者是补充维他命C的,是为了来革命的;正如周扬同志到延安来不仅仅是为了当院长、吃小厨房和出门有马骑……一样。其次,"因为不愁衣食……就不写稿子的作家也许有,但这不能算为作家的。""刊物太缺乏这也是事实。"

五位作家的辩驳文章写好后送往了《解放日报》,但《解放日报》拒绝刊登并给退了回来。稿子退回后,舒群等人并没有将此看得严重,但一向争强好胜的萧军却被激怒了,跑到毛泽东那里狠狠发泄了一通。并表示:如果解决不了,他就离开延安回重庆去,帮助胡风编《七月》。

萧军口无遮拦地尽情发泄着,而毛泽东则非常认真耐心地倾听着。萧军讲完后,毛泽东首先就萧军讲述中的合理部分表示予以接受。同时,对萧军谈的另一些问题,则循循善诱地作了合理的分析和解释。如萧军讲述中表露出来的偏颇和局限性,毛泽东并没有一味给予迁就,而是平等地予以朋友式的批评和劝导。当谈及萧军他们五位作家同周扬之间发生的这场争论,毛泽东并没有作什么正面的评价或给予什么说法,这是因为,他还没有读到萧军他们批驳周扬的文章内容,不便表态,但他很巧妙地给萧军出了一个两全其美的主意。毛泽东说:"依我看,《解放日报》不发表你们的文章,没有什么了不起的事情,你们自己不是办了一个《文艺月报》吗?完全可以在那上面发表嘛!你看怎样?"

"太好了!"

萧军大喜过望地接受了毛泽东的这个提议。

随后,萧军、舒群、艾青、罗烽、白朗五位作家联合署名的《〈文学与生活漫谈〉读后漫谈集录并商榷于周扬同志》的长文,刊登在了八月一日出版的《文艺月报》上。

文章刊出后,周扬的态度出奇地冷静而又大度,他读到后,当即吩咐

"鲁艺"布告栏的工作人员将批驳他的文章张贴了出来。

也正是由于这篇文章的媒介,毛泽东深感有必要和"文抗"的作家们作一次推心置腹的叙谈,于8月11日傍晚对住在后沟的作家们来了一个"突然袭击":在提着小马灯的警卫员的引导下,毛泽东从杨家岭的前沟绕到"文抗"作家们居住的"后沟"进行探访。可惜的是,舒群、罗烽、白朗都到"鲁艺"去了,他仅仅会到了萧军和艾青两人。在毛泽东摸黑踏上归程的半山腰时,适巧舒群、罗烽他们上山,于是站下聊了几句,便匆匆分了手。

次日——12日一早,毛泽东为着彻底解决问题的愿望,专派通讯员给萧军送去一封信,毛泽东在信中写道:

萧军同志:

昨晚未晤罗、舒二同志,此刻不知他们二位及兄有暇否?又各位女同志有暇否?如有的话,敬请于早饭后惠临一叙。我们谈通一些问题,是很好的,很必要的。

此致

敬礼!

毛泽东

八月十二日早

于是,五位作家,连同萧军夫人王德芬,艾青夫人韦嫈,共七人一起来到杨家岭前沟的毛泽东窑洞,和毛泽东谈了整整一上午又一中午。午饭时刻,毛泽东热情地宴请了他们,让作家们吃上了久违的腊肉、咸鱼、鸡蛋等"珍馐佳肴"。

这次会见,拉开了礼贤下士的毛泽东和舒群之间数十次会面叙谈的序幕,也在舒群的脑海里留下了永远也无法忘怀的一幕。这也是舒群晚年创作出一个又一个脍炙人口的有关毛泽东故事的源泉。

1942年4月1日,经中宣部批准,舒群接替丁玲担任了《解放日报》文艺栏即副刊的主编。他的工作直接受到毛泽东的指导。舒群还多次随同社长博古等人,一起去枣园毛泽东住处聆听教诲。舒群后来回忆道,凡有转载,均有毛泽东亲自批示,例如郭沫若的《甲申三百年祭》,徐悲鸿的《古元木刻》等等；倘若社长博古审而难定的稿件，也都指定他携去面呈毛泽东核定。就在他出任《解放日报》文艺副刊主编的四个月中，他就十多次应召至毛泽东处，在毛泽东的口授下，舒群草拟出席延安文艺座谈会名单，谈论文艺政策，并收集不同意见，操办具体相应事宜。他还奉命陪同著名画家、美学家蔡若虹、张仃、华君武、张谔等人晋见毛泽东。延安文艺座谈会召开后，舒群积极执行并认真贯彻毛泽东《在延安文艺座谈会上的讲话》的精神，利用党报阵地，倾尽全力为党培养了大批青年作家和各类文艺骨干。这在他后来担任"鲁艺"文学系主任期间作用发挥尤为突出。舒群还参加了著名的南泥湾开荒运动。

在延安，毛泽东给予了舒群极大的信任，先后数十次写信给他。在有的信封的左上角，毛泽东还特地用六B软铅笔标上"＋＋＋"的特快标记——凡属此类信件，毛泽东多派通讯员快马扬鞭送达。舒群收到后，立马签署收条，交通讯员送交毛泽东。这些信件中，有在延安文艺座谈会召开前夕毛泽东委托舒群"拟请代为搜集反面的意见（各种各色），如有所得，请随时示知为盼！"的；也有在延安文艺座谈会结束后，毛泽东要舒群走访各种人士，收集对他所作的《讲话》的不同反映的；更多的是毛泽东对办好党报副刊的指示、意见，以及对一些稿件的批复和阅读意见。1958年舒群蒙受不白之冤后，为免不测，将相当一部分历经战火、迁徙保存下来的毛泽东的亲笔信，送交中央档案馆永久保存。自己则携少量信件去东北，为的是使自己在接受新一轮"脱胎换骨的改造"中不致于迷失方向。殊料，浩劫一来，这部分信件被造反派抄砸了去，再也未能归还到他的手中。懊丧之余，舒群于无奈中发出沉重的感叹："仅于夜阑人静之时，私自慨然叹之，人生终生之失之疚，莫过于此，奈何奈何！噫，唯有祝之未来千百年，有朝一日，失者再现于天壤人间而已。"

到了1983年的9月间，为纪念即将来临的毛泽东九十华诞，舒群重写当年被造反派抄砸后遗失的佚文《中南海的夜》。他在反复查检劫后退还的残余书简时，突然发现了一帧"敷以银辉、盎然嫣然、腾腾跃然"的毛泽东于1942年4月13日延安文艺座谈会召开前夕要他代为收集"各种各色"意见的亲笔信照片，这使已达古稀之年的舒群如获至宝，欣喜异常："句句字字，颗颗珠玑，玉痕金锋，浩气栩栩，依然富有生命力，昂然挺拔纸上……"

六

1945年"八一五"日本宣布投降后,党中央决定,以延安鲁艺的同志为中心成立东北文艺工作团,舒群任团长率团赶赴解放了的东北,接管和组建一些重要的文教部门。不久,在他领导下创建了新中国的第一个电影制片厂——东北电影制片厂并任首任厂长。他还担任中共中央东北局宣传部文委副主任、东北大学副校长和东北文联副主席等职。

1950年的初春季节,自莫斯科与斯大林签订了《中苏友好互助条约》归来的毛泽东经停沈阳。在东北局举行的欢迎晚会上,毛泽东点名召见舒群,亲切地与他叙谈……

这一年10月,抗美援朝战争爆发,舒群即以一名作家的身份奔赴第一线,并深入到志愿军第39军第116师工作。在这期间,舒群撰写了长篇小说《第三战役》("文革"中此书稿惨遭浩劫遗失)。1951年回国后,舒群被任命为中国文联副秘书长和中国作协秘书长。次年,深受如火如荼的国民经济建设的感染,舒群毅然置头上的两个"顶戴花翎"于一边,赶赴东北转入钢铁元帅帐下受命,先后任鞍山大型厂工地党委副书记、本钢第二炼铁厂党委副书记、本溪合金厂副厂长等职,为我国冶金战线的恢复生产和发展建设作出了积极的贡献。与此同时,他以极大的热忱和创作激情,于生产间隙写出了《这一代人》、《在厂史以外》等反映冶金战线广大职工为新中国社会主义建设奋发图强、自力更生精神风貌的长、短篇小说。其中,《这一代人》是新中国成立后最早反映工业战线的长篇佳作之一。

然而,天有不测风云。由于生性耿直,坚持实事求是,拒绝对他人落井下石,具有高尚人品的舒群,当年曾数十次在毛泽东窑洞促膝谈心、请示、商谈工作的舒群,却遭受了莫名的冤屈——40年代末,担负着东北文委负责人的舒群,对用组织手段在"全东北范围"内掀起的批判"三反分子萧军"的运动,保持了空前的沉默;7年后,他对某些人无来由批判丁玲的荒谬之举再度一言不发;因而,在1955年秋中国作协系统掀起的

追寻任正真

所谓批判"丁玲、陈企霞反党集团"的浪潮中,舒群、罗烽、白朗这三位东北30年代时期的老友,竟也被荒唐地指为"舒、罗、白反党小集团",并在1958年被错误处理,蒙受了长达21年的不白之冤。

他被迫去了前几年任过职的辽宁本溪接受"改造"。

面对困厄,舒群以一个有着24年党龄的老共产党员的坦荡胸怀,面对逆境充满着乐观,度过了包括非人道的"文革"磨难的漫长的21年。

1979年,舒群获得了新生。

平反后,舒群先是出任本溪市文联副主席。接着,他回到阔别已久的北京,担任了中国作家协会的顾问,协助丁玲担纲大型文学期刊《中国》的主编工作,并连续当选为全国政协第五、六、七届委员。

自1979年至1989年的10年中,舒群不顾年迈体弱,积极从事写作。在这10年中,舒群共创作了约30篇中短篇小说,以及50多万字的具有高度学术价值的研究专著《中国话本书目》(未出版)。其中,短篇小说《少年chen女》获1981年全国优秀短篇小说奖。1986年由作家出版社出版的系列短篇集《毛泽东故事》,是一部描写革命领袖和老一辈无产阶级革命家的力作,也是他长达50年创作生涯的顶尖佳作。这部具有独特文风和创新意识的作品,为新时期的小说创作注入了新鲜血液,也是其文学生涯中最后的慰藉。舒群生命的最后10年,是中国文学百花盛开的10年,他以自己蜜蜂一样的辛勤劳作,丰富了这一时期的中华文学园地。

舒群因病长期卧床,于1989年8月2日15时35分在北京静静地离开了人世。他经历的一切,是很多常人所无法比拟的。

七

知道舒群的名字,是在紫丁香盛开的东北松花江畔。渐渐地了解舒群,是在1979年8月17日与著名老作家萧军在哈尔滨相遇相知之后。

1988年6月22日萧军去世,当时我正在北京为自己的未来命运与南归安身之处奔波。7月8日在八宝山为萧军送行时,作为与其家属一道先期抵达告别现场的后辈,我瞅见了舒群为送别老友敬挽的花圈。但他没有能够前来送行,他正在病中。一年后,舒群也离开了我们。

同萧军相比,舒群是一个比较低调沉稳的人,也许跟他早期的地下党生涯和情报工作有关,但更多的是来自于他的自小养成的性格和人品。他也没有那些可资人们和媒体轰轰烈烈谈论的话题。晚年复出后,他几乎不接受媒体的访谈。

然而,随着我对萧红萧军研究的不断深入,我越发感受到舒群在东北作家群中厚重而又特殊的地位,他所发挥的作用是谁也无法替代的。

舒群是东北作家群中极少几个拿起枪(而且是最早拿起枪的一个)投身于抗日前线斗争的佼佼者:从"九一八"事变伊始的东北抗日义勇军,到1937年山西平型关战役。

舒群拯救并妥善接纳了东北作家群和30年代海上文坛的闪亮双子星座萧军与萧红;他出重金为这对双子星座在文坛的崛起铺平了通向左翼之路的坚实基础;又是他的频繁去信指点和实际帮助,引导这对双子星座逃离了荆天棘地的东北沦陷区。他是名副其实而又功勋卓著的东北作家群的领头雁。

在延安,由于工作上的关系,自然,更是由于毛泽东对他的器重、厚爱与信任,舒群先后数十次晋见毛泽东。协助毛泽东起草延安文艺座谈会出席者的名单,这是舒群独享的无上的荣誉,是任谁也无法比拟的。正是在与一代伟人毛泽东的一次又一次近距离乃至面对面的交往和叙谈中,才有了日后舒群笔下酣畅淋漓栩栩如生的《毛泽东故事》,有了让读者见了爱不释手回味无穷的《杨家岭夜话》、《枣园之夜》……

2002年5月,时值延安文艺座谈会召开60周年。我应邀出席了由延安文艺学会、延安精神研究会等十余单位在首都人民大会堂为延安文艺座谈会胜利召开60周年举行的大型座谈会,有幸与出席过延安文艺座谈会的前辈、延安文艺老战士、老红军、老八路、延安儿女,以及著名作家、延安文艺理论家等一起座谈缅怀。

也就在这一年,我读到了哈尔滨时期参与营救萧红,不惜当掉父母留给自己未来婚娶用的金器,资助萧军萧红出版反满抗日小说集《跋涉》,尔后又引导二萧逃离荆天棘地满洲国的老共产党人、第三国际情报员,延安时期协助毛泽东起草延安文艺座谈会出席者名单的舒群亲笔撰写的《杨家岭夜话》。

我一遍又一遍地阅读着,越读越爱不释手,越读越回味无穷!

多么生动引人入胜的故事情节!

多么富有个性而又栩栩如生的人物形象!

多么精彩干练、琅琅入口的语言!

还有,《杨家岭夜话》展示出的深远历史意义。

喜出望外的是,原来,延安文艺座谈会并非只有高长虹一个人领了请柬而没有出席……

从那时起,我至少阅读了与之相关的二百多万字的史料,有的还是一遍又一遍地精心阅读。

而每每赴京,我都要向延安时期的老人打听这个文本中的主人公任正真的情况。

2003年的7月下旬,"非典"的肆虐已接近尾声。于是,循着《杨家岭夜话》的最后"足迹",我匆匆踏上了远赴东北沈阳寻踪考证的旅途。

在沈阳,我遇到了一路"绿灯"。

最早研究东北作家群的原辽宁大学教授、现任全国人大常委会委员、民盟中央副主席、政协辽宁省副主席张毓茂先生热情地接待了我。次日上午,就在他的办公室里,当我娓娓述说舒群撰写的《杨家岭夜话》中的众多动人情节,以及距今半个多世纪前的1950年的早春时节,毛泽东自苏联归国途中经停沈阳在东北局为他举行的欢迎晚会上发生的那一幕时,在场的一位老同志顿时激动地连连予以证实:听说过!听说过!有那么一个人,他同毛泽东一点也不见外,毛泽东对他亲切得很,谈笑风生,还有……

可是,当我如获至宝地向他打听《杨家岭夜话》中的主人公任正真的下落时,他说他也不甚知道。稍后,他十分肯定地告诉我:舒群文中写的这些情节,从那个年代走过来的沈阳老人中,有知道一二的。

半个小时后,承蒙张毓茂先生的热情联络,我已经在原东北档案馆那座日伪时期建造的二层砖木结构楼房的一间办公室里落了座。辽宁省档案局的赵副局长热情地对我说,他也多次听人谈起过舒群文中述说过的众多动人情节。他立即安排工作人员代为查阅有关任正真的资料。

绘得红楼铸青史

遗憾的是,两个多小时的时间过去了,竟然查找不到有关任正真的片言只字。

从那时以来的三年中,热情好客的沈阳朋友一直在帮助我打听查找。

从《杨家岭夜话》看,确乎有那么一回事。

传说也很多。

但就是无法找到主人公任正真的踪迹,丝毫也没有。

但我还是要寻觅,直到最终寻个水落石出。

次年春节期间,我又一次阅读了《杨家岭夜话》,读着,读着,我飞速旋转的脑海中倏地闪出一丝光亮:查找舒群生前留下来的原始稿,与舒群的子女进行沟通。

2005年3月,我因一部左翼作家左翼文学研究专著的出版去了北京。

联系出版专著的事情比较顺利。

查找《杨家岭夜话》主人公任正真也很快有了着落。

我联系到了在某大型文学期刊工作的舒群的女儿,尽管我们素不相识,在接到我的电话后,她十分爽快地允诺道:晚上下班后回到家里找一下父亲留存下来的文稿,立即告诉你!次日一早,她就电告我:"任正真的原型就是我父亲本人!我父亲对毛主席的感情是很深的。他晚年写了一本《毛泽东故事》,这是一部由20来个短篇组成的集子,是纪实性的……"

据了解,早在上世纪50年代中后叶,舒群在被打成"舒(群)罗(烽)白(朗)反党小集团"主要成员,下放辽宁本溪接受"改造",以及在后来"文革"动荡的岁月中,舒群对毛泽东的感情没有一丝一毫的改变,这也正是我们活着的人应当奉为楷模的。

原来,《杨家岭夜话》中的主人公"任正真",乃是"认真"二字的谐音!

我记起了毛泽东生前倡导的一段名言:世界上怕就怕"认真"二字,而共产党就最讲认真二字。

从1938年初春由毛泽东、何凯丰的挚友朱光领着在凤凰山麓第一次见到毛泽东,到二次进延安的1941年8月12日,在杨家岭与毛泽东

424

无拘无束谈话及共进午餐,再到1942年主持《解放日报》文艺栏,协助毛泽东筹办延安文艺座谈会,直到后来的枣园审稿议事,舒群与毛泽东会面叙谈频仍而又终生难忘。

感谢舒群生前那支积淀深厚的神来之笔,为我们,也为更多的后来人,留下了这么一部生动的《毛泽东故事》。

经过查找原创稿和有关资料,经过进一步阅读及核对,终于得出了一个比较符合史实的结论:《杨家岭夜话》中的任正真,由舒群本人与毛泽东一次次交往经历的真实缩影,加入著名的马克思主义理论家艾思奇,还有那个处处和毛泽东"平起平坐"谈笑风生的朱光,合成了一个"真实的"知识分子型的任正真。内中描写的众多情节,基本上是真实的。

至此,长达三年之久的跟踪考查,可以画上一个圆满的句号了。

值得称颂的是,无论是在1958年突遭变故谪配东北的那些日子,还是在十年浩劫中遭受抄砸批斗一度失却自由的非人岁月,老共产党人舒群从来没有动摇过对共产主义的信仰,没有因此减弱对党对毛泽东的一丝感情。在那谪配的日子里,他以极大的热忱,饱满的感情,创作出了热情讴歌共产党、讴歌毛泽东和老一代无产阶级革命家丰功伟绩的《毛泽东故事》系列作品。尽管在随后降临的"文革"中,这30多万字的《毛泽东故事》,一次复一次经造反派抄家和批斗,大部分散失殆尽,但当浩劫刚一结束,新一轮文艺界的春天来临时,舒群一如既往地怀着对中国共产党和毛泽东主席的深厚感情,凭着记忆,凭着自己一颗灼热的心,浓墨饱蘸,创作出了10多万字的《杨家岭夜话》、《枣园之宴》、《中南海的夜》、《胜似春光》、《黄河女》、《藕藕》等一系列脍炙人口的有关毛泽东的系列故事。这些故事一经问世,即被人视作经典作品,在上世纪80年代多彩的文坛上一度领尽风骚。人们争相传阅,好评如潮。在进一步消除由"文革"带来的负面影响的同时,还在一定程度上增强了人们对我们伟大的祖国、对中国共产党的忠贞信念。

晚年的舒群不止一次向读过《毛泽东故事》系列作品的编辑、朋友诠释说,毛主席之所以伟大,自己之所以在心中始终保持着一份对毛泽东的神圣感情,不仅仅是因为毛泽东领导全党、全国人民推翻了三座大山,创建了社会主义的新中国,也不仅仅是因为自己曾经有过这么一段在毛主席亲自指导下工作的经历,更重要的是,毛泽东平易近人,有自知之明。据他讲述,当年在延安,一次工作之余,他问毛泽东:别人都会犯错误,你怎么没有犯过错误呢?毛泽东听后,神情严肃地回答道:"现在没有犯错误,将来不一定不犯错误……。"

一生低调而又功勋卓著,第三国际情报员出身的老地下党员、左翼作家舒群同志的人品、文品,他对祖国、对党、对一代伟人毛泽东始终不渝的忠贞信念,将永远留存在人们的心中。也永远是我们这些当代作家、现代文学研究工作者的楷模。

驰骋二战欧洲战场的
中国记者（外一篇）

萧乾(1910~1999年)，我国著名作家、翻译家和国际著名资深媒体人，逝世前担任中央文史馆馆长。

萧乾于上世纪30年代步入文坛，是著名的国际友人埃德加·斯诺的学生与战友，与被其尊崇的"吾师"与"恩师"的沈从文先生(1933年10月，是慧眼独具的沈从文将他的处女作短篇小说《蚕》发表在《大公报·文艺》上，萧乾也由此与《大公报》结下了终生不解之缘)一起，归属于"京派"作家的代表人物。萧乾于1939~1946年应邀赴英国伦敦大学东方学院任讲师，同时兼任《大公报》驻英国特派记者。时值二战爆发，他以战地记者身份驰骋欧洲战场，亲历了美军第七军挺进莱茵河、盟军诺曼底登陆、波茨坦会议与纽伦堡国际军事法庭的战犯审判，以及联合国成立大会等传奇般的历史时刻；并于战争结束前后三次进入德国采访，是中国唯一经历欧战全过程，并写下了上百万字以战争战地见闻为重的纪实文学的作家和记者。

值得一提的是，由埃德加·斯诺与海伦·福斯特·斯诺夫妇联袂主编、鲁迅先生生前耗费心血并殷殷期盼的《活的中国》一书，也同样凝结着萧乾先生的心血与汗水。

绘得红楼铸青史

从硝烟弥漫的中国，他又一脚踏进了战火遍地的欧洲

1939年9月1日，这是人类历史上一个惨重的黑色日子。

这一天，战争魔首希特勒悍然下令德军进攻波兰，随后，忍无可忍的英、法政府向法西斯德国宣战，二次世界大战全面爆发。

也就在这一天，中国《大公报》记者萧乾从香港启程，乘坐法国阿米拉斯号航轮前往英国，开始了长达7年的讲学、深造和战时、战地记者的多彩生活。

此前，他收到了发自伦敦大学东方学院的邀请函（系一位在该院讲授佛教和藏语的中国学者于道泉推荐），他被聘为该学院中文系的讲师。但去该学院任教，条件十分苛刻，年薪（而且是税前）仅为250英镑，且只签一年合同。此外，旅费还须自备。就在萧乾左右为难的当口，具有远见卓识的香港《大公报》社长胡霖把他找了去。胡霖快人快语地吩咐道："马上回他们一信，接下聘书。至于旅费，报馆可以替你垫上，靠你那管笔来还嘛！"

胡霖社长还精辟地给他一一分析道：希特勒已经吞并了奥地利，如今又进占了捷克。这小子胃口大着呐！他这么一点一点地蚕食，列强安能眼睁睁地望着？大战注定是非打起来不可的了。从我们干新闻的这一行来说，这可是一个千载难逢的机会。现在，我就是想出钱派个记者过去，英国也未必肯让入境。如今，他们请上门来了，你还二乎什么？我马上通知会计科给你买船票，叫庶务科给你办护照！

不出几天，在胡霖社长快节奏的操持下，社里很快为萧乾办好了赴英任教的一切手续。期间，胡霖为萧乾准备的几十英镑生活费，以及过境用的法郎遭小偷光顾，胡霖知道后，二话未说，又立马为他补发了一份。在过去了几十年之后，人到晚年的萧乾先生每每谈及当年发生的这一幕时，心中就会由衷地升腾起对老社长胡霖的深深感激之情。胡霖是一位罕见的伯乐，一位极富人情、远见卓识的伯乐。他在萧乾的成长史上占据着不可动摇的一席之地。

在伦敦大学东方学院，萧乾教授着只有一二个学生的中文课。在轻轻松松任教的同时，他有更多的时间观察着处于战争状态中的英国社会的众生相，一丝不苟地履行着《大公报》特派记者的职责。由于来英国之前，萧乾刚刚采访过滇缅公路，并在那里逗留了三个月之久。这条公路正是由英国援建的，它对处在战争中的中国是如此之重要，因此他应邀在英伦三岛的多个城市现身说法，作有关这条中国战时生命之路的演讲，宣传中国军民英勇抵御日本法西斯侵略的事迹。萧乾还积极参加了英国人民为支援中国人民抗战成立的公谊会和援华会的各项活动。在他的推动下，1941年，公谊会组织了一支由40名英国青年组成的救护队，志愿前往中国从事医疗工作。在这支志愿救护队来华前夕，举办了为期3个多月的培训班。萧乾则负责教会他们日常汉语，以及讲授有关中国的地理、历史等方面必要的相关知识。抵达中国后，这支医疗救护队一直活跃在大动脉滇缅线上，用鲜血、生命和宝贵的医疗急救技术，为保障战时中国的这条生命之路，作出了应有的贡献。

1940年初，也就是抵达英国不到半年的时间，应国际笔会伦敦中心秘书长欧鲁德的邀请，作为来自炮火连天的中国的一名作家和前沿记者，萧乾向英国的同行和听众作了题为《战时中国文艺》的精彩讲演。当着在座的国民党政府驻英大使郭泰琪的面，依据自己的亲身经历，萧乾愤怒地谴责了国民党蒋介石政府推行的不抵抗主义政策，以及当局对爱国学生、左翼作家、反抗日本侵略的残酷镇压。演讲中，他介绍了去世不久的著名诗人、英国人民熟悉的最早高举反法西斯侵略大旗的抗日斗士王礼锡，以及由著名左翼作家丁玲领导的八路军西北战地服务团等活跃在抗日救亡第一线的动人事迹。

演讲结束后，受当时在场听讲的国际笔会主席威尔斯的委托，欧鲁德热情地邀请萧乾加入国际笔会及伦敦中心。萧乾是作为宣传中国作家抗战的作家和反映同盟国抗击希特勒法西斯侵略战争业绩，并将它介绍给东方人民的中国记者的双重身份加入国际笔会的。

在1940年伦敦遭受希特勒法西斯狂轰滥炸的那几个月间，萧乾常常不顾自身安危，冒着德寇飞机轮番"饱和轰炸"的危险奔走于火线废墟中，及时地向中国人民报道同仇敌忾的英国军民英勇抗击法西斯侵略，坚持生产、工作、生活的动人事迹。他几乎每周都要向重庆《大公报》提供一篇有关战时英国和欧洲战局的通讯，有的长篇通讯则需要好几天才能连载完毕。他为中国人民提供了一个战时英国军民战斗、生活的独特窗口。有时，稿源枯乏的《中央日报》，也不得不从《大公报》那里"批发"一些萧乾发自伦敦的二战通讯。由中国共产党主办的《新华日报》，则高度赞扬了萧乾的敬业精神，以及二战通讯的独到之处。

宣讲中国抗日和为弱小民族主持正义，他赢得尊重

旅英6年，在紧张繁忙的讲学、深造、新闻采访中——这一切都处于激烈的战争状态下，萧乾先后出版了5本专著。这5本专著都是介绍中国的——中国新文学运动、中国抗战文艺、中国战况、中国相关知识和近现代史。名叫《苦难时代的蚀刻》的第一本书出版后，伦敦几乎所有的报纸都为此发表了评论，赞扬"中国新文学充满了活力"。5本书出版后，受到了读者的普遍欢迎，因而曾一一再版过。

1941年12月8日，骄横不可一世的日本军国主义当局发动的珍珠港事件爆发后，太平洋战争由此拉开了序幕。与此同时，由于正式参与了对日本法西斯的宣战，英国的宣传媒体加大了对中国抗战的宣传力度。伦敦电影公司也邀请萧乾为他们创作了一部名为《中国人在英国》的影片。为此，电影公司专门为萧乾布置了一间类似萧乾在剑桥大学王家学院读研究生的书房，录下了由萧乾担纲的全部解说词。在那一段时间里，历史悠久的英国广播公司约请了一些常驻伦敦的同盟国记者，用各自国家的母语向本国听众播讲。其主要内容为欧洲战局分析与预测，以及英国所起的作用。约请的英国广播评论员是《纽约时报》的驻英记者，而中国方面则由《大公报》特派记者萧乾担纲。萧乾向重庆广播的日子是每星期二。电台的规定是：头一天由萧乾提供英译本内容，到了第二天播出时则用中文，作为萧乾个人对二战战局及战时英国的观察。播讲顺利地进行了好几个月，效果也挺不错。后来，发生了一档子双方对时评内容各不相让的事情，使时评播讲起了变化。一次，在时评稿中，萧

乾谈到了中国与印度这两个古老国家源远流长的友谊,对印度的独立运动明确地表示了同情的态度(时印度为英国托管)。按照约定,萧乾将事先译成英文的广播稿提前一天送至电台。但是没过多少时间,电台却派专人将此稿送还给了萧乾,内中还附了一封信,措辞委婉地要求萧乾把文中有关印度独立的那段内容删去,同时改用电台为他另行起草的一段内容。萧乾过目后认为:时评既是用他个人名义播的,那么,电台的这个做法就不太合情理了。思忖之下,萧乾也提笔写了一封回信,大意是:如果英国政府就印度问题有所评论的话,他们尽可以用自己的名义去发表,而他萧乾无意充当英国女王陛下的代言人。就在广播时间到来的前一个小时,萧乾坦然地将自己的这一立场通报给了英国广播公司。这样一来,左右为难的英国广播公司不得不临阵换枪,将本应由萧乾广播的内容改播了音乐。从此之后,英国广播公司的时事评述栏目,也就不再以盟国记者的名义播出,而是改由雇员播送公司审定的讲稿。然而,这并不影响广播公司同萧乾之间业已形成的友好合作关系。后来,该公司远东组组长乔治·奥维尔先生还充分发挥萧乾的另一特长,邀请他对美国及印度多次作有关文学范畴的专题广播。

1943年的岁末,由重庆国民党政府派出的以王世杰、王云伍为首的中国友好访英团抵达伦敦。在这个访英团成员中,有4年前力挺萧乾赶赴英国任教的重庆《大公报》社长胡霖先生。这一回,浑身上下充溢着高度新闻职业敏感的胡霖,再一次力挺萧乾迈向激战中的欧陆战场。

具有非凡目光的胡霖,告诉眼前这位于一年前辞去伦敦大学东方学院教职、而今正在剑桥大学王家学院撰写文学硕士论文的爱将说:现在墨索里尼完蛋了,纳粹在斯大林格勒被红军打得落花流水……依我看,西线沉寂的日子将很快过去,盟军非反攻不可,而且是把希特勒夹在中间狠狠地打!

随即,仿如4年前雷厉风行地任命他为《大公报》驻英特派员那样,胡霖迅即正式任命萧乾为《大公报》特派员兼伦敦办事处主任。

六个月后,盟军在诺曼底登陆了,一场以彻底埋葬希特勒法西斯为总目标的西线大反攻全面开始了。

很快,萧乾向英国新闻部呈递了附有重庆《大公报》证明书要求充任战地记者的申请。正是由于自1939年抵英后,萧乾一直兼任《大公报》驻英特派记者,更是由于他的勤奋多产和英国广播公司的好评,曾经审阅过萧乾撰写的大量反映英国本土战时通讯的英国新闻部,异常迅捷地给他颁发了相应证件。在这份贴有萧乾本人照片和标明他所属的中国《大公报》名称的战地记者证上,颁证部门这样标注道:

此人如被俘,应按照国际联盟规定,享受少校级待遇。

就这样,身着盟军少校戎装的萧乾开始了追赶他所服务的美军第七军挺进希特勒法西斯巢穴的战地记者生涯(而国民党御用工具派驻欧洲战场的记者仅为上尉军衔)。

与老友斯诺战地重逢,令他窥见了活的中国的灿烂前景

令萧乾意想不到又欣喜异常的是,1944年秋天,在盟军刚刚解放了的巴黎,供盟军各路战地记者下榻的斯克里伯旅馆的酒吧间里,一身戎装的西方战地记者斯诺——他当时是获得苏联方面特别许可采访东线(苏联和东欧战场)的六名美国记者之一,与同样穿着军装英姿勃发、正准备随盟军挺进希特勒巢穴的中国《大公报》欧洲战场记者萧乾重逢了。然而,又是一个令萧乾意想不到的是,对于这次两人的意外重逢,斯诺向他说的第一句话,不是有关战争,也不是异国他乡久别重逢的异常激动,不是互致寒暄,也不是询问老朋友的现状,而是"鲁迅是教我懂得中国的一把钥匙"这句令萧乾晚年一再向人提及的经典名言。自然,这是老朋友斯诺的肺腑之言。

斯诺为什么会在追剿法西斯希特勒的战争大规模展开之际,脱口说出这种在常人眼中"不着边际"的话呢?

毋庸置疑,这是斯诺在中国"探险"的十三年卓有成效的实践中获得的真谛。

从斯诺一张口就说出的这句话里,萧乾深深感到,斯诺身在欧洲,心还牵挂着中国。

斯诺继续向萧乾解释说,他在中国的岁月,是他一生中最难忘、也是

最重要的一段日子。他自幸能在上海结识鲁迅先生和宋庆龄女士。他十分怀念中国,特别怀念孙中山先生夫人宋庆龄,认为正是她以及鲁迅使他认识到真正的永恒的中国。那是关东军、戴笠或任何邪恶势力都征服不了的。

萧乾先生后来在其所著的《斯诺与中国新文艺运动》一文(刊 1978 年创刊号《新文学史料》)中开宗明义地向我们介绍道:

> 三十年代上半期,斯诺在中国曾做过一件极有意义的工作:他和他当时的妻子海伦·福斯特(佩格)花了不少心血把我国新文艺的概况及一些作品介绍给广大世界读者,在国际上为我们修通一道精神桥梁。这项工作同时也使斯诺大开眼界,他从中国事态的表层进而接触到中国人民的思想感情,使他在对中国现实的认识上,来了个飞跃。四十年代中期在一次会晤中他告诉我,在这条路上指引他的是鲁迅先生。《活的中国》是《西行漫记》的前奏。

萧乾先生还说道:

> 一九二八年这个米苏里出生的美国青年来到中国时,才二十三岁。他自己说,象所有的冒险家一样,他到远东最初也是来撞大运的。然而皇姑屯的炮声很快震撼了他。随后,由于认识了鲁迅先生和孙夫人,他接触到中国人民为抗日、为民主而进行的英勇不屈的斗争。同时,为了编《活的中国》,他读了鲁迅先生和三十年代其他中国作家的作品。同旁的外国记者不一样,他看到了一个被鞭笞着的民族的伤痕血迹,但也看到这个民族倔强高贵的灵魂。通过新文艺创作中的形象和其中的精神世界,他一步步地认识到中国人民的伟大并成为我们革命事业的同情者。

萧乾先生进而指出:

> 《西行漫记》问世于一九三八年。在那之前,斯诺最重要的一部书不是《远东战线》(一九三三年),而是《活的中国》。这本书的编译,也正是他在鲁迅先生指引下,认识旧中国的现实和新中国前景的开端。

绘得红楼铸青史

他是那个时代
报道震撼世界大事件最多的中国记者

与斯诺在巴黎一起意外地盘桓了大半天后,这是两人人生中的最后一次会面,萧乾立即马不停蹄,赶往了希特勒政权摇摇欲坠的德国境内。然而,当萧乾刚刚进入满目疮痍的德国境内,尚不及深入前线采访战事,便又一次遇到了意外,而且是在欧洲战场上其他中国记者不曾相遇的意外,令他一生新闻和文学生涯锦上添花的意外:在美军第七军莱茵前线,萧乾意外地收到了司令部派遣专人送来的一封急电。电报要他火速赶返伦敦,接受另一个重大使命:前往美国旧金山采访联合国成立大会……

给他拍发这封急电的正是他的顶头上司胡霖,胡霖也是中国出席联合国成立大会的代表团成员之一。

采访联合国成立大会期间,面对十几位国民党"中央社"记者得天独厚的垄断优势,在胡霖的精心安排下,萧乾作为民营报纸《大公报》记者,抢先一步向国内发出了苏联政府代表团团长莫洛托夫向中国政府代表团团长宋子文提出的关于订立"中苏互不侵犯条约"的独家新闻。萧乾还有幸多次同代表团中的中国共产党代表董必武同桌共餐——这是他后来毅然放弃在英国的优越生活条件,回国报效的原动力之一。

萧乾先生是时代的幸运儿,他是唯一一位跟随美军挺进莱茵河,尔后中途折返英国乘船转赴美国旧金山报道联合国成立大会(1945年4月25日),并在美国各地采风的中国记者——此时,盟军在德国的战事已接近尾声;尔后,萧乾又飞返伦敦,报道功勋卓著的英国领袖丘吉尔下台的英国大选(1945年7月26日),以及两任英国首相出席的波茨坦三巨头聚会(1945年7月17日—8月2日);尔后,他长时间驻留在被盟军完全占领的德国进行采访。之间,他还见缝插针进入西欧诸国深入采访,是所获独家新闻、报道战后各国包括战俘、吉普赛人在内各阶层人民生活最多的一位中国记者。之后,他还采访了纽伦堡国际大审判,并再次深入德国全境采访。

在采访波茨坦美、英、苏三巨头历史性聚会的空隙,素有平民情结的萧乾,首先想到的是六年欧战期间被迫滞留在德国境内的那些中国留学生,他们更需要祖国亲人的抚慰。之后,他将竭尽全力采访到的真实情况,匠心独具地向国内发出了一个又一个有名有姓同胞的平安电讯。重庆《大公报》刊出后,很快接到了这些留德学生亲属的感谢电、函,以及广大读者的内心感受,从而进一步提高了《大公报》在国人心目中的亲和力。这是国民党御用新闻机构的大员们不曾想到的。为此,萧乾又一次受到了社长胡霖的褒奖。

他是炎黄子孙的一个佼佼者

1946年初,凭藉过去七年中为促进中英、中欧人民伟大友谊的出色表现与业绩所获得的英国当局给予他的优先权,萧乾携着伦敦办事处为《大公报》挣下的丰硕家产——几辆奥斯汀小轿车与当时堪称国内首屈一指,连国民党喉舌《中央日报》也不具备的一套彩印设备,乘坐格林诺高号货轮,回归了阔别已久的祖国。

归国不久,一天,多年来一直提携并对萧乾一生产生重大影响的《大公报》老板胡霖把他叫了去,说是南京国民政府当局同他商量,要借调萧乾重返伦敦,接替叶公超担任驻英使馆的文化专员职务。为此,胡霖征询萧乾的意见。萧乾一听,二话不说,坚决地予以谢绝。萧乾坦然说出了自己心底的想法:"我不是国民党员,平生也最怕做官,如今好不容易回来了,再也不想走了。"

萧乾拒绝去伦敦担任国民政府派驻的文化专员的做法,在他与英国籍的妻子谢格温之间还产生了一场不小的风波。从此,也埋下了家庭离散的祸根。

然而,离奇的事情接踵而来。在他拒绝去伦敦的使命不久后的一天,在上海金融界供职的一位头面人物——国民政府财政部长孔祥熙的左右手,请萧乾吃饭。此时的萧乾既担任着上海《大公报》文艺版的负责编辑和专门撰写国际性社评的主笔,同时又担任着复旦大学的教职。席间,一位自称是安徽大学校长的人向萧乾提出,请他去为军委会总参长陈诚将军讲一讲欧洲战局。萧乾听后,如同前不久一口拒绝国民政府外交部要他去担任驻英使馆文化专员那样,当场予以回绝。但是对方并不死心,之后一连去了三趟他供职的复旦大学。最后,某校长退而求其次地说道:如果他不肯给陈诚总长一个人讲,他们可以为萧乾单独开设一个班,陈诚也在座听讲行不行? 然而,萧乾还是予以了坚决拒绝。

上海的世道太复杂了,根本不能适应中国生活的妻子谢格温宣布与他彻底分手,独自一人回了英国。但萧乾不想出国,无奈之下他只得又去了香港。

此时的萧乾,正如其晚年回首往事时所描绘的那样:

1949年初,我曾站在生命的大十字路口上,需要作出决定自己与一家人命运的选择。当时,我母校剑桥大学要成立中文系,系主任何伦(Gustar Haloun)教授邀我去讲现代中国文学课。他不但函约,三月间还亲自来到香港。他从《大公报》馆打听到我的住址后,就气喘吁吁地来到了九龙花墟道我家,苦口婆心地劝我接受大学的聘请。他说此行一则为新创办的中文系购置一批书籍,再就是促我去剑桥。这回和1939年那次大不相同。大学不但负担全家旅费,还答应给我终生职位。

……两天后,这位怕爬楼梯的老教授又来了。这回先声明不是代表大学,而是作为一位老朋友来规劝我。

临告辞,他说第二天早晨再来听回话,还逗了逗坐在婴儿车里吮着奶瓶的铁柱儿说:"为了他,你也不能不好好考虑一下。"

风闻我要去北平,几位东方的"何伦"也上门来劝阻。有的为我出起主意:"上策嘛,还是接下剑桥这份聘书。中策? 要求暂时留在香港工作,那样既可以保持现在的生活方式,受到一定的礼遇,又可以静观一下。反正这么进去太冒失了。进去容易出来难哪! 有老朋友了解你? 到时候越是老朋友越得多来上几句。冲你这个燕京毕业,在国外呆了七年,不把你打成间谍特务,也得骂你一通洋奴。……"

整整一个晚上,翻来覆去,辗转难眠,考虑再三,萧乾终于下了决心。

担忧归担忧,也许正是五年前巴黎斯克里伯饭店酒吧间里与老友斯诺重逢时的一席谈所起的作用,在主导着他的中枢神经。最终,萧乾恋家恋国的情结,还是牢牢地占了上风。

在煎熬中一夜无眠,头脑却异常清醒的萧乾,早晨起来在去《大公报》上班前,他给何伦教授留了一封短简。短简上面是短短的46个字的表白:

> 十分抱歉,报馆有急事,不能如约等候。更抱歉的是,白白害你跑了三趟。正是为了这个娃娃,我不能改变主意。

说实话,他并不是没有"路"可走,而是他根本不想走洋朋友和香港朋友们为他铺设的舒适而又平坦的路。一句话,他要走依据自己独立思考而得的路。

还是在何伦教授几次三番地力邀他去剑桥大学讲授中国文学之前,也就是国民党全面溃败大陆之际,对他有所器重,正在美国做着国民政府特命全权大使的胡适博士力邀他赴美国发展,但同样为他拒绝了。他的心,与美国老友斯诺的心是一致的:已经同中国共产党即将起航的新中国大业这艘巨轮紧紧地维系在了一起。

这一年8月底的一天,也就是新中国成立前一个月的一天,萧乾领着一家人自香港登上"华安轮"经青岛抵达天津塘沽港,换乘火车回到阔别了12年之久的北平。

在这之前,1949年的7月,萧乾应邀北上,参加了在北平举行的属于新中国第一次文代大会。但在这之后的三十年间,他一直背负着"某大权威"强加给他的莫须有的所谓主编过美帝国主义走狗的御用工具《新路》的黑锅(秋石注:北平解放前夕,这家纯粹由北平几所大学著名教授主持的名为《新路》的刊物出版不久,即遭到了国民党当局的查封。在刊物酝酿阶段,担任主编的清华大学教授吴景超等人力邀萧乾主持国际问题及文艺栏,但在刊物问世前,萧乾则明确表示了不参与的态度与立场。事后出版的刊物上,也并没有萧乾的名字或由他撰写的文章出现),而被排斥在新中国的文艺队伍外面……

尽管他饱尝了近30年被归入另类的人间冷眼和酸楚,但他从来没有动摇过对祖国的信念。就是在晚年他平反复出后,海外有人向他抛出橄榄枝,他也不为心动。

毋庸置疑,他是一位名副其实的炎黄子孙,一位值得我们尊崇的新闻界前辈和文学界前辈。

外一篇:萧乾不同意(鲁迅)这个看法

1936年5月,即鲁迅逝世五个月前的一天夜晚,鲁迅在自己大陆新村的寓所里接待了到访的美国友人埃德加·斯诺(由姚克陪同前往),就中国新文学运动的若干问题进行了一次较为全面、深入的谈话(见1987年第三期《新文学史料》所刊《鲁迅与斯诺谈话整理稿》)。

在回答斯诺提出的第三个大问题,即"包括诗人和戏剧作家在内最优秀的左翼作家有哪些?"时,鲁迅在一一列举"最优秀的左翼作家"七人名单之后,专门谈到了丁玲。斯诺这样记录道:丁玲是左翼作家,可是自她被捕,与冯达(原是左翼作家,后来成了叛徒)结婚以后,鲁迅认为她完了……

其实,早在与斯诺进行的这次谈话前,鲁迅对丁玲的认识已经完成了一次蜕变:从早期愤怒声讨国民党反动政权对丁玲的迫害,以及误信其被杀害,转变为对丁玲左翼文学前途的失去信心。请看鲁迅的评述:

一九三四年九月四日致王志之信:

……丁君确健在,但此后大约未必再有文章,或再有先前那样的文章,因为这是健在的代价……

一九三四年十一月十二日致萧军萧红信:

……蓬子转向;丁玲还活着,政府在养她。

然而,斯诺是一位有着独立思考意识的西方记者,他并不盲从鲁迅。在即日整理鲁迅同他的这个谈话稿时,紧随鲁迅关于丁玲问题的表述,斯诺作了这样的说明：

"萧乾不同意这个看法，称他最近从丁玲那儿得到一个短篇小说，这是她三年来（指被捕、囚禁以后）写的第一篇。她的作品毫不含糊地表明，她的思想没有改变。"

关于整理稿中记述的在丁玲问题上的鲁迅错误看法，以及斯诺给予的纠正，当事人萧乾先生在提交座谈会——（《整理稿》发表后，引发了文学界、史学界的广泛关注。一个月后，1987年9月25日，《新文学史料》邀请了唐弢、卞之琳、楼适夷、萧乾、臧克家等五位历史见证人，以及相关专家、学者，举行了一次座谈会。《座谈会纪要》发表在1988年第一期《新文学史料》上——的书面发言中，则作了一个非常符合当时实际又非常符合老友斯诺为人为文严谨、公正一贯作风的说明：

1. 丁玲在沪被捕时，我还在燕京念书，1935年我接编《大公报·文艺》，1936年又兼编津沪两地的《文艺》，坐阵上海。36年我得知丁玲出狱，当时出于当编辑的一种本能，我立即搭沪宁夜车去南京，找到她，并向她组稿。承她把出狱后第一篇小说《松子》给了我，我也马上把它刊登出来。

2. 作为一个精明的记者，斯诺在征询我对丁玲的看法时，不曾也不会把鲁迅对她如何看法告诉我；那样就会影响了我回答的真实性。我对她狱中生活一无所知。我回答的根据，也只能是我当时所经手的她的稿子。记得《松子》是以同情的笔调写贫苦农民的。

事实也正如斯诺标注、萧乾坚持的那样：在丁玲遭幽囚获得有限自由的后期，也就是1936年的南京时期，丁玲一共写了五个短篇小说，即《松子》、《一月二十三》、《陈伯祥》、《八月生活》和《团聚》（均在1936年，而且是在鲁迅逝世前夕得以公开发表，只不过鲁迅没有读到罢了）。《松子》是第一篇，发表在与鲁迅谈话一个月前的1936年4月19日由萧乾主编的《大公报》文艺副刊上。故而斯诺夫妇记有"萧乾不同意（鲁迅）这个看法"的重要更正文字。显然，斯诺在访谈鲁迅之后，对鲁迅的一些看法拿摸不定，故而也征求了如萧乾、杨刚、郑振铎及其他一些人的意见。

对此,萧乾,杨刚的回忆中有所涉及。

在这里必须指出的是,坚持独立思考,不迷信伟人名人,不盲从一家之言的求真和率直精神,贯串了斯诺的一生。1970年斯诺访问中国时,毛泽东与斯诺进行了长达5个小时之久的推心置腹的谈话。作为毛泽东的唯一外国知己,斯诺向毛泽东直言不讳地谈到中国存在"个人崇拜"的问题,说出了当时在中国无人敢公开讲的心里话。毛泽东则坦诚地承认这是事实,说"四个伟大讨嫌",高度赞赏斯诺对他不说假话,保持独立思考,没有受这一套的欺骗是对的。

在萧乾的笔下,我们同样见证了他的美国老朋友埃德加·斯诺身上凸显的那种不迷信不盲从的品格。

把"人"字写端正些
——著名文艺理论家贾植芳人生写照

位于上海东北隅,与百年复旦仅隔一条邯郸路的国顺路650弄,是一个花木扶疏绿荫蔽天的井深庭院,院内是清一色的建于上世纪50年代的三层老式红砖楼房。

2006年3月里的一个初春的早晨,一缕金色的和煦阳光斜斜地穿过芭蕉树丛和斑竹林,暖融融地照射进了第13号房舍内,映着和煦阳光的老人的脸,是恬静的、光洁的,你丝毫也看不出端坐在茶桌旁的是一位四度狱里狱外年届九旬的老人。

当我走进这间地上桌上沙发上到处摞满书籍报刊的屋子时,贾植芳先生像老朋友一般冲我微笑着说:"你来了,我刚刚起床"。

此时此刻,是上午8时40分,比他往常起床的时间提前了20分钟。看来老人的身体蛮不错的,初春的良好感觉,昭示着新的一年的收获前景:继前一年出版的4卷本《贾植芳文集》、《贾植芳画传》、《早春三年日记》之后,一部

441

绘得红楼铸青史

40万字的《贾植芳回忆录》已付诸排印,1953年首版的译著《契诃夫手记》第5次进入印刷发行……

贾先生告诉我,今年是集出版家、翻译家、诗人于一身的邵洵美先生诞辰一百周年,为此,他正在研读有关邵氏的译作、著述和他人对邵氏的评价。谈到这里,我方才明白,为什么一进屋,就发现他的目光定定地驻足在前一日收到的《新文学史料》上——2006年第一期《新文学史料》刊登了一组《邵洵美专辑》,还在新开张的《旧文新读》栏目中,刊登了邵氏作于1937年春记述文坛趣事的《儒林新史》。

从他口中我获知,有关部门正在筹划邵氏的百年诞辰纪念活动,同时,还将出版《邵洵美文集》,自然,贾植芳先生责无旁贷地担纲起了为邵氏文集作序的重任。贾植芳先生有一个经年养成的良好习惯,即无论谁请他撰序,不熟悉的,不了解的,他决不动笔。而要写,即使过去熟悉的,了解的,他也要广读细研一些原文原著,方才可以动笔撰述。而写邵洵美,则囿于当年鲁迅对邵洵美的屡屡恶评,无意之中增加了一定的难度。然而,话又得说回来,贾植芳先生与邵洵美先生之间是有过来往的。这个来往并非是在建国前的十里洋场,而是在解放初,由老友韩侍桁作东的两度私人宴席上相聚。可是,颇为滑稽、影响颇深的是,俩人交往长又彼此得到进一步了解的却是在新中国的牢房中:贾植芳因1955年胡风案死不改悔入牢狱,三年后,邵洵美因其当年与国民党文化特务头子张道藩及美国女子项美丽有染遭"帝特嫌犯"双重反革命的重罪恶名,而被纳入专政行列。1961年的冬春之交,俩人得以同关一间囚房近四个月。

一日,病饿交加的邵洵美于前景深感绝望之际,郑重其事地向贾植芳作了后事拜托。邵洵美说:"贾兄,你比我年轻,身体又好,总有一日会出去的。我有两件事,你一定要写一篇文章,替我说几句话,那我就死而瞑目了。第一件是1933年英国作家萧伯纳来上海访问,我作为世界笔会的中国秘书,负责接待工作,萧伯纳不吃荤,所以以世界笔会中国分会的名义,在'功德林'摆了一桌素菜,用了46块银元,由我自己出钱付的。参加宴会的有蔡元培、宋庆龄、鲁迅、杨杏佛,还有我和林语堂。但当时上海大小报纸的新闻报道中,却都没有我的名字,这使我一直耿耿于怀,希望你能在文章中为我声明一下,以纠正记载上的失误。还有一件,我的文章,是写得不好,但实实在在是我自己写的,鲁迅先生在文章中说我是'捐班',是花钱雇人代写的,这真是天大的误会,我敬佩鲁迅先生,但对他轻信流言又感到遗憾!这点也请拜托你代为说明一下才好……"

邵洵美在向贾植芳作此托后次年出狱,他比贾植芳早五年脱却囹圄之苦,但仅仅多苟活了五年,便于1968年"文革"鼎盛时因贫病交加去世。21年后,1989年5月,贾植芳写下了《我的难友邵洵美》一文,发表在当年第五期《上海滩》杂志上,完成了邵洵美在牢房中的相托。

贾植芳先生有一个同样是经年养成的雷打不动的良好习惯:记日记。这可不,这几天,他一边研读邵洵美,一边酝酿作序的事儿,每天到了夜间还要记上一二百字三五百字的日记。除此之外,每天还要读上十几种报刊,接待来访者并回答他们提出的问题。若是天气好一些的话,在侄女陪伴下,在满目葱茏鸟语花香的庭院小道上走上几个来回,以健身。

对于一个一生中经历二十多年流离颠簸且十多年四度光顾牢狱的老人来说,九十岁了仍健健康康地活着,笔耕着,不啻是长寿又长寿了。长寿的秘诀是什么?依我七年之观察,一是老人的达观、开朗、幽默,从不为灾难困苦所压倒;二是数十年如一日勤于思索勤于耕耘;三是百无禁忌的随和饮食:早餐,一杯牛奶外加一个鸡蛋;午餐是面条、菜汤,荤素菜搭配,且吃上二三块肥瘦皆有的红烧肉;晚餐,则是百谷粥——用大米、小米、玉米、红豆、绿豆、地瓜、红枣等煮成,外加一二个包子及荤素菜肴。他还经常应邀外出就餐,间或饮上一小杯红酒绍兴黄什么的……

生死相依战友情

在我的文学生涯和生活中,胡风都给予了热情的扶植和无私的帮助,这些,我都是永远感激和难忘的,我之所以成为这个人为认定的"集团"的骨干,完全是由于我与胡风之间的、在患难中建立的深厚的友谊关系。我与胡风的感情,主要是出于友谊以及对朋友忠诚这一古老的中国人的为人道德。

——贾植芳:《狱中沉思:我与胡风》

1979年的早春,一个阳光和煦的日子,刚刚恢复了"人"的尊严尚不及正式平反的贾植芳,被分配回了中文系资料室工作。就在这时,系里收到了寄自四川成都、注明"上海复旦大学中文系杨力教授收"的一封信。没有人知道"杨力教授"为何许人,只有贾植芳带着狐疑领受了此信。须知,"杨力"这个名字还是他在解放前夕出版小说集《人生赋》时,胡风给他题签的笔名呢!

这是胡风历经24年炼狱生活刚刚获得自由后写给他的信。

在紧接着收到的第二封信中,胡风寄来了一组题为《酒醉花赞——怀贾植芳》的古体诗。这是胡风凭记忆写出的当年在狱中的吟咏。其中,以"大笑嗤奸佞,高声论古今"、"奔流嗤地大,展翅笑天宽"、"千赞楼梁木,稠嗤虎颈毛"、"怀君怀炸药,着火石无强"的诗句来形容贾植芳,表达了胡风内心对这位肝胆相照的老友的敬佩思念之情。尤其是在1955年的狂风骤雨中,贾植芳不以自己苟生换自由,坚决不"与胡风划清界线",从而使当初被当局认定"可以挽救的人民内部矛盾",一下子转化成了敌我矛盾——12年炼狱的"胡风反革命集团骨干分子"。

历史定格在了1955年的5月15日。这是一个星期日的清晨,工作了大半夜刚躺下不多时的贾植芳被夫人任敏推醒,告诉他学校党委书记杨西光来了电话,要他马上赶往高教局开会。就在他漱洗的当口,杨西光的警卫员又一脚踏了进来,催他上车。就这样,贾植芳随同杨西光上了车。车上,默然无语的杨西光书记从口袋里摸出了一包市场不见踪影的中华牌香烟,递给了他。

在市高教局会客室,重重心事的杨西光陪着他吃完排骨面后,进来了三位表情冷漠的领导,在他们的身后,是三五位拿记录本的年轻姑娘。

"贾先生,你看报了吗?"一位领导率先发了问。

贾植芳坦然回答:"我订了好几份报纸,当然看了。"

"前天《人民日报》发表的《关于胡风反革命集团的编者按语》……你看了没有?"

"看是看了,可是我没有看懂。"

"怎么看不懂?"

"字当然认识,但是意思不明白。"

说话间,那位领导掏出一张《人民日报》说:"你看不懂,我给你念念。"他把"编者按语"念了一遍,尔后,抬头直视贾植芳。

迎着他的目光,贾植芳执拗地回答道:"这按语的意思我似懂非懂,你念了我还是不明白。"

那位领导一下失却了耐心,单刀直入地问:"胡风搞的什么阴谋?"

这回,贾植芳毫不含糊地大声说道:"胡风按正常组织手续向中央提意见,又不是在马路上撒传单,怎么是阴谋呢?"

领导一下打断他的话,厉声喝叱道:"你还为胡风辩护!你和胡风是啥关系?还是老实说吧!"

一股热血直冲脑门,贾植芳一昂脖:"我和胡风是写文章的朋友,还能有什么关系?我们在旧社会共患过难,他在最困难的时候帮助过我,就是这么个关系!"

见状,那位领导从沙发上跳了起来,又一次厉声喝叱道:

"贾植芳!我代表高教局,宣布你从现在起停职检查,交代问题。"

临近中午,杨西光书记不无惋惜地回去了。临告别前,惜才如命的杨西光充满人情味地再一次规劝道:"贾先生,复旦大学缺教授,也需要你这样的教授,希望你能早一些把问题说清楚,好回来上班。"

下午,压根不听规劝的贾植芳仍然理直气壮地和高教局三位领导唇枪舌剑地战成一团。

当晚,因拒与胡风划清界线导致性质突变的贾植芳,被一辆呼啸而来的囚车送进了上海市第三看守所的一间牢房,在这儿,度过了他的十年零十个月的牢狱生活。这是他有生以来的第四次牢狱之灾。前三次分别是 1935 年冬因积极参与"一二·九"抗日救亡运动入的北平军人监狱、因反日爱国嫌疑于 1945 年初入的徐州日伪监狱、1947 年 9 月因公开撰文声援爱国学生反内战示威游行入的上海中统局监狱。他没有一次承认自己是犯罪,没有一次出卖朋友尤其是共产党方面的朋友。

谈及贾植芳与胡风的关系,要追溯到 70 年前。1937 年初,因参加民族救亡运动遭受反动政府迫害正亡命日本的贾植芳,在东京书店里看到了上海生活书店出版的《工作与学习丛刊》,从其编辑、撰稿人员阵营,他就认定这是一个坚持鲁迅战斗传统的严肃文学刊物。于是,他将自己亡命日本前关押在北平反动政权监狱生活为背景的小说《人的悲哀》投将去。不出两月,他收到了刊有他小说的丛刊第四本《黎明》和 30 多日元稿酬,以及编者胡风的热情来信。从此,他与胡风成了莫逆之交,先后担任了《七月》特约撰稿人和七月社西北战地特派员。1939 年,因利用自己在山西中条山国民党前线部队任翻译的便利,屡屡掩护共产党人和热血青年奔赴延安的举止败露,他不得不流浪到了重庆。抵渝后,他给在同一城市的胡风寄出了一篇他在前线访问一个八路军支队长的报告文学作品,并附言告诉胡风他在一家小报工作。接到贾植芳的信,胡风很快找来了。由于信中没有言及"小报馆"的名称,胡风几乎是在跑遍重庆大大小小报馆之后才找到他的。胡风还给他带来了昔日无法寄汇的稿费。望着跑了大半个重庆城满头大汗的胡风,贾植芳从心底深处感受到了胡风特有的纯真而又热情的人品。贾植芳不止一次对人说:胡风是个讲信义、重感情的知识分子,一如毛泽东评价鲁迅的那样,"在他身上没有丝毫的奴颜与媚骨"。他是对人民革命的文化事业忠诚无畏的革命作家,是一个可以相交、相信、相托的真正朋友。这也就是他在 1955 年那场突如其来的灾难中坚决不认可胡风"反党"、坚决不与之划清界线的根本所在。

　　贾植芳与胡风之间的这种生死相依,不仅仅是在 1955 年,以及那以后的 30 年中,其实,早在建国前夕共同反对国民党蒋介石独裁统治的斗争中就凸显出来了。1947 年 9 月,因在报纸上发表檄文,公开声援"反内战、反饥饿、反迫害"的学生示威行动,贾植芳被国民党中统特务捕入亚尔培路(今上海陕西南路)二号监狱。当局要贾植芳领他们去抓胡风,或将胡风住处告诉他们,作为释放他的条件,但遭到贾植芳的断然拒绝。继之,特务们又要他在国民党的《中央日报》上发表《反共宣言》,又遭贾植芳的拒绝。直到一年零三个月后的 1948 年冬天,最终,由胡风求海燕书店老板俞鸿模托人保释出狱。在这一年多的囚狱中,每当夫人任敏前往探视,胡风夫人也都要送食品让其带给贾植芳补养身子。而胡风对朋友的挚情,更是令人钦敬万分。据任敏后来撰文回忆道,一次,胡风匆匆赶至寄居在友人处的任敏那儿。一见面,当着满屋子的朋友,胡风就十分生气地冲着她嚷嚷上了:"你呀,你不着急,别人倒是替你着急,怎么植芳的事不管了？这么长时间,没看到你,营救的事怎样了,也不来告诉我,使我们老放心不下,惦记得很！要想法奔走活动呀！"尽管这是一场误会,但当年这感人的一幕,直到上一世纪八九十年代,每每提及,贾植芳夫妇俩仍然感动不已。

说起来,胡风当初写那个夺他命的"三十万言书",还多多少少与贾植芳有一些关系呢！

1954年春节期间,贾植芳夫妇赴京城探望已入宦海的大哥贾芝,顺便也探望了一些旧日的朋友。在北京,贾植芳的不少朋友都是喝着延河水成长为人民新中国的重要干部的,包括他早年留日时的同学。其中的一位名叫李春潮,是习仲勋同志的陕西同乡,时任广西壮族自治区文教厅厅长兼党组书记,又恰好是在中央政治局秘书长兼政务院文教委员会副主任习仲勋的直接领导之下。李春潮去探望这位乡党加领导时,无意间习仲勋将毛泽东刚刚写给他的一封信的内容简要地告诉了他。在这封信中,毛泽东发出了一个信号：继续批胡风（的文艺思想）。于是,当正在北京开会的李春潮遇到来京探亲的留日老同学贾植芳时,出于关心,忍不住向他提醒道：你和胡风是朋友,你要当心一点呢！随后不久,贾植芳到了胡风家里,长久陷于苦闷中的胡风随口问道：你的朋友很多,听到什么风声没有？见问,同样是出于对朋友的关心,贾植芳也按捺不住向他说了刚刚听来的消息。同时还说了诸如要胡风把衣服穿厚点,天要冷了之类的话。岂料,胡风一听,就大为光火地说：五二年开小型帮助会,那时我还给他们台阶下,承认我是小资产阶级,如若再批判我,我连这小资产阶级也不承认了,我是无产阶级！贾植芳听后,顿时发了呆,他是深知胡风脾性的,显而易见,自己做了一件好心帮了倒忙的错事儿,弄不好……后来,胡风写"三十万言书",不能不说,其诱因就是这个。1955年贾植芳被捕后,在一次提审时,审讯员提及他一年多前去北京的情况,有的放矢（也为的是让他明白）地向他质问道："你到北京干啥去了？你碰到李春潮没有？听说毛主席要继续批判胡风,你给胡风通风报信,是不是？这是党内机密,很多中央委员都不知道,胡风怎么知道的？"

当贾植芳反问审讯员怎么知道得这么详细时,审讯员的回答倒也不含糊："胡风给毛主席写信质问此事。他们一查,查到了李春潮,又查到你头上,你就住到这儿来了。"

在这里补充说明一句,李春潮同样是一个血性汉子。由于他向贾植芳透露了毛泽东要继续批判胡风的内部消息,因而,当一年后那个声势浩大的"全国共讨之,全党共诛之"的运动甫一开始,他也受到了严厉的追问和批判。但李春潮压根不服。以致在两年后进行的帮党整风的大鸣大放中,李春潮就胡风、贾植芳一伙人遭受的不公正命运,同时也就自己的行为频频放出怨言,结果可想而知,且是罪加一等。最终,被划成右派的李春潮越想就越无法解脱,于是,便来个跳河自杀,一了百了。

贾植芳此次北京逗留期间,还遇到了另一位留日同学潘开兹。当年,潘开兹一回国就奔赴延安吃了小米。在延安时,潘开兹在中宣部工作,建国后就任国家农林部全国集体农场管理总局局长。由于对胡风未来的命运放心不下,特别是联想到这么多年来,胡风一直被人说成是反对与工农兵相结合并且拒绝改造,天真的贾植芳想道:如果把胡风弄到农场去生活,日子一长,加在胡风头上的这顶帽子就不攻自破了。于是,他也不管胡风心里是怎么想的,更不问一问胡风愿不愿意这么做,就自作主张地把自己的这一想法与老同学潘开兹说开了。同样是书生气十足的后者听了,立马表示了同意,拍着胸脯说道:"把胡风弄到农场,这事我包了,北京附近有个清河县农场,就到那去,离北京只有四十里地,就叫他到那里去养养身子也好。这些年他够苦的了,到时我再找个厨子,照顾他的生活。"

可他们愣是没有想过:即将陷于没顶之灾命运的胡风,岂是他们这两个小人物可以力挽狂澜的?!

而对于贾植芳来说,他也不给自个儿把一把脉搏:未来摆在胡风和他面前的会是一个什么样的结局?非但胡风去不了老同学属下的什么清河县农场,连他自己还不是变幻莫测地给一记重拳捶在了无产阶级专政的铁拳之下?!

贾植芳的骨头很硬很硬。在狱中呆了十年零十个月,他非但没有出卖恩师胡风,而且也从来不承认自己是什么"反革命"。在这期间,曾经出现过某些松动的迹象。那是在1962年,周恩来总理和陈毅副总理作那个著名的给知识分子脱帽加冕讲话的广州会议之后,上海市公安局派专人找他谈了话,对他说:"你是个高级知识分子,今后出去了还要工作,上面关心你的健康情况。从现在起,你在这儿可以享受'中灶'的待遇(有关这一点,与胡风在北京秦城监狱相似——引者注)。"与此同时,极富知识分子人情味、毕业于西南联大外文系的看守所所长还给他《人民日报》、《红旗》杂志和《人民文学》杂志等供阅读。

然而,天有不测风云。这个从不认错从不屈服于任何压力的"胡风反革命集团"骨干分子,依然是这等的命途多舛。1966年4月,"文革"风暴乍起之时,法院来人最终明确了对他的态度:"外面的政治形势变了。你的问题不能再做内部问题处理了,要通过法律形式。但我可以给你交个底,不会枪毙你。"贾植芳听后,十分生气地回答道:"我也没犯法,凭什么枪毙我!"法院的人反问道:"没犯法,你怎么会到这里来?"见问,贾植芳更加理直气壮了:"是你们抓我来的,我又不是抗美援朝参军来的,你还来问我?!"好在法院的人已经司空见惯了,对他的这些激烈言辞也不作什么理会和申斥。紧接着,来人公事公办地对他解释道:"这只是个手续,至于判多少年,我们还要研究。一方面看你的态度。你把过去的问题写个材料。"听到这里,贾植芳的脾气又火爆上来了,脖子一拧,问道:"我有什么问题?写啥材料?"听了他的话,对方也竟然不咸不淡地说道:"写你过去的经历。你愿意怎么写就怎么写。"对此,贾植芳又一次直通通地回敬道:"坐监十一年,我早忘了!你们写!你们怎么写、写什么都可以!写好了,我签字!"

"胡风反革命集团"案先后涉及上万人,全国各地各行各业都有,但被判刑的一共只有三人。三人中,数贾植芳最为强硬,而且比"首犯"胡风还要硬:他压根也从不承认自己是什么"反革命"。"首犯"胡风于1965年11月被北京市高级人民法院判处有期徒刑14年,释放后流放四川,并在"文革"中加判为无期判刑,直到1979年2月才出狱。1985年病逝北京,1988年彻底平反。1966年4月,天津、上海两地法院同时判处阿垅和贾植芳12年有期徒刑,判决书罗列的主要罪名是那样的惊人一致:"妄图篡夺中国共产党的文艺领导权。"阿垅于1968年病死于狱中,贾植芳顽强地活了下来,时至今日的九十华诞,风华依旧,笑对人生。这,不能不说是人世间的一个奇迹。

友谊,战友之情,生死相依,是在艰难岁月中凝结成的。贾植芳和胡风之间的友谊,就是基于这样一种前提。所以,到了1955年,面对囚狱和自由,贾植芳先生坚定不移地选择了不出卖良知不背叛朋友的12年炼狱生活,外加11年另类人生。代价是极其昂贵的,但从中彰显了两人间友谊的神圣,以及贾植芳人品的高尚;所以才有1985年胡风仙逝后,贾植芳先生匍伏在师友遗体面前那个完完全全发自内心的惊天地、泣鬼神的嚎啕大哭!

壮哉!贾植芳!

壮哉,贾植芳的端正人品!

感天动地夫妻情

我与任敏结缡六十载,在这个漫长的过程中,我的所有的人生活动和成就都凝结着妻子的欢欣和眼泪。我们在到处是坎坷的人生旅程中,彼此搀扶着,一脚高一脚低地走了过来;抗住了一次又一次的冲天风暴,坚强地活了下来。我深深感谢六十多年来她对我的信任、理解和支持。

——贾植芳:《做知识分子的老婆——任敏女士纪念集》

如果说,世界上要像举办国际模特大赛一样,来选出真正的患难夫妻的话,那么,可以这么说,贾植芳与任敏,是一对最具说服力的"冠军"人选。

抗战初期,亡命日本攻读社会学的贾植芳先生,毅然放弃学业回国参加抗战,一度流落古城西安。因为懂日语,被一个驻扎在黄河边上的国民党工兵部队招募去翻译日文技术资料。其时,任敏正在西安商业专科学校会计系念书,因喜读胡风主编的抗日杂志《七月》,进而被人介绍认识了经常在《七月》上发表作品的贾植芳先生。他们因爱而结合,而同居在黄河边上的一间陋屋里。他们没有办过任何法律认可的手续,也没有双方家庭的财富和对方的地位作保证。结合时,年仅23岁的任敏对夫君只说了一句话：我这人苦吃得起，就是气受不起，所以生活在一起，吃苦不怕，只要不受气就行。贾植芳说他一辈子都遵守当初给妻子的这个承诺。可他万万没有想到，由于他的生性"不安分"，她以后跟着他吃的苦，竟是这么的多，这么的大。他俩新婚不久，有人怀疑他们是延安派来的，欲加秘密逮捕并活埋。幸好有人及时报了信，于是先生带着年轻的妻子连夜逃命。贾植芳在晚年所著的回忆录《狱里狱外》一书中，记载着以下这么一个细节：

> 这一夜天特别黑，真是伸手不见五指，我们不敢走大路，就翻山逃命。一路都是荒山巨石，我走在前面，慢慢地往前摸，爬过一块大石，就轻轻喊任敏，她沿着声音走过来。就这样整整逃了一夜，才脱了危险。

正如贾植芳先生的学生陈思和教授撰文所说：我想，有过这样经历的人是很难忘怀这一切的，先生那低沉的"任敏、任敏"的呼喊声，一定伴随了师母坎坷的一生，就是这一声，吃得起苦的师母付出了多么大的代价……

令任敏始终不能忘怀的是，1946年他们住在胡风家中的时候，"经常发脾气"的胡风意味深长地对她说过的一句狠歹话："你以为做知识分子的老婆容易？"正是从那时起，她以此为座右铭，以自己的行为，实践了一生。

流离之苦尚不足论，那连绵不断的牢狱之灾，以及在狱外默默等候夫君的焦虑，方显出任敏的本色。

1945年春，被怀疑是"与延安有勾结"的共产党间谍，贾植芳在徐州被日军特高课捕去关在了狱中。狱外的年轻妻子一边设法托人找关系营救，一边还要不断变卖衣服为贾植芳送饭送菜，直到"八·一五"日本宣布投降。

1947年秋，贾植芳因在报上公开发表文章支持"暴徒"们对抗那个摇摇欲坠的国民政府，在上海被中统局特务捉将进去，任敏也被关押了八十多天。出狱后，任敏四处奔波，托人营救，同时，仿佛两年前的徐州，节衣缩食，为贾植芳送食品，直到一年三个月后贾植芳出狱。1955年5

月，因胡风冤案贾植芳牵连入狱，始终不肯划清界线又不肯离婚的任敏也随之被关押了一年多。不久，又被发配青海，并且第二次被捕入新中国的监狱，接连数年挣扎在饥饿线上，在监狱她还背过死尸……直到三年自然灾害的末期，她才被释放出来，而且还是一个"随唤随到"的假释犯。其时，她的生活道路可以有多种选择，但她毫不犹豫地选择回了丈夫的老家山西，与年迈的公婆生活在一起，替狱中的丈夫尽孝道，还为两位老人送了终……

听了贾植芳讲述的这一切，令我想起了沙俄专制时期十二月党人们的妻子，不，任敏比十二月党人的妻子们还要崇高得多，因为她承受的，付出的，实在太多太大了。

在《狱里狱外》一书中还有一段记载，更是见证了这位弱女子的风采，贾植芳写道：

> 任敏许多年受的委屈和苦难，我关在监狱里一点也不知道。一九六三年十月，我突然收到了一个包裹，包裹的布是家乡织的土布，里面只有一双黑面圆口的布鞋，鞋里放着四颗红枣，四颗核桃，是我们家乡求吉利的习俗。虽然一个字也没有，但我心里明白，任敏还活着，她已经回到了我的家乡了。这件事使我在监狱里激动了很久很久。

其实，任敏对夫君的那份至尊仁爱信义，又何止这些。

1980年，贾植芳回归了阔别25载的教授岗位。同年底，他接到了上海市公安局的最终平反公告。那一天，他和任敏开怀痛饮，任敏这才把自己这些年的坎坷经历一一倾吐了出来。贾植芳又是心疼又是不解地问她："你为我吃了那么多苦，为什么到今天才告诉我？"任敏则平静地回答道："你处境不好，心情不好，我怕告诉你，你会对共产党绝望。"

这就是做贾植芳妻子的任敏！一个大写的知识分子老婆的任敏！一个顾全大局的中华民族优秀女性的任敏！

为了不让丈夫对生活失去信心，她独自默默地吞下了一枚枚苦果。

任敏中风瘫倒后，任敏的侄女桂芙来到他们的身边，她对贾植芳说："姑夫，你能从艰难中走出来是很伟大，可是我感到姑妈比你更伟大，她陪你坐牢,还流放青海,从青海又回到你们南侯村当农民,在那里等你几十年。"

红枣和核桃,一直在贾植芳的眼前晃动着,他永远也无法忘怀自己身边这位比一百多年前的十二月党人妻子们还要伟大、崇高的妻子。

自1997年任敏中风病倒后,贾植芳特地找出珍藏多年的书信日记,从中挑出他与任敏在文革后期到平反前后的通信,以及等待平反期间的日记,编成了厚厚的一本《解冻时节》出版。2000年初的一天,他捧着出版社刚寄达的校样来到医院病房,对着昏睡中的爱妻喃喃地说道:看吧,你写的信,你写的文章,我们都保留下来了……

一天,医院发出了病危通知书,贾植芳在学生的搀扶下来到病房,他一手拄着拐杖,一手紧紧握着任敏的手,大声呼唤道:任敏!任敏!"任敏啊,以前别人整我们,我们没有办法,现在好了,我们一定不能被自己打倒!你要好起来。"说着,说着,入院后从来没有反应的任敏,突然间泪如泉涌……

终于,任敏奇迹般地从鬼门关闯了过来,回到了自己的家里休养了。

"我从来没有见过这么恩爱的老夫妻!"

负责照料任敏的保姆,逢人便感动地比划道。

事实也正是如此。

每天清晨,贾植芳起床后的第一件事情,就是颤巍巍地来到任敏的床前问候;而到了晚上,他都会把任敏的脚轻轻地握在自己的手中,直到揉搓热了才将其放进被窝里。临走时,他还要摸一摸任敏的额头,像嘱咐孩子一般地呢喃说道:"任敏!睡觉了。"他还亲自为妻子调配烹煮营养食品,然后,一口,一口地亲手喂进妻子的口中。

任敏中风后渐渐地不能说话了,到后来连意识也消逝了,但每当贾植芳的手触摸她的额头时,她似乎总能感受到,睁大双眼深情地瞧着一生患难与共的老伴。而每次贾植芳给他读新发表的文章时,任敏的眼角也总会情不自禁地滚出泪珠儿……

绵绵不断的挚爱,创造了人世间的奇迹。

在任敏生病的五年间,拢总只有1 000多元退休费的著名教授、学者贾植芳,被昂贵的医药费拖得筋疲力尽,但他从来不向人吐露半分。

一次，复旦大学所在地的杨浦区委书记前来探视他，当问及有什么困难时，贾植芳脱口而出的唯一要求竟是：能不能让任敏醒过来，好好再过上一阵子。

听着这饱经风霜的老人近似孩儿一般天真而又深情的回答，区委书记一时默默无语，在场的人们也无不泪光闪闪地陷入了沉思之中。

这，就是人世间最纯洁的爱情！最伟大的夫妻情感！

然而，再精湛的医疗技术也做不到法力无边啊！一个人的生老病死，乃是亘古不变的自然规律，任谁也无法改变的。2002 年 11 月 20 日，一个阴暗湿冷的雨天，就在这一天的下午二时三十分，任敏，这位与坎坷、牢狱、病魔顽强地搏击了一生的女性，一个中国正直知识分子老婆的楷模，终于走完了她的 83 年人生历程。在任敏离去的那一刻，已是 86 岁的贾植芳来到老妻床前，说了一句"敏，你慢慢地走，我随后就到，我们来生还做夫妻……"便"扑通"一声，颤巍巍地跪倒在了任敏遗体的床前。

刹那间，目睹这突如其来一幕的亲友、学生，同病房的病友和陪伴的家属，以及医护人员全都泪流满面……

苍天，在淅淅沥沥地下着阴冷的雨，为这一对患难了一生的夫妻的最后诀别痛楚地哭泣；大地，在微微地颤抖，为这两位结合了整整六十载的模范伴侣从此阴阳两个世界相隔呜咽不已。

5 天后，一场罕见的追悼会在上海西宝兴路殡仪馆玉兰厅隆重举行。六七百位各界人士，以及外籍学者、朋友，怀着沉重而又钦敬的心情，为这位最普通而又具有高尚人品的女性送别。贾植芳先生为新中国带出的三代学生和研究生，也都纷纷赶来为师母送行。

先生为患难爱妻写就的挽联，长长地披挂在任敏遗像的两侧：

缘识古都奔走黄河寻觅铁窗相濡因病榻不忍思风雨白头六十年再相逢非此岸

读梓东海育苗西漠农桑北地煮字刊南港莫提起艰难携手春寒路家中妇天地间

追悼会由他的学生、作家、《人民日报》记者李辉主持，他的另一学生、复旦大学中文系主任陈思和教授致悼词。

再向遗体告别时,5天前在长海医院病房里发生的一幕,又一次生生地映现在了人们的眼前:从轮椅上被人搀扶着走下来的先生,对着安卧在鲜花丛中的老妻说到今生今世欠她太多时,突然间,跪了下来,顿时,全场唏嘘呜咽一片……

……在百折不挠刚烈似火面对人生的背面,则是人世间罕见的柔情似水的一代伟丈夫。

把"人"字写端正些

> 我虽然已进入古人所谓"从心所欲,不逾矩"之年,但我相信我并没有失去我在青年时期人民和时代所赋给我的那点对生活的激情,那是一团理想的火光。它在我漫长而多难的生命旅程中,一路毕毕剥剥地燃烧着,使我觉得暗夜不暗,光明永远在我的前面,它激发我永远跟着人民的脚步向前,与我们的祖国共命运。我永远是一个历史乐观主义者。
>
> ——引自《贾植芳小说选·序》

把"人"字写端正些,也就是说做一个堂堂正正的人,这是贾植芳先生一生为人为文的信条,同时也是他自上世纪70年代末复出以来不断呼吁的。

前面,我已经阐述过了,在建国前所经历的日寇和国民党牢狱的三次灾难性生涯中,贾植芳先生从来不以个人自由与否而出卖自己的良知,没有出卖过一位左翼进步学生、左翼文化人,没有出卖过一名他所认识或与之来往的共产党人,以及共产党方面的朋友。及至后来,亦即建国后1955年突如其来的那场惊天冤狱中。贾植芳没有出卖被自己视之为良师益友的胡风先生,以及与胡风和自己有交往的众多朋友,他也坚决不认肯胡风的三十万言书是什么反党阴谋之作。

有两件事颇能说明问题,值得书上一番。

绘得红楼铸青史

第一件事,是大事,功德无量的事,也是为共产党做的一件有益的事情。这件事发生在抗日战争中的1940年。此前,贾植芳先生在山西省中条山前线国民党的第三军第七师任日文翻译,后因其左倾立场将受迫害时被迫撤离。1940年2月,经地下党安排,并经请示中共南方局的负责同志同意,贾植芳回到陕西省一个名叫秋林镇的地方(此处为山西土皇帝阎锡山的第二战区司令长官公署和山西省政府所在地),任中校衔的山西战时新闻检查处副主任。在那里,贾植芳很快就与八路军驻山西省办事处处长王世英接上了头。就在这一年的夏天,他冒着双重风险接来了从日占区北平逃出来的中共创始人李大钊的一双儿女李星华、李光华(彼时李光华才十六岁),以及李星华的四岁幼儿,并将他们三人掩护在自己的住处达一个来月。此期间,贾植芳先生倾囊相助,花光了自己的1 000多元积蓄,为他们准备了去延安的各种日用品和食品。然后,他又冒险安排专人将李星华三人护送至西安八路军办事处转赴延安。40年后,1979年岁末,有关方面为李星华举行了隆重的追悼会。由于是中共元老李大钊的女儿,前来出席追悼会的高级别官方人士甚多。由林默涵主持、陈荒煤致的悼词,还专门提到了"李星华同志1941年通过家属关系到达延安"的字眼,这一提法是与当时的政治气候相适宜的——其时,"胡风反革命集团"一案各"犯"虽说均已陆续释放,但仍未给予甄别平反,因而贾植芳当年的这个对中国共产党的特殊贡献,也就不能明说,而代之以"通过家属关系到达延安"的说法。这里,还需说明,当初,李星华、李光华三人之所以逃离荆天棘地的北平日据中心,乃系尚有一丝民族良知的大汉奸周作人先生所为,自然,悼词中也同样给予了回避。在追悼会举行前的贵宾休息室里,当李星华丈夫贾芝先生介绍说"这是我的弟弟贾植芳、复旦大学教授"时,休息室里的反映甚为冷漠,倒是史无前例的文化大革命一开始就首当其冲的"三家村"三掌柜廖沫沙先生(也只有他得以幸存,大掌柜邓拓自杀,二掌柜吴晗含冤而死)从沙发上站立起来同他握手,并自我介绍道:"兄弟是廖沫沙。"追悼会结束后,风华正茂、任某大学党委书记的李星华之弟李光华,对这位当年于他有救命、扶持,乃至为其日后扶摇直升有铺路之恩的贾植芳,如同陌路人一般视而不见,拂袖而去。呜呼,人哪!对此,贾植芳先生却并不放在心中,即或有人提及当年这一场景,他也只是一笑而已。贾植芳的气度,由此可见一斑。

但贾植芳对嫂子李星华的看法就大不一样了,他敬佩嫂子的为人。这是因为,在他1955年因胡风案入狱后,哥哥贾芝在极富人情味的嫂子支持下,定期往上海狱中汇钱,从而使他得以过上比一般囚犯略为舒适的生活。当然,这一切是在相关领导部门的批准下进行的。

世态炎凉,荣辱不惊,这是贾植芳先生的"养生之道",也是他至今思路敏捷、谈笑自如、健健康康地活到九十华诞的秘诀。

关于李星华的追悼会,倒是远在三千公里外的香港《文汇报》说了实话。香港《文汇报》称曰:出席(李星华追悼会)的有两个人值得注意,一个是她的哥哥李葆华,一个是她的小叔子贾植芳,前者被称为"安徽的赫鲁晓夫"(系指三年自然灾害时期任安徽省委第一书记的李葆华,与时任国务院副总理的邓子恢一起推行"包产到户"的农业政策,先是遭受毛泽东的严厉批评,后又在"文革"中受到红卫兵和造反派非人道的冲击和批斗),后者是1955年因胡风案而入狱,都是多少年来第一次亮相。

另一件事,即在1955年的那场惊天大冤狱中,由于舒芜先生在关键时刻"受党的政策的感召"实施反戈一击(实际上,舒芜先生也是受害者,而且,于两年后掀起的更大规模的反右风暴中,这个胡风案的反戈一击英雄也成了另类),悉数交出胡风给他的来信,令胡风及其"反革命同伙"们雪上加霜。即使这样,贾植芳、任敏这对患难夫妻也从来没有忘却舒芜先生当年对他们的真善之举。那是1947年冬贾植芳先生被国民党中统特务捕去囚禁后,从安徽老家出来途经上海的舒芜先生闻讯后,探望了任敏。他还从自己有限的旅费中取出一部分交与任敏。尽管数额很小,但半个多世纪以来,贾植芳任敏夫妇却一直没有忘怀,并将此事写进了公开发表的文章和书中。任敏去世后,贾植芳先生又将这一段历史放入《做知识分子的老婆——任敏女士纪念集》一书中。他们的这种实事求是的作为,受到了与之来往的所有人的交口称颂,也为下一代,下下一代知识分子如何做人、如何尊重历史,尽到了一个楷模的作用。

贾植芳先生遭受莫须有冤狱这么多年,说没有怨愤没有这个那个想法,是不现实的,但在其复出以来的这几十年间,凡是与之有过来往并交谈过的人，从没有见他骂爹骂娘哭天抢地，怨言、愤激之词也甚罕见。他以他高尚的人品，尤其是处处、时时、事事顾全大局的高风亮节，影响了许多人。

1979年11月—12月，贾植芳先生奉中国社会科学院文学所之召，进京主持有关课题资料的选编问题。由他先后主持的两个课题的讨论，即见证了他的不以自己得失而影响大局的风范。而且这两个课题几乎都与他这个主持人多少有点关系。

关于"两个口号论争"的讨论，原先由别人主持，后由贾植芳主持——也许是对他这个胡风同党的一次考验吧！

讨论伊始，作为主持人的贾植芳作了一个开场白。贾植芳说："今天讨论'两个口号论争'的资料，先由承担单位把设想、内容讲一讲，大家提意见，目的是把材料编好，向历史负责。"

说这话的时候，贾植芳深知自己是属于"胡风派"且是尚未平反的这一特异身份，而这个课题又太敏感了，当初胡风、周扬结怨起因也正在于此，所以对其内容不做任何评论，以免误导，挑起是非，影响进程。可他不说，并不等于没有不同意见。他的话音刚落，来自北师大的朱金顺先生当即站了起来，毫不留情地予以了揭露："这个题目是由文学所自己承担的，他们自己已经编好了，今天开会只是由大家来通过的，走个过场。从汇报来看，他们有倾向性，把提倡'国防文学'方面的文章收得很多，把主张'民族革命战争的大众文学'的文章收得很少。前者似乎成了正统，而后者成了逆流，倾向性太重。"朱金顺先生这一发言，会场顿时炸开了锅。许多人望着贾植芳，期待着他出来主持个公道，但贾植芳依然是一言不发。从内心讲，他对文学所的做法，与朱金顺先生的看法持同一个观点，而如若按本意发言的话，势必会形成更混乱的局面。就在这时，来自文学所现代组的马良春恰到好处地替他解了围。马良春说："大家都不要吵了。我们自己都不是当时论争的参与者，而是解放后党培养起来的现代文学研究者。我们没有个人恩怨，只是要按当时的资料来说话，目的是把资料编好。"紧接着，贾植芳引导道："刚才马同志讲了，大家继续发言。大家'知无不言，言无不尽'，目的是把资料编好。"但尽管如此，会场上两种观点仍然剑拔弩张，难以融合，最终还是没有结果。

接着是讨论"胡风资料",承担这个课题的是广西大学中文系一位姓陆的老师。讨论前一天的晚上,陆老师来看望贾植芳,说道:"我们承担这个资料。我们认为这是文字狱!把文学问题当成政治问题。"他快人快语地说出了自己心里想说的话,他的话自然地代表了经过十年浩劫觉醒了的一代知识分子。他愤愤然地向贾植芳讲了半天,贾植芳也饶有兴趣地听了半天。之后,为避免定调子,贾植芳先生并没有直接表示自己的意见,而是委婉地对他说:"老陆同志,开会时你们怎么想的,就怎么说。"第二天开会时,贾植芳不提题目,因为题目还是"胡风反革命集团批判材料",而是说:"今天讨论第二十三个题目,先由承担单位广西大学陆同志发言,大家提意见。还是那句老话,大家'知无不言,言无不尽'。"贾植芳刚说完,姓陆的教师霍地站了起来,旗帜鲜明地说开了:"我们认为这是一场文字狱!把文学问题当成政治问题来看,脱离实际。"由于当时"四人帮"粉碎不久,拨乱反正的中共十一届三中全会开完也不过一年,在座的不少教师也都有一段受过折磨的坎坷经历,说话比较大胆,赞同的占了多数。当然,也有一些人持反对态度,强调说:"这是党中央、毛主席定的案,怎么会错呢?"吵了一会儿,还是文学所的马良春打了圆场。他说:"胡风问题是个政治问题,政治问题由公安部处理。我们只是来编资料,没有权力处理这个问题。我再讲一件事情,在第四次文代会上吴奚如、聂绀弩要为胡风翻案,抱打不平。事先周扬同志知道了,就找他们谈话,对他们说:'我们这次会议,目的是开一个文艺界团结的大会,胜利的大会,你们这么一提,必然有许多同志不同意,就必然会发生争吵。这样就失去了我们开会的宗旨了……'周扬同志还讲:'胡风在文艺理论上比我有成就,我不如他。但有一点我比他强,我对党绝对忠诚。'我把周扬同志的话给大家提一提,大家不要争论。我们开的是学术会议,目的是把资料编好。"马良春说完,作为主持者的贾植芳再度引导说:"我们的目的是把资料编好,对历史负责,对历史忠实,大家心平气和地从事实出发,把资料编好。"

但是,尽管如此,双方的发言依然剑拔弩张,无法统一,讨论会不欢而散。

事实上,也正是讨论会的主持者贾植芳实施的软中有硬的"中庸之道"而顾全了整个大局,使得原本就定好调子的一方,无法按照他们的设想来通过他们的提案,结果搁了浅。从而,在避免一边倒的同时,更是对后人、对后辈学者做了一件大有裨益的事情。这是贾植芳的一大贡献:至少,历史上没有留下这遗憾的一页。诚如贾植芳在这场争论过去二十年后说的那样,正是他没有附和周扬派们的那个意见,"如果我当时在会场检讨一番,痛哭流涕,说'我对不起党,对不起毛主席,没有学好马列主义、毛泽东思想,上了胡风的当',也许会议就能开下去。但我不吭气,不表态,更不认罪……"

贾植芳的"不吭气"和所实施的软中有硬的"中庸之道",其结果令定调子的一方大失所望。闭会时,文学所现代组组长马良春宣布说:"按上级指示,关于胡风和周扬的研究资料,决定暂时不编,如果以后需要编时再另行计划。"到今天为止,相隔二十七年后的新世纪的今天,这两个人的研究资料编写工程,仍是石沉大海,无有下文。这,不能不说,在这件事上的坚持原则"不吭气",正是贾植芳先生做一个端端正正的人的生动展示。

循循善诱育后人

> 因为生命就是不断发现和重新认识的过程,世事变幻,人生沧桑,每一天都有可能发生意想不到的事物和情况,生命只有充分沉淀在生活的漩涡当中,不断催发新生,扬弃衰亡,才会有更大的收获。
>
> ——贾植芳:《狱里狱外》新版题记

贾植芳先生爱憎分明,对人之谦和、热忱,远近闻名。对此,他的朋友们,他带出的三代弟子都有专文撰述,我不再复述。在这里,我要说的是,与他交往七年来他对我的全力扶持。在这方面,我体会尤深。

我只有高中文化,从没进过大学,也没接受过一天半日的文艺理论培训,"似一匹野马不守规则地闯了进来"(贾植芳戏谑之语)。

把"人"字写端正些

　　记得是在1999年的10月间,在《文汇报》两位报人谢蔚明、萧关鸿的引见下,我第一次来到了位于国顺路复旦大学第九宿舍的贾植芳家中。当时,我撰写的带有大量史料见证的《萧红与萧军》一书付印在即,极盼有一位30年代前辈为之作序。就这样,在谢蔚明、萧关鸿两位报人的引荐下,我与贾植芳先生有了来往。不出一个月,他在阅读完我带去的近十万字资料后,为拙著作了一个很好的序。次年三月,《文艺报》在北京为拙著召开的研讨会,其宗旨正是贾植芳先生在其序中强调的一个核心:为历史做一份生动真实的证词。自那时起到现在,他的这句话成了我的座右铭。自1979年8月我与萧军在哈尔滨以"不打不相识"的方式交往始,先后结识了与萧军同一时期的左翼作家近二十位,他们对我的创作和研究注入了活力。而我在学术领域的真正进步,乃是与贾植芳先生的大力扶持是分不开的。尤其是他那句话,将影响我的后半生。

　　《萧红与萧军》一书出版后,仅四个月,就在上海脱销,不出半年,首印3 000册即告售罄。八个月后又再版3 000册。取得这样的销售业绩,不能不说是与贾植芳先生所撰的序有很大关系。而也正是贾植芳先生震聋发聩的"为历史做一份生动真实的证词"这句话,使我感受到了其沉重无比的压力。一年后,根据贾植芳先生和研讨会上众多学者、专家的中肯意见,我对《萧红与萧军》一书作了较为完整的修订,检讨了自己过于站在自己所熟识的传主一边,对端木蕻良、周扬等前辈不恰当的指责,以及不应有的"扬军抑红"的倾向——这些,都是在一年后于作家出版社的全新修订本《两个倔强的灵魂》中作了纠正。

　　记得是在2000年3月间,贾植芳先生嘱我给他"几本书"。我问他干什么用。他说送给韩国和日本的年轻学者。听了这话,犹如冬日里的一股暖流涌遍了我的全身。他这话,使我记起了二十年前萧军满含激情同我谈及的一件事:那是在《八月的乡村》出版后,鲁迅亲将其一一推荐(寄)给多国学者、作家的事。从贾植芳先生的身上,我见到了当年鲁迅善待后辈的风范。

　　据贾植芳先生的弟子对我转述,贾植芳先生一直关注着我的成长,几乎我每发表一篇长文,凡是能找得到,他都要细细地看上一遍,自己看还不算,还要推荐给自己的朋友、弟子看。如果有一段时间见不着我的人,又读不着近期我的文章,他必然会关切地向去探望他的、同时又与我熟识的人询问我的动向。他不仅仅是关切,还经常与我平等地一起探讨问题,特别是学术上的问题及动向。他的作风也影响了不少人。他的弟子们,如苏州大学七十多岁的范伯群教授,复旦大学我的同龄人陈思和教授,也都继承了他的传统和为人之道,并不卑视我这个只有高中文化的门外汉,热情、平等地与我相交相叙、探讨问题。

贾植芳先生对历史人物的评价,从不因为官方及传统的既有定论或政治标准为标准,而是看其是否活得像个"人"来加以界定。如对待历史上那个曾与国民党蒋介石独裁政权作过坚决斗争的中共早期元老级党员、"大托派"郑超麟,他就毫不避讳地与之交往,甚至亲往其寓所探视、叙谈。记得是在2003年岁末的一天,我去探望他,谈及因"非典"已耽误了半年多、现即将成行的中国作家协会代表团访问台湾一事,我对他说,除代表团已安排的在台正常日程外,我个人唯一的安排,就是想去拜访一下历史上那个曾受周恩来、董必武等中共领导人委托,义不容辞参与营救被囚禁在上饶集中营里的冯雪峰的多色彩的"文学自由人"胡秋原先生。他听后,连说"好哇!好哇!应当去探望,应当去探望,"又说,有人说他是托派,就因为他坚持了不同的文学流派和独立的主张。2004年2月13日,抵台次日晚,我终于如愿以偿地坐在了位于台北县新店中央新村五街十四号狭小的胡府客厅里,与年已94岁高龄的胡秋原前辈及其92岁的夫人胡敬幼如、他的长女、外孙女等一起畅谈了整整100分钟。这也是胡秋原先生生前最后一次接受大陆作家、学者的访谈。这次访谈后三个月,5月24日晚,胡秋原先生因年迈器官衰竭救治无效逝世。9天后,2004年6月2日,北京出版的《中华读书报》,以整版篇幅刊登了由我撰写的特稿:《胡秋原:"两岸破冰第一人"》。接着,我又开始了新一轮的胡秋原研究,重申他终生以祖国统一、民族团结为己任的正确立场。同时,对七十多年前因冯雪峰、瞿秋白、周扬等一干"左联"要员奉行的严重关门主义政策,不恰当地对胡秋原先生展开围剿式批判的那场本不该发生的激烈论战,进行全方位史料考证的重新认识和界定,在学术领域里首次全面阐述胡秋原先生对鲁迅的心向往之,与鲁迅站在一道,撰文痛斥独夫民贼蒋介石鼓吹的"攘外必先安内"的媚日投降论调,坚决反对日本军国主义对中国的侵略和占领,以及那场本不该发生的文艺论争结束后,鲁迅赠送胡秋原一帧"俄国马克思主义之父"(列宁语)普列汉诺夫照片,胡秋原不记前隙,掩护、营救中共要员瞿秋白、冯雪峰的义举。此外,我还对1981年版《鲁迅全集》第4卷第442页中对胡秋原先生极不公正的带有"左"的严重印记的错误注释,向新版《鲁迅全集》修订、编辑委员会逐一"投诉"……

胡秋原先生逝世后,92岁高龄的胡夫人敬幼如偕众子女在读了北京《中华读书报》刊发的拙文后,迅速作出决定:全权委托由我负责《胡秋原传》的大陆出版事宜。此事,经联系,很快便得到了胡秋原家乡湖北人民出版社的全力支持。为此,胡夫人偕众子女很快寄来了亲笔签署的委托书,授权由我和湖北人民出版社全权处理。收到台湾特快专递寄达的授权书后,我特去上海向贾植芳先生面禀,并恳请由他撰写序言。贾植芳先生听后,说这是一件好事。随后,他对我恳请作序一事报以微微一笑,且笑得很是开怀、慈祥。五年来,一向对我"有求必应"的先生,这回却一口予以了拒绝,且不留任何余地。他摇摇头,说:"我不写!"困惑中的我问:这是为什么?他爽快地作了回答:我一没有见过胡秋原先生,二没有系统读过他的著作,所以……"那,请谁来写呢?"他又笑了,说道:"你,我看你就行!"我一听,顿时慌了神:"我,不行,不行!""第一,你已经抢在死神面前和他见过面了,"贾植芳先生给我细细分析上了,"第二,你已经为他公开平了反(指的是《中华读书报》那一整版特稿),第三,你现在完全有能力写好。而别人不了解,是写不好的。"

说上述一番话的时候,他那充满慈祥、亲切的目光,分明是在对我说:"秋石,你已经成长起来了,再也不用人扶了……"

是啊,我细细回味着他的话,可不是么,我也已是抵近花甲之年的人了,"大人"们扶着我走过了这难忘的二十多年,现在,难道还要他们再扶着走路吗?……

就这样,我顿时来了勇气,被可敬可爱的前辈大家贾植芳先生硬是活生生撑着吆喝着上了架。所撰序言,也是"现成"的,由《中华读书报》所刊那一整版《胡秋原:"两岸破冰第一人"》特稿,还有质疑、纠正1981年版《鲁迅全集》4卷442页有关胡秋原注释条文的《让历史回归真实,还"文学自由人"本来面目》的学术专稿(刊北京鲁迅博物馆、青岛大学鲁迅研究中心主编的《鲁迅研究二十年》一书)两部分组成。这个代序的组合完成,不仅标志着我的成长,也使我又一次深切地体会到五六年前贾植芳先生关于"为历史做一份生动真实的证词"的提示,对一个学术研究者来说,是何等的重要。

现在,修订后的大陆版《胡秋原传》,经过历时年余台北、昆山、武汉三地的通力合作,出版在即。

回顾这七年间的交往,我从贾植芳先生身上学到了很多东西。这其中,首要的一条是学会做人,做一个堂堂正正的人,一个"为历史做一份生动真实的证词"的严谨学人。这是我最大的收获。

作为误打误撞闯入学术界的"一匹野马",我忘不了二十多年来那么多的左翼作家、学者和鲁迅学生对我的厚爱,忘不了贾植芳先生七年中对我一点一滴的言传身教。

像贾植芳先生那样,最大限度地把"人"字写得端正些,我将以此实践终生。

一个人的生命是有限的。人生,能活到九十,很不容易,尤其是长期历经流离颠沛、战火劫难、四进四出监狱大门的一介文弱书生。

并非所有的人都能够活到九十的,也并非所有活到九十的老人,都有一个板板正正的形象的。

回顾九十年来所走过的人生旅程,尽管吃了那么多的苦,遭了那么大的罪,但贾植芳先生没有一星半点的后悔。

他活得太富有人情味了,也太有哲理了。其根本而又根本之在于他始终把人字写得大大的,写得端端正正的……

原载 2006 年 3 月 15 日《中华读书报》

他更是一位严谨正直的文史学家
——回忆我与牛汉先生的一些交往

"**务**请站在史家的立场上!"

这是著名诗人、史学家牛汉先生留给我的一句终生受用的话。

我与他之间的交往,屈指算来,已经有26年的历史。

大约是在1987年12月中旬的一天,浴火重生的我,自冰天雪地的哈尔滨来到京城。在北京,数年前我结识的《当代》老编辑冯夏熊对我说:"走,我领你去拜访一个人。这个人与萧军关系不错,比较密切。同你有些相似,也敢顶撞萧军。有关萧红的情况,他肚子里知道的也不少,对你今后是会有帮助的。哦,对了,不仅仅是在文学研究方面,解放前夕,他还从事过党的地下工作咧,从某种意义上来说,他也是你的前辈。"

就这样,他领着我来到了北二环路旁东中街42号人民文学出版社的家属宿舍四单元二楼。这一天,牛汉先生正好在家。63岁的他尚未退休,与社长陈早春一起担任着《新文学史料》的主编。牛汉把我们引入屋中,好家伙,一米九十的大高个,身板溜直,诚如诗人元帅陈毅形容的那样:青松挺且直。他细眯着双眼,不出声地打量起我来。显然,我们来前,引见人已经在电话中略为介绍了我的一些情况……

"他叫贺金祥，"冯夏熊指着我向他介绍道："萧军首次复出后在哈尔滨结交的小朋友。前天晚上，我陪他去了后海，萧军还在一封信上给他写了几句颇有分量的话呢！"俟他说完，我把当年从事过第三国际伪满洲国地下党活动的老革命、原黑龙江省文联暨作协负责人的关沫南，与萧军联袂向居住在苏州的中国作协副主席陆文夫同志提请给予我帮助的信，递给了他。他戴上老花镜，仔仔细细地看了那么两三遍，一边将信递还给我，一边呵呵地笑着说：你真不简单哪！把萧军这尊愣神也给请了出来，而且还是破天荒地放下身架为你"求情"，要求对方以大力协助……

在1987年12月12日下午其寓所的初次会面中，牛汉先生在简单地询问了一下我的情况后，亲切地对我说：欢迎你今后来北京到我这里来坐坐。不过，你要有思想准备，依你的这种情况，回南方工作的事恐怕不是一件简单的事儿，也不是南方哪一座城市哪一个单位收不收的话，内中的曲曲折折会很多。而且，陆文夫也不一定能帮上忙，如果困难、压力大的话，他也许会……看来，牛汉先生不但深谙此事的复杂与难度，他也十分知晓陆文夫先生的秉性及相关情况。

果不其然，这之后的调动之曲折、之挫折，被他这个有着特殊革命经历的老文化人不幸言中：前后不但历经了五年半的时间，且很多人都搭帮了进来，总是花明了又柳暗了，而陆文夫先生也仅仅是向苏州市委的一位副书记打了一个电话，便知难而退了。

几天后，我离京南下时，单独一人到牛汉先生府上去了一趟，向他要了这一年第三、第四期的《新文学史料》备用。第四期刊有萧军夫人王德芬撰写的《萧军在延安》的长文，而第三期则刊有著名翻译家、三S研究专家安危先生撰写的《鲁迅与斯诺谈话的前前后后》一文，以及安危先生亲自翻译，自美国康州麦迪逊小镇海伦·斯诺处寻觅到的尘封了半个世纪的极其珍贵的《埃德加·斯诺采访鲁迅的问题单》与《鲁迅同斯诺谈话整理稿（斯诺整理）》的英文原稿。辗转至今，这两期《新文学史料》，我一直如获至宝地带在身边，并在我的学术研究生涯中不断地发挥着作用。

次年6月，萧军逝世。正在为未来回归南方第N次在京奔波的我

他更是一位严谨正直的文史学家

参加了遗体告别仪式。遗体告别仪式上,我作为现场志愿工作人员,又一次见到了牛汉先生,不过没有得空说话。不久,萧军夫人王德芬通知我说,《新文学史料》准备在萧军逝世周年时出一期《怀念萧军》的特辑,考虑到自1979年萧军复出以来我与他之间长达九年的特殊而又频繁的交往,也让我写上一篇。不过,王德芬告诉我,这个特辑有很多名流大家及前辈友好在写,我能不能选入,要与各方商量并由《新文学史料》最终定夺。就此,我写了约13 000字的怀念文章,题《我所认识的萧军》,经王德芬审后改了几个字便交了上去。

1989年5月出版的第二期《新文学史料》,《怀念萧军》特辑一组八篇文章刊了出来,吓,全是名人,独我无名!且刊出时仍达1万字左右,这可是我的第一篇学术作品啊!后来,从萧军夫人王德芬那里获悉,"史料"编辑部收到了70多篇追思、怀念萧军的文章,几经筛选,由主编牛汉拍板选定八篇。我的那篇,由于翔实地记叙了1979年8月17日哈尔滨省、市文艺界欢迎萧军重返离别31载后的哈尔滨座谈会的实况,特别是在这次座谈会上,萧军就有关30年代初叶哈尔滨文坛的一些情况,包括他与中共北满地下党的来往,成名作《八月的乡村》酝酿经过,上海文坛及他与鲁迅相识相交,他与萧红,40年代他经历的延安时期的情况,以及他熟悉的"文革"劫后余生的文艺界老人们的一些情况等所作的有一定史料价值的说明,还有在会上我以萧军奉行的不打不相识的质疑方式,与萧军对阵,及之后来多次交往的一些情况,牛汉先生"钦定"了我。而许多名人前辈的文章却落了选(但也都编入了一年后由春风文艺出版社出版的《萧军纪念集》)。对此,我深为感动。

毋庸置疑,牛汉先生是我学术生涯中的第一个伯乐,他是发表我第一篇研究现代文学现代作家学术作品的人。

1993年6月,经过长达五年半的南下北上的奔波,我终于回归了梦牵魂萦24年的江南水乡故土。

务请站在史家的立场上

与牛汉先生的重逢,是在距1987年12月12日初次会面的13年后,文艺报社借座东土城路中国作协十楼大会议室为我举行的《萧红与萧军》一书研讨会上。然而,当主办方邀请他前来出席时,他却一口拒绝了,拒绝得十分坚决:不参加!原因十分简单:秋石是"左"派!当负责筹备研讨会的何孔周先生告诉我这个结果时,我没有半点的惊讶与不安,我知道他是误会了:把此秋石当作彼秋石了。我告诉何孔周:他一定会来的!当着将信将疑的何孔周的面,我拨通了牛汉先生家中的电话,开门见山地嗔怪道:"牛汉叔叔,我是贺金祥,也叫秋石,是从事左翼文学研究的那个秋石,不是您所理解的'左'派的那个秋石!您怎么能够拒绝参加我的新书研讨会呢?""参加,当然参加啰!"电话那头,牛汉先生"呵呵"地笑着,爽朗地应承了下来。"原来,写萧红的秋石就是你贺金祥呀,我应当想到的呀!"后来会面中,他懊恼地拍拍脑门,诙谐地说道:我怎么忘了呢?那个秋石,是压根写不出萧红萧军的呀!而你这个本名贺金祥的秋石,也是断断写不了他那样的理论文章的。

也难怪,他被"左"气昏了头脑,而我居然也被我创作研究生涯中的这个首部纳入出版社正式出版计划的新著,同样发上了高烧:忘了在勒口处放置作者照片及简介了。

研讨会举行的2000年3月28日上午,牛汉先生早早地来到了东土城路建材大厦对面的中国作协大楼。尽管13年的时间过去了,也尽管当初只是一两面之交,但他过目不忘的好记性,从我步入会议室的那一瞬间,便一眼认出了我。"你胖了"说话的工夫,他的一双有力的大手紧紧地握住了我的手。他一边把包着的两本诗作给我,一边告诉我:他搬家了,从东中街搬到大北边的朝外十里堡去了,在《农民日报》社与鲁迅文学院附近。他还细细地向我述说了一遍乘坐公交车的路线。研讨会上,有十多位文学前辈发了言,当然,多是溢美之词,没有什么批评。但我注意到,同八十五岁高龄的历史见证者梅志先生一样,牛汉先生没有对本书发表任何意见。轮到他发言时,却意味深长地讲述了一番有关传记作品写作中应当注意的几个问题。对此,潜意识告诉我,我的这部书确实存在着一定的问题。《萧红与萧军》,不是我的第一部作品,但它是我第一部纳入出版社计划出版的学术新著。梅志、牛汉他们拒对本书发表任何评判意见,正说明了本书存在着一些问题。于是,我决定登门拜访,面

他更是一位严谨正直的文史学家

询意见。座谈会结束次日,我首先来到了木樨地24号楼梅志先生的府上,聆听她的教诲。梅志是胡风先生的夫人,她与萧红是当年在上海、武汉、重庆时期的好朋友,自然也是最具权威的历史见证人。梅志先生语重心长地向我道出了原委:她之所以在昨天的研讨会上没有发言,有两个原因。一是不致于使我难堪。她说,一个在县级基层单位工作的业余作家,没有经费,时间又很少,积十多年研究考证,能写出这么一部30多万字的作品,实属不易。何况这么多年你也吃了很多苦,经历了多数人不可能有的人生的大起大落。二是,也是最主要的一点,你这部书对萧红很不公平很不公平,过于站在萧军一边了。不错,自萧军首次复出后到他去世,你与他交往了整整九年,他还不止一次帮你忙为你说话,感情很深,当然不假。但写历史,写历史上发生过的人和事,一定要站在公正的立场上,不能感情用事。感情用事,必定会失之偏颇。失之偏颇的作品不是好作品,这也就是我在会上不发言的缘故。梅志先生还告诉我,在上海时,萧军确实对萧红施暴过,也确实有过不忠。而你只引用萧军一方面的说法,而且还百般为萧军辩护,显然是说服不了人的。当然,萧红也有萧红的弱点与不足,但在上海时,萧红是无辜的,清白的。尽管在武汉、西安,有第三者对萧红示好、插足,但那是在上海以后发生的事,萧军有错在先。有关这一切,梅志先生告诉我,她在《"爱"的悲剧》一文(撰写于1984年11月10日,发表于1985年第2期《女作家》)中有比较详细的描写。她强调:有一点必须肯定,二萧最终分手,萧军要负主要责任。

无独有偶,远在长春的历史见证人、二萧1937年10月~1938年1月武汉时期共同生活的目击者、《七月》派诗人、老共产党人蒋锡金先生在收到我的《萧红与萧军》一书后,电话中不止一次厉声批评我有"扬军抑红"的偏向,对萧红不公平,必须纠正。否则,到头来,误导读者不说,还害了自己。

临离开北京前夕,我依约依牛汉先生指引的路线图,去了朝外十里堡八里庄北里他的寓所。我告诉了他前几天梅志同我谈话的内容,尤其是对本书的尖锐批评意见,也谈了蒋锡金先生在电话中对我的严厉又严厉的批评。

当我讲述梅志和蒋锡金对本书的中肯批评意见时,他静静地仔细地倾听着。我讲完后,他点点头,表示同意她们两位的批评意见。他说,说实话,为你开研讨会前一天,我正好有事,书只是翻了几页。看到书,很为你高兴:出书了,好歹有了你自己的成果了,实现了自己的梦想,写的又是自己比较熟悉的人和事,值得庆贺。但是,这本书是有缺陷的,而且这个缺陷十分明显,让人读了很不舒服。看得出来,你对萧军感情比较深,然而,也正是因为这个比较深的感情蒙住了你的眼睛,使你偏离了方向。不仅仅是梅志、蒋锡金他们批评的那个极为明显的"扬军抑红"倾向,我看还有捎带"扬芬抑红"——你自己看看你在书中第218～219页(我讶异于他的读书过目不忘的记性)上写的,对萧军夫人王德芬的褒扬,过于夸张而失之于真,这很不好。

在《萧红与萧军》一书中我是这样写的:

> 萧红不是王德芬,王德芬自然也不能同萧红的杰出才华相比,然王德芬也是一个大学生——由著名西洋画大师颜文樑先生主政的苏州美术专科学校的学生。如果不是"七七"卢沟桥一声炮响,王德芬日后也许能够成为中国画坛上一名出类拔萃的女画家的,而且是传统的国画。直到她晚年画的一些虫草花鸟,令人见著,颇得栩栩如生之感觉。此外,还有一点,也是笔者多年交往得出的结论:她对萧军爱情的专一执著。

尽管你在这里说的是"也许",牛汉先生实事求是地点评道,但在这"也许"之后,你却使用了诸如"中国画坛""出类拔萃"这一类的顶级词眼,则是过了,而且还不是一般的过,至少,以目前的中国画坛而言。"但是,你这一段话的最后一句,我以为是符合实际情况的,说王德芬对萧军爱情的专一执著。有关这个说法,我认为一点儿也不为过。"在与萧军长达整整半个世纪的共同生活中,王德芬是一个典型的贤妻良母,她为萧军付出了很多很多,包括你所说的她的绘画事业。难能可贵的是,萧军在延安时期的一度被孤立——这其中也有他自身的原因,1948年萧军被打成"三反分子"入另册后的这三十多年间,王德芬始终不离不弃,从一而终,真正称得上是中国传统妇女中的"出类拔萃"的贤妻良母。事实

他更是一位严谨正直的文史学家

上王德芬能够做到这一点,萧红怕是很难承受如此之多、之长的政治压力与迫害的。而说到萧军对王德芬的感情,我看这中间有萧红这个前车之鉴的阴影。如你在书中 220 页引用王德芬所说的"经受了……爱情的节操的波折、痛苦"这一类的话,有关这一类的事,由于涉及他人的隐私,我不说了。总之,王德芬是一位典型的贤妻良母。

针对 1997 年萧军九十周年诞辰时,我自费 2.5 万元在上海学林出版社出版(编著)文学评论集《聚讼纷纭说萧军》一书的事,牛汉先生赞许之余则表达了另一种意见。他说,这说明了你对萧军的感情很深很深,似乎我还没有见到有哪一位晚辈肯自己掏腰包为弘扬前辈业绩、精神花巨资的,何况出书时你连自己的住房也没有着落。但愿此心能被别人理解,今后应当量力而行才是。还可以在别的方面去弘扬么……例如,1994 年你在《文艺报》上以知情者身份撰文痛斥台湾《中央日报》刊登的《萧红和她的四个男人》的诬文,就是一个很好的说明。要知道,台湾《中央日报》的这篇充斥着臆造、歪曲历史的长文,经在全国发行量庞大的《作家文摘》浓缩刊登后,许多仍健在的那个时期的文艺界人士,还有萧红萧军两家的后人亲属,都没有一个人站出来依据确凿的史料史实撰文反驳。若说有,也只是向转摘台湾诬文的《作家文摘》提抗议而已。从中可以看出你的正直、勇气,务实精神和严谨学风。这一点我很欣赏,希望你坚持下去。坚持正确的,批判错误的,站在历史的真实立场上说话。

聆听之余,我向他汇报了当年同最初转载《中央日报》诬文的福建《港台信息报》(交涉之后,于次年 1 月刊登了我的长篇辩诬文章)反复交涉论理,及在投向多家报刊不予置理的情况下,最终由丁玲老伴、延安文艺前辈陈明推荐给《文艺报》发表;1996 年针对《人民公安报》刊登的《陈龙传》中对延安时期萧军的歪曲事实的内容,进行严正交涉,最终由该报刊登我写的 3 000 字《鲁迅与萧军》的纪实告终;1996~1998 长达三年针对女诗人王小妮所撰《人鸟低飞——萧红流离的一生》一书中大量而又荒诞离奇色情加歪曲历史事实的杜撰提出的批评,先后投了十一家报刊,遭拒后仍不妥协、灰心,经由时任《人民文学》杂志主编的程树榛同志牵线,最终在中国社科院文学所著名文学评论家曾镇南先生的帮助下,刊登在了 1998 年第 4 期的《文艺理论与批评》上……还有,从 1996 年 5

月22日～1997年4月1日不到一年的时间内,发表了弘扬萧军的四个整版纪实文章,分别为《毛泽东与萧军》、《鲁迅与萧军》(《文汇报·笔会》)、《彭真与萧军》(《文艺报·理论与争鸣》)及《萧军与王实味事件》(《解放日报·朝花》)……牛汉先生听后,点点头说,有的他已经看到了。还说:"这就是你贺金祥的特色作品。"

针对《萧红与萧军》书中存在的其他一些问题,尤其是对有关萧红后期生活的伴侣端木蕻良的描写,牛汉先生毫不客气地批评说:这是你书中最大的败笔文字,你不但对端木使用了诸如"奶油小生"一类的不当语言,而且几乎将他描绘的一无是处,这很不好,很危险。且不说文坛不文坛,就年龄而言,他毕竟是你的前辈呀!如此感情用事,会阻碍你的进步的。要知道,当初吸引萧红的,并不仅仅因为端木会说哄女人好听、开心的话,或者说拍马屁一类的话。依我看,一个十分重要的原因是,之所以吸引萧红与之相结合,除去萧红要摆脱萧军的大男子主义及对爱情的不忠这个类似导火索的原因外,是端木蕻良的才华,与萧红相匹配的才华!而这一点,恰恰是萧军的弱项与不足。而端木蕻良的胆小怕事与不负责任,特别是疏于一个男人对家庭责任的承担,也是显而易见的——在武汉时期他抛下行走艰难挺着大肚子的萧红独自一人赶赴大后方的重庆,以及在香港时期萧红病重危急时刻欲图一个人突围回内地的自私不良表现,等等。这一点,又恰恰是萧军的闪光点:在困难危急时刻,无论是对亲人,还是对朋友及求助者,萧军是从不会放弃自己肩上应当承担的那一份责任的!对你不也是一样吗?这,也就是几十年来,为什么整个东北作家群会站在萧军一边,远离端木蕻良的原因所在。写传记就是写历史,请记住我的话:务请站在史家的立场上,决不能感情用事。否则,你是永远得不到进步的,也无法获得史学界认可的。这是我对你的这本书的批评,希望你能听进去,同时也寄希望将来再版或出修订本时进行认真的修订。此外,还要提醒你一点,今后继续研究萧红萧军,一是你根本避不开端木蕻良这个人的存在。所以,实事求是地评判端木蕻良这个人,显得格外的重要,即弘扬与批评兼存。二是对萧军,在为尊者讳,尽量少涉及婚姻家庭道德以外的隐私(有些涉及是必要的,如:萧红为什么会率先提出分手)的前提下,也要正视萧军身上存在的明显缺陷与不

他更是一位严谨正直的文史学家

足,对他说的一些过头话要加以纠正,不能回避,回避不是一个史家应有的态度与立场。对于端木蕻良的一些说法。一些明显有违于历史真实的说法,除掉胡风夫妇已为之澄清的一些要加以纠正外,还要多方考订。过去这方面,很少有人愿意去做。这同眼下社会上盛行的明哲保身,怕得罪人的不良习风有关。我觉得,倒是在萧红逝世后相当一段时间内,其中还可以上溯到萧红生前——例如在重庆那一段时间,当着端木蕻良的面,鲁迅好友曹靖华先生毫不留情批评萧红不应该替端木抄写稿件;萧红逝世后,与之有关的人包括外国友人,无不直率地表明自己的态度与立场,旗帜鲜明地发表尖锐的批评意见:对萧军的粗暴与不忠,对端木的胆小自私,以及他对萧红的不负责任……这些人中有胡风梅志夫妇(秋石注:当年在重庆,当着新人王德芬的面,胡风告诫萧军,不要重蹈上海时伤害萧红的错误,要善待新夫人王德芬——见梅志著《胡风传》P437页。北京十月文艺出版社1998年版),日本反战友人绿川英子、池田幸子、蒋锡金、靳以、白朗、骆宾基,再有与端木关系密切、友好的香港时期目击证人、东北救亡总会的周鲸文等人。总之我寄希望于你能够多做一些这方面的工作,彻底摒弃那种感情用事书写历史的不当作法。今后,随着研究的深入,史料的不断更新完善与拥有,由此及彼,由表及里,我相信,有关萧红的前人研究中存在着的一些误区,或者说尚未搞清楚的一些问题,通过严谨求证、比对,是可以解决的。如同贾植芳先生在为你这本书所写的序言中殷切期望的:为历史做一份生动、真实的证词。

"附带说一下,"在结束这次谈话前,牛汉先生补充说明道:"我是50年代初认识端木蕻良的。我与他一起在石景山钢铁厂体验生活,同住一间宿舍,感觉他为人特别懒散、不负责任,个人生活也是如此,可以一连好几天甚至一个星期都不洗脚,与他同住一个屋,啊呀,熏死了!"一边说着话,他还一边夸张地用手在鼻翼下来回扇着风。似乎,他作这个补充,是在提醒我,在写端木与萧红的共同生活时,大可不必花费过多的笔墨去责备他对萧红的不关心,端木蕻良就是这么一个人,他自己对自个儿的生活也是很不负责任的。

说起二萧婚变,第三者插足,牛汉说着说着突然冒出了一句:"聂绀弩还追求过萧红呢!""可他是有家室的呀!"我不解地插了一句。牛汉笑笑,没有接我的话,只是自顾自地往下说道:是在西安时期,是聂绀弩生前亲口告诉我的。也许,绀弩此举,是为了制止萧红与端木的结合……不过,萧红拒绝了他。聂绀弩说,萧红身上有一股男人难以抗御的气质美。老聂对萧红感情如何,可以从他悼念萧红的多首诗中窥其一二。如在 1964 年所作的《再扫萧红墓》中的"西京旧影翩翩在,侧帽单衫鬓小蓬",及"回首此情犹未远,如何人说凤台空"的诗句中……要知道,南下广州祭扫萧红墓,一气写出多达七首如此淋漓酣畅,抒发心底深处积淀了二三十年之久对萧红真挚感情的诗时,他聂绀弩从右派流放地北大荒回京,才多少时间呐!

说实话,《萧红与萧军》出版后,市场比较火,不足八个月初版 3 000 册售完,接着印行了第二版;研讨会召开了,文艺报在头版发了消息,二版又是一大版评论;北京日报、光明日报、中国文化报,还有上海的文汇报、解放日报和新民晚报也都发表了名家写的评论,人民日报和光明日报还刊发了研讨会召开的短讯。但这一切并没有激发起我的多大兴趣,相反,心中是沉甸甸的。这是因为,我捧给读者的并非是一件精品,里面有我感情用事误导读者的篇章。梅志、蒋锡金、牛汉先生这些文坛前辈,还有刘锡城、陈丹晨等文坛著名批评家们的中肯而又尖锐的批评意见,给我的肩上压上了沉甸甸的担子。在这之后的二三年里,于京、沪、哈、杭等地,或出席研讨会,或与教授、专家们的聚会中,我一次复一次,就《萧红与萧军》一书中明显存在的扬军抑红的错误倾向及其他一些有违历史真实的描写,进行了严肃认真的自我批评,并明确表示:一定会在未来的研究中进行实质性的订正。

从 2000 年的 4 月到 10 月,半年多一点的时间内,我以前辈们的批评意见为指导,进行了新一轮的调查考证,对此前出版的《萧红与萧军》一书进行了比较符合历史的全方位的修订,文字也由原来的 32 万字扩充到 47 万字。在热心的《文汇报》创建时期的资深报人谢蔚明老先生的穿针引线下,著名书画大师黄永玉先生为我题写了新的书名,著名漫画家丁聪先生也为该书封面封底绘制了夸张式的鲁迅、萧红、萧军的头像。2000 年 12 月,征得原出版社书面同意,由作家出版社出版了全新修订本《两个倔强的灵魂》,印数 5 000 册。出版上市后,不仅内地众多的图

他更是一位严谨正直的文史学家

书馆与相应的学术机构,连港澳等地的一些大学也收藏了本书。此外,有十多位不相识的文坛人士和读者为之发表了书评与读后感。著名文学评论家、原江苏省社科院文学研究所所长陈辽先生读后,不但主动撰写了题为《不一样的传记》的评论文章在《文汇报》上发表,还向他的两位同行,著名文艺理论家、南京大学中文系许志英教授,原南京大学副校长董健教授等作了郑重的推荐。由此我还认识了南京大学文学院院长丁帆教授。多年来,他们给我的帮助不小。

打那以后,又经过十年左右时间的仔细考证与打磨,于萧红百年华诞之际,依托过去32年间与十余位萧红生前友好面对面叙谈的资料,一部史料更为完整,行文叙事逻辑更为严密,人、事描写更趋理性的《呼兰河的女儿——献给萧红百年》一书,由江西百花洲文艺出版社出版。还是在今年春上,在一次电话中我告诉了牛汉先生。牛汉先生听了十分高兴,说他已从来访的客人中知道了我的第三本萧红作品出版的消息,"而且反响不错",并嘱我尽快寄他一阅,可我坚持要当面送给他。谁料到,书没有送成,斯人已逝,这使我十分悲痛与郁闷。而就在这一次电话中,他告诉我,我三年前寄给他与小曼阿姨的那本《我为鲁迅茅盾辩护》的文学评论集,由于寄往了京郊昌平区小曼阿姨新购的住宅,他们一直没有去取,估计已经丢失了。倒是小曼阿姨与韦韬先生合著的《父亲茅盾的晚年》(修订本),我是收到的。随书,小曼阿姨还附上了一封热情洋溢的手写信。听说,我的地址还是"你的大战友牛汉先生"(小曼阿姨的戏谑之言)给提供的呢!想想这些,我心中堵得更慌了……

记得还是在12年前,《两个倔强的灵魂》出版不久,我携新书去他府上。见面后,他抚摸着散发着油墨清香的新书,口中一迭声地说道:"不错,不错。"他所言的"不错",我明白,指的是我没有把他们的批评当作耳旁风,而是以前辈们的批评作为一种责任,一种动力,站在史家的立场上秉笔直书。

"你跟锡金争论的那个焦点,"牛汉先生一边轻轻地翻着书页,一边向我问道:"书中保留了吗?"

他问的这个我与蒋锡金先生争论的焦点,指的是多年前我在长途电话中同蒋锡金前辈掰扯过的一个典故。说的是他与二萧在武汉小金龙

475

巷共同居住时发生的事：当"蜜蜂姑娘"（又称"鸽子姑娘"、"格子姑娘"）的女漫画家、叶浅予女友梁白波挤入二萧的蜗居时，萧红提出让端木蕻良与他们夫妇同宿一屋一张大床，锡金则与"蜜蜂姑娘"同住一小室的馊主意。"难道没有更好的法子了吗？"我问道。"那你认为呢？"电话那头蒋锡金先生反问道。"有哇！你和端木、萧军三人同住一屋，梁白波与萧红同住，不就结了！"我回答道，"更何况，就在这九省通衢的大武汉，端木还有一位时任国民政府交通邮政总务司司长的大亲戚哩！当初端木刚来武汉时不就住在这位大亲戚的家中吗？再说，一张双人床再大也有一个限度，何况同床共眠的又都是血气方刚的青年，二萧是夫妻，难免会产生亲昵的举动，要做到同床异梦，是极其难办的，我认为……""你懂吗？！"我的话还没有说完，就被年已八旬多的蒋锡金先生的一声暴喝给打断了："年轻人，你没有经历过战争，战时的逃难生活就是这样，战时的人们都纯洁得很，不像你想象得这么龌龊！"但是，后来在对《萧红与萧军》一书修订时，我却没有采纳锡金先生的这个论断，依然按照事物的本来面目，依照多数人的传统思维逻辑，完整地保留了这一节文字的描述。还加了一句评语：由于是萧红本人提出的这个主张，旁人不好反对，但是可以这么理解，由于一心要摆脱萧军的大男子主义及对萧军曾经有过的不忠实施报复，在萧红这边，天平的重心已经发生了转移……

"好，天平的重心已经发生了转移，这句话写得好，写得符合那一段历史的实际，保留对了！"牛汉先生赞许地大声附和道。"所谓站在史家的立场上，通俗一点讲，就是错的要纠正，对的要坚持。"

作为全新修订本的《两个倔强的灵魂》，是我的第二部纳入出版社正式出版计划的大部头书，而且是在距《萧红与萧军》一年中第二次印刷后，由京城的国家大型出版社出版的。对此，不仅我高兴，牛汉先生也为我高兴。他高兴的另一个原因，在于我能够认识到自己过去立论的错误，能够虚心听取前辈们的批评意见，尊重历史的事实与魂魄，并进行必要的纠正。

谈及出书，兴犹未了的牛汉对我说："50年前，我还是萧军的长篇小说《第三代》（又名《过去的年代》）的责任编辑呢！"牛汉先生认为，综观萧军一生的所有作品，就这部《第三代》写得比较好，有文学味儿（秋石注：

他更是一位严谨正直的文史学家

写作跨度也长,自1936年6月在鲁迅身边完成第一部起,到新中国成立后的1954年7月1日最后一部终于北京后海寓所,历时一十八年之久。据萧军讲,原著有85万字之多。共分八部,其中,有五部半是在衣食无忧的延安时期完成的),而且还有浓郁的时代气息与地方色彩,比较正确地反映了20世纪初叶东北大地上的农民群体形象和他们的悲欢离合,以及日、苏势力对我国东北三省的渗透和对东北人民的蹂躏、奴役、压迫。《第三代》的笔锋,还触及到在这之前鲜有人详细描绘的走投无路的农民揭竿而起被迫拉起"胡子"(土匪)队伍的起因与过程……

牛汉说:我是幸运的。幸运的是社领导分配我担任了这部有文学味儿的《第三代》的责任编辑……(秋石注:在此说明一点,牛汉担任这部书的责编不久,便因胡风案锒铛入狱,后由龙世辉继任责编。龙世辉是花费了很大心血的:通过一次又一次与"不买账"的萧军打笔仗,"怕作者知道我是一个刚出校门不久的年轻编辑,书信故意毛笔直行书写,用半文言体,一律繁体字。由于坚持原则据理力争",迫使萧军作了较大程度的符合文学作品规范的修改,最终压缩掉近10万字,分上下两卷八部。因而,也更具文学色彩与可读性。1983年2月由黑龙江人民出版社出版的《第三代》,依据的就是50年代人文社出的《过去的年代》的原版本)。

"那——,不幸运的又指的是什么作品与哪位编辑呢?"

除鲁迅先生为之作过序的《八月的乡村》的再版外,牛汉先生解释道,还有《五月的矿山》那一部。《五月的矿山》,在他看来,确实不像小说,支离破碎不说,口语、新闻语言大量夹杂其中……不幸运的是,让龙世辉给摊上了。"龙世辉是谁,你知道吗?"牛汉问我。"京城四大名编之一么!"与章仲锷先生之间有过一段神交的我,立马作了回答。对,正是他,审读完后,激烈地抗争过多次,终究因萧军持有尚方宝剑而胜出。(秋石注:龙世辉先生1990年6月3日就有关自己编辑生涯的若干问题致河南青年研究者李频的复信:"还发过萧军的《五月的矿山》,此稿质量不好,我拒绝发稿,冯雪峰大发雷霆批曰:'我是总编辑,有权力发稿,一切后果由我负责。'我只得发稿。30多年后才知道,萧军将稿件送毛主席,毛主席批给冯雪峰。冯不便明言,我又不知内情,就发生了如上

477

'历史事件'。")。

"依我看哪,"说到这里,可敬的牛汉先生毫不避讳地将埋藏在心中半个世纪之久的想法一股脑儿地倾倒了出来。他是这样认为的:在批准出版这部《五月的矿山》的问题上,毛主席是犯了官僚主义的错误的,中央文教委员会的头儿们也都犯了官僚主义的错误,而且是一味地盲从。不过,从这件事上来看,这些年来——也可以说很长一段时期以来,有人到处散布说自延安时期开始,说什么毛主席、党中央就对萧军看不顺眼、拿他开刀的说法,应该是不存在的。要知道,早在1948年底,萧军就被东北局打成了"三反分子",可就在这同一年的8月,经中共中央、毛泽东同意,中共东北局批准接受萧军为中共党员。听说在1952年还是1953年那阵子,政务院有关部门的同志专门找萧军谈他参加党小组活动的事儿。但因对三四年前东北局的错误决定一直耿耿于怀,萧军给拒绝了。而到了1954年的6月,在萧军要求出书一再碰壁后(遭冯雪峰拒绝),毛泽东在接到萧军的求助信后,竟然分外慷慨地下令一气出版萧军的三部著作(秋石注:《五月的矿山》、《过去的年代》和重版《八月的乡村》。)……萧军自有他的缺点和错误,有的还相当严重。狂妄、目空一切是他的致命弱点,他在延安要求和共产党平起平坐,声称"一支笔要管两个党"的说法就是如此。"国民党把你撵得东躲西藏,"说到这里,牛汉笑了一笑,继续说道,"最后躲进了衣食无忧的延安。想想,你连国民党都管不住、抗不住,又怎么能够管给你饭吃给你衣穿的共产党呢?!"

有个不同声音也好

一次,我到北京,办完事后去探望他。见面第一句话他就说:"你闹地震了!"——指的是2002年9月17日《文艺报》发表我的质疑周海婴的《鲁迅与我七十年》的长文《爱护鲁迅是我们共同的道义》。对于周海婴的这本书,牛汉先生的态度很是明朗,认为应当质疑、批评。因为他是鲁迅的儿子,而且还是唯一的儿子,人们都相信他说的话是真的,殊不知,有那么多的误导的因素在其中。比如说他讨要《鲁迅全集》的版税一事,出入就很大。我们这些人文社的老人都是清楚的,明明是许广平偕

他更是一位严谨正直的文史学家

他一起签名主动捐出的嘛,怎么又成了另一回事。一会儿搬出了冯雪峰,一会儿又搬出周总理,说这个说那个,就是不说当初他们是怎么捐的。即使你想要回这个版税,也得走个法律程序么,即使你不想走法律程序,也得发表一个声明,撤销三十多年前他和他娘联署的捐献报告。然而,即使上面同意返还版税,依照法律规定,他这个作儿子的也只能得到一半乃至四分之一,因这第一捐献人许广平已经去世多年。就是她活着,想必也不会违背当年的那个捐献的初衷的。应当说,1986年法院判决周海婴诉人民文学出版社索要版税一事败诉,是符合法律的事。后来,上面强令返还,则是长官意志,不合法。而且,在通过法律以外的途径拿到很大一笔钱后,周海婴并没有兑现当初他要钱时信誓旦旦作出的承诺:在鲁迅故乡绍兴资助筹建一座新图书馆……周海婴也不反思一下,这么多年来,他们夫妇俩南下北上的私人旅行,花的都是各地的公款,北京给了他两套不属于他这个级别的部长楼住房,又听说上海市还给了他一套住房,后来又让他参加了上海的房改。旁人能行吗?

牛汉先生继续说道,这么多年了,因为他是鲁迅的儿子,大家都惯着他,他要怎么说怎么干都行。现在好了,你秋石站了出来,有个不同声音也好,有理说理,有事说事。你那篇文章第一段第二段写得不错,依据史料史实说话。但第三段,我认为口气不对,接连几个"我们需要什么样的鲁迅遗产?"的排比句不能以理服人,倒像文革遗风,如果都像第一段第二段那样以史料史实作说明就好了,这样就不致于招来抨击了。另外,周海婴书中还有一些明显的概念化说法和非理性的诉求,比如他说国民党特务头子沈醉长相并不獐头鼠目,哪个国家哪个政党规定选择特务,必定选择如此猥琐面目的?又说30年代初期沈醉奉命监视鲁迅,后来良心发现,放弃了暗杀,等等,这更是天方夜谭。杀不杀鲁迅,权在蒋介石那儿,岂是当年沈醉这个小特务能够取舍的?一点儿没有可信的程度。再有他为内山完造回国后迎娶的后老伴鸣冤叫屈,埋怨中国当局没有给她在一流设施条件的海滨国际养老院送终……这种逻辑更是令人匪夷所思:且不说内山这个后老伴见没见过鲁迅,对中国人民有没有贡献,凭什么要让中国替她养老送终?内山完造对周家有恩不假,可你这个鲁迅后人在其家人有困难的时候又做了些什么呢?比如他在讨要到

479

绘得红楼铸青史

这么一大笔鲁迅版税后,有没有给内山的这个后老伴寄过生活费?……可惜在你秋石的文章中没有质疑到这两点。而这两个问题一旦摆出来,远比你那几个排比句要说明问题。自然,对于其书中有如此之多的问题,特别是那些空穴来风的人和事,大家也就见怪不怪了。可惜你没有论及到。

"你看过他这本书?"

"是有人到我这儿来讲的,他们也谈到了你的文风要改,我想想挺有道理的。希望你能够听进去。"牛汉先生实事求是地回答道。"我对他周海婴的印象,莫过于十多年前他讨要捐出的鲁迅版税时的所作所为。听说巴金、黄源等一些老人对他讨要版税大打官司一事也持有异议。"

"这个题目,《爱护鲁迅是我们共同的道义》不好,好像只有你贺金祥才在爱护鲁迅,别人……"牛汉批评道。

"这个题目不是我撰的。原来的题目是《海婴先生,您告诉了我们些什么?》,发稿时,编辑给改的。他们说,我的原题有点儿讨伐的味道,不好。于是……"我抱屈地作了说明。"还有那么一二个号称鲁迅研究专家的人到处煽风点火,诬说中宣部常务副部长是我此文的策划者与后台。事实上没有一个人指使我,完全是我看了《鲁迅与我七十年》后由敬重产生了怀疑、厌恶……我自 2002 年 7 月末动笔撰写,期间,还专赴杭州探望了正在浙江医院养病的鲁迅学生、96 岁的黄源先生。14 000 字稿子写了 44 天,9 月 9 日传真发给了《南方周末》和《文艺报》,前者拒绝了,后者于次日审读完毕后当即拍板决定:立即刊发。据他们后来解释说,如拖延,马上要召开'十六大'了,肯定会受阻,所以七天后就几乎全文照登。发表前他们事先没有通报,因为周海婴不是党和国家领导人,不在规定的必须报审之列,所以连作协党组也不清楚。发表后的反响可想而知:一时洛阳纸贵!倒是发表后不几天,受时任部长丁关根的委托,中宣部一位负责同志打电话给作协党组,简略地询问了一下情况,要了《文艺报》召开编委会讨论并最终集体决定发表此文,以及请相关专家审读把关经过情况的说明,与从中国作协创联部会员处调出的作者秋石小传等。到了最后,却不了了之。但在后来鲁迅文学奖评审时却产生了意外:由江苏省作协选送、《文艺报》刊登的这篇作品,在初选时不经集

480

体研究就被时任《文艺报》总编的那个人莫名其妙地拿下,当时,就有多个初评委表示了不满与异议。我获知后连夜向负责本届鲁迅奖评审工作的中国作协副主席陈建功同志投诉。他调查后于次日向我通报,经过调查我投诉的情况基本属实,由此启动了特别程序:由三名终评委联署将我文纳入终评。但在决定命运的终评前一日深夜23时多,我从睡梦中被一阵急骤的电话铃声惊醒,被告知:由于周海婴系鲁迅的唯一儿子,若鲁迅奖评出这篇作品获奖,将在华人世界产生负面影响,故……牛汉叔叔,你评评看,中宣部领导究竟是我的'后台'呢,还是他周海婴,或者换言说是'顾全大局'的有力支持者?再说,我容易吗?我这个基层草根学者从来不曾享受过官方一分钱的经费资助。每次来京,我都住在你们人文社东中街家属宿舍的地下室……要知道,再过三四年我也是六十岁的人了呀!"

听我这么一说,牛汉先生的脸色顿时变得凝重多了,他点点头,再次强调,过去相当一段时间以来,总是听他一个人在说,因为他周海婴是鲁迅的儿子,有鲁迅的光环笼罩着,谁也不清楚他说的哪些是真的,哪一些是假的,或者道听途说经他再加工的。一些人明明知道他说的有违于历史真实,也没有人去戳穿,甚至一味地为他袒护。毛泽东领域里的"两个凡是"破了20多年了,可鲁迅研究中存在的"两个凡是"(牛汉此处系指1979年10月17日《人民日报》刊发的茅盾先生《答〈鲁迅研究年刊〉记者的访问》一文中特别指出的:鲁迅研究中也有"两个凡是"的问题,凡是鲁迅骂过的人就一定糟糕,凡是鲁迅赏识的就好到底——秋石注)直到今天还是阻碍重重,以至于连他儿子孙子说了错话办了错事也不能质疑,一批评,就说这是鲁迅的唯一儿子,要保护……这很不好。

反"左"不是喊口号

在我与牛汉先生的交往中,还有一件印象比较深的事,发生在2005年的六七月间,我去电话问候他。孰料,我刚喊了一声"牛汉叔叔",电话那头他便劈头一句:"你又闹地震了?""什么地震?"我一时愣住了。"批评刘白羽……"呵,我想起来了。针对刘白羽前辈在2004年第4期《新文学史料》发表的《哭山兄》一文中对萧军的不当说辞,我写了一篇题为《谁是延安文艺座谈会第一个发言的人?谁在延安"自称鲁迅替身,却恨共产党人?"》的质疑文章,投送给《新文学史料》要求他们更正,但遭到了拒绝。无奈之下,我转投给了上海的《文汇读书周报》和天津的《文学自由谈》杂志,并作了特别说明。接稿后,这一报一刊在第一时间作了处理,分别刊登在了2005年2月4日的《文汇读书周报》和第2期的《文学自由谈》上。我在文中用包括刘白羽老友胡乔木的原话,以及1980年中共中央组织部、宣传部批复,中共北京市委组织部、宣传部下达的《关于萧军同志问题的复查结论》在内的大量史料,对刘白羽的上述文章中的不当说法作了逐一批驳。我在文中强硬指出:"刘白羽同志持有的这种说法,是过去'左'的年月中强加在萧军头上的不实之词,谓之不妥、不该、不符合史实。"文章刊出后,引发了比较大的反响。这也是唯一一篇敢于在刘白羽生前与之公开质疑、批评的文章,而且矛头直指其"左"。电话中,我告诉牛汉先生,我这个人无党无派,谁歪曲历史,我都要站出来论理、批驳。不管你是多大的人物,也不管你和我的关系是亲是疏,包括萧军的一些过头话。"唉,牛汉叔叔,这还是你教我的呢!"记得2003年春天在他家,他给我讲的一件事,讲的是50年代初有一次在胡风家聚会,诗人芦甸恭维胡风是继马、恩、列、斯、毛之后的又一伟大人物,胡风听了,不加辩驳。牛汉一听此话,当即起身退席……我还听人说过,在一次会上,同为诗人当了官的贺敬之批评牛汉"你就是追求个性,追求小我",而牛汉也竟然气冲斗牛地予以猛烈的回击:"你的境界高,你追求的是大我,可追求大我的人都不是人。"

反"左"不是喊口号,在这次通话中,牛汉先生不止一次地这样对我说。

听说你在搞"毛罗对话"的寻踪调查,这倒是一件很有意义的事情。不过,我们之间的认识不尽相同,我是宁可信其有的诸多人中的一个老顽固。对此,牛汉先生作了如下的分析:有,是指毛有可能说过这样的话。但我不相信毛会把鲁迅关入新中国的班房。一方面鲁迅是他心中的圣人,一面旗帜;另一方面,即使鲁迅真的成了他的对立面,毛也不会

他更是一位严谨正直的文史学家

把鲁迅关入大牢的。你想想看,梁漱溟老先生在中南海怀仁堂召开的有上百位各界人士出席的相关会议上当众向毛泽东发难,而且是一而再,再而三,毛泽东龙颜大怒是大怒,却也没有将梁漱溟怎么样,后来的右派帽子不是没有给他戴么!"文革"初一群无知的红卫兵抄了梁宅,梁给毛写了一封以死相挟火药味甚浓的信,毛当即指示保护梁,而且不出一周便发还了被红卫兵抄去的文稿、存折。还有那些民主党派的头头,言论出格后,右派照划,但没有一个人被关押、流放,只不过降低了待遇罢了……说到这里,但听电话那头牛汉先生意犹未了地补充了一句:"希望你搞出一个名堂来,看看能不能改变我的看法?"去年3月,史料更加完整的《追寻历史的真相:毛泽东与鲁迅》(修订本)出版后,我本当要亲自送去的,却因左腿粉碎性骨折挪不了窝。电话打过去几次,接电话的后生说他身体不好,躺在床上,不便接电话。这对于我来说,是一件十分遗憾的事情。但他肯定我正在京、沪两地进行的这个为成千上万人高度关注并争执不休的"毛罗对话"的寻踪调查"是一件很有意义的事情"说法,我已经相当满足了。

在艾青之后,牛汉也是获得国际诗人桂冠的中国作家——2003年,他获得了马其顿共和国作家协会设立的国际文学奖"文学节杖奖",以表彰他的讲真话和走向世界。他是一个大写的人,一个大写的诗人。同时,他又是文坛少有的一位硬汉,学术界颇有建树的文史学家、编辑家。

我不懂诗,也不会写诗,但有时很狂妄。记得是在2001年,适逢萧红九十华诞,我不知天高地厚地写了洋洋五百多行颂扬萧红的长诗,寄给了他。一是请他"把关",二是希冀参加由他任评委会副主任的某项全国性诗歌大赛。一寄数月,杳无音讯。这年九月,我途经北京赴哈尔滨出席纪念萧红九十华诞的研讨会,去探望他。他和我谈的话题是对我那本《两个倔强的灵魂》的评价。待到我刚要询问他对我那首不成器的长诗的看法,却见他桌头正摆放着我的那首长诗的一摞稿纸,他瞄了一眼,温和地对我说:"《两个倔强的灵魂》比《萧红与萧军》要写得好,你搞研究是会有出息的。"在他的这句话的背后,我听出了另一层意思,道是无声胜似有声:间接,然以顾全我面子的长者风范的温和方式,否定了我的这首洋洋数百行却没有丝毫诗的韵味、内涵的口语化"诗作"。至今,令我回味。

我本应将《呼兰河的女儿——献给萧红百年》及早寄给他的,可是他现在走了。然而,他对我的教诲和殷殷期盼,依然在我的耳畔震荡,在我的心中鞭策,汇成一句话:

"务请站在史家的立场上!"

因了荣膺马其顿共和国作家协会授予的国际性文学奖"文学节杖奖",牛汉先生被看作是继艾青之后最具盛名的中国诗人之一,但是以我同他之间26年的交往,更愿意将他看作是一个一生讲真话,严谨的,有着历史凝重感的文史大家。一份由他亲手创办并主持,历经35年久盛不衰的《新文学史料》,见证了一切,也切切实实地指导了我的整个学术生涯。

他们都是值得我们讴歌的前辈

(代后记)

这是我的第三本有关左翼作家左翼文学的评论研究作品集锦。

这,也是我在同一家出版社——文汇出版社出版的第三本有关左翼作家左翼文学的评论研究作品集锦。

在文汇出版社出版的第一本书,是由我个人独立承担的,对巴金先生与黄源先生这两位百岁老作家之间的通信作注释的《我们都是鲁迅的学生》,2004年11月出版,先后印行了两版。

第二本书,则是更为丰富、研究范围也更为广阔的《我为鲁迅茅盾辩护》,2009年11月出版,上市八个月意外地告罄。在参与香港书展时,又意外地受到了港、澳、台学者的欢迎。澳门科技大学的教授还主动与之互动,说该大学的图书馆还藏有笔者九年前由北京作家出版社出版的50万字长篇评传《两个倔强的灵魂》(《萧红与萧军》一书全新修订本),对这两本书都给予了中肯的好评。2010年9月,国家图书馆主动征得出版社与作者的同意,在收藏纸质文本的同时,又收藏了本书的电子文本。

第三本,即现在要出版的名为《绘得红楼铸青史》一书。书名源自于萧红临终前夕发出的心声,也可以说是她生前一桩未竟的心愿,一大遗恨。"红楼",乃系她在香港病重时刻念念不忘的,一俟病愈,并在条件许可时,会同丁玲、聂绀弩、萧军、骆宾基等人一起创作红军二万五千里长征题材的宏大史诗作品的愿望。

"绘得红楼铸青史",也可用在本研究集锦中的其他左翼前辈,尤其是有"西部歌王"誉称的王洛宾身上。为寻求音乐世界中的自由王国,王洛宾在大西北的丝绸之路上生活了整整半个世纪。记得是在28年前的岁末隆冬季节,在我的文学引路人萧军先生居住了近40个寒秋的北京后海鸦儿胡同那个破旧寓所的楼上,我与分别多年的萧军先生围炉而坐,谈到各自的苦难与所经历的一切,萧军言简意赅地指出,要论苦难,谁也没有王洛宾的苦难多,而王洛宾的毕生追求所获得的辉煌成就,却是许许多多人达不到的。本书收入的《王洛宾的音乐人生》,相信读者读后,自会给出一个相应的结论。

本书还收有关于萧军、舒群的研究作品,以及有关文学界、新闻界前辈萧乾、为中国共产党中国人民作出了不朽贡献的著名国际友人埃德加·斯诺与海伦·福斯特·斯诺夫妇、献身抗战的著名日本左翼人士绿川英子、长期被人诬为"托匪"的胡秋原先生和两个活得极有"人样"的前辈贾植芳与牛汉先生的人物素描。他们的人生各有各的怅惘,各有各的无奈;为中华、为民族,他们的人生也是各有各的凝重,各有各的精彩。

他们,都是值得我们讴歌的前辈。

1981年,才脱樊篱的萧军在美国出席由多所院校、研究机构、社团发起举行的纪念鲁迅诞辰100周年的"鲁迅遗产会议"上,面对那些戴着有色眼镜的西方学者发出的"中国共产党犯了那么些错误,你们为什么不换一个党啊"的挑衅性问题时,萧军作出了铿锵有力的回答:"中国共产党虽然犯了错误,但是她最大的功劳,是带领民众奋斗了几十年,牺牲了那么多优秀的战士,使祖国独立了,民族解放了,人民翻身了,你找不出一个党来代替共产党,当然我就要拥护共产党,我是她五十多年的老群众啊!批评是批评,鼓掌还是要鼓掌的。"此外,1987年12月8日,萧军在其寓所告诫我:"无论碰到什么困难,也无论受到什么冤屈,都不要动摇对共产党对我们伟大祖国的信念"……

他们都是值得我们讴歌的前辈（代后记）

萧军的话，正代表了这令人敬重的老一辈人的共同心声，也是对我们后人的共同的告诫。

是为后记。

秋　石

2015 年 5 月 28 日　昆山香樟园